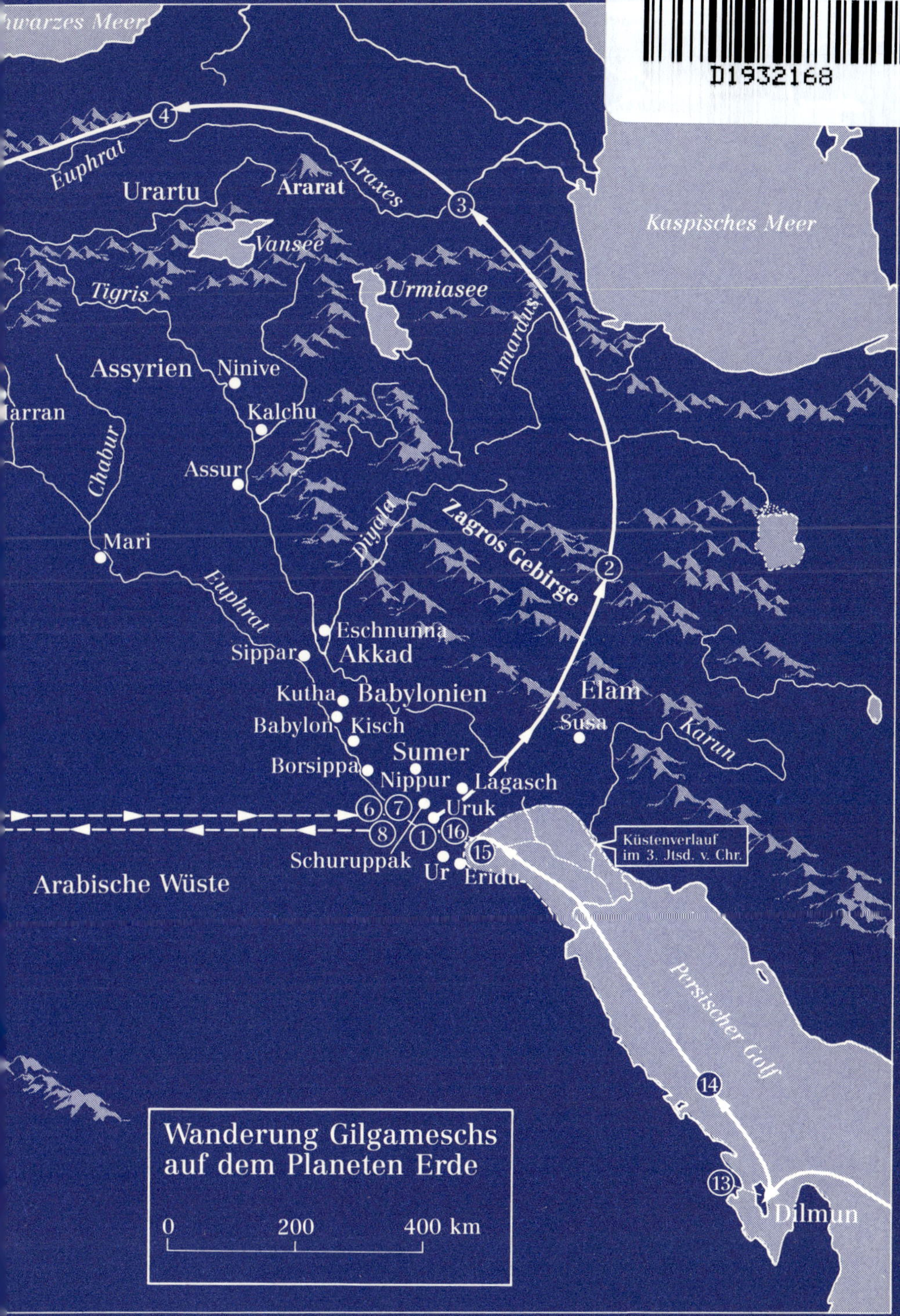
warzes Meer
Euphrat
Urartu
Ararat
Araxes
Kaspisches Meer
Vansee
Urmiasee
Tigris
Amardus
Assyrien
Ninive
arran
Kalchu
Chabur
Assur
Diyala
Zagros Gebirge
Mari
Euphrat
Eschnunna
Sippar
Akkad
Kutha
Babylonien
Elam
Babylon
Kisch
Susa
Karun
Sumer
Borsippa
Nippur
Lagasch
Uruk
Schuruppak
Ur
Eridu
Küstenverlauf im 3. Jtsd. v. Chr.
Arabische Wüste
Persischer Golf
Dilmun
1
2
3
4
6
7
8
13
14
15
16
Wanderung Gilgameschs auf dem Planeten Erde
0
200
400 km

Werner Papke
DIE STERNE VON BABYLON

Werner Papke

DIE STERNE VON BABYLON

Die geheime Botschaft des Gilgamesch – nach 4000 Jahren entschlüsselt

Gustav Lübbe Verlag

Graphik: Ruth Esser, Rösrath-Forsbach, und
Roland Winkler, Bergisch Gladbach
Satz und Reproduktion: Kremer-Druck GmbH, Lindlar
Druck und Einband: Friedrich Pustet, Regensburg

Printed in West Germany
ISBN 3-7857-0498-4

INHALT

Heilig ist zwar Laktanz, der die Kugelgestalt der Erde leugnete, heilig Augustinus, der die Kugelgestalt zugab, aber die Antipoden leugnete, heilig ist das Offizium unserer Tage, das die Kleinheit der Erde zugibt, aber ihre Bewegung leugnet. Aber heiliger ist mir die Wahrheit.

Johannes Kepler

Kaum ein Thema der Weltgeschichte hat mehr die Gemüter erregt als das größte aller Mysterien: Babylon!

Aber noch keinem gelang es, den Schleier zu heben, den der Staub von Jahrtausenden über die Ruinen des ehemals »schönsten unter den Königreichen« auf Erden, die »herrliche Pracht der Chaldäer«, gebreitet hat. Bis in die Mitte des vorigen Jahrhunderts hinein wußten wir von den Chaldäern nicht mehr als das, was uns in der Bibel berichtet wird und die klassischen griechischen und römischen Autoren überliefert haben.

Doch auch als der Spaten der Archäologen immer tiefer in die Erde von Mesopotamien drang und Ninive, Kalach, Uruk und Ur vom Wüstensand befreit wurden, uralte Städte, deren Namen nur die Bibel bewahrt hatte, als Tausende von Tontafeln geborgen waren und die Keilschrift entziffert wurde, auch da gab Babylon sein dunkles Geheimnis nicht preis. Die Götterstatuen und Skulpturen, die Reliefs an den Wänden der Paläste und Tempel schwiegen beharrlich, die Bilder auf den zahlreichen Rollsiegeln wirkten wie stumme Ikonen, obskur klangen die Sprüche der chaldäischen Weisen. Selbst die erhabenste Dichtung der alten Welt, das Gilgamesch-Epos, entzog sich bisher unserem Verständnis. So laut auch die Steine zu reden begannen, die Welt der Chaldäer blieb uns dennoch verschlossen.

Als ich vor gut einem Dutzend Jahren in die geheimnisvolle Welt der Chaldäer einzudringen suchte, ahnte ich nicht, daß es mir einmal gelingen würde, den Schlüssel zum geheimen Wissen der ältesten Chaldäer wiederzufinden, einem Wissen, das den Geschlechtern nach ihnen völlig verlorenging und wohl nie mehr zum Vorschein gekommen wäre, hätten nicht die Sterne von Babylon das sorgsam gehütete Geheimnis der chaldäischen Weisen verraten. Der Himmel der Chaldäer ist ein aufgeschlagenes Buch. Wir haben nur verlernt, darin zu lesen.

Die folgenden Seiten enthüllen, wie mir der Griff nach den Sternen von Babylon gelang. Es ist die faszinierende Geschichte einer Odyssee zurück zu den Sternen Chaldäas, die mit der Entdeckung astronomischer Aufzeichnungen aus dem dritten Jahrtausend v. Chr. begann und durch das von Sagen und Mythen umwobene Labyrinth der Vorzeit hindurch schließlich zu den Gestaden längst versunkener Welten geführt hat.

Die Sterne von Babylon sind unbestechlich und decken falsche und liebgewordene Vorstellungen auf. Sie entlarven das seit Generationen im Namen der Wissenschaft verkündete Dogma vom angeblich primitiven mythischen Weltbild der Altorientalen als modernes Märchen.

Lange vor Stonehenge, als in Europa die Fackel des Geistes noch nicht entzündet war und im Land der Pharaonen gerade die Pyramide des Kufu (Cheops) erbaut wurde, hatte die wissenschaftliche Erkenntnis in Chaldäa den Zenit längst überschritten. Noch als Abraham die chaldäische Stadt Ur am Persischen Golf verließ, da wußte er mehr von den Gesetzen des Himmels und seiner Herrschaft über die Erde als Pythagoras, Eudoxos, Hipparch und Ptolemäus zusammen, die Jahrtausende später nur noch Trümmer des einstigen Wissens auflasen, die sie bei ihren unwissenden Landsleuten berühmt machten. Sogar Kopernikus, der die Wende von der aristotelisch-scholastischen Knechtschaft des Geistes zum modernen heliozentrischen Weltbild herbeiführte, erweist sich im Licht der Sterne von Babylon als Epigone der alten Chaldäer.

Aber in unsere Bewunderung für jene babylonischen Männer, deren Namen kein Geschichtsbuch nennt, die sang- und klanglos dahingingen, mischt sich auch unser tiefes Bedauern; denn die Chaldäer selbst haben am meisten dazu beigetragen, daß uraltes kosmisches Wissen verlorenging, indem sie sich in Schweigen hüllten, das für die kommenden Jahrtausende Folgen haben sollte.

Warum schwiegen sie? Diese Frage rührt an das tiefste Geheimnis von Babylon, das nur die Sterne zu lüften vermochten. Denn nur die Sterne gewähren uns endlich auch einen Blick hinter die Kulissen des chaldäischen Welttheaters und leuchten den Weg durch das Dunkel der chaldäischen Mysterien bis zu den trüben Quellen von Astrologie und Sternkult zurück. So gelang es mir schließlich, auch die Götter Babylons buchstäblich vom Himmel herabzuholen und gängige Vorstellungen über die Anfänge der Religion auf unserem Planeten grundlegend zu korrigieren.

Doch die Sterne werfen auch helles Licht auf die Bibel, das Trauma der Theologie. Seit Spinoza 1670 an Mose zu zweifeln begann und Jean Astruc, der Leibarzt Ludwigs XV., 1753 an den verschiedenen Namen des Gottes Israels herumkrittelte, gehört es bei Theologen zum guten Ton, das erste Buch der Bibel, die Genesis, als ein Sammelsurium von lauter frommen Fabeln zu betrachten, die angeblich von späteren Schreibern ersonnen und den leichtgläubigen Juden als historische Berichte aus alter Zeit untergejubelt wurden. Aber die archäologischen Entdeckungen im Zweistromland bestätigten die historische Glaubwürdigkeit der Bibel in immer frühere Zeiten zurück, so daß schließlich nur noch die »Legenden« der elf ersten Kapitel der Genesis übrigblieben, die von der Sintflut, vom Turmbau zu Babel, der Sprachverwirrung, der Zerstreuung der nachsintflutlichen Menschheit und von Nimrod, dem gewaltigen Jäger und ersten Herrscher von Babylon, zeugen. Doch die Sterne von Babylon holen jetzt auch die Helden von Sinear aus der Versenkung herauf und lassen sie ins helle Rampenlicht der Geschichte treten: Nimrod, Kusch, Ham und Noah haben gelebt! Sie sind die Helden, die, nach ihrem Tod als chaldäische Heilige unter die Sterne gesetzt, von Babylon aus ihren Siegeszug in die Welt hinein antraten und noch heute – mit lateinischen Namen – ihre Kreise am Himmel ziehen.

Die Sterne beweisen, daß wir alle noch heute in Babylon leben. Die Chaldäer sind mitten unter uns!

EINE EINFÜHRUNG, DIE MAN LESEN SOLLTE

Ad astra – Zu den Sternen! Nicht erst im Zeitalter der Raumfahrt greift der Mensch nach den Sternen. Das Trachten nach jenen lichten Welten scheint so alt wie das Menschengeschlecht. Über den ganzen Erdball verstreut finden sich Spuren davon, bei den Ägyptern, den Indern und Chinesen ebenso wie bei den Mayas und den Stämmen der Südsee. Aber alle Wege führen ins Zweistromland, die Heimat der Chaldäer, zurück. Wer waren die Chaldäer, was haben sie gewußt?*

Nach Diodor (erstes Jahrhundert v. Chr.) gehören die Chaldäer »zu den ältesten Einwohnern von Babylonien, die über die Gestirne seit langer Zeit Beobachtungen gemacht haben. Und niemand«, fährt er fort, »hat genauer als sie die Bewegungen und Kräfte der einzelnen Sterne erforscht.« Und wenn man Seneca (4 v. Chr. – 65 n. Chr.) glauben darf, dann konnten die Chaldäer sogar die Bahnen der Kometen berechnen und ihre periodische Wiederkehr bestimmen.

Simplikios (sechstes Jahrhundert n. Chr.) berichtet, daß Kallisthenes (gestorben 327 v. Chr.), ein Offizier im Heer Alexanders des Großen (356 – 323 v. Chr.), in Babylon astronomische Aufzeichnungen erhalten habe, die sich über einen Zeitraum von 1903 Jahren erstreckten und die er seinem Onkel Aristoteles (384 – 322 v. Chr.) auf dessen Wunsch nach Athen geschickt haben soll. Da Alexander 331 v. Chr. in Babylon einzog und Kallisthenes 327 v. Chr. starb, muß Aristoteles astronomische Beobachtungen der Chaldäer in Händen gehabt haben, die mindestens bis 2230 v. Chr. zurückreichten. Aristoteles selbst berichtet in seinem Buch »Über den Himmel«**, daß ihm eine Menge solcher »langjährigen Beobachtungen der Babylonier«

* Die wichtigsten Namen und Fachbegriffe sind noch einmal im Register am Ende des Buches erklärt.

** griechisch: περὶ οὐρανοῦ, meist unter dem lateinischen Titel »De Caelo« zitiert

zu Gesicht gekommen sei. All dem scheinen aber die nackten Fakten direkt zu widersprechen. Die fünf ältesten chaldäischen Beobachtungen, die Hipparch (etwa 180 – 125 v. Chr.) nennt, beziehen sich auf Mondfinsternisse der Jahre 721, 720, 621 und 523 v. Chr. Es waren dies, wie uns Ptolemäus (87 – 165 n. Chr.) in seinem astronomischen Lehrbuch, dem »Almagest«*, mitteilt, die frühesten Finsternisbeobachtungen überhaupt, die Hipparch kannte.

Ptolemäus sagt auch, daß zu seiner Zeit, im zweiten Jahrhundert n. Chr., eine kontinuierliche Reihe von Finsternisberichten existierte, die bis zum Jahre 747 v. Chr., dem Beginn der Regierung des babylonischen Königs Nabonassar, zurückreichte. Und Berossos, ein Mardukpriester aus Babylon, der im dritten Jahrhundert v. Chr. lebte und ein Buch, die »Babyloniaka«, über die Geschichte seines Volkes in griechischer Sprache verfaßt hat, das er dem Antiochos I. Soter (324 – 261 v. Chr.) widmete, versichert nach Synkellos (um 800 n. Chr.) ausdrücklich, daß »die Chaldäer seit Nabonassar einen genauen Bericht der Bewegungen der Sterne besitzen«.

Berossos fügt jedoch hinzu, »daß Nabonassar die Berichte der Könige vor ihm sammelte und vernichtete«. Dies kann nicht bedeuten, daß vor Nabonassar keine Finsternisse beobachtet wurden. Tatsächlich sind Sonnen- wie auch Mondfinsternisse seit dem Ende des dritten Jahrtausends v. Chr. auf Tontafeln verzeichnet. Allein, daß Finsternisse beobachtet wurden, läßt noch keinen Schluß auf den Stand der astronomischen Kenntnisse bei den Chaldäern zu.

Auch die wenigen Sternbilder, deren Namen in Texten gefunden wurden, die auf das 21. Jahrhundert v. Chr. zurückgehen, besagen nicht mehr, als daß man damals bereits Sterne zu Bildern geformt hatte. Von wissenschaftlicher Astronomie oder gar einem wissenschaftlichen Weltbild der Chaldäer im dritten Jahrtausend v. Chr. konnte keine Rede sein.

Sternkunde im eigentlichen Sinne gab es deshalb in Mesopotamien nach herrschender Meinung nicht vor dem ersten Jahrtausend v. Chr. Daß unter anderem die im 17. Jahrhundert v. Chr. zu Babylon angestellten systematischen Beobachtungen der Phasen des Planeten Venus in diesem Konzept völlig isoliert dastehen, wurde dabei geflissentlich als kleiner Schönheitsfehler und als Ausnahme übergan-

* griechisch: μεγάλη σύνταξις

gen. Obwohl diese Beobachtungen beweisen, daß die Venus als Morgen- und Abendstern bereits über ein Jahrtausend vor Pythagoras (etwa 570 – 496 v. Chr.) bekannt war, dem Parmenides (etwa 540 bis 470 v. Chr.) die Entdeckung der Identität des »Phosphoros« und »Hesperos« unterschob, geben sie dennoch für die Frage nach dem astronomischen Wissen der Chaldäer noch nicht viel her.

Da hier lediglich 21 Jahre lang Tagesdaten der ersten und letzten Sichtbarkeit der Venus am Morgen beziehungsweise am Abend in den entsprechenden Mondmonaten verzeichnet sind, wissen wir nicht, ob die Jahreshauptpunkte beobachtet wurden oder der jeweilige Stand der Sonne relativ zu den Fixsternen bekannt war. Aber ohne die Kenntnis der scheinbaren Sonnenbahn und der Lage der Hauptpunkte im Sonnenjahr kann man nicht wissenschaftliche Astronomie treiben!

Sollten die Chaldäer wirklich nur Baalspfaffen gewesen sein, die von Astronomie keine Ahnung hatten, ihre Unkenntnis in den Schleier der Allegorie hüllten und seit Alexanders Einzug in Babylon auch das Abendland mit ihren ominösen Sprüchen bezauberten? Ich konnte es nicht glauben! Zwei Dinge waren es vor allem, die mir zu denken gaben.

Seit Jahrhunderten ist das Alter des Tierkreises oder Zodiakos unter den Gelehrten hart umstritten. Der Tierkreis ist jener schmale Gürtel am Fixsternhimmel, entlang welchem Sonne, Mond und Planeten wandern, und der sich durch die zwölf Sternbilder hindurchzieht: Widder (Aries), Stier (Taurus), Zwillinge (Gemini), Krebs (Cancer), Löwe (Leo), Jungfrau (Virgo), Waage (Libra), Skorpion (Scorpius), Schütze (Sagittarius), Steinbock (Capricornus), Wassermann (Aquarius) und Fische (Pisces).

Wer hat diese Zodiakal- oder Tierkreisbilder erfunden? Der ältere Plinius, der im Jahre 79 n. Chr. beim Ausbruch des Vesuv ums Leben kam, behauptet im zweiten Buch seiner »Historia naturalis«, Kleostratos von Tenedos habe sie um 500 v. Chr. bei den Griechen eingeführt, während Eudemos (viertes Jahrhundert v. Chr.), ein Schüler des Aristoteles, die Erfindung dem Pythagoräer Oinopides von Chios in der zweiten Hälfte des fünften Jahrhunderts v. Chr. zuschreibt.

Da Homer und Hesiod, die beiden ältesten bekannten antiken Dichter, deren Werke aus dem achten Jahrhundert v. Chr. auf uns gekommen sind, zwar einige wenige Sternbilder wie den Orion, Bootes und den Großen Bären, aber noch kein einziges Tierkreisbild erwähnen, klingt die Notiz des Plinius recht glaubhaft.

Sicher wissen wir aber nur, daß alle zwölf Tierkreisbilder in den »Phainomena«, einem Gedicht des Arat, vorkommen. Der aus Soloi in Kilikien stammende Arzt und Grammatiker Arat, der am Hofe des makedonischen Königs Antigonos Gonatas lebte, verfaßte um 270 v. Chr. dieses Gedicht, das in den ersten 450 Versen die Gestirne der Griechen beschreibt.

Die »Phainomena« waren im Altertum so berühmt, daß sie von zahlreichen Autoren kommentiert und mehrfach ins Lateinische übertragen wurden, unter anderem von Cicero (106 – 43 v. Chr.). Auch der Apostel Paulus zitiert in seiner Rede auf dem Areopag in Athen einen Vers des Arat-Gedichtes.

Hipparch versichert jedoch, daß die »Phainomena« des Arat auf ein verlorengegangenes Werk des Astronomen Eudoxos von Knidos (408 – 355 v. Chr.) zurückgehen, das dieser hundert Jahre früher unter dem gleichen Titel schrieb.

Nun hat es mit Eudoxos eine besondere Bewandtnis. Hipparch belehrt uns nämlich, daß Eudoxos in seinen »Phainomena« den Frühlingspunkt – den Ort der Sonne am Frühlingsanfang – in die *Mitte* des Widder-Sternbildes gesetzt hat. Zur Zeit des Eudoxos (370 v. Chr.) stand aber die Sonne während der Frühlings-Tagundnachtgleiche am *Anfang* des Widders unterhalb von Mesartim (γ Arietis*), einem Stern am Kopf des Widders, also ein halbes Sternbild oder rund 15° weiter im Tierkreis zurück! Da der Frühlingspunkt in 72 Jahren jeweils um 1° gegenüber den Sternen zurückbleibt, muß Eudoxos einen Sternglobus benutzt haben, der 15 x 72 oder 1080 Jahre *vor* 370 v. Chr., also um 1450 v. Chr. angefertigt wurde.

Demnach ist die griechische Sphäre mindestens tausend Jahre vor Kleostratos eingeführt worden. Dies paßt auch zu der Bemerkung Senecas im ersten Jahrhundert n. Chr., daß die Griechen damals seit knapp 1500 Jahren die Sterne benannt hätten (»nondum sunt anni mille quingenti, ex quo Graecia stellis numeros et nomina fecit«**).

* Die helleren Sterne innerhalb eines Sternbildes werden meist mit einem griechischen Buchstaben und dem lateinischen Namen (im Genetiv) des betreffenden Sternbildes bezeichnet.

** Quaestiones naturales VII.25

Kein Geringerer als Isaac Newton (1643 – 1727), auf dessen Schultern das ganze Gebäude der modernen Naturwissenschaft ruht, hat aus der Nachricht Hipparchs über Eudoxos gefolgert, daß die griechischen Sternbilder in dieser frühen Zeit entstanden sind. Aufgrund eines alten griechischen Fragments in den »Stromata« des Clemens Alexandrinus (etwa 150 – 215 n. Chr.) über den Kampf der Titanen, wonach Cheiron den Sternhimmel in Bilder eingeteilt hat, hielt Newton diesen Kentaur für den Erfinder der griechischen Sphäre.

Cheiron galt als Erzieher aller bedeutenden Helden der Griechen, unter anderem Jasons, des Anführers beim Zug der Argonauten nach Kolchis zur Eroberung des goldenen Widdervlieses, das ein Drache im Hain des Ares bewachte. Da viele Helden der berühmten altgriechischen Argonautenfahrt sich als Sternbilder am Himmel finden, jedoch kein Held des Trojanischen Krieges in den Sternen verewigt wurde, folgert Newton, daß »alles, was man an diese Himmelssphäre ursprünglich gesetzt hatte, nicht älter als die besagte Expedition und nicht jünger als der Trojanische Krieg« sei.

»Auf der Sphäre des Musäus sah man den goldenen Widder, das Abzeichen des Schiffes, in dem Phrixos nach Kolchis geflüchtet war. Ferner den von Jason gezähmten Stier mit metallenen Hufen, dann die Zwillinge Kastor und Pollux nebst dem Schwan ihrer Mutter Leda, das Schiff Argo und die Hydra... Auf der anderen Seite sah man Cheiron, Jasons Lehrer, nebst seinem Altar und Opfer, den Argonauten Herakles mit seinem Pfeil und dem herabfallenden Geier, den Drachen, den Krebs und Löwen, den er erschlug, die Leier des Argonauten Orpheus, kurz, alle diese Bilder bezogen sich auf die Argonauten.«*

Historisch ist nun freilich nichts fragwürdiger als der Argonautenzug. Außerdem ist es viel wahrscheinlicher, daß die Griechen in der Mitte des zweiten Jahrtausends v. Chr. die Sternbilder nicht selbst erfunden haben, sondern von anderen Völkern übernahmen. Bezeugen doch die alten Schriftsteller fast einhellig, daß die Sternkunde vor alters in Babylonien entstand und von den Chaldäern zu den Ägyptern und von dort zu den Griechen kam.

Dennoch ist es denkbar, daß sich einige Sternbilder schon in Babylonien auf geschichtliche Helden bezogen, welche den in die chal-

* Newton, Isaac: The Chronology of Ancient Kingdoms Amended. London 1728

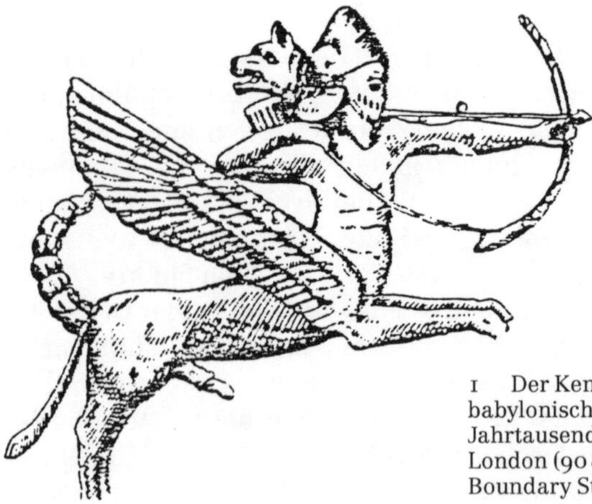

1 Der Kentaur (Sagittarius) auf einem babylonischen Grenzstein des zweiten Jahrtausends v. Chr., British Museum, London (90 829). (Nach Hinke: A New Boundary Stone, S. 98).

däischen Mysterien eingeweihten Griechen noch geläufig waren, wenngleich ihre Dichter sie zu griechischen Helden mit anderen Namen machten und weitere Fabeln hinzudichteten. Cheiron ist dafür ein gutes Beispiel. Der Kentaur Cheiron wurde von den Alten ins Sternbild des Schützen (Sagittarius) gesetzt und als pfeilschießender Kentaur aus Menschenvorderleib und Pferdehinterleib dargestellt. Die Römer bezeichneten ihn auch als »acris venator«, »gefährlichen Jäger«. Der Kentaur ist auch auf babylonischen Grenzsteinen des zweiten Jahrtausends v. Chr. abgebildet, und der Babylonier Berossos bezeugt ausdrücklich, daß eine Statue des Kentaur im Tempel des Bel-Marduk in Babylon stand (Abbildung 1).

Die Argonauten haben der Sage nach auch Cheiron besucht. Andererseits wird von Herakles, einem der Argonauten, gesagt, er sei nach Afrika gegangen, um im Garten der Hesperiden die goldenen Äpfel zu pflücken, und nachdem er diese Atlas-Töchter befreit hatte, soll Atlas dem Herakles zum Dank dafür seine Erfindung des Himmelsglobus mitgeteilt haben (Abbildung 2). Nun ist Atlas bei den Griechen der Sohn des Iapetos, der, wie man schon lange erkannt hat, dem biblischen Japhet, einem der drei Söhne Noahs, entspricht. Damit werden die Argonauten und Cheiron und mit ihm das Alter der Sternkunde in die Zeit kurz nach der Sintflut heraufgerückt!

Cheiron war ein berühmter Jäger. Nimrod, der als erster bedeutender Herrscher von Babylon nach der Flut in der Bibel erwähnt

☏ Notizen

Sept. Auras

Do. 19.9. / 10^{00}

nicht nüchtern 3-4 Std. Warten

Witten 02302 / 12068

wird, war ebenfalls ein »gewaltiger Jäger«. Es kann kaum zweifelhaft sein, daß Cheiron und Nimrod ein und dieselbe Person bezeichnen. Nun war Cheiron ein Sohn des griechischen Gottes Kronos, den die Römer Saturn nannten. Als ein Sohn des Kronos (Saturn) galt auch Zeus, der bei den Griechen daher auch »Kronide« hieß. Zeus entspricht dem lateinischen Gott Jupiter. Wahrscheinlich wurde Cheiron *auch* mit Zeus-Jupiter identifiziert. Jupiter, der größte Planet, war aber der oberste Gott von Babylon! Der Schluß liegt deshalb nahe, daß Nimrod von den Chaldäern nach seinem Tode vergöttlicht und im Planeten Jupiter angebetet worden ist! Entsprechend müssen auch die anderen Planeten einschließlich Sonne und Mond, die Hauptgötter der Chaldäer, vergöttlichte Helden von Sinear gewesen sein.

Als die Griechen und Römer die Sternkunde der Chaldäer kennenlernten, haben sie natürlich auch die mit den Sternen verknüpften chaldäischen »Heiligen« übernommen, so daß wir im ganzen Alten Orient und Okzident die astrale chaldäische Mysterienreligion wiederfinden, auch bei den Ägyptern, von denen sich die berühmtesten Männer der Griechen in die Mysterien einweihen ließen. Dies bestätigt uns auch Diodor, indem er schreibt:

»Es bleibt uns nur noch zu sagen übrig, welche von den Männern, die unter den Hellenen ihrer Weisheit und Gelehrsamkeit wegen berühmt sind, in den alten Zeiten Ägypten besucht haben, um die Sitten und Gebräuche wie die Wissenschaft der Einheimischen kennenzulernen; wie die ägyptischen Priester nämlich nach den Aufzeichnungen ihrer heiligen Bücher berichten, hätten vor alters Ägypten besucht:

Orpheus, Musäus, Melampus und Dädalus; der Dichter Homer und der Spartaner Lykurgos, sowie auch aus Athen Solon und der

2 (Nächste Seite) Atlas Farnese. Die Marmorstatue hellenistischer Herkunft aus dem 2. Jh. n. Chr. zeigt Atlas, den Sohn des Titanen Iapetos. Er trägt eine Himmelskugel mit reliefartig dargestellten Sternbildern auf seinen Schultern. Die Statue wurde 1575 bei Grabungen in den Caracalla-Thermen gefunden; heute im Nationalmuseum zu Neapel.

»Man sagt«, schreibt Diodor (1. Jh. v. Chr.) über Atlas, »er sei ein vortrefflicher Astronom gewesen und habe die Welt auf einer Kugel abgebildet. Daher entstand die Fabel, daß Atlas die ganze Welt auf seinen Schultern getragen habe.«

Philosoph Platon, Pythagoras aus Samos, der Mathematiker Eudoxos, Demokrit aus Abdera und Oinopides von Chios...

Orpheus nämlich habe die meisten Gebräuche der Mysterien und die Geheimfeier der Irrfahrt der Demeter sowie die Sagendichtung über die Dinge in der Unterwelt von ihnen mitgebracht.

Denn die geheimen Weihen des Osiris seien ganz dieselben wie die des Dionysos, und ebenso seien auch die der Isis denen der Demeter ganz ähnlich, so daß eben nur die Namen vertauscht worden seien...«*

Diodor führt auch die Inschrift einer Stele an, in der sich der ägyptische Gott Osiris rühmt:

»Ich bin der älteste Sohn des Saturn... Ich bin der König Osiris, der mit seinem Heer die ganze Erde von den unbewohnten Gegenden Indiens bis zu dem eisigen Bären und von den Quellen des Ester bis zu den Ufern des Ozeans überzogen hat. Kein Ort der bewohnten Erde ist, wohin ich nicht gekommen bin, und allen habe ich meine Entdekkungen mitgeteilt.«*

Dieses Zitat beweist, daß auch der ägyptische Gott Osiris, der älteste Sohn des Saturn (Kronos), ursprünglich kein anderer als der große babylonische Jäger war. Nimrod also überall! Und doch konnten Keilschriftforscher ihn auf den zahlreichen Tontafeln nicht finden, weshalb auch die Theologen Nimrod ins Reich der Phantasie verwiesen! Aber für mich gab es keinen Zweifel mehr, daß Nimrod gelebt haben mußte. Die Sterne redeten eine zu deutliche Sprache. In diesem Buch wird beschrieben, wie ich Nimrod zunächst am chaldäischen Himmel und dann auch auf Erden fand.

Doch da war noch ein Zweites, das mir zu denken gab: Abu'l Farağ, geboren 1226 zu Metilene, erwähnt in seiner »Dynastiengeschichte« einen

»Hermes der Babylonier«,

* Diodor: Geschichtsbibliothek. Übersetzung nach Wahrmund

welcher nicht lange »nach der Sintflut lebte« und in »Kalluba, einer Stadt der Chaldäer, wohnte«, dem die Chaldäer die vornehmsten Kenntnisse von den Gestirnen verdanken. Er soll »als erster nach Nimrod, dem Sohn Kuschs, die Stadt Babylon wiederaufgebaut« haben. Auch Al Bitruği (zwölftes Jahrhundert) spricht von einem

»babylonischen Hermes«
(Hermes babilonius)*,

den die Ṣabier des Mittelalters als ihren Religionsstifter betrachteten und der ein hervorragender Astronom gewesen sein soll.

Hermes ist der griechische Name des Merkur, bei den Alten als Götterbote, Gott der Herden und Beschützer der Reisenden und Karawanen verehrt. Sein Attribut war der Wanderstab. Ihm zu Ehren wurden am Wege Steinsäulen, sogenannte Hermen, errichtet. Der »babylonische Hermes« war offenbar eine herausragende Persönlichkeit im Alten Orient, den die Chaldäer in den Planeten Merkur gesetzt hatten.

Einer der berühmtesten Helden im ganzen Vorderen Orient aber war Gilgamesch, ein früher Herrscher von Uruk, der die Mauer um Uruk erbauen ließ, und den noch Aelian im dritten Jahrhundert n. Chr. als Gilgamos (Γίλγαμος) erwähnt. Um ihn rankt sich die älteste bekannte große Heldendichtung der Welt, das Gilgamesch-Epos. (Am Ende dieses Buches ist aufgrund der hier vorgelegten Erkenntnisse eine neue Übersetzung des Epos beigefügt. Zudem wird als Hilfe für den Leser eine Zusammenfassung im folgenden Kapitel gegeben). In diesem Epos wird Gilgamesch als der »Hirte von Uruk« besungen, der auf der Suche nach Unsterblichkeit Länder und Meere durchstreifte, bis an die Enden der Erde gelangte und seine Erlebnisse auf eine Steinsäule meißelte. Sollte Gilgamesch der »Hermes babilonius« sein?

Wenn dies zutraf, dann mußte »Kalluba«, der Heimatort des Hermes, den Abu'l Farağ nennt, mit Uruk, der Stadt des Gilgamesch, identisch sein. In der Tat kommt in Keilschrifttexten Kullaba als alter Name von Uruk vor. (Da in den semitischen Sprachen die Vokale nor-

* in der lateinischen Übersetzung des Al-Bitruği (De motibus celorum) von Michael Scot.

malerweise nicht gekennzeichnet werden, ist eine Änderung der Vokale im Laufe der Jahrtausende nichts Ungewöhnliches. Außerdem wissen wir nicht, wie die Chaldäer die Vokale aussprachen.)

Gilgamesch, der babylonische Hermes! Wenn sich das weiter erhärten ließe, mußte das gewaltige Folgen haben, deren Tragweite mir erst allmählich bewußt wurde. Denn über Gilgamesch und damit das archaisch-chaldäische Weltbild gab es eine umfassende, uralte Quelle: das Gilgamesch-Epos! Das Gilgamesch-Epos, um dessen Verständnis sich die Gelehrten bisher vergeblich bemüht hatten, mußte primär *nicht* auf der Erde, sondern am gestirnten Himmel spielen.

Die Heldentaten Gilgameschs, sein Zug zum weit entfernten Zedernwald, der Kampf mit dem gefährlichen Chumbaba, das Töten des Himmelsstiers, Gilgameschs verzweifelte Suche nach Unsterblichkeit, die ihn durch die Steppe zu den riesigen Skorpionmenschen am Tor zur Unterwelt und durch die Gewässer des Todes zu Utnapischtim, dem babylonischen Noah, trieb, – dies alles mußte sich dann auf die Wanderung des Planeten Merkur im Tierkreisgürtel beziehen.

Aber auch die Sintflut, die in der elften Tafel des Epos dramatisch geschildert wird, war dann am Himmel zu suchen. Die Arche mußte in den Sternen segeln, ja, der babylonische Noah selbst war unter die Sterne zu reihen. Jetzt mußten die Sterne endlich in dem seit über hundert Jahren schwelenden Prioritätenstreit um Bibel und Babel eine Entscheidung herbeiführen: War also der biblische Sintflutbericht eine recht junge, teilweise erst während oder nach der Babylonischen Gefangenschaft Judas entstandene monotheistisch gereinigte Überarbeitung der chaldäischen Sintflutgeschichte, wie die Theologen behaupteten, oder war vielmehr die Sintflut im Gilgamesch-Epos ein polytheistisch entstelltes, an den Himmel projiziertes Machwerk der Chaldäer, das aus einer Quelle schöpfte, die uns in der Bibel unverfälscht erhalten blieb?

Aber auch zu den fantastischen Spekulationen, die über die Natur des Riesen und Zweidrittelgottes Gilgamesch in der Literatur herumgeistern, kann die Sternforschung Klärendes beitragen. War Gilgamesch wirklich der Sproß eines Gottes, beziehungsweise eines Astronautengottes, wie es in der spekulativen Literatur heißt? Im Epos ist Gilgamesch ein Nachkomme seines Schutzgottes Lugalbanda und ein Sohn der Göttin Ninsun, während er gemäß der sumerischen Königsliste einen nicht näher bezeichneten »Flattergeist« zum Vater hatte. Mochte Gilgamesch aus der Paarung eines (Astronauten-)Gottes mit einer sterblichen Frau oder eines sterblichen Mannes mit einer (Astronauten-)Göttin hervorgegangen sein oder nicht, so konnte doch niemand befriedigend erklären, warum Gilgamesch laut Epos zu zwei Teilen göttlich und nur zu einem Drittel Mensch war.

Zu diesem Dilemma gesellten sich weitere ungelöste Rätsel um das Gilgamesch-Epos. Was war das für ein »Meer«, das anscheinend nur der Sonnengott überschritt, und was war das für ein »Schiff«, mit dem Gilgamesch über dieses Meer fuhr, um zum Sintfluthelden zu gelangen? Hat Gilgamesch womöglich Jahrtausende vor den Wikingern und Kolumbus den Atlantik überquert, und lebte der babylonische Noah am Amazonas, wie einige allen Ernstes behaupten?

Oder war das »Schiff« ein Raumschiff, war das »Meer« vielleicht in den Tiefen des Weltalls zu suchen, und befand sich die Insel der Glückseligen in Wirklichkeit auf einem fernen Stern? Wie sind Himmel und Erde im Epos miteinander verwoben? Wer ist eigentlich Enkidu, der heldenhafte Freund des Gilgamesch, mit dem er alle Taten gemeinsam verrichtet? Warum wird nur Enkidu von den Göttern zum Tode verurteilt, während Gilgamesch völlig frei ausgeht? Warum laufen Enkidu plötzlich die Tiere davon, nur weil er bei der Hure schlief? Und wer ist diese Hure? Warum muß Gilgameschs Mutter Enkidu adoptieren? Wann ist Enkidu dem gräßlichen Chumbaba begegnet? Wieso kann Enkidu behaupten, ihn schon einmal gesehen zu haben, wenn doch vorher im Epos nichts davon berichtet wird? Warum kennt dagegen Gilgamesch nicht einmal den Weg zum Zedernwald Chumbabas? Wo befindet sich der Zedernwald, und warum wird Enkidu beim Hinabsteigen in den Wald gelähmt? Wer ist dieser Chumbaba? Wie sah er aus? Gibt es vielleicht Abbildungen von ihm? Warum benutzt Gilgamesch für seine Rückreise von der Insel Utnapischtims nach Uruk nicht mehr das »Schiff«? Warum kehrt er nicht wieder zum »Gewässer des Todes«, zur Schenkin Siduri am Gestade des »Meeres« und zu den Skorpionmenschen zurück?...

Lauter Fragen, die bisher nicht beantwortet wurden. Wenn es stimmte, daß »die Alten«, wie Eusebios (etwa 263 – 339 n. Chr.) versichert, »glaubten, die Geschichten über Osiris und Isis und alle anderen mythologischen Fabeln würden sich auf die Sterne beziehen«, dann mußte die Antwort auf all diese Fragen am Himmel zu finden sein. – Aber die Sache hatte einen Haken!

Gilgamesch-Episoden in sumerischer Sprache kennt man bereits vom Ende des dritten Jahrtausends v. Chr., und das akkadisch geschriebene Gilgamesch-Epos war möglicherweise noch älter. Da Szenen aus dem Gilgamesch-Epos, wie ich erkannt hatte, bereits auf zahlreichen Siegelzylindern der Zeit Naram-Sins, des Enkels Sargons von Akkad, dargestellt werden, also im 23. Jahrhundert v. Chr., so konnte das Gilgamesch-Epos schon zur Zeit Sargons entstanden sein.

Die erste namentlich bekannte Schriftstellerin der Weltliteratur, Encheduanna, war die Tochter Sargons. Von ihr stammt unter anderem der berühmte Hymnenzyklus an Inanna, die sumerische Venusgöttin. Es schien mir darum nicht unwahrscheinlich, daß Encheduanna auch das Gilgamesch-Epos verfaßt hat.

Aber im 24. Jahrhundert v. Chr. gab es angeblich nicht einen einzigen Stern am chaldäischen Himmel, jedenfalls hatte man aus dieser Zeit keinen Keilschrifttext gefunden, in dem auch nur ein einziges Sternbild erwähnt worden wäre. So hatte ich denn den Beweis anzutreten, daß im 24. Jahrhundert v. Chr. in Chaldäa der Himmel von Sternbildern übersät war, oder die Wanderung des Gilgamesch-Merkur im Tierkreis mußte eine Fata Morgana bleiben.

Aber wie wollte ich das je beweisen?

Da fiel mir eine Notiz des Servius (um 400 n. Chr.) ein*, daß der chaldäische Tierkreis lange Zeit aus nur elf Sternbildern bestanden hatte, ehe die Waage als zwölftes Sternbild von den überdimensionierten Scheren des Skorpions abgetrennt wurde.

Nun wird man die Waage aus keinem anderen als einem astronomischen Grund eingeführt haben. Die Waage kann offensichtlich astronomisch sinnvoll nur ein Symbol für die Tagundnachtgleiche im Frühling oder Herbst sein, wenn Tag und Nacht sich die »Waage« halten.

Da die Chaldäer, wie die Tontafeln beweisen, unter den Sternphasen besonders den *Morgenerstaufgang* von Sternen beobachteten, wann also ein bestimmter Stern am Morgen kurz vor Sonnenaufgang zum ersten Mal im Jahr über dem Osthorizont zu sehen war, so sollte

* im Kommentar zu Vergils Georgica, I, 33.

man annehmen, daß das künstliche Sternbild Waage zu einer Zeit eingeführt wurde, als sein Morgenerstaufgang gerade am Frühlings- oder Herbstanfang erfolgte.

Ich berechnete deshalb, wann die Waage beziehungsweise ihr hellster Stern (α Librae) bei Frühlings- oder Herbstbeginn in der Morgendämmerung erstmals im Jahr aufging, und erhielt für den Aufgang am Frühlingsanfang die Zeit um 15 300 v. Chr. und für den Aufgang bei Herbstbeginn die Zeit um 2340 v. Chr. Das erste Datum lag über 10 000 Jahre *vor* der nachweislich frühesten Besiedlung des Zweistromlandes und schied darum von vornherein aus.

So erwies sich 2340 v. Chr. als einzig mögliche Epoche, zu der das Sternbild Waage aus einem Teil der Skorpionscheren neu gebildet werden konnte. Damals ging α Librae exakt zur Herbst-Tagundnachtgleiche im Morgengrauen auf. Da sich die Sternphasen etwa alle 72 Jahre um jeweils einen Tag verspäten, konnte der Morgenerstaufgang der Waage überhaupt nur im 24. und 23. Jahrhundert v. Chr. hinreichend den Herbstanfang markieren.

Als ich dann für die Epoche 2340 v. Chr. die Position einiger markanter Tierkreissterne ermittelte, fiel mir die besondere Stellung von α Leonis, dem hellen Stern an der Brust des Löwen, auf: Dieser Stern stand 2340 v. Chr. gerade am höchsten Punkt der scheinbaren jährlichen Sonnenbahn, der Ekliptik, dort, wo sich die Sonne – von der Erde aus gesehen – zur Sommersonnenwende, am längsten Tag des Jahres, befand.

Im »Almagest«, dem schon genannten astronomischen Lehrbuch des Ptolemäus, heißt α Leonis Basiliskos (βασιλίσκος) der »Königliche« (Stern), und er wird noch heute mit dem lateinischen Namen Regulus bezeichnet, was ebenfalls der »Königliche« bedeutet. Was zeichnet diesen Stern so sehr vor anderen aus, daß die Alten ihn den »Königlichen« nannten? Er ist weder einer der hellsten unter den Fixsternen, noch ist er der einzige Ekliptikstern. Es gab daher nur eine plausible Erklärung: α Leonis wurde um 2340 v. Chr. wegen seiner Stellung am *höchsten* Punkt der Ekliptik als Königsstern bezeichnet und hat seitdem diesen Namen behalten, obwohl sich der Stern im Laufe der Jahrhunderte immer mehr vom Sommersonnenwendepunkt entfernte; als Ptolemäus sein Lehrbuch der Astronomie schrieb, war Regulus in der Ekliptik schon 34° weiter vorgerückt.

Wenn meine Überlegungen richtig waren, dann hatte ich bewiesen, daß mindestens ein Tierkreisbild, die Waage, und ein Ekliptikstern, Regulus (α Leonis), seit fast viereinhalb Jahrtausenden mit diesen Namen existierten. Und wahrscheinlich wurden seitdem auch die übrigen Tierkreisbilder, vielleicht sogar die meisten anderen Sternbilder unverändert von Generation zu Generation überliefert, so daß wir noch heute unter dem gestirnten Himmel von Babylon leben. Dann waren die Wurzeln der abendländischen Wissenschaft und Kultur eindeutig nicht bei den Griechen zu suchen, sondern Jahrtausende früher im Lande der Chaldäer.

Andererseits kann 2340 v. Chr. nicht erst der *Anfang* der Sternkunde in Chaldäa gewesen sein. Die Sternbilder waren sicher lange vorher erfunden. Die Abtrennung der Waage von den Scheren des Skorpions um 2340 v. Chr. beweist ja, daß der Skorpion am Himmel schon existierte und, wenn auch mit kleineren Scheren, als Tierkreisbild erhalten blieb.

Auch das astronomische Wissen muß damals enorm gewesen sein. Die Jahreshauptpunkte wurden beobachtet: Der Morgenerstaufgang der Waage signalisierte 2340 v. Chr. den Herbstanfang, also den Zeitpunkt, da die Sonne den Äquator überschritt. Der Stern Regulus in der Brust des Löwen markierte 2340 v. Chr. den Ort der Sonne in den Sternen am Sommeranfang, woraus man auf die genaue Kenntnis der Ekliptik, der jährlichen Bahn der Sonne, relativ zum Fixsternhimmel schließen muß.

Die Präzession, das allmähliche Vorrücken der Sterne gegenüber dem Frühlingspunkt, muß um 2340 v. Chr. ebenfalls bekannt gewesen sein, 22 Jahrhunderte *vor* Hipparch, dem bisher die Entdeckung der Präzession zugeschrieben wurde. Denn offensichtlich konnte die Waage nur im Zuge einer Kalenderreform eingeführt worden sein, als die Diskrepanz zwischen dem älteren Kalender und den infolge der Präzession inzwischen veränderten Verhältnissen am Himmel unerträglich groß geworden war.

Gab es einen günstigeren Zeitpunkt für diese Kalenderreform als 2340 v. Chr., als es Sargon, dem Mundschenk des Königs Ur-Zababa von Kisch, gelang, die Herrschaft an sich zu reißen und die erste semitische Dynastie im südlichen Zweistromland zu begründen?

Sargon erwählte Akkad zu seiner Hauptstadt und dehnte sein Reich bis nach Syrien, Kleinasien und Elam, dem alten Persien, aus. Sein Einfluß reichte von Ägypten und Äthiopien bis nach Indien und

China. Mit Sargon von Akkad trat eine spürbare Wende in Kunst, Dichtung, Religion und Wissenschaft ein. Ein neues Zeitalter brach an! Sargon, »Sharru-kin«*, »gerechter König«, nannte sich der neue Herr der Welt. »Gerechtigkeit« sollte fortan auf Erden regieren. Ist es verwunderlich, daß nun auch am Himmel das Zeichen der Gerechtigkeit, die »Waage«, erschien, und daß der damals gerade an der höchsten Stelle der Sonnenbahn stehende Stern die Bezeichnung »König« erhielt, so daß gleichsam der Thron des Königs von Akkad in den Sternen befestigt wurde?

Es ist nur konsequent, wenn Naram-Sin, der Enkel des großen Sargon, sich nicht mit dem Titel »König der vier Hauptpunkte des Kosmos« begnügte, sondern sich auch noch zum »Gott von Akkad« aufschwang.

Wahrhaftig! Die Zeit der Dynastie von Akkad war eine weltgeschichtliche Epoche, die eine Wende am Himmel und auf Erden heraufführte. Zur Zeit Sargons und seiner Nachkommen Manischtuschu und Naram-Sin entstand ein astrales, mit den Sternen verknüpftes Weltgebäude von imponierender Vollkommenheit.

Aber 2340 v. Chr. war auch eine Wende zum Ende. Denn die Kanonisierung des Sternkultes in dieser Zeit besiegelte den Niedergang chaldäischer Weisheit. Die Verknüpfung der Religion mit den Sternen führte unweigerlich zu wissenschaftlicher Stagnation. Seitdem bestand die kulturelle Aktivität der babylonischen Gelehrten fast ausschließlich darin, den in den Sternen von Akkad verankerten religiösen Kult zu tradieren und das überkommene Geistesgut teils schematisch und ohne Verstand abzuschreiben und zu archivieren. Dies gilt auch und in vielleicht noch größerem Maße für das nördlich benachbarte Assyrien.

Einer der bekanntesten Sammler chaldäischer Altertümer war der assyrische König Assurbanipal (669 – 627 v. Chr.). Er ließ die alten Quellen von zahlreichen Schreibern im ganzen Reiche sorgfältig kopieren und in seiner erst Mitte des letzten Jahrhunderts von Austen Henry Layard wieder ausgegrabenen Palastbibliothek in Ninive aufbewahren. Auf einer Tontafel rühmt sich Assurbanipal mit den stolzen Worten:

* Gemäß Konvention schreibt man in der Altorientalistik *sh* (oder š) statt *sch*. Im fortlaufenden Text und in der Übersetzung des Gilgamesch-Epos schreiben wir akkadische Wörter in der Regel mit sch (z.B. Ischtar), in transkribierten Zitaten mit sh (z.B. Ishtar).

»Ich las die kunstvoll geschriebenen Tafeln in schwer verständlichem Sumerisch und dunklem Akkadisch, das schwer zu entziffern ist. Ich hatte meine Freude am Lesen von Steinen, die aus der Zeit vor der Sintflut stammen.«*

Tatsächlich hat man in der Bibliothek Assurbanipals neuassyrisch geschriebene Tontafeln gefunden, die sich als sklavische Übersetzungen und Abschriften von inzwischen ausgegrabenen Originalen aus dem dritten Jahrtausend v. Chr. erwiesen haben. Unter den Tafeln, die in Ninive geborgen wurden, befand sich auch eine Kopie des akkadischen Gilgamesch-Epos!

Aber auch zahlreiche astronomische und astrologische Texte wurden entdeckt, unter anderem die astronomische Omen-Serie Enuma Anu Enlil, deren 63. Tafel die eingangs genannten systematischen Beobachtungen der Venusphasen aus der Regierungszeit Ammiṣaduqas enthielt. Sollte sich unter den Tausenden von Tafeln aus Ninive nicht wenigstens *eine* Abschrift eines astronomischen Textes finden lassen, der aus akkadischer Zeit stammte und meine Überlegungen bestätigen würde?

Es dauerte nicht lange, bis ich fand, was ich suchte: eine aus zwei Tafeln bestehende astronomische Keilschriftserie, die sich als ein wahres Kompendium chaldäischer Sternkunde im 24. Jahrhundert v. Chr. erweisen sollte (Abbildung 3).

Die Serie war im Vorderen Orient weit verbreitet. Die bislang älteste datierte Abschrift stammt aus Assur und wurde, wie auf der Tafel eigens vermerkt ist, im achtzehnten Regierungsjahr Sanheribs (687 v. Chr.) geschrieben. Von den Duplikaten aus Assurbanipals Bibliothek enthält ein Tafelfragment auf der Rückseite den Vermerk »Kopie einer Vorlage aus Babylon«. Da die erste Tafel mit den Zeichen MUL und APIN beginnt, nennt man beide Tafeln zusammen auch MUL.APIN-Serie. Diese erste Tafel enthält einen umfangreichen Sternkatalog, in welchem nicht weniger als 66 Sternbilder und Einzelsterne verzeichnet sind, die sich sämtlich aufgrund der Angaben der Serie selbst identifizieren lassen, so daß es mir schließlich gelang, den chaldäischen Fixsternhimmel im 24. Jahrhundert v. Chr. vollständig zu rekonstruieren.

* Tontafel L^4 (K 3050 + K 2694)

3 Die unscheinbare knapp 6 cm breite und 8,4 cm hohe Tontafel des British Museum, die sich als Schlüssel zum Verständnis des chaldäischen Weltgebäudes erweisen sollte: MUL.APIN (Nr. 86 378). Die Entdeckung des Autors, daß die Tafel astronomische Aufzeichnungen aus dem 3. Jahrtausend v. Chr. enthält, hat zu einem völlig neuen Bild der Anfänge menschlichen Wissens und Weltverständnisses geführt. Anhand dieses Textes und weiterer Keilschriftquellen ist es gelungen, den gestirnten Himmel über Babylon im 3. Jahrtausend v. Chr. vollständig zu rekonstruieren.

Im Anschluß an die Sternliste sind für 34 Sternbilder, darunter elf Tierkreisbilder, die Daten der Morgenerstaufgänge im Sonnenjahr angegeben. Als ich die Daten nachrechnete, ergab sich, daß die Aufgänge dieser Sterne alle im 24. Jahrhundert v. Chr. beobachtet wurden. Natürlich kommt auch die Waage vor! Sie heißt im Akkadischen *zibanitum* und wird mit *kittu shamê*, »Gerechtigkeit des Himmels«, erläutert. Interessanterweise haben die Araber den alten chaldäischen Namen *zibanitum* für die Waage überliefert. Ṣufi nennt sie *zubaniyan*, und noch heute heißt das Sternbild im Arabischen *zubana*.

In der MUL.APIN-Serie wird zur Waage eigens hinzugefügt, daß sie aus einem Teil der Scheren des Skorpions gebildet wurde, was nicht nur die Aussage des Servius bestätigt, sondern auch beweist, daß »zibanitum« damals (2340 v. Chr.) gerade erst zur Kennzeichnung des Herbstanfangs eingeführt worden sein muß. Tatsächlich wird das Datum des Morgenerstaufgangs von »zibanitum« in der Serie ausdrücklich als Herbst-Tagundnachtgleiche gekennzeichnet.

Es überrascht kaum noch, daß auch Regulus, der »königliche« Stern an der Brust des Löwen, als »Königsstern« (MUL.LUGAL = »sharru«) erscheint und den Angaben der Serie zufolge im Sommersonnenwendepunkt steht, was 2340 v. Chr. der Fall war.

Die zweite Tafel enthält eine Fülle weiterer Informationen, die es mir erlaubten, auch die Kosmologie der Chaldäer in akkadischer Zeit bis ins Detail zu entschlüsseln. Statt des von Sumerologen und Assyriologen gezeichneten primitiven Bildes einer auf dem »kosmischen Wasser« schwimmenden Erdscheibe, über die sich aus Zinn eine Himmelskäseglocke wölbt, an welcher die Sterne befestigt sind, offenbarte MUL.APIN mir ein imponierendes chaldäisches Weltgebäude, das alle modernen Vorstellungen enthielt.

Nicht zuletzt aber entpuppte sich die MUL.APIN-Serie auch als astronomischer Kommentar zum akkadischen Gilgamesch-Epos. Als ich diese wunderbare Dichtung, die für uns Abendländer nur mit Homers »Ilias«, Dantes »Göttlicher Komödie« und Goethes »Faust« vergleichbar ist, auf dem Hintergrund der chaldäischen Uranographie und Kosmologie zu lesen begann, drang ich in eine Welt ein, die uns seit Jahrtausenden verschlossen geblieben war. Denn der Schlüssel war verloren, der das Tor zu den Geheimnissen der ältesten Chaldäer aufzuschließen vermochte: der gestirnte Himmel von Babylon.

WIE SIE SPRACHEN – WIE SIE SCHRIEBEN

Sumerer und Akkader. Im elften Kapitel der Genesis wird uns die Geschichte vom Turmbau zu Babel und der darauf folgenden Sprachverwirrung berichtet. Auch bei den Chaldäern ist die Erinnerung an eine ehemals gemeinsame Sprache des Menschengeschlechts lebendig geblieben. So heißt es in einer fast zur gleichen Zeit wie das Gilgamesch-Epos geschriebenen Dichtung um *Enmerkar*, den Herrscher, der Uruk erbaute, daß einst »die Menschen in Eintracht lebten und den Gott Enlil in *einer* Sprache lobten«. Aber spätestens um die Wende vom vierten zum dritten Jahrtausend v. Chr. treffen wir in der von Euphrat und Tigris durchflossenen Ebene nördlich des Persischen Golfes, welche die Bibel Sinear nennt, ein buntes Völkergemisch mit einer Vielzahl von Dialekten an, die sich im wesentlichen jedoch auf zwei Sprachgruppen zurückführen lassen, eine semitische, die uns vor allem seit der Zeit Sargons von Akkad im 24. Jahrhundert v. Chr. vertraut ist und deshalb allgemein als *Akkadisch* bezeichnet wird, und einen den kaukasischen und finno-ugrischen Sprachen verwandten Sprachtypus, das *Sumerische*.

In diesem Buch werden *sumerische* Wörter (zum Beispiel MASH.TAB.BA) in der Regel mit *großen*, *akkadische* Wörter (zum Beispiel zibanitum) mit *kleinen* Buchstaben geschrieben.

Während das Akkadische ab dem 20. Jahrhundert v. Chr. hauptsächlich in zwei Dialekten auftritt, dem *Babylonischen* im Süden des Zweistromlandes und dem *Assyrischen* in Assyrien, wird das Sumerische nach 2000 v. Chr. nicht mehr gesprochen, sondern nur noch schriftlich überliefert.

Im dritten Jahrtausend v. Chr. spielt die sumerisch sprechende Bevölkerungsschicht jedoch politisch und kulturell eine dominierende Rolle; auf sie geht auch die Erfindung der Keilschrift zurück, die von den Akkadern übernommen wurde und schließlich im ganzen Vorderen Orient Verbreitung fand.

Sie schrieben auf Ton. Die Keilschrift ist aus einer Bilderschrift hervorgegangen, in der jedes Zeichen ein mehr oder weniger stilisiertes (Teil-)Bild des Gegenstandes war, das es bezeichnete. Wenn uns diese Schriftzeichen von Sinear erhalten blieben, so ist das dem Umstand zu verdanken, daß die Bewohner des Zweistromlandes sehr bald auf den Gedanken kamen, den hier reichlich vorhandenen Ton als Schreibmaterial zu benutzen, indem sie mit einem spitzen Rohrgriffel die Bildzeichen in den noch feuchten Ton ritzten, der dann an der Luft getrocknet oder im Ofen gebrannt wurde. In der erwähnten Dichtung um Enmerkar wird dieser frühe Herrscher von Uruk als Erfinder des Schreibens auf Ton geschildert: »Der Herr von Uruk nahm einen Klumpen Ton und schrieb darauf die Worte wie auf eine Tafel. Noch niemals wurde je ein Wort auf Ton gesetzt...« Nicht von ungefähr hat man gerade in Uruk die ältesten beschrifteten Tontafeln gefunden.

Die Kunst des Schreibens – vor allem wohl auf vergänglicherem Material als Ton – reicht sicher in viel frühere Zeit zurück. Und wenn wir Assurbanipal nicht als Betrüger betrachten wollen, dann bedeuten seine stolzen Worte, er habe beschriebene Steine aus der Zeit vor der Sintflut gelesen, daß es Schrift bereits in vorsintflutlicher Zeit gegeben hat, die dann wohl keiner der Sprachen nach der babylonischen Sprachverwirrung angemessen war, so daß man wieder ganz von vorne anfangen mußte. Im Laufe der Zeit wurden die Bildzeichen immer mehr vereinfacht. Die Linien wurden in Keile (𒁹) und Winkelhaken (𒌋) aufgelöst, die man mit Hilfe eines nun nicht mehr spitzen, sondern zum dreiseitigen Prisma ausgeformten Griffels in den Ton drückte. So entstand aus der Bilderschrift eine Keilschrift.

Homophonie der Zeichen. Ein besonderes Charakteristikum der Keilschrift ist die Homophonie der Zeichen. Gemeint ist damit, daß es für *einen* Lautwert, zum Beispiel KU, *mehrere* Keilschriftzeichen gibt. Ein bekanntes Beispiel im Deutschen sind die Wörter »Lehre« und »Leere«, die zwar gleich klingen, aber verschieden geschrieben werden. Um nun bei der modernen Umschrift von sumerischen und akkadischen Texten die verschiedenen Homophone genau kennzeichnen zu können, haben die Gelehrten die Zeichen nach ihrer Häufigkeit geordnet und durch Akzente und tiefgestellte Zahlen (Indizes) unterschieden. Das in den Texten jeweils am meisten verwendete Zeichen wird ohne Akzent oder Index geschrieben (zum Beispiel KU oder ku), das zweithäufigste erhält einen *Akut* (KÚ oder kú), das dritte einen *Gravis* (KÙ oder kù). Vom vierten an erhalten die Zeichen einen Zahlenindex (KU_4, KU_5, KU_6 oder ku_4, ku_5, ku_6 und so fort).

Determinative. Lesen und Schreiben war im alten Mesopotamien eine Wissenschaft für sich, die man viele Jahre lang mühevoll im »Haus der Tafel« erlernen mußte. Um die ohne Punkt und Komma hintereinander weggeschriebenen Keilschrifttexte lesbarer zu gestalten, fügten schon die Sumerer vielen Wörtern *Determinative* oder Deutezeichen hinzu, die das betreffende Wort, in der Regel ein Substantiv, einer bestimmten Bedeutungsklasse zuordneten. Die Determinative wurden den Wörtern voran- oder nachgestellt, aber meist nicht mitgelesen.

Die wichtigsten Determinative sind:

d	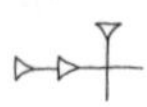	»Gott«,	*vor* Götternamen, zum Beispiel: ^{d}UD, Sonnengott (akkadisch: ^{d}Shamash). Dieses hochgestellte ^{d} kann als Abkürzung für DINGIR, »Gott«, aufgefaßt werden.
(MUL)	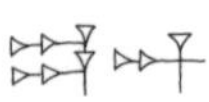	»Gestirn, Stern«,	*vor* Sternbildern, Sternen und Planeten zum Beispiel: (MUL). GU_4.AN.NA, Sternbild des Stieres (Taurus).
(GISH)		»Holz, Baum«,	*vor* Bäumen und hölzernen Gegenständen, zum Beispiel: (GISH).APIN, »Pflug«.
(LÚ)		»Mann«,	*vor* Berufsbezeichnungen, zum Beispiel: (LÚ).CHUN, »Bauer«.
(ÍD)	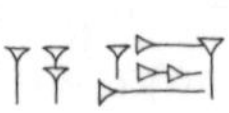	»Fluß«,	*vor* Flußnamen, zum Beispiel: (ÍD)Purattu, »Euphrat«.
(ITI)	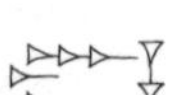	»Monat«,	*vor* Monatsnamen, zum Beispiel: (ITI).BÁR, »Nisannu«.

(KI) 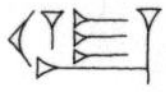 »Erde, Ort«, *nach* Städtenamen, zum Beispiel: KÁ.DINGIR.RA.(KI), »Babylon«, akkadisch: Babili(KI).

(MUSHEN)  »Vogel«, *nach* Vogelnamen, zum Beispiel: TI$_8$.(MUSHEN), »Adler«.

(MESH) 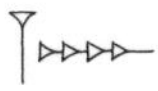 *nach*gestellt, zeigt den Plural des vorangehenden Wortes an, zum Beispiel: LUGAL.(MESH), »Könige«.

Mit Ausnahme des ^{d} setzen wir Determinative in runde Klammern. Das Determinativ (MUL) vor einem Gestirn lassen wir in der Regel fort.

Die Chaldäer. Noch ein Wort zum Begriff »Chaldäer«. Keilinschriftlich ist uns vor allem im ersten Jahrtausend v. Chr. eine vorwiegend im Süden Mesopotamiens, des Landes zwischen Euphrat und Tigris, beheimatete semitische Bevölkerungsgruppe bezeugt, die *Kaldu* genannt wird und in mehrere Stämme oder »Häuser« (bitu) zerfällt. Politisch treten diese Kaldu oder Chaldäer ein letztes Mal unter Nabupolassar ins helle Rampenlicht der Weltgeschichte, dessen Sohn Nebukadnezar II. (604 – 562 v. Chr.) bekanntlich Jerusalem und den Tempel zerstörte und Juda in die Babylonische Gefangenschaft deportierte. Aber schon im Buch Daniel der Bibel werden die Chaldäer unter den Mysterienpriestern, Teufelsanbetern und Hexenmeistern von Babylon genannt, die der König Nebukadnezar umbringen wollte, weil sie ihm seinen prophetischen Traum weder ansagen noch deuten konnten. Und auch Herodot bezeichnet die Priester des Zeus-Belos von Babylon als Chaldäer (Χαλδαῖοι). Solche Chaldäer gab es natürlich nicht nur in der Stadt Babylon, sondern im ganzen Zweistromland, und zwar mindestens seit dem dritten Jahrtausend v. Chr., so daß Diodor sie mit Recht »zu den ältesten Einwohnern von Babylonien« zählt. Auch wir verwenden hier den Begriff »Chaldäer« in diesem klassischen Sinne.

1 DAS GILGAMESCH-EPOS – EIN CHALDÄISCHES ASTROPOEM

Die hohen einsamen Trümmerhügel Assyriens beschäftigten mich stärker, stimmten mich feierlicher und machten mich nachdenklicher als alle Tempel von Baalbek und die Theater Ioniens.
Austen Henry Layard

Sha nagba imuru – Der alles sah

1849 hatte Austen Henry Layard unter dem Trümmerhügel von Kujundschik am linken Tigrisufer, Mossul gegenüber, das uralte Ninive wiederentdeckt. Im Südwestpalast Sanheribs stieß er auf zwei kleinere Räume, in denen Tontafeln herumlagen, die offenbar bei der Zerstörung und Einäscherung Ninives im Jahre 612 v. Chr. von den Holzregalen zu Boden gefallen und dort zweieinhalb Jahrtausende liegengeblieben waren, bis der große englische Archäologe sie vom Wüstensand befreite – zwei Jahrzehnte bevor Heinrich Schliemann in Hissarlik das Troja Homers ausgraben sollte.

Knapp vier Jahre später (1853) fand Hormuzd Rassam im Palast Assurbanipals etwa 20000 weitere Tontafeln und Fragmente der »Bibliothek« Assurbanipals, die schließlich wie die ersten Tafelfunde aus Ninive im British Museum in London landeten. Als George Smith im Jahre 1872 die Tafeln sichtete, entdeckte er darunter ein Tafelbruchstück, welches den »chaldäischen Bericht« einer Sintflut enthielt, der – wie er bald herausfand – zur elften Tafel des Gilgamesch-Epos gehörte (Abbildung 4).

Smiths Entdeckung löste einen Sturm der Begeisterung aus. Der Daily Telegraph zahlte ihm tausend Guineas, damit er nach Ninive reisen konnte, um weitere Texte zu suchen. Kaum in Ninive angekommen, fand Smith den fehlenden Teil der Sintflutgeschichte.

Inzwischen sind uns Tafeln des Gilgamesch-Epos aus dem gesamten Alten Vorderen Orient bekannt. Die spätesten Abschriften stammen aus dem siebten und sechsten Jahrhundert v. Chr. und wurden in der Bibliothek Assurbanipals in Ninive, in Assur und Uruk sowie in Sultantepe unweit von Harran gefunden. In Hattuscha, der Hauptstadt des Hethiter-Reiches, fand man neben einer akkadischen Fassung des Epos auch eine hethitische und eine hurritische Übersetzung aus dem 14. Jahrhundert v. Chr. Aus etwa derselben Zeit stammt ein in Megiddo in Israel gefundenes Fragment. Vom Ende des dritten und Anfang des zweiten Jahrtausends v. Chr. sind uns meh-

4 Die berühmte Sintfluttafel des Gilgamesch-Epos aus der Bibliothek Assurbanipals in Ninive, auf der George Smith 1872 den »chaldäischen Bericht« einer Sintflut entdeckte, der mit dem Sintflutbericht in der Bibel in vielen Punkten verblüffend genau übereinstimmt (British Museum Nr. K 3375).

rere Tontafeln des Epos erhalten. Aus der zweiten Hälfe des dritten Jahrtausends v. Chr. sind außerdem fünf *sumerisch* geschriebene Kurzepen über Gilgamesch auf uns gekommen, von denen zwei, der Zug Gilgameschs zu Chuwawa und die Tötung des Himmelsstiers, deutlich an Episoden des Gilgamesch-Epos anklingen.

Das Erstaunlichste an dieser Dichtung ist wohl, daß sie zwei Jahrtausende nahezu unverändert überliefert wurde. Im Mittelpunkt des Epos steht Gilgamesch, der sagenumwobene König von Uruk, dem »Erech« der Bibel, aus dem Anfang des dritten Jahrtausends v. Chr., »der alles sah« (»sha nagba imuru«) und »alles wußte«, das »Verborgene« und das »Geheime« erschaute, und »Kunde über die Tage vor der Sintflut brachte«, »auf einem fernen Weg ging, dabei ermüdete, wieder umkehrte und all seine Mühsal auf eine Steinsäule meißelte«. Solchergestalt wird Gilgamesch in den ersten acht Zeilen des Epos dem Leser vorgestellt. Wer sich diesen Worten nicht verschließt, der mag erahnen, daß der Dichter sich nun anschickt, Unaussprechliches, Geheimnisvolles zu enthüllen und doch zugleich mit Worten zu verhüllen, so daß kein Uneingeweihter den tiefen Sinn ergründen kann.

Ehe wir beginnen, den Schleier zu heben, der sich seit Jahrtausenden über das Epos gebreitet hat, soll die vordergründige Fabel erzählt werden.

Die Handlung des Epos. Nach dem Prolog führt uns der Dichter, noch vor der eigentlichen Handlung, nach Uruk hinein und zeigt uns die Stadtmauer aus gebrannten Ziegeln, die Gilgamesch erbauen ließ, und Eanna, den strahlenden Tempel Ischtars, der Göttin von Uruk. Am Ende des Epos, als Gilgamesch nach Uruk, von wo er auszog, zurückgekehrt ist, wird diese Schilderung der Mauer und Eannas wiederholt.

Die Handlung selbst beginnt damit, daß Gilgamesch, der »Hirte« von Uruk, kraftstrotzend wie ein »Wildstier« die Einwohner Uruks bedrängt. Sie klagen den Göttern ihr Leid und werden erhört. Die Göttin Aruru erschafft dann auf Befehl des Anu, des höchsten Gottes, den Enkidu, einen vollkommenen Helden, der vom Gebirge herabkommt und in der Steppe mit den Tieren in friedlicher Eintracht lebt. Er befreit sie aus den gefährlichen Fallen eines Jägers, nährt sich von Kräutern und Früchten und eilt ohne Scheu mit dem Wild zur Tränke.

Der aufgebrachte Jäger beklagt sich erst bei seinem Vater und dann bei Gilgamesch über Enkidu und erhält den Rat, die Dirne Schamchat mit zur Tränke zu nehmen. Sie soll Enkidu mit ihren verführerischen Künsten dem freien Leben in der Natur entfremden. Enkidu erliegt den weiblichen Reizen und teilt sechs Tage und sieben Nächte mit der Dirne das Lager. Als er endlich um sich schaut, muß er feststellen, daß die Gazellen aufspringen und das Wild vor ihm flieht; auch vermag er »nicht mehr wie zuvor« zu laufen, seine Knie versagen ihm.

Er kehrt schließlich zornig um und hört der Dirne zu, die ihm von Gilgamesch und den Freuden des Stadtlebens erzählt. Daraufhin will Enkidu nach Uruk ziehen und Gilgamesch zum Kampf herausfordern. Ehe Enkidu jedoch vom Gebirge herabkam, hatte Gilgamesch zwei prophetische Träume über Enkidu, die Gilgameschs Mutter Ninsun so deutete, daß die beiden Helden sich begegnen und Freundschaft schließen würden.

Als Enkidu auf der Straße von Uruk einhergeht und von den Bewohnern Uruks bestaunt wird, trifft er auf Gilgamesch, der mit der Göttin Ischchara die »Heilige Hochzeit« begehen will. Enkidu versperrt ihm das Tor mit dem Fuß. Es kommt zum Kampf. Doch während des Zweikampfes verraucht plötzlich Enkidus Zorn, und die beiden Helden werden Freunde.

Danach sehen wir Enkidu mit tränenerfüllten Augen und völlig geschwächt. Gilgamesch ermuntert den neu gewonnenen Freund und schlägt ihm vor, zum weit entfernten Zedernberg zu ziehen, um den schrecklichen Chumbaba zu töten und die hohe Zeder inmitten des Zedernwaldes zu fällen.

Enkidu warnt jedoch vor Chumbaba, da er ihm schon begegnet sei, als er noch im Gebirge mit dem Wild umherstreifte; außerdem bewache ein Wächter den Eingang zum Zedernwald, und jeder, der in den Wald hinabsteigen wolle, werde gelähmt. Aber Gilgamesch ist fest entschlossen, Chumbaba zu töten und läßt sich Waffen für dieses gefährliche Unternehmen schmieden. Selbst die Ältesten der Stadt können Gilgamesch nicht von seinem Entschluß abbringen.

Ehe Gilgamesch und Enkidu zum Tor von Uruk hinausziehen, gehen sie noch zum Palast Ninsuns, der Mutter Gilgameschs. In einer dunklen Zeremonie adoptiert sie Enkidu, der damit nicht nur Freund, sondern auch Bruder des Gilgamesch geworden ist.

Nun marschieren die beiden Brüder los. Unterwegs im Gebirge machen sie Rast, und Gilgamesch wird von prophetischen Träumen geschüttelt. Nach langer Wanderung gelangen sie in die Nähe des Zedernwaldes; Enkidu mahnt nun Gilgamesch zur Eile, weil der Wächter des Waldes sechs Panzermäntel abgelegt und nur einen anbehalten habe. Der Wächter wird überwältigt, und dann steigen die beiden Helden in den Zedernwald hinab. Aber Enkidu wird plötzlich von unsagbarem Schmerz gepackt und ist gelähmt. Nur langsam klingt die Lähmung ab. Doch schließlich kann Enkidu wieder gehen. Die beiden Helden dringen weiter in den Wald ein, bis sie schließlich dem schrecklichen Chumbaba Auge in Auge gegenüberstehen. Es kommt zu einem erbitterten Kampf. Gilgamesch verwundet Chumbaba mit dem Schwert am Hals, aber erst Enkidu gelingt es, Chumbaba das Haupt abzuschlagen.

Gilgamesch fällt nun die unbewachte Zeder, wäscht sich, zieht seinen Mantel an, setzt die Königsmütze auf und begibt sich auf den Heimweg nach Uruk. Da kommt ihm die Göttin Ischtar entgegen und wirbt um seine Liebe. Aber Gilgamesch lehnt ihre Zuneigung ab, da sie bereits Tammuz, ihren Jugendgeliebten, jährlich zum Weinen gebracht und weiteren Liebhabern Leid zugefügt habe.

Ischtar ist ob dieser Schmähungen so sehr beleidigt, daß sie zum Himmel aufsteigt und ihren Vater Anu, den Gott des Himmels, bittet, ihr den Himmelsstier zu überlassen, damit er Gilgamesch in Uruk töte. Anu warnt seine Tochter vor Jahren der Mißernte, gibt ihr aber nach einigem Zögern den Stier, den Ischtar dann nach Uruk hinabführt. Der Stier stürmt gegen Gilgamesch und Enkidu an, aber Enkidu packt den Stier am Schweif, Gilgamesch ergreift die Hörner des Stiers und trifft ihn mit seinem Schwert sicher in den Nacken. Den getöteten Stier legen sie vor dem Sonnengott nieder.

Ischtar steigt voll Zorn auf Uruks Mauer und stößt ein Wehgeschrei aus. Enkidu reißt daraufhin dem Stier die rechte Hinterkeule aus und wirft sie der Göttin von Uruk vor die Füße. Die Hörner des Stiers voll Salböl hängt Gilgamesch dankbar in das Schlafgemach seines Schutzgottes Lugalbanda. Dann feiern die beiden Helden ein Freudenfest und schlafen ein.

Jäh erwacht Enkidu aus einem Traum, der ihn erschreckt. In seinem Traum hielten die großen Götter Anu, Enlil, Ea und der Sonnengott Schamasch Gericht über Gilgamesch und Enkidu. Das Urteil lautet auf Tod für Enkidu, während Gilgamesch freigesprochen wird. Und tatsächlich liegt Enkidu bald danach zwölf Tage und zwölf Nächte krank auf seinem Lager und stirbt. Gilgamesch stimmt vor Schmerz eine Wehklage über den dahingegangenen Bruder an und läßt ihn sieben Tage nicht begraben in der Hoffnung, daß er doch noch zum Leben zurückkehre.

Der unerbittliche Tod seines Freundes mahnt Gilgamesch, daß auch ihn ein gleiches Geschick treffen wird und aller Ruhm ihn nicht davor bewahren kann. Von Todesfurcht geplagt, läuft er in die Steppe auf der Suche nach dem Sintfluthelden Utnapischtim, der dem biblischen Noah entspricht. Dem Epos zufolge war Utnapischtim als einziger Sterblicher nach der Sintflut lebend zu den Göttern entrückt worden.

Auf dem gefahrvollen Weg gelangt Gilgamesch nach unsäglichen Strapazen zum Maschu-Gebirge, das von riesigen Skorpionmenschen bewacht wird. Sie warnen ihn vor dem finsteren Berginneren, das noch kein Sterblicher heil durchschritten habe, geben aber schließlich dem Klagen und Seufzen Gilgameschs nach und lassen ihn »auf dem Weg des Sonnengottes« ins »Bergtor« eintreten. In dichtester Finsternis durchwandert Gilgamesch das Gebirge, bis er nach 24 Stunden bei strahlendem Sonnenschein in einen Garten mit Edelsteinbäumen gelangt, der unweit vom Meere gelegen ist.

Am Gestade des Meeres lebt einsam und verhüllt die göttliche Schenkin Siduri. Als sie den in Felle gekleideten, abgezehrten Gilgamesch sieht, erschrickt sie und verriegelt das Tor. Gilgamesch droht, das Tor zu zerschlagen, wenn sie nicht öffnet. Dann bittet er Siduri, ihm den Weg zu Utnapischtim zu weisen. Aber die Schenkin rät ihm umzukehren, da seit Urzeiten kein Mensch über das Meer zu gehen vermochte. Da erscheint, gerade rechtzeitig, Urschanabi, der Schiffer Utnapischtims, am Ufer. An ihn wendet sich Gilgamesch mit der dringlichen Bitte, ihn zu Utnapischtim zu bringen. Gemeinsam besteigen die beiden das Schiff, und nachdem sie auch die »Gewässer des Todes« passiert haben, kommen sie wohlbehalten zu dem Ort, an dem sich Utnapischtim ewigen Lebens erfreut.

Gilgamesch möchte wissen, wie Utnapischtim das ewige Leben erwarb. In einer berühmten Passage erzählt nun Utnapischtim die Geschichte der Sintflut: Auf den Rat des Gottes Ea hatte er eine Arche gebaut, die ihn durch die Wasser der Sintflut hindurch rettete. Die

Arche landete schließlich am Berg Niṣir. Um zu erkennen, ob die Wasser gesunken waren, ließ er zuerst eine Taube, danach eine Schwalbe und zuletzt einen Raben fliegen. Als Dank für die Rettung brachte er den Göttern auf dem Berge ein Opfer dar, worauf er vom Berge hinweg an diesen Ort »fern an der Mündung der Ströme« entrückt wurde.

Als Utnapischtim geendet hat, führt Urschanabi Gilgamesch zum Waschort, damit er seinen beschmutzten Leib reinige. Utnapischtim gibt ihm ein neues Gewand und verrät ihm das Geheimnis einer stacheligen Pflanze, die in dem nahen Abgrund (Apsu) wächst und ewige Jugend verleiht. Da bindet Gilgamesch schwere Steine an seine Füße und wird in die Tiefe gezogen. Er findet wahrhaftig die Pflanze. Rasch schneidet er die Steine von den Füßen ab und wird von der Meeresströmung weit entfernt ans Ufer geworfen. Zusammen mit Urschanabi wandert er in Richtung Heimat. Am Abend machen sie Rast. Da geschieht das Unheil: Während Gilgamesch in einen Brunnen hinuntersteigt, um sich in dem kühlen Wasser zu baden, kommt eine Schlange herauf, stiehlt die Pflanze und – häutet sich bei ihrer Rückkehr. Wir erfahren noch, wie Gilgamesch vor Urschanabi klagt, daß nun all seine Mühsal vergeblich war. Dann, mit dem Einzug Gilgameschs in Uruk und dem Lob auf die Mauer von Uruk und den Tempel der Ischtar, endet das Epos, wie es begonnen hatte.

Ein Theologe löscht die Sterne aus

Seit das Gilgamesch-Epos bekannt wurde, haben sich die Gelehrten nun schon mehr als ein Jahrhundert lang um die richtige Deutung dieser einzigartigen Dichtung bemüht, ohne jedoch tiefer in das Wesen dieser frühen Literaturschöpfung des Alten Orients eingedrungen zu sein. Henry Rawlinson, der Entzifferer der Felseninschrift von Behistun, war der erste, der in dem Epos einen Sonnenmythos vermutete, der den Jahreslauf der Sonne durch die Tierkreisbilder beschreibt. Jedoch konnte er kaum mehr als einige vage Vermutungen aussprechen, und auch andere Gelehrte, die ihm zustimmten, fanden außer einer gewissen Analogie zwischen den Skorpionmenschen und dem Tierkreisbild des Skorpions, dem Wassermann und der Sintflutgeschichte sowie den Zwillingen und der Freundschaft der beiden Helden des Epos nichts, was ihrer These Beweiskraft verliehen hätte.

Kugler und Jensen haben, nachdem die astronomische Keilschriftliteratur teilweise erschlossen war, die Deutung des Epos als Sternendichtung wieder aufgegriffen und einen Bezug zwischen den einzelnen Episoden und den ekliptikalen Sternbildern nachzuweisen versucht. Da sie zu unterschiedlichen und widersprüchlichen Sternidentifikationen für die betreffenden Episoden gelangten, geriet die astrale Deutung schnell in Verruf und erhielt schließlich den Todesstoß, als der Theologe Greßmann gezielt mit unzutreffenden Argumenten gegen Jensen zu Felde zog.

Jensen hatte für die Richtigkeit seiner These geltend gemacht, daß die chronologische Reihenfolge der Ereignisse im Epos der Reihenfolge der Sternbilder auf dem scheinbaren Weg der Sonne entspreche. Greßmann zeigte, daß bei Jensen die Reihenfolge der Sternbilder erheblich gestört war. Als Paradefall diente ihm das von Jensen mit dem Himmelsstier gleichgesetzte Sternbild des Stieres. Da Jensen die Freundschaft zwischen Gilgamesch und Enkidu, welche in der zweiten Tafel, also ziemlich am Anfang des Epos, genannt wird, auf das Sternbild der Zwillinge bezog, das am gestirnten Himmel auf das Sternbild des Stiers folgt, müßte die Episode vom Himmelsstier demnach *vor* dem Freundschaftsschluß der beiden Helden im Epos erwähnt sein. Im Epos tritt der Himmelsstier aber erst in der sechsten Tafel auf, lange nachdem Gilgamesch und Enkidu Freunde wurden. Wir müßten nach Greßmann die Reihenfolge der Episoden gerade vertauschen, wenn das Epos auf die Sterne bezogen sein sollte.

Ferner setzt Jensen die zornige Ischtar mit dem Sirius gleich. Greßmann fragt deshalb, welche Ereignisse oder Gestalten des Epos denn der Virgo (Jungfrau) oder Libra (Waage) entsprechen sollen. Jensen ordnet diese beiden Sternbilder nicht weiter zu, so daß in seinem System offensichtlich mehrere Lücken klaffen.

Die übrigen Teile des Epos, für deren Bezug auf die Sterne Jensen eine Reihe triftiger Gründe anführt, versucht Greßmann vom Himmel herabzuholen, indem er einfach behauptet, die astronomischen Kenntnisse der Babylonier seien vor der hellenistischen Zeit zu dürftig gewesen, um eine Projektion der entsprechenden Episoden an den Himmel zu rechtfertigen.

Das letzte Argument Greßmanns ist durch die astronomische

Keilschriftserie MUL.APIN eindeutig widerlegt worden. Denn die Serie beweist, daß die Chaldäer im dritten Jahrtausend v. Chr. bereits wissenschaftliche Astronomie getrieben haben, von der sich unsere Schulweisheit bisher nichts träumen ließ. In Kapitel sieben dieses Buches werden wir noch einmal Gelegenheit haben, die Sterne näher zu betrachten.

Wir brauchen uns deshalb hier auf Greßmanns pauschale Behauptung der astronomischen Ignoranz der Babylonier nicht weiter einzulassen.

Da jedoch seit Greßmann der Sternenbezug des Gilgamesch-Epos allgemein geleugnet wird, müssen wir uns um so eingehender mit Greßmanns Argumenten gegen die Episode vom Himmelsstier auseinandersetzen, zumal dies die einzigen Gründe geblieben sind, die gegen eine auf die Sterne bezogene Deutung der Dichtung ins Feld geführt worden sind.

Der Stier, der vom Himmel herabkam

Sehen wir uns die Episode vom Himmelsstier doch einmal genauer an! Der Himmelsstier wird im Epos GU_4.AN.NA geschrieben. Genauso heißt aber auch das chaldäische Sternbild, das unserem Stier (Taurus) entspricht. Es ist darum naheliegend, daß der Himmelsstier im Gilgamesch-Epos mit dem gleichnamigen Sternbild (GU_4.AN.NA) identisch ist. Geben wir dies aber zu, dann können Gilgamesch und Enkidu kaum anders als an der Himmelssphäre lokalisiert werden. Da die beiden Helden mit dem Himmelsstier kämpfen, müssen sie zudem in unmittelbarer Nähe des Stieres stehen (Abbildung 5).

Der babylonische Stier schreitet an der Sphäre nach Osten (auf der Sternkarte nach links!). Gilgamesch, der den Stier zwischen Nakken und Hörnern packt, kann folglich am Himmel nur *östlich vor* dem Stier stehen, während Enkidu, der den Stier am Schwanz faßt und ihm schließlich sogar die Hinterkeule ausreißt, sich *westlich hinter* dem Himmelsstier befinden muß.

Östlich (links) vom Stier steht SIPA.ZI.AN.NA, das Gestirn des »treuen Hirten des Himmels«, das dem Sternbild Orion entspricht und nördlich bis an die Ekliptik heranreicht.

Westlich (rechts) vom Himmelsstier steht (LÚ).CHUN.GÁ, das

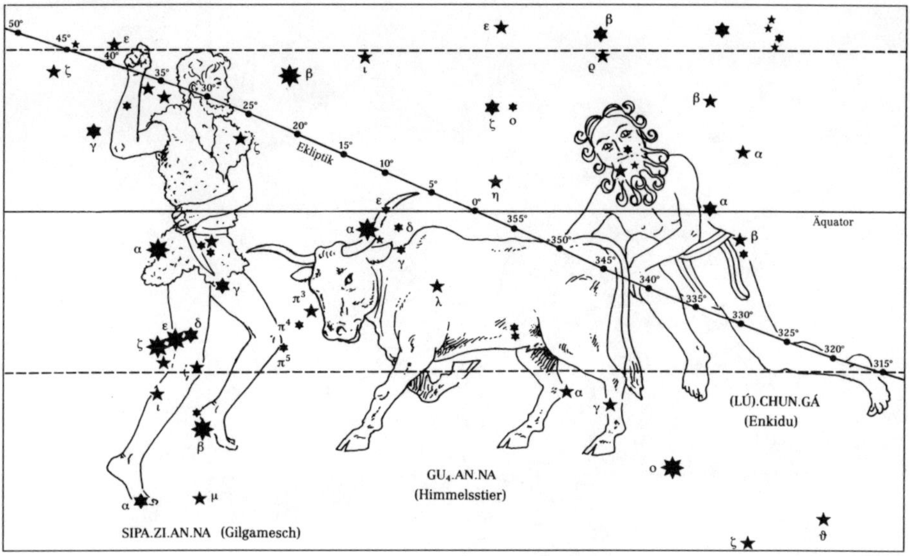

5 Der Kampf der beiden Helden mit dem Himmelsstier am Fixsternhimmel der Chaldäer (2340 v. Chr.).

Sternbild des »Ackermannes« oder »Knechtes«, das die Stelle des Widders (Aries) einnimmt, so daß Gilgamesch mit SIPA.ZI.AN.NA-Orion und Enkidu mit (LÚ).CHUN.GÁ-Aries zu identifizieren ist. Als SIPA, »Hirte«, wird Gilgamesch auch im Epos eingeführt:

»Gilgamesch, er ist in Hürden-Uruk *Hirte*«,
»Er ist in Hürden-Uruk *Hirte*«,
»Er ist ihr *Hirte*«.

In der MUL.APIN-Serie wird das Sternbild SIPA.ZI.AN.NA als Papsukkal bezeichnet. Papsukkal ist der Bote (sukkal) der Göttin Ischtar von Uruk. Tatsächlich wird der »treue Hirte des Himmels« in derselben Keilschriftserie auch »Bote des Anu und der Ischtar« genannt.

Anu ist der oberste Gott von Uruk, der gemeinsam mit Ischtar (sumerisch: INANNA) im Heiligtum É.AN.NA von Uruk verehrt wurde, so daß der himmlische »Hirte« eindeutig als Hirte von *Uruk* charakterisiert ist, mit dem Gilgamesch als Herrscher von Uruk im Epos gleichgesetzt wird (Abbildung 6).

Die Identität Enkidus mit (LÚ).CHUN.GÁ-Aries läßt sich nicht so leicht erweisen; jedenfalls scheint das Epos selbst keinen direkten

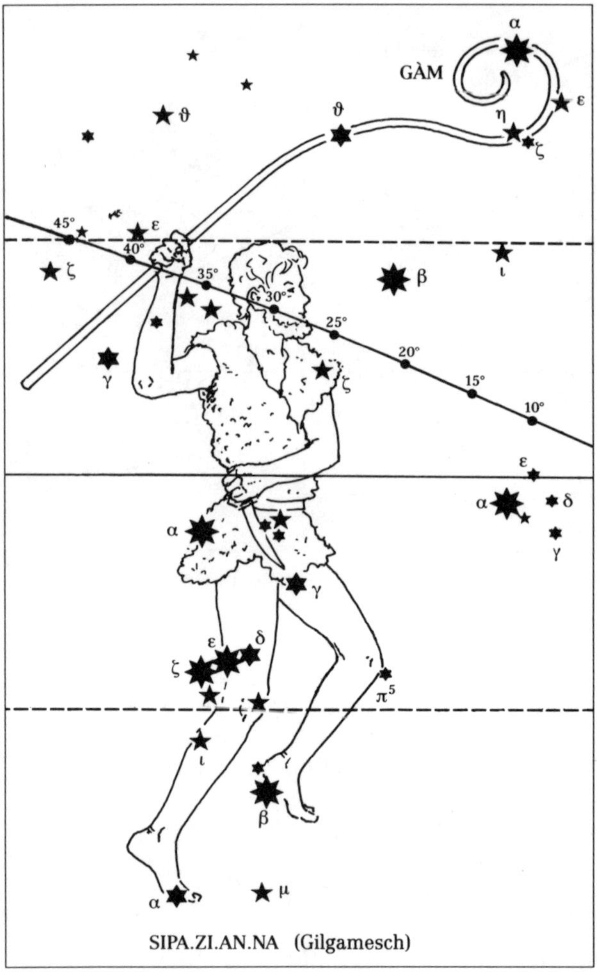

6 SIPA.ZI.AN.NA, der »treue Hirte des Himmels«, schwingt am chaldäischen Himmel seinen riesigen Hirtenstab (GÀM). Im Gilgamesch-Epos wird Gilgamesch als »Hirte« eingeführt.

Hinweis zu geben. Allerdings finden wir in der sumerischen Episode »Gilgamesch und Chuwawa«, einer weiteren Dichtung über den Gilgamesch-Stoff, die dem Inhalt der zweiten bis fünften Tafel des akkadischen Gilgamesch-Epos entspricht, eine Bestätigung. Hier bezeichnet Chuwawa Enkidu als (LÚ).CHUN, »Ackermann«.

In der sumerischen Erzählung »Enlil und die Weltordnung« wird Enki(m)du ein Ackermann ((LÚ).CHUN) genannt, und auch im sumerischen Mythos »Werbung um Inanna« ist Enki(m)du ein (LÚ).CHUN, ein Ackermann. Schon der geheimnisvolle Name des Helden selbst weist Enkidu als (LÚ).CHUN, als Ackermann, aus; denn EN.KI.DU heißt schlicht »der Herr (EN) des (Acker-)Feldes (KI.DU)«. Im Epos wird Enkidu mit Nisaba, der Schutzpatronin des Getreides, und mit Sumukan, dem Gott der Viehherden, verglichen, was Enkidu ins ländliche Milieu versetzt und deutlich genug als Rinderhirten kennzeichnet, der den Stier (GU$_4$.AN.NA) auf das Feld führt.

Wer ist nun Ischtar, die Gegenspielerin der beiden Helden? Jensen hatte Sirius fälschlich für BAN gehalten und das »Bogen«-Gestirn (siehe Sternkarte) mit Ischtar gleichgesetzt, wobei er den Bogen als Symbol der kriegerischen Ischtar auffaßte. Tatsächlich ist gemäß MUL.APIN-Serie das Bogengestirn ein Sternbild Ischtars. Jedoch wird sie dort eigens als *elamitische* Ischtar, »^{d}Ishtar elamatum«, gekennzeichnet, die von der erechitischen Ischtar, mit der wir es in der Himmelsstierepisode des Gilgamesch-Epos zu tun haben, strikt zu unterscheiden ist. Zusätzlich wird in MUL.APIN die elamitische Ischtar noch als »marat ^{d}Enlil«, »Tochter Enlils«, bezeichnet. Im Gilgamesch-Epos ist Ischtar aber eine Tochter des Anu:

»Ischtar trat vor *Anu*, ihren Vater«,
»Zu *Anu*, ihrem Vater, sprach da Ischtar«.

BAN, das »Bogen«-Gestirn, scheidet also für die Ischtar von Uruk aus. Greßmann hielt Jensen völlig zu Recht entgegen, daß für Ischtar, die babylonische »Jungfrau-Göttin«, nur das Sternbild Virgo (Jungfrau) in Betracht kommen kann. Das der Virgo entsprechende chaldäische Sternbild AB.SÍN wurde als Jungfrau mit einer Ähre in der Hand abgebildet (Abbildung 7).

In der MUL.APIN-Serie wird AB.SÍN als das Sternbild der Göttin »^{d}Shala shubultum«, der Göttin »Schala (mit der) Ähre«, bezeichnet (1. Tafel, Kol. II, 10). Die Göttin Schala ist eine Erscheinungsform der Ischtar.

Die Spitze der »Ähre« ist der Stern αVirginis. Dieser Hauptstern des Sternbildes Virgo, der bei den Griechen »stáchys«, »Ähre«, hieß, trägt noch heute den (lateinischen) Namen Spica, was ebenfalls »Ähre« bedeutet. AB.SÍN mit der Ähre steht laut MUL.APIN-Serie im *Anu*-Weg, jenem rund 33° breiten Gürtel um den Himmelsäquator, an den sich nördlich der sogenannte Enlil-Weg (geweiht dem Gott Enlil) und südlich der sogenannte Ea-Weg (geweiht dem Gott Ea) an-

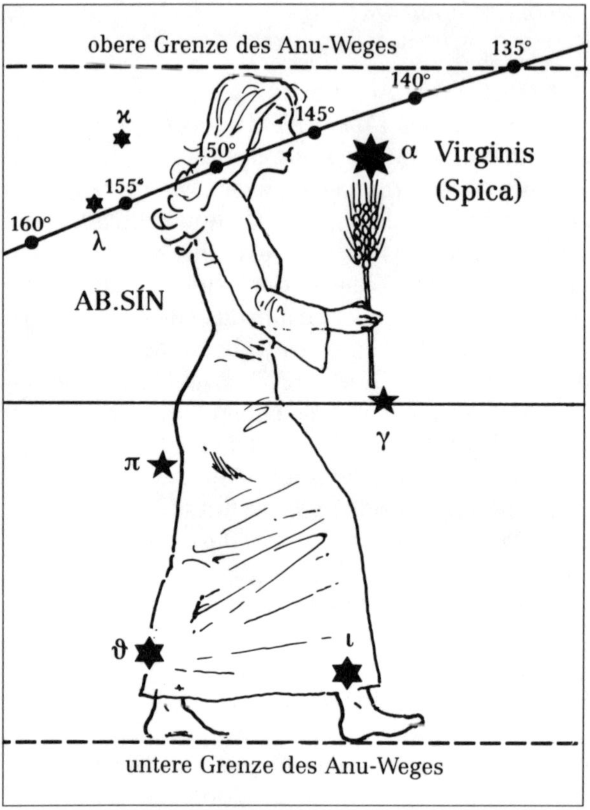

7 Ischtar, die chaldäische Liebesgöttin, mit der Ähre am Himmel der Chaldäer. Sie steht im Anu-Weg und wird darum im Epos als Tochter des Anu erwähnt.

schließt (vergleiche hierzu die Sternkarte und die Abbildung 50 in Kapitel 7). Es ist darum verständlich, daß Ischtar sich an Anu und nicht an Enlil oder Ea wendet. Nun gibt Anu seiner Tochter auf deren Bitte, ihr den Himmelsstier zu überlassen, folgende bemerkenswerte Antwort:

»Wenn ich deinen Wunsch erfülle,
Wird sieben Jahre es nur Stroh noch geben«.

Zum Sternbild des Stieres gehören die Plejaden, die im Zweistromland den Namen MUL.MUL führen und in der ersten Tafel von MUL.APIN »Siebengottheit« (^{d}7.BI) genannt werden. Die Bezeichnung »Siebengestirn« für diesen Sternhaufen geht also letztlich auf die alten Sumerer zurück. Ikonographisch werden immer sieben Sterne dargestellt. Schon in ältester Zeit werden die Plejaden (MUL.MUL) zusammen mit dem Stier abgebildet, und zwar als sieben Körner in einer einzelnen Ähre, die wohl stellvertretend für ein ganzes Kornfeld am Himmel steht (Abbildung 8).

Es ist nun nicht mehr schwer zu erraten, was Stier und Ähre am Himmel miteinander zu tun haben. Das in Ähren stehende Korn war offenbar das himmlische Zeichen für die Ernte. Wenn die himmlische Ähre (MUL.MUL) zum ersten Mal im Jahr am Morgen vor Sonnenaufgang am Osthorizont aus den Strahlen der Sonne heraustrat, also erstmals sichtbar wurde, dann war die Zeit der Ernte gekommen (Abbildung 9).

Wenn andererseits die Plejadenähre ein halbes Jahr später mitsamt dem Stier ein letztes Mal am Morgen über dem westlichen Horizont zu sehen war, dann mußte man den Pflugstier aufs Feld führen, den Acker pflügen und die Saat ausstreuen, was gewöhnlich mit Hilfe eines Saattrichters geschah, der mit Saatkörnern angefüllt war und dem Pflug aufgesetzt wurde, so daß die Körner gleich in die frisch gezogenen Ackerfurchen fielen.

Das Sternbild APIN, das der astronomischen Keilschriftserie MUL.APIN den Namen gegeben hat und »Pflug«-Gestirn bedeutet, und das am Himmel noch einen Saattrichter (GISH).NINDA, auch

8 Auf diesem Abdruck eines Rollsiegels (Ausschnitt) aus dem dritten Jahrtausend v. Chr. ist der Stier (GU_4.AN.NA) mit der Plejadenähre (MUL.MUL) zu sehen, die sieben Körner enthält; Louvre, Paris.

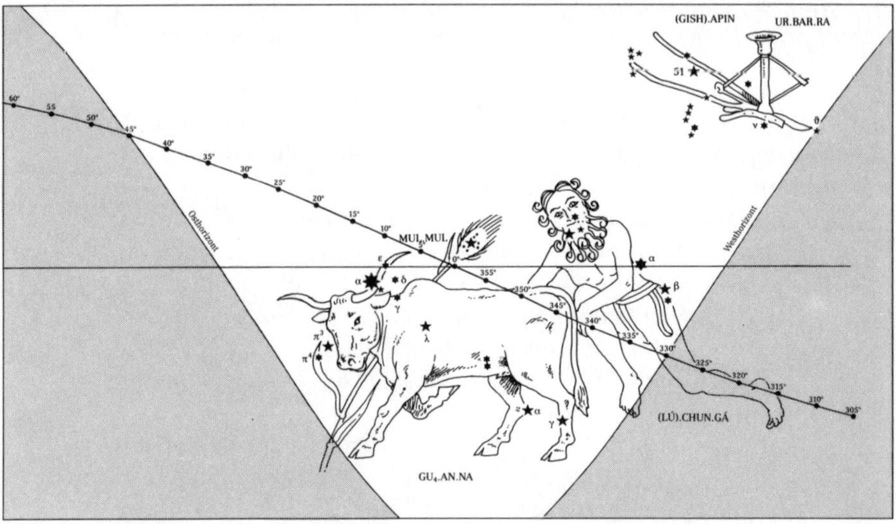

9 Wenn der Stier (GU$_4$.AN.NA), der Saatpflug (APIN) mit aufgesetztem Saat-Trichter (UR.BAR.RA) und der Feldarbeiter ((LÚ). CHUN.GÁ) zum *letzten* Mal in der Morgendämmerung über dem *West*-Horizont ganz zu sehen waren, dann mußte der Landmann den Acker pflügen und säen. Wenn der Stier (GU$_4$.AN.NA) mit der Plejadenähre (MUL.MUL) ein halbes Jahr später wieder am Morgen über dem *Ost*-Horizont sichtbar wurde, dann war die Zeit der Ernte gekommen.

»Wolf« (UR.BAR.RA) genannt*, besitzt, geht mit der Plejadenähre und dem Pflugstier gemeinsam unter (vergleiche Abbildung 9).

Das Pflügen wird am akkadischen Himmel deutlich genug durch Pflug und Stier angezeigt. Unterhalb des Pfluges, hinter dem Stier, steht noch der Knecht ((LÚ).CHUN.GÁ). Wir sehen, daß Stier, Knecht und Saatpflug am Himmel unmittelbar zusammenstanden, um durch ihren Untergang am Morgen die Zeit des Pflügens im Sonnenjahre anzuzeigen, während der Morgenerstaufgang des Stieres mit der Plejadenähre die Erntezeit signalisierte. Noch der altgriechische Dichter Hesiod (um 700 v. Chr.) nimmt in seiner Schrift »Erga kai hemerai« (»Werke und Tage«) auf diesen Sachverhalt Bezug:

»Wenn das Gestirn der Plejaden, der Atlastöchter, emporsteigt, dann beginne die Ernte, doch pflüge, wenn sie hinabsinken; sie sind vierzig Nächte und vierzig Tage** insgesamt verhüllt (das heißt unsicht-

* In der ersten Tafel der MUL.APIN-Serie heißt es: (MUL).UR.BAR.RA (GISH).NINDA shá (MUL).APIN, das Sternbild »Wolf«, der Saattrichter des »Pflug«-Gestirns.

bar), doch wenn sie wieder im kreisenden Jahre leuchtend erscheinen, erst dann beginne die Sichel zu wetzen: So ist es Brauch beim Feldbau…«

Auch Arat sagt in seinen »Phainomena«:

»Zeus gewährte ihnen (den Plejaden) das Amt, … anzuzeigen … das Kommen der Pflügezeit.«***

In astrologischen Keilschrifttexten wird öfters auf den Zusammenhang von MUL.MUL, den Plejaden im Sternbild Stier, und der Ernte oder dem Überfluß an Nahrung hingewiesen. In einem von George Smith gefundenen Tontäfelchen des British Museum steht zum Beispiel, daß beim Morgenerstaufgang der »Siebengottheit MUL.MUL das Korn erscheint«. Und weiter:

»Der Planet Venus nähert sich MUL.MUL; die ›Siebengottheit‹ steigt empor: Nahrung (ist reichlich vorhanden).«

Wenn Anu die erzürnte Ischtar davor warnt, es werde sieben Jahre Stroh geben, falls er ihr den Himmelsstier überlasse, dann ist das folgendermaßen zu verstehen: Bleibt der Himmelsstier nicht als Sternbild am Himmel, um durch seinen Untergang den Beginn des Pflügens (und Säens) und durch seinen Aufgang die Erntezeit anzuzeigen, wird der Bauer nicht wissen, wann er säen und ernten soll. Daraus folgen Mißernten, und zwar gerade sieben Jahre lang, weil die Plejadenähre eben genau sieben Körner (Sterne) enthält.

Als Anu seine Tochter fragt:

»Hast du für die Menschen Korn gesammelt?«,

erwidert ihm Ischtar:

»Korn für die Menschen habe ich gespeichert!«

** Gemäß MUL.APIN-Serie waren die Plejaden im südlichen Zweistromland rund 30 Tage lang unsichtbar (siehe Anhang).
*** Übersetzung nach M. Erren.

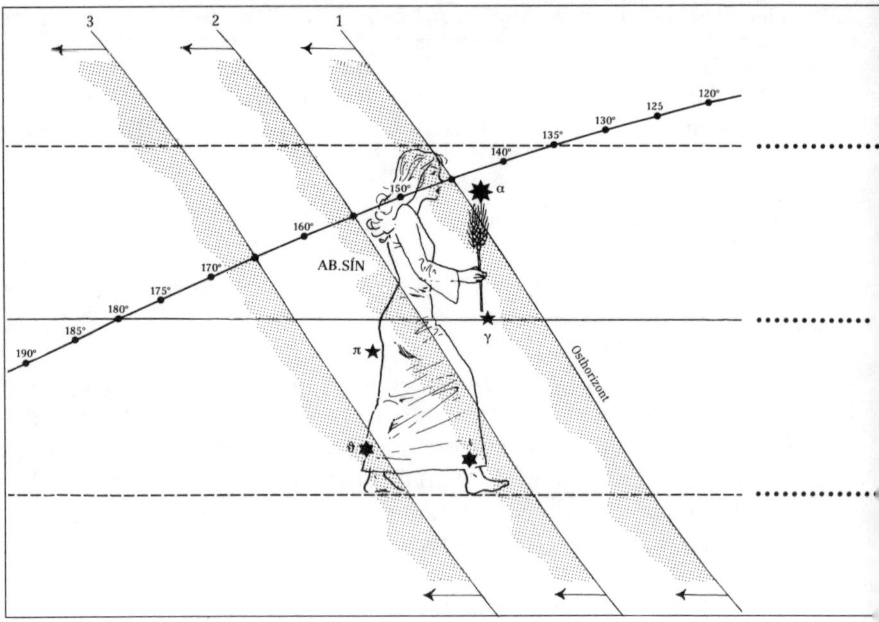

10 Je mehr Ischtar (AB.SÍN) am Osthorizont emporsteigt, desto tiefer sinkt der Himmelsstier (GU_4.AN.NA) zum Westhorizont hinab.

Diese Worte der »jungfräulichen« Ischtar zielen deutlich auf das ihr zugeordnete Sternbild AB.SÍN (Virgo) mit der Ähre (shubultum) ab. Damit sind die Hauptfiguren der Episode vom Himmelsstier als Sternbilder bestimmt:

Gilgamesch	entspricht	SIPA.ZI.AN.NA	(Orion),
Enkidu	entspricht	(LÚ).CHUN.(GÁ)	(Aries),
Ischtar	entspricht	AB.SÍN	(Virgo),
der Himmelsstier	entspricht	GU_4.AN.NA	(Taurus).

Da alle diese Sternbilder gemäß MUL.APIN-Serie im *Anu*-Weg stehen, verläuft die Handlung an der Himmelssphäre im *Anu*-Weg.

Wie Bewegung in das Epos kommt

Betrachten wir nun alle Figuren hinsichtlich ihrer relativen Lage zueinander, so fällt auf, daß Gilgamesch, Enkidu und der Himmelsstier

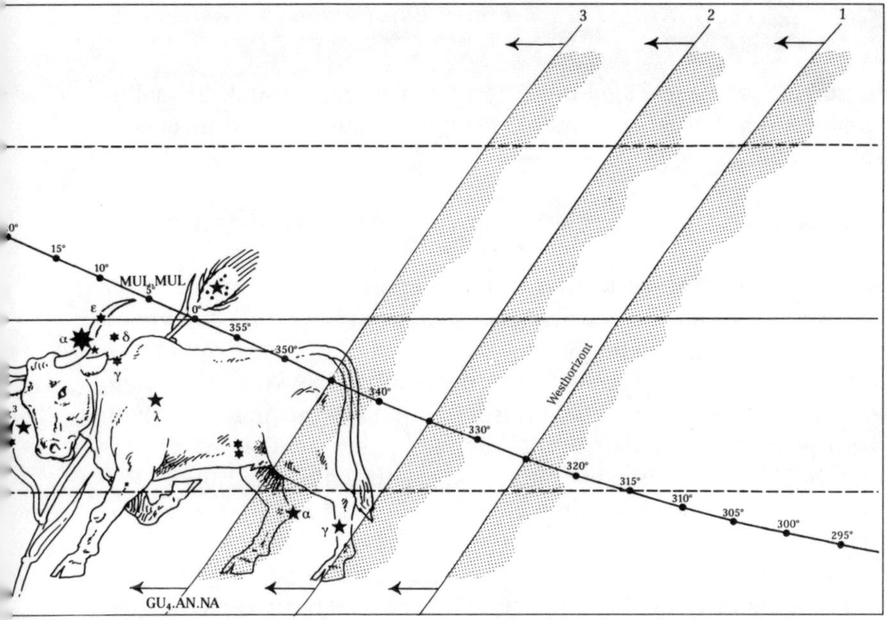

am Himmel dicht beieinander stehen und entsprechend der Episode agieren können, während Ischtar am gegenüberliegenden Ende des Himmels völlig isoliert dasteht. Als Gilgamesch die »jungfräuliche« Ischtar geschmäht hatte, wurde sie sehr zornig und

»stieg empor zum Himmel«.

Andererseits steigt der Himmelsstier zur Erde hinab:

»Hinab zum Euphrat stieg der Himmelsstier.«

Da sich Ischtar (AB.SÍN) und der Himmelsstier (GU_4.AN.NA) an der Sphäre gegenüberstehen und Ischtar aufsteigt, während der Stier des Anu hinabsteigt, so kann dies astronomisch nur bedeuten, daß Ischtar vom *Ost*-Horizont aufsteigt und der Stier gleichzeitig zum *West*-Horizont hinabsinkt (Abbildung 10). Je mehr Ischtar am Osthorizont emporsteigt, desto tiefer sinkt der Stier am Westhorizont hinab. Ischtar hat den Himmelsstier sozusagen am Gängelband. Deshalb heißt es auch:

»Das Seil des Himmelsstiers legte er (Anu) in ihre (Ischtars) Hand.«

Ischtar hat nur die Zügel des Stieres fest in ihrer Hand. Sie selbst steigt *nicht* mit dem Stier hinab! Sie führt ihn nur herab, während sie selbst dabei aufsteigt:

»So daß Ischtar ihn (den Stier) hinab zur Erde führen konnte.«

Anu überreicht seiner Tochter Ischtar nicht etwa den Himmelsstier selbst, sondern nur dessen Seil! Das Aufsteigen Ischtars zum Himmel und das Hinabsteigen des Stieres zur Erde ist nun offensichtlich von äußerst wichtiger kosmologischer Bedeutung. Das Wort *»Himmel«* (shamu) bezeichnet hier eindeutig die Himmelshemisphäre oberhalb des Horizonts (über dem Ischtar immer mehr sichtbar wird), das Wort *»Erde«* (erṣetu) die Hemisphäre unterhalb des Horizontes; »shamu« und »erṣetu«, Himmel und Erde, sind beide an der Sternensphäre zu lokalisieren.

Man beachte wohl: Der Himmelsstier verschwindet nicht *in* der Erde, er steigt vielmehr lediglich *zur* Erde hinab, er verschwindet nicht *unter* dem Horizont, geht nicht unter, sondern sinkt nur stetig *zum* Westhorizont hinab. Westlich hinter dem Himmelsstier, dem Westhorizont schon ganz nahe, steht Enkidu, packt den Stier »am Schwanzende« und reißt »dem Himmelsstier die rechte Hinterkeule aus«; östlich vor dem Stier steht Gilgamesch, der den Stier »zwischen Nacken« und »Hörnern« trifft, während am Osthorizont Ischtar immer mehr emporsteigt.

Gilgamesch tut noch ein Übriges: Er beehrt seinen Schutzgott Lugalbanda mit den beiden Hörnern des Anu-Stiers voll Salböl. Das dem Gilgamesch an der Himmelssphäre entsprechende Sternbild SIPA.ZI.AN.NA ist relativ zu anderen Fixsternen »fixiert«. Darum muß das Lugalbanda zuzuordnende Gestirn unmittelbar *neben* Gilgamesch stehen; denn sonst könnte Gilgamesch ihm nicht die Stierhörner mit dem Salböl kredenzen. Im Westen von Gilgamesch (SIPA.ZI.AN.NA) steht am Himmel bereits der Stier. Das Sternbild seines Schutzgottes Lugalbanda ist deshalb östlich von Gilgamesch zu suchen. Östlich vom »treuen Hirten des Himmels« steht gemäß MUL.APIN-Serie (I. Tafel, Kol. II, 5), ebenfalls im Anu-Weg und Gilgamesch unmittelbar auf den Fersen folgend, DAR.LUGAL, das Sternbild des »Hahnes«, das mit Sternen unseres Sternbildes Einhorn (Monoceros) identisch ist (Abbildung 11).

In einem Keilschrifttext aus Borsippa lesen wir:

»DAR.LUGAL ^{d}Enlil sha Kullaba«,
»der Hahn ist Enlil von Kullaba«.

Kullaba ist ein Stadtteil Uruks. Daß nicht etwa Gilgamesch, der Hirte von Uruk und Herr (EN) von Kullaba (so in der sumerischen Episode von Gilgamesch und Agga von Kisch), sondern Lugalbanda gemeint ist, geht direkt aus einem weiteren Text hervor, in dem es heißt:

»DAR.LUGAL ^{d}Enlil sha Kullaba ^{d}Lugalbanda«,
»DAR.LUGAL ist *Lugalbanda*, der Enlil von Kullaba«.

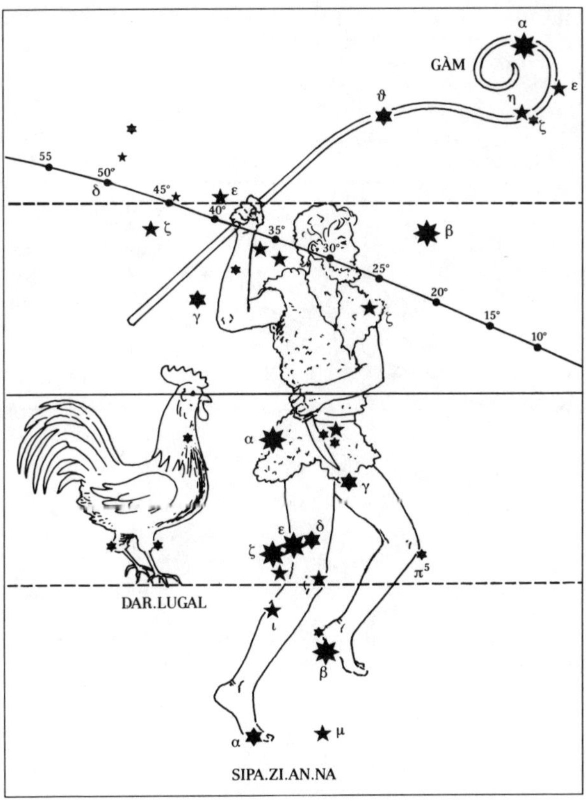

11 Der Hahn (DAR.LUGAL) ist keilinschriftlich als Sternbild Lugalbandas bezeugt, dem Gilgamesch (SIPA.ZI.AN.NA)-Orion die Hörner des Himmelsstier (GU_4AN.NA) voll Salböl kredenzt.

Gilgamesch feiert dann in seinem Palast ein Freudenfest.

»Aber Ischtar ... findet keinen, der Freude ihr bereitet«,

was deutlich auf die isolierte Stellung Ischtars (AB.SÍN) am Osthorizont hinweist.

Wann starb Enkidu?

Wenn Ischtar (AB.SÍN) völlig über dem Osthorizont sichtbar geworden ist, beginnt das Sternbild »zibanitum« oder ZI.BA.AN.NA, die Waage, aufzugehen. Zugleich ist aber das dem Enkidu entsprechende Sternbild (LÚ).CHUN.GÁ am Westhorizont angelangt, und der

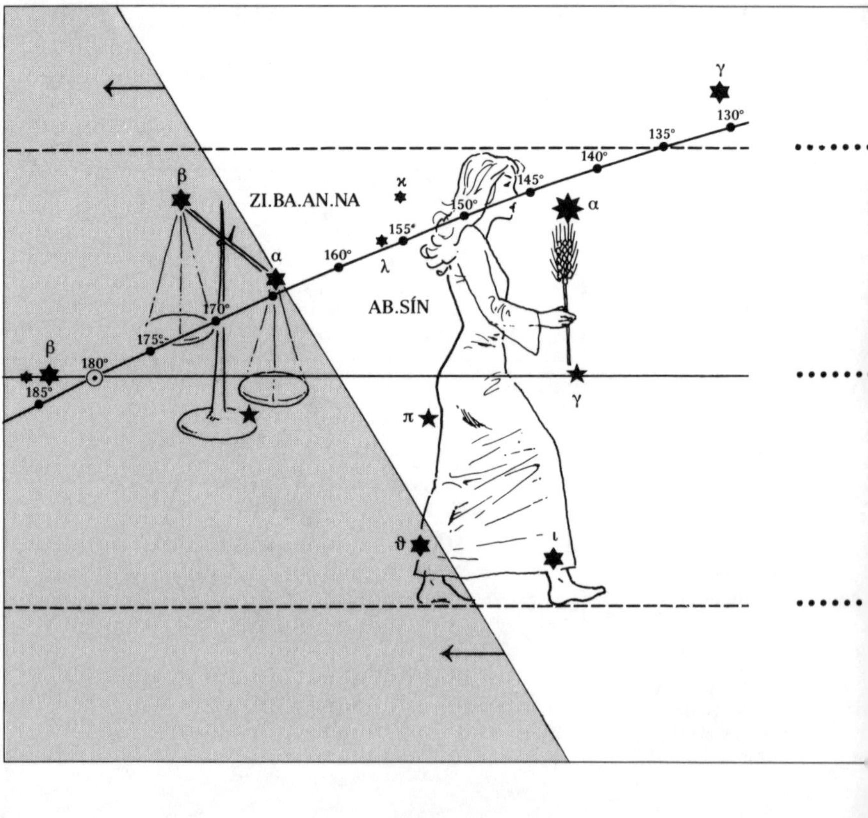

hinter dem Stier stehende Enkidu geht langsam unter, bis er ganz unter dem Westhorizont verschwunden ist (Abbildung 12).

Wir sahen, daß die Himmelshemisphäre unterhalb des Horizontes als »erṣetu« (Erde) gedeutet wird. Erṣetu bezeichnet außer der Erde im weiteren Sinne auch die Unterwelt. Also: Auch die Unterwelt befindet sich an der himmlischen Sphäre. Damit löst sich ein bisher nicht geklärtes Problem mesopotamischer Mythologie: Unterweltsgötter wie die vielen *Anunnaki* oder auch *Ningischzida*, der »Herr der Unterwelt« (bel erṣetim) genannt wird (in MUL.APIN!), sind am Himmel zu finden!

12 Wenn Ischtar (AB.SÍN) ganz über den *Ost*-Horizont heraufgestiegen ist und die Waage (ZI.BA.AN.NA) aufgeht, ist Enkidu-((LÚ).CHUN.GÁ) nur noch zur Hälfte über dem *West*-Horizont, sein Stern ist im Sinken begriffen, der Abstieg in die Unterwelt (erṣetu) ist unvermeidlich. Noch zwölf Tage, und Enkidu ist tot.

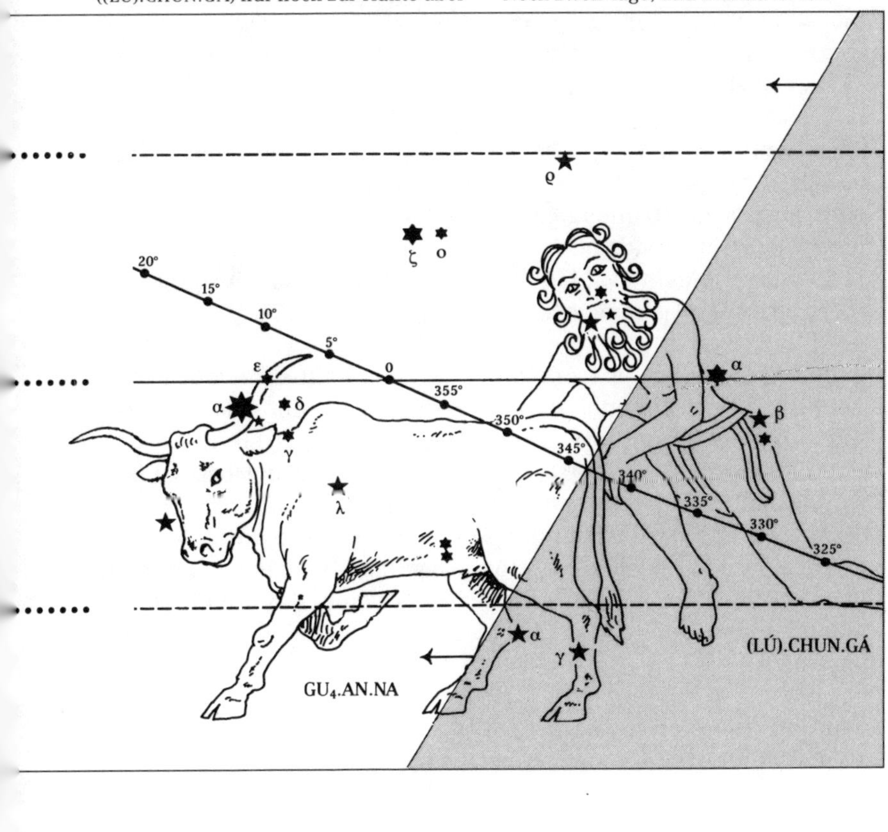

Die Anunnaki-Götter, deren Zahl öfters mit 600 angegeben wird, sind Geistwesen, die zwischen Himmel und Erde (und Unterwelt) pendeln, im Unterschied zu den 300 *Igigi*-Göttern, den höheren Geistwesen, die sich ständig im Himmel aufhalten. Es ist leicht einzusehen, daß die Igigi-Götter den Zirkumpolarsternen entsprechen, die niemals unter dem Horizont verschwinden. Die Anunnaki-Götter hingegen werden durch die Sterne repräsentiert, welche auf- und untergehen, für den Horizont von Babylon mit einer nördlichen geographischen Breite von 32°5 also alle Sterne, die sich zwischen 57°5 (90° minus 32°5) nördlich und 57°5 südlich des Äquators befinden (siehe Abbildung 59 im Anhang).

Enkidu tritt bei seinem Untergang am Westhorizont in die Unterwelt (erṣetu) ein. Daß Enkidu von »erṣetu« aufgenommen wird, bestätigt auch eine Tafel aus der Bibliothek Assurbanipals, die eine Übersetzung eines Teils der sumerischen Episode »Gilgamesch, Enkidu und die Unterwelt« ist, wo ausdrücklich geschrieben steht, daß Enkidu von »erṣetu« gepackt wurde:

»Kein Dämon (Namtar) hatte ihn (Enkidu) ergriffen, kein Fieber (Asakku) ihn gepackt, ihn nahm die Unterwelt (erṣetu) gefangen!
Nicht Nergals unbarmherziger Hüter hielt ihn fest, ihn nahm die Unterwelt (erṣetu) gefangen!
Wie auf dem Schlachtfeld Männer fallen, so fiel er nicht, ihn nahm die Unterwelt (erṣetu) gefangen!«

Der Tod Enkidus ist – astronomisch gesehen – unvermeidlich! Auf die Episode vom Himmelsstier muß darum im Epos der »Untergang« Enkidus folgen. Beim Untergang des Enkidu ((LÚ).CHUN.GÁ) steht Gilgamesch (SIPA.ZI.AN.NA) noch hoch über dem Horizont und kann deshalb zu diesem Zeitpunkt nicht sterben. Um der astronomischen Verhältnisse willen müssen die Götter deshalb Enkidu allein zum Tode verurteilen, während Gilgamesch völlig frei ausgeht. In der achten Tafel des Epos, in der wir Gilgamesch um den toten Enkidu weinen sehen, kommt wiederholt eine stehende Redewendung vor:

»mim-mu-u she-e-ri ina na-ma-ri«,
»als der Morgen gerade zu dämmern begann...«

Wörtlich genommen, besagt diese Floskel, daß Gilgamesch jedesmal nur in der Frühe des Tages, noch in der Morgendämmerung, um Enkidu weint. Auch der todkranke Enkidu rechtfertigt sich gemäß der siebten Tafel im Morgengrauen vor dem Sonnengott Schamasch:

»Als der Morgen gerade zu dämmern begann,
Erhob Enkidu sein Haupt und weinte vor Schamasch,
Vor (zeitlich!) dem Strahlenglanz des Schamasch fließen seine Tränen«.

Enkidu weint bevor die Sonne über den Horizont emporgestiegen ist und ihren Glanz voll entfalten kann, das heißt: am Morgen vor Sonnenaufgang. Dies ist exakt die Definition des Zeitpunktes für den Morgenerstaufgang beziehungsweise den entsprechenden Untergang eines Sternes, (Für eine genauere Vorstellung vom Morgenerstaufgang sei der Leser auf die Abbildungen 67 und 68 verwiesen.)

So haben wir hier im Gilgamesch-Epos den deutlichen Hinweis, daß der Tod Enkidus mit dem Morgenuntergang des ihm zugeordneten Sternbildes (LÚ).CHUN.GÁ zusammenfällt, das heißt: mit der *letztmaligen Sichtbarkeit* seines Sternbildes in der Morgendämmerung über dem Westhorizont. Enkidu stirbt exakt in dem Augenblick, da der zuletzt sichtbare Stern des (LÚ).CHUN.GÁ am Morgen vor Sonnenaufgang am Westhorizont verschwindet. Vor seinem Tode liegt Enkidu todkrank auf seinem Lager. Die Zeitspanne vom Morgenuntergang eines innerhalb des Sternbildes (LÚ).CHUN.GÁ gelegenen Sternes* bis zum Untergang des zuletzt sichtbaren Sternes von (LÚ).CHUN.GÁ definiert die Dauer der Krankheit Enkidus bis zu seinem Tod. Diese wird im Epos mit zwölf Tagen angegeben, was mit den astronomischen Verhältnissen im Einklang steht.

Nun beginnt das Sternbild des Enkidu am Morgen langsam aber sicher unterzugehen, wenn »zibanitum«, die Waage (Libra), aufgeht (siehe Abbildung 12). Dies wird in der ersten Tafel der MUL.APIN-Serie ausdrücklich gesagt:

»(MUL) zi-ba-ni-tum KUR-ma (MUL).(LÚ).CHUN.GÁ SHU«
»zibanitum‹ geht auf, und (LÚ).CHUN.GÁ geht unter«.

* Sicherlich *nicht* des *zuerst* untergehenden Sterns (ζ Piscium) von (LÚ).CHUN.GÁ; denn Enkidus Krankheit zum Tode fängt nicht damit an, daß sein linker Fuß (bei ζ Piscium) »abstirbt«.

Das heißt: Der Krankheits*beginn* Enkidus fällt mit dem Morgenerstaufgang der Waage zusammen. Gemäß MUL.APIN-Serie geht die Waage (mit ihrem ersten Stern, α Librae) zur Herbst-Tagundnachtgleiche am Morgen zum ersten Mal auf. Dies stimmt für 2340 v. Chr.

Die Waage ist, wie ich in der Einleitung schon andeutete, offenbar um 2340 v. Chr. als neues Sternbild eingeführt worden, indem es von den Scheren des Skorpions abgetrennt und zur Waage umgedeutet wurde, weil der Morgenerstaufgang von α Librae damals den Stand der Sonne im Herbstpunkt der Ekliptik, also die Herbst-Tagundnachtgleiche anzeigte.

Nun läßt sich, wie wir noch zeigen werden, die Zeit, auf welche sich das Gilgamesch-Epos astronomisch bezieht, aus dem Epos selbst als das Jahr 2340 v. Chr. berechnen. 2340 v. Chr. ist aber gerade die Zeit, zu der die in der ersten Tafel der astronomischen Keilschriftserie MUL.APIN unter anderem genannten Beobachtungen der Morgenerstaufgänge von 34 Fixsternbildern und Fixsternen gemacht wurden. Die Serie MUL.APIN kann folglich als astronomischer Kommentar zum Gilgamesch-Epos herangezogen werden; die Daten aus MUL.APIN lassen sich direkt auf das Epos übertragen. Damit sind wir in der Lage, den Tod Enkidus im Jahr exakt festzulegen.

Am 25. Ululu, 20 Tage vor Herbstanfang, beginnt Ischtar (AB.SÍN) beim Morgenerstaufgang ihres Sternes α Virginis (Spica) am Osthorizont heraufzusteigen. Am 15. Tashritu, zur Herbst-Tagundnachtgleiche, ist sie ganz über dem Horizont sichtbar, und zibanitum, die Waage, geht erstmals am Morgen auf. Gleichzeitig beginnt, etwa mit dem Morgenuntergang des Sternes α Arietis im Sternbild (LÚ).CHUN.GÁ zusammenfallend, Enkidus Krankheit, zwölf Tage vor seinem Tod. Enkidu stirbt am 27. Tashritu, zwölf Tage nach Herbstbeginn, wenn der letzte Stern seines Sternbildes zum letzten Mal im Jahr am Morgen über dem Westhorizont sichtbar ist.

Wo Mond und Merkur zu Hause sind

Wir haben bisher anhand der entsprechenden Sternbilder die Himmelsstierepisode bis in Einzelheiten hinein gedeutet. Doch haben wir dadurch nur ein Bild erhalten, das isoliert vom Gesamtepos betrachtet wurde. Es stellt sich daher die Frage, wie die Sternbilder miteinander so verknüpft wurden, daß es zu einem dynamischen Handlungsverlauf kommen konnte, in den die Episode vom Himmelsstier sinnvoll integriert ist.

Wir werden sehen, daß der Dichter nicht willkürlich Episode an Episode reiht, um zu erzählen. Vielmehr werden alle Teile auf kunstvolle Weise durch ein geistiges Band zusammengehalten, das in eine tiefere astronomische Dimension hineinreicht, wobei die Sternbilder nur ein Vorwand sind. Den größten Teil des Epos nehmen Gilgameschs und Enkidus gemeinsame Wanderung zum weitentfernten Zedernberg und Gilgameschs Wanderung zu seinem Urahn Utnapischtim ein. Wie aber können Gilgamesch und Enkidu so große Entfernungen zurücklegen, wenn sie doch den an der Sphäre scheinbar feststehenden Sternbildern Orion (SIPA.ZI.AN.NA) und Aries ((LÚ). CHUN.GÁ) entsprechen?

Wenn man das Epos aufmerksam liest, wird man immer wieder über die »*Häuser*« der handelnden Personen des Epos stolpern: Ischtar steht nicht nur »auf der Straße«, sie bewohnt auch ein von Zederndufterfülltes »Haus« (bitu), das gleich zweimal genannt wird, und auch Gilgamesch wohnt in einem stattlichen »Hause« (bitu) in Uruk, in das aber, wie Gilgamesch dem Sintfluthelden Utnapischtim klagt, der Tod eingekehrt ist, seit sich Gilgamesch auf das unermeßliche Meer zu Utnapischtim hinausgewagt hat. Auch das »Haus« (bitu) des Jägers, der Enkidu an der Tränke gegenübertritt, kann nicht übersehen werden...

Es handelt sich hier offenbar um die bei Manilius, Firmicus Maternus, Macrobius und Porphyrius in den ersten nachchristlichen Jahrhunderten wiederkehrende Vorstellung der Planetenhäuser, die noch heute in der Astrologie geläufig ist. Bereits in Sumer und Akkad besitzen die Wandelsterne einschließlich der Sonne und des Mondes je ein Fixstern-*Bild** als ihr »Haus«, von welchem sie ausgehen und in welches sie nach einem siderischen Umlauf durch den Tierkreisgürtel wieder einkehren. Gemäß dieser Vorstellung ist das dem Gilgamesch zugeordnete Sternbild SIPA.ZI.AN.NA das Haus des Plane-

* Die Zuordnung der Häuser zu den Planeten ist mehrmals im Laufe der Zeit geändert worden, um astrologischen Zusatzlehren zu entsprechen. Die späteren Astrologen haben nicht die Stern-*Bilder*, sondern die Stern-*Zeichen*, also die zwölf Abschnitte der Ekliptik zu je 30° als Häuser der Planeten aufgefaßt, wobei sie den fünf Planeten je zwei Häuser zuordneten, der Sonne und dem Mond aber nur ein Haus. Am chaldäischen Himmel besitzt nur Venus ein doppeltes Haus.

ten *Merkur* und das Enkidu zugeordnete Sternbild (LÚ).CHUN.GÁ das Haus des *Mondes*, so daß Gilgamesch im Epos als Merkur und Enkidu als Mond auftritt.

Die Geburt des Mondes

Enkidu starb am 27. Taschritu! – Wann aber wurde er geboren? Diese Frage läßt sich jetzt leicht beantworten. Ganz analog seinem Sterben, das mit dem Morgenuntergang, der *letztmaligen* Sichtbarkeit seines Sternbildes am Morgen, zusammenfällt, muß die Geburt Enkidus mit dem Morgenerstaufgang des (LÚ).CHUN.GÁ, der *erstmaligen* Sichtbarkeit seines Sternbildes im Jahr am Morgen vor Sonnenaufgang, verbunden sein.

(LÚ).CHUN.GÁ oder genauer dessen zuerst sichtbarer Stern β Arietis geht 2340 v. Chr. 14 Tage vor Frühlingsanfang erstmals am Morgen auf; gemäß MUL.APIN-Serie erfolgt der Morgenerstaufgang von (LÚ).CHUN.GÁ ebenfalls 14 Tage vor der Frühlingstagundnachtgleiche am 1. Nisannu, dem Neujahrstag im Normaljahr.

Nun ist aber das Sternbild (LÚ).CHUN.GÁ (Aries) das Haus des Enkidu-Mond. Wir können darum die Frage, wann Enkidu geboren wurde, präziser stellen: Wann wurde der *Mond* geboren? Im bürgerlichen Jahr der Akkader waren die Monate Mondmonate zu abwechselnd 29 und 30 Tagen. Jeder Mondmonat begann, wie die MUL.APIN-Serie beweist, mit der erstmaligen Sichtbarkeit des Mondes als Neulicht-Sichel über dem Westhorizont am Abend nach Sonnenuntergang. Das Neulicht des Mondes wird in der Keilschriftliteratur explizit als

»um ilitti ^{d}Sîn«, »Geburtstag des Mondes«,

bezeichnet. Der *erste* Geburtstag des Mondes im Jahr fällt natürlich auf den 1. Nisannu, den ersten Tag des ersten Monats. An diesem akkadischen Neujahrstag ist der Mond zum ersten Mal im Jahr als Neulichtsichel sichtbar.

Enkidu-Mond wird also am 1. Nisannu, 14 Tage vor Frühlingsanfang geboren, am selben Tag, an dem auch sein Haus (LÚ).CHUN.GÁ zum ersten Mal im Jahr über dem Osthorizont erscheint. Dieses Zusammentreffen ist in der Tat verblüffend und wird uns noch in seiner ganzen Bedeutung offenbar werden, wenn wir ein wenig tiefer in das Geheimnis der Verbindung von »Haus« und Himmelskörper eingedrungen sind.

Enkidu kam von den Plejaden

Ehe Enkidu nach Uruk kommt und Gilgamesch begegnet, hat Gilgamesch in einer Nacht zwei Träume, die er seiner Mutter Ninsun erzählt, damit sie ihm die Träume deutet. In seinem ersten nächtlichen Traum sieht Gilgamesch sich mitten unter den »heldenhaften Männern« einhergehen, womit, wie wir noch sehen werden, die Planeten gemeint sind. Um ihn herum sind die »Fixsterne« versammelt, als plötzlich der rätselhafte *kiṣru sha* ^(d)^*Anim* auf ihn herabstürzt. Er will ihn heben, aber er ist ihm zu schwer. Gilgameschs Mutter, »die alles weiß«, deutet den Traum folgendermaßen:

»Wahrscheinlich wurde jemand, der wie du ist, Gilgamesch,
Geboren in der Steppe,
Und der Berg ließ ihn heranwachsen.
Wenn du ihn siehst, wirst du dich freuen...«

Ninsun bezieht den Traum auf die Geburt des Enkidu, der Gilgamesch in irgendeiner Weise gleich ist, im Gebirge inzwischen gewachsen ist und Gilgamesch begegnen wird. Der *kiṣru sha* ^(d)^*Anim* ist also mit Enkidus Geburt und seinem baldigen Zusammentreffen mit Gilgamesch verknüpft.

Daß Enkidu »wie« Gilgamesch ist, kann astronomisch leicht gedeutet werden: Enkidu-Mond erhält wie Gilgamesch-Merkur sein Licht von der Sonne und wandelt wie dieser entlang der Ekliptik.

Daß Enkidu »in der Steppe« geboren ist, deutet wohl ganz allgemein auf den *West*-Horizont hin; die Steppe befindet sich ja im Westen von Sumer und Akkad. Wie wir bereits sahen, wird Enkidu-Mond bei seiner Geburt als schmale Neulichtsichel erstmals über dem *West*-Horizont sichtbar. Wenn er inzwischen gewachsen ist, so besagt das lediglich, daß die Mondsichel seit ihrer »Geburt« zugenommen hat. Da Enkidu-Mond schneller entlang der Ekliptik läuft als Gilgamesch-Merkur, wird er Gilgamesch bald ein- und überholen: Gilgamesch wird ihm bald begegnen. So weit können wir die Traumdeutung Ninsuns nachvollziehen. Doch erst der »kiṣru sha $^{(d)}$Anim« liefert uns den Schlüssel für Enkidus Geburtsort und auch für den baldigen Treffpunkt der beiden Helden.

Über die Bedeutung des »kiṣru sha $^{(d)}$Anim« hat es bislang nur vage Vermutungen gegeben. Jensen übersetzte den »kiṣru sha $^{(d)}$Anim« mit »Heerschaar Anus« und war geneigt, »unter dem fallenden schweren Stern eine Sternschnuppe beziehungsweise einen Meteoriten zu verstehen«. Der Gelehrte A. Heidel hielt den »kiṣru sha $^{(d)}$Anim« für »the host of heaven«, das Heer des Himmels. Von Soden kommentiert zur altbabylonischen Version dieser Stelle: »offenbar ein Meteorstein«, »kiṣru sha $^{(d)}$Anim« zunächst mit »Werk des Anu« übersetzend, später dann mit »Waffe des Anu«, wobei er anmerkt: »Die Gotteswaffe ist nicht genau bestimmbar.« E. A. Speiser sieht im »kiṣru sha $^{(d)}$Anim« ebenfalls das »handiwork« des Anu.

Ziehen wir unseren inzwischen mehrfach bewährten astronomischen »Kommentar« zum Gilgamesch-Epos, die Serie MUL.APIN, zu Rate, so ergibt sich die Bedeutung des »kiṣru sha $^{(d)}$Anim« ganz von selbst. Ninsun verbindet in ihrer Deutung des Traumes den »kiṣru sha $^{(d)}$Anim« mit Enkidus Geburt, die ja am Abend des 1. Nisannu erfolgte, als Enkidu-Mond zum ersten Mal im Jahr über dem Westhorizont als Neulichtsichel zu sehen war. Am Abend dieses 1. Nisannu steht gemäß der Plejadenschaltregel der zweiten Tafel von MUL.APIN der Mond als Neulichtsichel mit MUL.MUL, der Plejadenähre, in Konjunktion (vergleiche Abbildung 57), das heißt: Enkidu-Mond befindet sich am Abend des 1. Nisannu in den Plejaden: Er wird in den Plejaden (MUL.MUL) geboren! Nicht von ungefähr werden darum gerade die Plejaden im Akkadischen die »geheime Offenbarungsstätte« des Mondes genannt. Der »kiṣru sha $^{(d)}$Anim« ist folglich mit den Plejaden identisch.

Kiṣru des *Anu* werden die Plejaden offenbar deshalb genannt, weil sie sich im *Anu*-Weg befinden. *Kiṣru* bedeutet schlicht: Band oder Gebinde. Die Plejaden sind also das Gebinde des Anu.

Wie weit verbreitet diese Vorstellung vom »Gebinde« der Plejaden im Alten Orient war, zeigt die bekannte Bibelstelle aus dem 38. Kapitel des Buches Hiob, wo Gott aus dem Wettersturm heraus den unglücklichen Hiob fragt:

»Kannst du knüpfen das Gebinde der Plejaden oder lösen die Fesseln des Orion?« (Hiob 38, 31).

Das in diesem Bibelvers gebrauchte hebräische Verbum »qaschar«, »binden«, »knüpfen«, ist mit dem akkadischen »kaṣaru« (kesheru) identisch, wovon »kiṣru« (kishru, qishru) abgeleitet ist. Der Name der Plejaden im Buche Hiob ist »kimā«. Das akkadische Äquivalent von »kimā« ist »kimtu«, was »Familie« heißt. Der Stamm der beiden Wörter ist »kûm« (hebräisch) beziehungsweise »kamû« (akkadisch) und bedeutet ebenfalls »binden«, »knüpfen«; die Familie wird offenbar »kimtu« genannt, weil ihre Glieder durch ein gemeinsames Band miteinander verknüpft sind. In der Abschrift des Epos aus der Bibliothek Assurbanipals heißt es *nicht* (wie in der altbabylonischen sogenannten Pennsylvania-Tafel):

»Der ›kiṣru sha (d)Anim‹ fiel auf mich herab«,

sondern

»kima ki-iṣ-ru sha (d)A-nim…«

Das mit dem Zeichen GIM geschriebene Wörtchen »kima« bedeutet: »wie«; wir müßten demnach übersetzen:

»(etwas) *wie* der ›kiṣru sha (d)Anim‹ fiel auf mich herab.«

Sollte der Abschreiber aus Ninive vielleicht die ursprüngliche Fassung kopiert haben? Jedenfalls weist das Wörtchen »kima« so deutlich auf »kimā«, die Plejaden, hin, daß »kima« an dieser Stelle wohl bewußt eingesetzt wurde.

Um 2340 v. Chr., zur Zeit, auf die sich, wie wir noch zeigen werden, das Epos astronomisch bezieht, stehen die Plejaden (MUL.MUL) beim Frühlingspunkt, am Schnittpunkt von Äquator und Ekliptik. Enkidu-Mond wird also bei seiner Geburt am 1. Nisannu, bei Jahresbeginn, 14 Tage vor Frühlingsanfang, beim Frühlingspunkt im »kiṣru sha (d)Anim« sichtbar. Die Sonne oder besser der Sonnengott Schamasch steht dann noch 14° vom Frühlingspunkt entfernt bei 360° minus 14° = 346° ekliptikaler Länge (siehe auch Abbildung 57).

Der Traum Gilgameschs vom »kiṣru sha (d)Anim« weist gemäß Ninsuns Deutung nicht nur zurück auf Enkidus Geburt, sondern auch voraus auf Ereignisse in der unmittelbaren Zukunft, nämlich auf das bevorstehende Zusammentreffen Gilgameschs mit Enkidu. Dieses Zusammentreffen der beiden Helden ist mit dem »kiṣru sha (d)Anim« untrennbar verbunden.

»Umarmen wirst du (Gilgamesch) ihn (Enkidu).«

So deutet Ninsun den prophetischen Traum.

Enkidu-Mond, der seit seiner Geburt als Neulichtsichel in den Plejaden Tag und Nacht entlang der Ekliptik weiterläuft und zur Zeit des Traumes schon ein ganzes Stück »gewachsen« ist, zugenommen hat, wird selbstverständlich am Ende des Monats wieder zu den Plejaden zurückkehren. Dann aber wird Gilgamesch-Merkur ebenfalls bei den Plejaden stehen. Gilgamesch träumt prophetisch, daß er sich als Merkur unterhalb des »kiṣru sha (d)Anim« befinden wird, wenn Enkidu-Mond nach einem (siderischen) Umlauf als Altlicht wieder in den »kiṣru sha (d)Anim«, seinen geheimen Offenbarungsort, eintreten wird.

Ninsun hebt die Kraft und Stärke des Enkidu-Mond hervor; dies bezieht sich auf seine große Helligkeit, weil er, wie kein Wandelstern sonst, die Nacht erleuchtet. Warum aber vergleicht Ninsun Enkidus Kraft mit der Stärke des »kiṣru sha (d)Anim«, des »Knotens« oder »Gebindes« des Anu? Die Antwort findet sich indirekt in dem oben zitierten Bibelvers (Hiob 38, 31):

»Kannst du (Hiob) knüpfen das Gebinde der Plejaden (kimā) oder lösen die Fesseln des Orion?«

Der Sternhaufen der Plejaden, der aus vielen Einzelsternen besteht, die alle durch Gravitation zusammengehalten werden, zeichnet sich dadurch aus, daß er sich im Laufe der Jahrhunderte und Jahrtausende nicht, wie etwa der Orion, allmählich auflöst. Es ist darum nicht unwahrscheinlich, daß im dritten Jahrtausend v. Chr. Eigenbewegungen von Sternen beobachtet worden sind, speziell der Sterne des Orion und des Sirius.

Eine Axt auf der Strasse und die Häuser von Venus und Mars

In derselben Nacht hat Gilgamesch einen zweiten Traum:

»Auf der Straße von Uruk-rebitim lag eine Axt«,

die ein besonderes Aussehen hatte. Ninsun deutet auch diesen Traum auf Enkidu:

»Die Axt, die du gesehen, ist ein Mann!«

Die »Axt« ist Enkidu nicht nur gleich, sondern völlig mit ihm identisch. Diese Axt, offenbar eine Sichelaxt (»sonderbar geformt war diese Axt«!), ist also die Mondsichel selbst. Die Axt liegt auf der Straße von Uruk. Dieser Hinweis erlaubt uns, die »Straße« und »Uruk« am Himmel näher zu bestimmen. Da die Sichelaxt mit Enkidu-Mond, der Mondsichel, identisch ist, und der Mond entlang der Ekliptik wandert, von der er sich nur 5½° nördlich oder südlich entfernen kann, bedeutet die »Straße« nichts anderes als das schmale Band des Tierkreisgürtels, durch den Sonne, Mond und Planeten entlang der Ekliptik ziehen.

Am weitesten entfernt sich (geozentrisch) Venus von der Ekliptik, nämlich bis zu 9°, so daß die »Straße« mindestens 18° (2 x 9°) breit ist. Die Ekliptik selbst ist dann gewissermaßen der Mittelstreifen der »Straße«. An dieser »Straße« stehen die »Häuser« der Wandelsterne, von denen wir (LÚ).CHUN.GÁ schon als Haus des Mondes (Enkidu) und SIPA.ZI.AN.NA als Haus des Merkur (Gilgamesch) kennengelernt haben. Am Ende der sechsten Tafel befindet sich Ischtar »auf der Straße«; sie steht also an der Ekliptik, was deutlich auf einen Planeten hinweist. In der Episode von der Tötung des Himmelsstiers entspricht, wie wir sahen, Ischtar das Fixsternbild AB.SÍN mit der Ähre, unser Sternbild Virgo oder Jungfrau. In Keilschrifttexten wird Ischtar mit dem Planeten Venus gleichgesetzt. Damit gesellt sich zu Gilgamesch-Merkur und Enkidu-Mond als dritter Wandelstern Ischtar-Venus. Ischtar-Venus bildet mit Sonne und Mond eine Göttertrias und wird als achtstrahliger Stern dargestellt (siehe Abbildung 45).

Ischtar-Venus hält sich in der Himmelsstierepisode in ihrem

Sternbild AB.SÍN auf, ihrem Haus im Anu-Weg. Ischtar ist die Göttin von Uruk. Ihr Haus, AB.SÍN im Anu-Weg, ist also in Uruk gelegen. Als Gilgamesch sie geschmäht und mit Enkidu zusammen den Himmelsstier getötet hatte, stieg Ischtar sogar auf die Mauer von Uruk.

Wo an der Himmelssphäre die Stadt Uruk und ihre Mauer zu finden sind, ergibt sich folgendermaßen: AB.SÍN steht im Anu-Weg und dehnt sich von der nördlichen Grenze des Anu-Weges bis zur südlichen Grenze hin aus; die Füße der Ischtar von Uruk stehen auf der unteren Anu-Weggrenze. Darum muß Uruk an der Sphäre dem Anu-Weg entsprechen, dessen obere und untere Grenze offenbar die Mauer von Uruk darstellen. Die »Straße« allgemein hatten wir als das schmale Band des Tierkreises gefunden, auf dem die Wandelsterne entlang der Ekliptik ziehen. Die »Straße von Uruk« speziell ist dann derjenige Teil des Tierkreises, der im Anu-Weg liegt.

Die »Straße von Uruk« besteht demnach aus zwei getrennten Ekliptik-Abschnitten zu je 90° Länge, die sozusagen in zwei verschiedenen Stadtteilen Uruks liegen; der eine Strang führt durch den Frühlingspunkt, der andere durch den Herbstpunkt hindurch.

Wenn wir im Epos von »*Hürden*-Uruk« (Uruk-supuri) lesen, so ist damit offenbar der Teil Uruks im Anu-Weg gemeint, in dem der Schafhirte (SIPA.ZI.AN.NA) und der Kuhhirte ((LÚ).CHUN.GÁ) mit dem Stier (GU_4.AN.NA) stehen, also das sphärische Viereck, dessen Diagonale die »Straße« von Uruk durch den Frühlingspunkt ist. Am Anfang des Epos wird darum Gilgamesch korrekt als »Hirte von *Hürden*-Uruk« eingeführt und als Erbauer der Stadtmauer von *Hürden*-Uruk besungen:

»Die Mauer um *Hürden*-Uruk ließ er bauen!«

Gilgamesch sah im ersten Traum Enkidu als Mondsichel in den Plejaden (MUL.MUL). Die Plejaden stehen 2340 v. Chr. beim Frühlingspunkt mitten im Anu-Weg an der Ekliptik, so daß die (Mondsichel-) »Axt« im zweiten prophetischen Traum derselben Nacht tatsächlich auf der »Straße von *Hürden*-Uruk« liegt, wie es im Epos geschildert wird; denn der Mond (Enkidu) wandert in der einen Nacht nur etwa 7° auf der Ekliptik weiter voran und befindet sich dann bei den Hyaden am Horn des Stieres.

Und wirklich führt die Hure den Enkidu-Mond bald darauf nach

»*Hürden*-Uruk« hinein, wo er dann in den Plejaden auf Gilgamesch-Merkur trifft. In der 1914 von der Pennsylvania-Universität im Antiquitätenhandel erworbenen altbabylonischen Pennsylvania-Tafel wird »Uruk-supuri« (Hürden-Uruk) durch »Uruk-rebitim« ersetzt. »Rebitum« heißt wörtlich »Viertel« oder »viereckiger Platz« und bezieht sich sowohl auf die Ausdehnung dieses Bezirks, der ein Viertel (90°) der Ekliptik umfaßt, als auch auf dessen geometrische Form am Fixsternhimmel, das sphärische Viereck.

Aber auch der beim Herbstpunkt gelegene Bezirk Uruks ist viereckig und umfaßt ein Viertel (90°) der Ekliptik! »Rebitum« muß darum noch eine weitere verborgene Bedeutung haben, sonst könnte das Wort nicht zur Unterscheidung der beiden Teile Uruks an der Sphäre dienen. »Re-bi-tu(m)« ist aus »re« und »bi-tu(m)« zusammengesetzt.

»Bitu(m)« heißt »Haus«; »re« ist der »Hirte«, so daß Uruk-rebitim (»rebitim« ist der Genitiv von »rebitum«) verschlüsselt »Uruk des Hirtenhauses« bedeutet und somit den Teil Uruks bezeichnet, in welchem die Häuser von Schafhirte (SIPA.ZI.AN.NA) und Kuhhirte ((LÚ).CHUN.GÁ) stehen, der also mit *Hürden*-Uruk (Uruk-supuri) identisch ist. Ischtar-Venus dagegen hat ihr Haus AB.SÍN im anderen Teil Uruks, an der »Straße« durch den Herbstpunkt der Ekliptik. Nun scheint eine einzige Stelle des Epos diese Regel zu durchbrechen: Nachdem die beiden Helden den Himmelsstier getötet haben, steigt Ischtar in der sechsten Tafel auf die Mauer von *Hürden*-Uruk:

»Ischtar aber stieg auf die Mauer von *Hürden*-Uruk.«

Ohne vorgreifen zu wollen, sei hier wenigstens angedeutet, daß der Dichter sich nicht etwa geirrt hat, sondern in genialer Weise mit dieser Zeile – nur dem Eingeweihten erkennbar – auf ein weiteres Sternbild der Ischtar am *West*-Horizont verweist, das neben Enkidu-(LÚ).CHUN.GÁ in *Hürden*-Uruk steht und im Epos auch unter dem Namen *Aruru* in Erscheinung tritt. Um alle Zweifel auszuschalten, läßt der Dichter in der unmittelbar folgenden Zeile Ischtar von der Mauer herab einen »Fluch« aussprechen:

»Sie (Ischtar) ... stieß einen Fluch aus.«

Für »Fluch« verwendet der akkadische Dichter an dieser Stelle bewußt das seltene Wort »aruru-tu«, worin der Name der Ischtar-*Aruru* unmißverständlich enthalten ist. Das soll vorläufig genügen.

Gilgamesch entspricht, wie wir wissen, im Epos dem Planeten Merkur. Gemäß MUL.APIN-Serie hat der Planet Merkur auch den Namen ^{d}MASH: »shá ^{d}MASH MU.NI (shumshu)«, »dessen Name ^{d}MASH ist«. Dies erklärt vorzüglich die bisher unverstandene Schreibweise des Gilgamesch als GISH.GIN.*MASH* in der ninivitischen Abschrift des Epos. Gilgamesch wird dadurch insgeheim als *Merkur* gekennzeichnet. ^{d}MASH ist aber auch ein Name des Gottes Ninurta. Ninurta wird gewöhnlich ^{d}NIN.IB geschrieben, was wörtlich: »Herr der Mauer (oder Grenze)« bedeutet. Ninurta ist deshalb unter anderem der Schutzpatron beim Häuserbau, Deichbau und so weiter. Gilgamesch ist ihm hier als Herr von Uruk, dessen Mauer er errichtet hat, gleichgesetzt. Ninurta gilt auch als Gott der befestigten Städte und als solcher schützt er die Bürger bei kriegerischen Auseinandersetzungen.

Gilgamesch steht Ninurta in nichts nach. Seine Kraft und sein Waffenaufgebot haben nicht ihresgleichen; er zwingt die jungen Männer von Uruk zum Militärdienst, so daß die Bürger unter ihrem »Hirten« und »Götterboten« stöhnen. Hier noch ein weiterer inschriftlicher Beleg für die Gleichsetzung von Gilgamesch mit Ninurta: In einem religiösen Keilschrifttext aus Assur findet am 19. Monatstag ein Opfer für SIPA.ZI.AN.NA statt. In den erhaltenen Texten der Serie »enbu bel archim« treten an die Stelle von SIPA.ZI.AN.NA am 19. Tag ^{d}*Ninurta* und seine Gattin ^{d}*Gula*. Hieraus folgt die Identität von SIPA.ZI.AN.NA und ^{d}Ninurta (^{d}MASH). Da nun Gilgamesch im Epos dem SIPA.ZI.AN.NA entspricht, nimmt folglich Gilgamesch die Stellung Ninurtas ein. Wir werden später noch einmal auf das Verhältnis von Gilgamesch und Ninurta eingehen.

Als eigentlicher Kriegsgott wird in sumerischen Epen Lugalbanda, Enmerkars bester Krieger, beschrieben. Auch im Gilgamesch-Epos wird Lugalbanda erwähnt. Gilgamesch hängt die Hörner des getöteten Himmelsstiers in das »Schlafgemach« seines Schutzgottes Lugalbanda, das sich im Sternbild DAR.LUGAL, dem Gestirn des (Streit-)»Hahnes«, befindet.

Haben wir Gilgamesch-SIPA.ZI.AN.NA und Enkidu-(LÚ).CHUN.GÁ und schließlich noch Ischtar-AB.SÍN als »Häuser« von Merkur, Mond und Venus gefunden, so müssen wir nunmehr auch Lugalbanda-DAR.LUGAL im Anu-Weg als »Haus« eines Wandelsterns auffassen. Lugalbanda ist ein vergöttlichter Herrscher von Uruk, der Enmerkar auf den Thron von Uruk folgte und in der sumerischen Epik als starker Held und tapferer Krieger erscheint. Aufgrund dieser Eigenschaften kann er kaum anders als mit dem Planeten Mars identifiziert werden, der noch zwei Jahrtausende später von den Römern als Kriegsgott verehrt wurde. Tatsächlich ist das Hahnengestirn in Keilschrifttexten als Haus und als Deckname des Mars belegt.

Damit haben wir endlich alle vier Personen der Himmelsstierepisode vollständig astronomisch bestimmt. Zur leichteren Orientierung seien sie hier noch einmal zusammengestellt:

Person	Wandelstern	Sternbild	(Haus)	
Gilgamesch	Merkur	SIPA.ZI.AN.NA	Orion	
Enkidu	Mond	(LÚ).CHUN.GÁ	Widder	(Aries)
Ischtar	Venus	AB.SÍN	Jungfrau	(Virgo)
Lugalbanda	Mars	DAR.LUGAL	Einhorn	(Monoceros)

Die restlichen Wandelsterne werden wir im weiteren Verlauf unserer Untersuchung noch identifizieren. Jedenfalls ist schon jetzt einzusehen, daß das Epos seine Dynamik durch die Planeten erhält, denen die Helden des Epos zugeordnet werden, und die ihre Bahn entlang der Ekliptik ziehen. Die beiden wichtigsten sind Gilgamesch-Merkur und Enkidu-Mond.

Gilgamesch, ein Riese und Zweidrittelgott

Am Anfang des Epos wird, wie wir sahen, Gilgameschs Sternbild SIPA.ZI.AN.NA, das »Gestirn des treuen *Hirten* des Himmels«, durch die wiederholte Nennung des »*Hirten* von Hürden-Uruk« gekennzeichnet. Das Sternbild Gilgameschs wird aber mit folgenden Worten noch näher beschrieben:

»Elf Ellen ist er lang ...«
»Zu zwei Dritteln ist er Gott, Mensch zu einem Drittel nur.«

Eine babylonische Elle ist etwa 50 Zentimeter lang. Gilgamesch müßte danach 5½ Meter groß gewesen sein, was wohl auch dem altorientalischen Menschen bei aller Phantasie kaum glaubhaft erscheinen konnte. Nun hatten die Chaldäer aber noch eine astronomische Elle. Eine große Elle*, am Himmel gemessen, entspricht vier Bogengraden. Elf Ellen machen 44 Bogengrade aus. Tatsächlich dehnt sich Gilgamesch-SIPA.ZI.AN.NA an der Fixsternsphäre etwa 45° in Nord-Südrichtung aus (siehe Sternkarte). Die Körperlänge des Riesen Gilgamesch findet somit, astronomisch gedeutet, eine einfache Erklärung.

Warum ist nun Gilgamesch zu zwei Dritteln Gott und zu einem Drittel Mensch? Hierüber ist in der Literatur viel spekuliert worden, ohne daß man je zu einer überzeugenden Erklärung gelangt wäre. Erstaunlich ist, daß Gilgamesch nicht halb Gott und halb Mensch ist, sondern zu zwei Teilen Gott und nur zu einem Teil Mensch. Die Lösung des Rätsels liegt wiederum auf astronomischer Ebene.

Gilgamesch-SIPA.ZI.AN.NA nimmt fast den gesamten Anu-Weg in nord-südlicher Länge ein. Er wird deshalb auch in der MUL.APIN-Serie dem Anu-Weg zugeordnet. Der Anu-Weg ist im Epos mit Uruk gleichgesetzt, so daß Gilgamesch-SIPA.ZI.AN.NA rechtmäßiger »Hirte« von »Uruk« ist. Aber der »treue Hirte des Himmels« steht auch mit seinen Beinen im *Ea*-Weg, er ragt zu einem Drittel in den Ea-Weg hinein. Nun ist Anu der Gott des *Himmels* und Ea der Gott der *Erde*. Gilgamesch-SIPA.ZI.AN.NA, der zu zwei Dritteln im *Anu*-Weg und zu einem Drittel im *Ea*-Weg steht, ist demnach zu zwei Dritteln im Himmel und zu einem Drittel auf der Erde, das heißt zu zwei Dritteln Gott und zu einem Drittel Mensch.

Dies Verhältnis gilt streng genommen nur bis ins 24. Jahrhundert v. Chr. Später stimmen die Proportionen nicht mehr, weil SIPA.ZI.AN.NA immer höher steigt und den Ea-Weg immer mehr verläßt. Das ist auch der Grund weshalb SIPA.ZI.AN.NA., der ja dem Orion entspricht, in Abbildung 6 etwas tiefer steht als der moderne Orion. Außerdem ragt er im zweiten Jahrtausend v. Chr. mit dem Kopf in den Enlil-Weg hinein, so daß er dann nicht aus zwei, sondern drei Naturen zusammengesetzt ist. Wir haben hier in der Beschreibung des

* Es gibt auch eine kleine Elle zu 2,5 Bogengraden, die hier aber offenbar nicht gemeint ist.

Sternbildes SIPA.ZI.AN.NA, das Gilgamesch an der Sphäre zugeordnet ist, bereits einen ersten Hinweis auf die Datierung des Epos. Die Aussage »Zu zwei Dritteln Gott – Mensch zu einem Drittel« ist nur im dritten Jahrtausend v. Chr. gültig.

Übrigens heißt es in späteren Texten auch von Marduk, dem obersten Gott Babylons, daß er »mit den *Füßen* im Ea-Weg steht«, genau wie Gilgamesch-SIPA.ZI.AN.NA. SIPA.ZI.AN.NA wurde nämlich seit altbabylonischer Zeit mit Marduk gleichgesetzt, oder, was dasselbe ist, Gilgamesch von Uruk wurde in Babylon durch Marduk ersetzt. Wir werden noch einmal darauf zurückkommen.

Der Wildstier und die längst fällige Wende in der Deutung akkadischer Rollsiegel

Noch bevor Gilgamesch mit seinem Sternbild (SIPA.ZI.AN.NA) im Epos (als Hirte) eingeführt wird, wird er, nur dem Eingeweihten erkennbar, als Planet Merkur beschrieben, der in den Hürden von Uruk als Wildstier einherzieht:

»Wo (in Uruk) Gilgamesch, der Vollkommene, Starke,
Die Männer wie ein Wildstier überragt.«

Die großen Götter klagen vor Uruks Himmelsherrn Anu:

»Du warst es doch, der den gewaltigen Wildstier (Gilgamesch) erschuf.«

Der dem Gilgamesch im Epos entsprechende Planet Merkur heißt (LU.BAD).GU$_4$.UD, wobei LU.BAD die sumerische Bezeichnung für Planet ist, und wörtlich »umherirrendes Schaf« (UDU.IDIM) bedeutet, ein schönes Bild für die Wanderung der Planeten entlang der Ekliptik. GU$_4$.UD heißt »Stier (GU$_4$) der Sonne (UD)« oder »Sonnenstier«. Er unterscheidet sich damit von dem Himmelsstier oder Stier des Anu (GU$_4$.AN.NA), der als Fixsternbild im Anu-Weg steht, während Gilgamesch

»auf dem Wege der Sonne (charran ^{d}Shamash)«,

wie es in der neunten Tafel des Epos ausdrücklich von Gilgamesch gesagt wird, entlang dem Tierkreisgürtel, einherstürmt und dabei durch alle drei Wege am Himmel gelangt (siehe Kapitel 3, »Wanderer auf drei Wegen«).

Der Vergleich Gilgameschs mit einem *Wildstier* aufgrund seiner Gleichsetzung mit dem Planeten Merkur (GU_4.UD), dem »Sonnenstier«, hat für die Interpretation der akkadischen Rollsiegel eine ganz entscheidende Konsequenz.

Wie wir gezeigt haben, bezieht sich die Episode vom Himmelsstier auf die Gilgamesch-Merkur und Enkidu-Mond zugeordneten Sternbilder SIPA.ZI.AN.NA und (LÚ).CHUN.GÁ. Da Gilgamesch-SIPA.ZI.AN.NA an der Sphäre unmittelbar vor und Enkidu-(LÚ).CHUN.GÁ unmittelbar hinter dem Himmelsstier steht, kann Gilgamesch bequem die Hörner und Enkidu die Hinterbeine des Himmelsstieres packen, wie dies im Epos geschildert wird.

Nun gibt es eine Fülle von Rollsiegeln, vor allem aus der Zeit der Dynastie von Akkad (2340 – 2160 v. Chr.), auf denen ein junger sechslockiger Mann und ein aufrecht stehender Stiermensch mit einem Stier kämpfen, ganz in der Weise, wie es im Epos beschrieben wird (Abbildung 13).

13 Abrollung eines Siegelzylinders aus dem 23. Jahrhundert v. Chr. (Iraq Museum, Bagdad). Man erkennt den Himmelsstier (GU_4.AN.NA), dessen Hinterbeine Enkidu ((LÚ).CHUN.GÁ) ergreift. Gilgamesch ist als Stiermensch dargestellt. Der achtstrahlige Stern der Ischtar (Venus) oberhalb des Stiers versetzt die Szene an den gestirnten Himmel.

Es ist deshalb von einigen Assyriologen und Archäologen diese Rollsiegelszene auf die Himmelsstierepisode bezogen worden, während andere diese Deutung verwarfen. Einig war man sich jedoch darin, daß, wenn sich diese Rollsiegelszene auf die Himmelsstierepisode beziehen sollte, der Stiermensch nur Enkidu darstellen könne. Man begründete dies damit, daß Enkidu im Epos zunächst in der Steppe mit den wilden Tieren zusammenlebe und deshalb wohl selbst ein Halb-Tier-Halb-Mensch-Mischwesen sein müsse. Ja, der Sumerologe Thorkild Jacobsen behauptete allen Ernstes, genau zu wissen, daß Enkidu ein Orang-Utan war.

Aus astronomischer Sicht erweist sich dies alles als völlig unhaltbar. Enkidu ist weder als Mond (NANNA, akkadisch: Sîn) noch als Sternbild (LÚ).CHUN.GÁ (»Knecht«, mit dem Determinativ LÚ für einen »Menschen«!) auch nur im entferntesten mit einem Affen oder Tiermenschen vergleichbar. Dagegen ist Gilgamesch, der im Epos »Wildstier« genannte Held, als Planet Merkur ($\mathrm{GU_4}$.UD) ein *Stier* (der Sonne); als Sternbild SIPA.ZI.AN.NA, als »treuer Hirte des Himmels« und »Bote« (sukkal) des Anu und der Ischtar, und als Herrscher von Uruk ist er ein *Mensch*. Gilgamesch wird folglich im Epos als Stier und Mensch zugleich charakterisiert; nur er kann deshalb korrekt und unverwechselbar als ein *Stiermensch* abgebildet werden. Enkidu wird im Epos als Lockenkopf geschildert:

»Die Locken seines (Enkidus) Haares wachsen üppig wie Getreide (Nisaba)«,

was kaum von einem Wildstier gesagt werden würde; der sechslokkige Held kann nur Enkidu sein! Enkidu wird nie im Profil, sondern immer von vorne dargestellt, so daß seine sechs Locken, die von seinem Haupt herabfallen, deutlich zu sehen sind. Sie werden ergänzt durch sieben oder acht charakteristische Bartlocken seines Vollbartes. All dies ist sicher kein Zufall! Und wir ahnen, daß der Künstler damit verborgen Enkidu als Mond kennzeichnen wollte. Enkidu zeigt uns sein Vollmondgesicht (panû), die von Kratern zerklüftete Vorderseite des Mondes. Die sechs plus sieben oder plus acht Locken, die sein Gesicht (panû) einrahmen, wird man dann wohl als 13 oder 14 Umdrehungen der Erde deuten müssen, jene 13 bis 14 Tage, die der Mond vom Neulicht des ersten Tages bis zum Vollmond des 14. Tages

Dynastie von Akkad		
1.	Sargon	2340 – 2285 v. Chr.
2.	Rimusch	2284 – 2276 v. Chr.
3.	Manischtuschu	2275 – 2261 v. Chr.
4.	Naram-Sin	2260 – 2224 v. Chr.
5.	Schar-kali-scharri	2223 – 2199 v. Chr.
6.	Igigi	2198 – 2196 v. Chr.
7.	Nawijum	
8.	Imi	
9.	Elulu	
10.	Dudu	2195 – 2175 v. Chr.
11.	Schu-Turul	2174 – 2160 v. Chr.

benötigt. Im Mittel sind dies 13½ Tage, vom Abend des ersten Tages bis zum Mittag des 14. Tages eines Monats, abgerundet 13, aufgerundet 14 Tage! Der 14. Tag eines Monats ist in der MUL.APIN-Serie jeweils als Vollmondtag ausgewiesen.

Die in Abbildung 13 wiedergegebene Abrollung eines Siegelzylinders aus dem 23. Jahrhundert v. Chr. ist ein typisches Beispiel für die bildliche Darstellung von Szenen aus dem Gilgamesch-Epos in akkadischer Zeit. Der Leser erkennt unschwer den Himmelsstier (GU_4.AN.NA), dessen Hinterbeine Enkidu-(LÚ).CHUN.GÁ, der Held im lockigen Haar, ergreift, und auch Gilgamesch ist als Stiermensch unverkennbar dargestellt. Der achtstrahlige Stern oberhalb des Stiers ist ebenso eindeutig als Stern der Ischtar (Venus) zu erkennen, die in der Himmelsstierepisode eine entscheidende Rolle spielt; gleichzeitig wird damit die Szene an den Himmel versetzt. Befremdlich wird dem Leser nur noch der Löwe erscheinen. Aber gerade *er* liefert den Beweis dafür, daß das ganze Bild sich eindeutig auf das Gilgamesch-Epos bezieht. Wir werden deshalb noch einmal auf das Rollsiegel zurückkommen, wenn wir den Löwen identifiziert haben. Wir gelangen damit zu einer entscheidenden Wende in der Deutung akkadischer Rollsiegel:

Der bisher als Enkidu gedeutete Stiermensch ist Gilgamesch!

Der bisher für Gilgamesch gehaltene sechslockige Held ist Enkidu!

Unabhängig von der exakten astronomischen Datierung des Gilgamesch-Epos (siehe Kapitel 3) können wir jetzt auch von den Rollsiegeln ausgehen und einen Zeitpunkt angeben, zu dem das Epos spätestens entstanden sein muß: Da solche Rollsiegel mit Szenen aus dem Gilgamesch-Epos bereits in akkadischer Zeit, besonders häufig unter Naram-Sin, auftreten, muß das Epos jedenfalls *vor* Naram-Sin, also spätestens in der ersten Hälfte der Akkad-Zeit, sehr wahrscheinlich im 24. Jahrhundert v. Chr. geschrieben worden sein.

2 FLUG ZU DEN STERNEN VON SINEAR – MIT RÜCKFAHRKARTE!

Am Anfang schuf Aruru ...

Halten wir hier inne und blicken noch einmal zurück! Mit dem Himmelsstier beginnend, haben wir nach und nach alle Figuren der Himmelsstierepisode am chaldäischen Fixsternhimmel und im Sonnensystem wiederentdeckt und die Handlung bis in Einzelheiten hinein astronomisch zu deuten vermocht. Über die Himmelsstierepisode hinaus fanden wir auch das genaue Datum des Todes und der Geburt Enkidus im Sonnenjahr sowie seinen Geburtsort in den Plejaden. Der Schleier, der bisher über den beiden prophetischen Träumen Gilgameschs lag, wurde aufgehoben und die Zweidrittelgottheit des Helden erklärt, was schließlich über den »Wildstier« die Wende in der Interpretation akkadischer Glyptik herbeigeführt hat. Wir sind nun genügend vorbereitet, um uns auf die gefahrvolle Reise in die Vergangenheit zu begeben und die beiden Helden auf ihrer Sternenfahrt zu begleiten. Kehren wir nun ganz zum Anfang des Epos zurück!

Bei den Träumen von Gilgamesch waren wir stehengeblieben. Seine Mutter Ninsun deutete sie so, daß Gilgamesch bald mit Enkidu zusammentreffen würde. Bevor jedoch Enkidu nach Uruk kommt, um mit Gilgamesch zu kämpfen und dann sein Freund zu werden, hat er bereits ein bewegtes, wildes Leben hinter sich.

Lassen wir die Ereignisse in Enkidus Leben vor seinem Zusammentreffen mit Gilgamesch noch einmal vor uns ablaufen, um sie dann auf ihren astronomischen Gehalt hin zu untersuchen. Beginnen wir mit Enkidus Geburt, oder genauer: mit seiner Erschaffung. Wie kam es zu Enkidus Erschaffung? Gilgamesch, der in Uruk wie ein Wildstier einherschreitet, übt ein solch tyrannisches Regiment über die Einwohner von Uruk aus, daß sie unter der Bedrückung stöhnen und zu den großen Göttern um Befreiung flehen. Die Götter rufen den obersten Gott von Uruk, aber Anu, der Himmelsgott, scheint nichts ausrichten zu können. Deshalb wenden sich die Götter an Aruru. Sie soll einen Rivalen für Gilgamesch schaffen: Enkidu.

»Die Hände wusch Aruru sich, kniff Lehm sich ab und legt' ihn in die Steppe.
. . . schuf sie Enkidu, den Helden.«

Wer ist Aruru? Aruru gehört (mit Nintud, Ninchursag und Ninkarraka) zu den Gottheiten des Gebärens, den Muttergottheiten. Sie alle lassen sich auf eine einzige Göttin zurückführen, die als Antu, als Gattin des Himmelsgottes Anu, verehrt wird und in Keilschrifttexten auch als Anunitum belegt ist. Anunitum ist auch die Bezeichnung für ein Sternbild, das an der Ekliptik unmittelbar vor (LÚ).CHUN.GÁ, dem Sternbild Enkidus, steht und *vor* diesem sichtbar wird; Anunitum tritt deshalb im Epos *vor* Enkidu auf und bringt ihn ins Leben: Ohne sie steigt Enkidu nicht über den Horizont herauf (Abbildung 14).

Selbstverständlich muß Aruru-Antu an der Himmelssphäre in

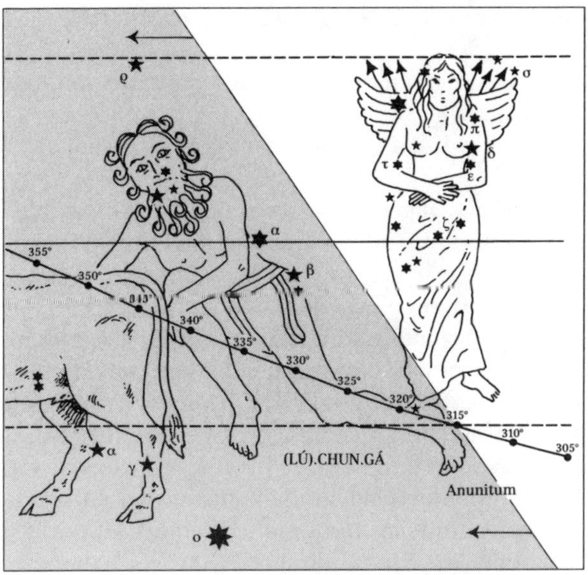

14 Aruru (Anunitum) steigt vor (!) Enkidu ((LÚ).CHUN.GÁ) über dem Osthorizont empor. Sie tritt deshalb im Epos vor (!) Enkidu auf und bringt ihn ins Leben.

nächster Nähe des Enkidu stehen, da sie ja den Klumpen Lehm, aus dem sie dann Enkidu formt, mit ihren eigenen Händen abkneift. Aruru ist folglich mit dem Sternbild Anunitum gleichzusetzen.

Enkidus Freud', des Jägers Leid

Kaum ist Enkidu von Aruru-Anunitum geschaffen, gibt es schon Probleme!

»Ein Jäger« trifft drei Tage lang auf Enkidu
»an der Tränke, ihm gegenüber«.

Bisher hat niemand erklären können, warum an dieser Stelle im Epos ein Jäger auftritt; scheint er doch völlig bedeutungslos für den Gang der Handlung zu sein. Wer ist der Jäger, und warum erscheint er gerade an dieser Stelle im Epos? Zunächst ist zu beachten, daß Enkidu und der Jäger Opponenten sind: sie stoßen aufeinander, aber »an der Tränke, *gegenüber*«. Also Enkidu auf der einen Seite der »Tränke«, der Jäger auf der anderen Seite der »Tränke«. Auch sagt der Jäger nach drei Tagen zu seinem Vater:

»Ich fürchte mich und wage *nicht*, mich ihm (Enkidu) zu *nahen*!«

Zu beachten ist auch die Formulierung:

»Den ersten Tag, den zweiten und den dritten Tag stieß er (der Jäger) auf ihn (Enkidu) an der Tränke, (ihm) gegenüber.«

Es wird nur der »Tag« genannt, nicht »Tag *und* Nacht«. Wenn der Jäger *tagsüber* auf Enkidu stößt, kann sich das nicht auf Enkidu-Mond beziehen, der vorläufig nur abends über dem Horizont erscheint, sondern auf Enkidu-(LÚ).CHUN.GÁ, der am Morgen über dem Osthorizont aufsteigt. Der Jäger kann Enkidu-(LÚ).CHUN.GÁ nicht nahen und steht ihm »an der Tränke gegenüber«. Es muß sich beim Jäger um ein Sternbild handeln, das weiter entfernt von (LÚ).CHUN.GÁ an der Himmelssphäre steht. Gemäß MUL.APIN-Serie gibt es ein Sternbild des Jägers, nämlich PA.BIL.SAG, den »Feuerpfeilschießer«, der unserem Sagittarius, dem Schützen, entspricht (siehe Sternkarte). Bildlich ist er als Mischwesen aus Menschenvorderleib und Pferdehinterleib dargestellt. Er hält einen Bogen in der Hand und schießt einen Pfeil ab. Neben seinem Kopf ist ein Leopardenkopf zu sehen: Im alten Zweistromland wurden Leoparden zur Jagd abgerichtet (siehe Abbildung 1).

Das Sternbild Enkidus ((LÚ).CHUN.GÁ) und das Sternbild des Jägers (PA.BIL.SAG) stehen sich in einer ekliptikalen Entfernung von etwa 130° am Horizont gegenüber, das heißt: wenn Enkidu ((LÚ).CHUN.GÁ) über dem *Ost*-Horizont erscheint, steht der Jäger (PA.BIL.SAG) gerade über dem *westlichen* Horizont. Der astronomische Fachbegriff der Chaldäer dafür ist das »Gegenüberstehen« von (zwei) Gestirnen. Genau das drückt auch unser Text aus: Der Jäger tritt Enkidu auf der gegenüberliegenden Seite der Tränke entgegen, ohne ihm nahen zu können. Die Tränke muß sich also zwischen (LÚ).CHUN.GÁ und PA.BIL.SAG ausdehnen. In der Mitte zwischen (LÚ).CHUN.GÁ und PA.BIL.SAG steht GU.LA^{d}Ea, das Sternbild des »großen Gottes Ea«. Es wird dargestellt als ein Mann, der einen Wasserkrug in Händen hält, aus dem zwei Wasserströme quellen (vergleiche Sternkarte). Ea, der Gott der Weisheit, gilt als Gott des Süßwassers und hat daher das »Wasser des Lebens«. Sein Kultsitz war in der Stadt Eridu am Persischen Golf, dessen Küste im dritten Jahrtausend v. Chr. weiter nördlich verlief als heute.

Östlich von GU.LA^{d}Ea schwimmt im himmlischen Persischen Golf KU$_6$^{d}Ea, der Delphin Eas, der unserem Sternbild Cetus (Wal) entspricht. Westlich von ihm ist der Ziegenfisch, SUCHUR.MÁSH.KU$_6$, zu sehen (vergleiche Sternkarte). Die *Tränke* kann mithin nur das durch den südlichen Bogen der Ekliptik (im *Ea*-Weg, zwischen 225° und 315°) und die untere Anu-Weg-Grenze begrenzte Flächenstück sein (siehe Sternkarte). Und der große Gott Ea läßt ständig frisches Wasser aus seiner Quelle fließen, damit die Tränke voll bleibt. Jeden Morgen wird Enkidu-(LÚ).CHUN.GÁ an der Tränke sichtbar. Deshalb berichtet der Jäger seinem Vater:

»Stets weilt sein Fuß an der Tränke, mir gegenüber.«

Während Enkidu-(LÚ).CHUN.GÁ am *Ost*-Horizont langsam emporsteigt, sinkt gleichzeitig der Jäger (PA.BIL.SAG mit Pferd und Leopard) ebenso langsam zum *West*-Horizont hinab (Abbildung 15). PA.BIL.SAG, der »Feuerpfeilschütze«, ist jeweils während der ganzen Nacht am Himmel sichtbar. Er steigt am Abend vom Osthorizont empor und wandert den weiten Weg über den Himmel, bis er am Morgen beim Aufgang des (LÚ).CHUN.GÁ am Westhorizont ankommt und schon ein wenig mit dem Antlitz in die Dunstschicht über dem Horizont eintaucht. Folgende Worte erklären diesen Vorgang:

»Als ihn (Enkidu) der Jäger sah, ward totenstarr sein (des Jägers) *Antlitz*;
Er (Menschenvorderleib) – mit seinen Tieren (Pferdehinterleib und Leopardenkopf) – trat in sein Haus (das Sternbild PA.BIL.SAG) hinein.
Vor Schreck erstarrte er, ward stumm,
Sein Herz erbebte, *düster* wurde sein Gesicht.
Wehmut zog in seinem Innern ein,
Einem Wanderer auf *fernen Wegen* glich sein *Antlitz*.«

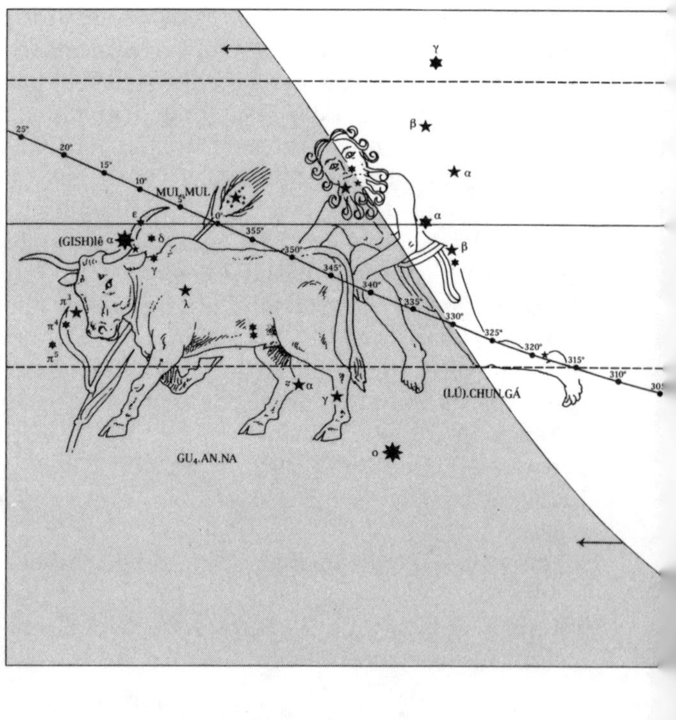

15 Dem Jäger (PA.BIL.SAG), der am Abend vom Osthorizont emporstieg und während der ganzen Nacht der Jagd nachging, entrinnen am Morgen beim Aufgang des Enkidu ((LÚ).CHUN.GÁ) die Tiere unter den Westhorizont.

Dies geschieht mehrere Tage (»den ersten Tag, den zweiten und den dritten Tag stieß er (der Jäger) auf ihn an der Tränke, (ihm) gegenüber«), währenddessen Enkidu-(LÚ).CHUN.GÁ immer mehr sichtbar wird, der Jäger aber um so tiefer sinkt. Als der Jäger (PA.BIL.SAG) nun drei Tage allmorgendlich an der Tränke, Enkidu gegenüber, auf diesen gestoßen ist, beklagt er sich endlich bei seinem Vater über Enkidu mit folgenden Worten:

»Er warf die Gruben zu, die ich gegraben,
Er riß die Netze aus, die ich gespannt,
Das Wild, die Steppentiere ließ er meiner Hand entrinnen!«

Auch diese Aussage hat einen astronomischen Gehalt. Das mit »Tiere« übersetzte Wort »namashshu« (sumerisch: NU.MUSH.DA), das eigentlich »Gewimmel« heißt, existiert am chaldäischen Himmel unter dem Namen NU.MUSH.DA.

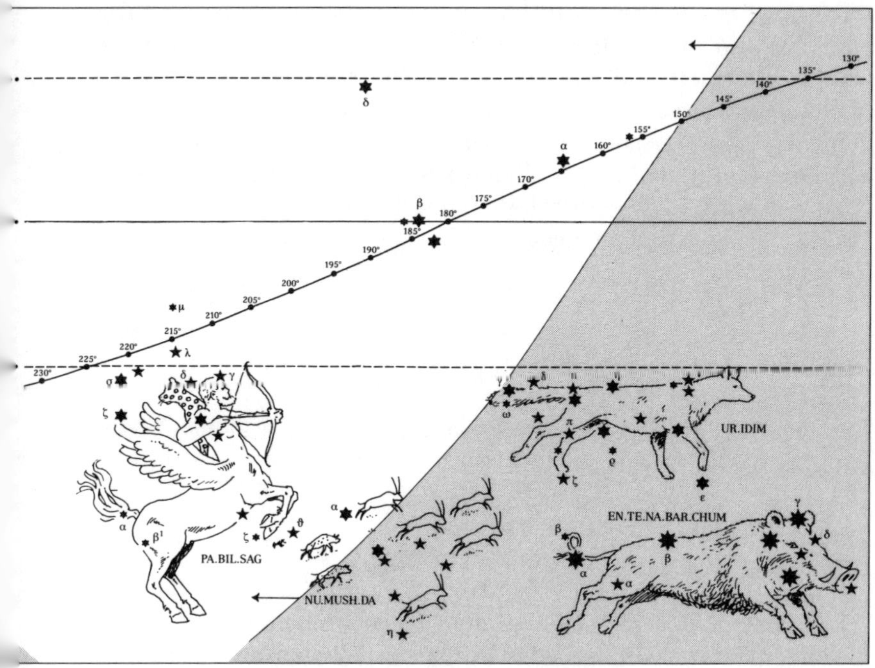

Dieses »Gewimmel«, welches Ara und Pavo West, also Sterne südwestlich von PA.BIL.SAG umfaßt, beginnt beim Morgenerstaufgang des (LÚ).CHUN.GÁ gerade am westlichen Horizont unterzugehen. Westlich von NU.MUSH.DA ist zur gleichen Zeit UR.IDIM, der »Wolf« (Lupus), und etwas früher EN.TE.NA.BAR.CHUM, das »Wildschwein«, bereits untergegangen. Vom »Wolf« ist gerade noch der Schwanz zu sehen (Abbildung 15). Diese Sternbilder sind sicherlich mit dem Worte *bulu*, »Wild« (= wilde Tiere), gemeint. Der Morgenerstaufgang des Enkidu ((LÚ).CHUN.GÁ) bewirkt, daß dem Jäger (PA. BIL.SAG) die Jagdtiere unter dem Westhorizont entschwinden. Enkidu ist verantwortlich dafür, daß der Jäger kein Tier erlegt.

Die »Tiere« (namashshu) sind als Tiere der *»Steppe«* (ṣeru) bezeichnet. Dies hat seinen guten Grund. Die »Steppe« ist nämlich nicht nur im Westen des *Horizontes* zu suchen, sie ist auch mit dem *absoluten Westen* am *Fixsternhimmel* verbunden. Der *Westpunkt* der Ekliptik befindet sich, wie wir in Teil VII dieses Buches genauer sehen werden, bei β Scorpii am Kopf des Skorpions (vergleiche Sternkarte). Das »Gewimmel« (NU.MUSH.DA) steht gerade unterhalb des Skorpions, ist also ein Sternbild der »Steppe« im Westen – wie auch der »Wolf« (UR.IDIM) und das »Wildschwein« (EN.TE.NA.BAR.CHUM). Auch Gilgamesch läuft nach dem Tode Enkidus »in die Steppe«, wo er den »Skorpionmenschen« begegnet. Wir ahnen bereits, daß er dann als Planet Merkur entlang der Ekliptik beim Sternbild Skorpion angelangt sein wird. Doch vorerst befindet sich Gilgamesch-Merkur noch kraftstrotzend genau am gegenüberliegenden Ende des Himmels in Hürden-Uruk.

Der Berg, der Alte und die Hure

Nun berichtet der Jäger seinem Vater noch etwas anscheinend völlig Paradoxes über Enkidu:

»Auf dem Berge läuft er immerzu dahin… ,
Stets weilt sein Fuß an der Tränke, mir gegenüber.«

Wie kann Enkidu einerseits auf dem Berge umherstreifen und zugleich sein Fuß beständig an der Tränke sein? Bedenken wir, daß drei

Tage verstreichen, ehe der Jäger sich an seinen Vater wendet! Nach drei Tagen kniet Enkidu als Sternbild ((LÚ).CHUN.GÁ) natürlich immer noch am Morgen vor Sonnenaufgang an der »Tränke«. Aber als Mond ist Enkidu nach drei Tagen, das heißt nach der Nacht vom Abend bis zum Morgen des 1. Nisannu und drei weiteren Tagen zu je 24 Stunden bereits auf der Ekliptik ein gutes Stück vorangekommen.

Bei einer durchschnittlichen Tagesgeschwindigkeit von 13°.2 hat er seit seiner Geburt 3 ½ mal 13°.2, also 46°.2 auf der Ekliptik zurückgelegt. Da er sich am Abend des 1. Nisannu bei seiner Geburt oder Erschaffung durch Aruru-Anunitum in den Plejaden beim Frühlingspunkt ($\lambda = 0°$)* befand, ist er am Morgen des 4. Nisannu folglich bei $\lambda = 46°.2$ angelangt. Das heißt, zog er bisher im *Anu*-Weg, so ist er nunmehr (bei $\lambda = 45°$) in den *Enlil*-Weg eingetreten. (siehe Abbildung 50; in der Sternkarte liegt der Enlil-Weg oberhalb der oberen gestrichelten Linie.)

Offensichtlich ist der »Berg«, auf dem Enkidu seit diesem Morgen des 4. Nisannu dauernd umherstreift, der Teil des Ekliptikbogens, der sich im *Enlil*-Weg befindet. Enlil wird auch häufig als »Großer Berg« in der Keilschriftliteratur erwähnt. Im Enlil-Weg, auf diesem »Berge«, befindet sich Enkidu von $\lambda = 45°$ bis $\lambda = 135°$, das heißt etwa 6 ½ Tage. Trotzdem »weilt sein Fuß«, der Fuß seines Sternbildes (LÚ).CHUN.GÁ, »stets an der Tränke«. Der Vater gibt seinem Sohn, dem Jäger, den Rat, sich in Uruk an Gilgamesch zu wenden und von dort die »Dirne« Schamchat »zur Steppe« zu führen.

»Wenn er (Enkidu) sie (die Hure Schamchat) sieht, so wird er sich ihr nahen.
Doch wird sein Wild dann von ihm fliehen, das aufgewachsen ist in seiner Steppe.«

Es wird dann berichtet, wie Jäger und Hure gemeinsam aufbrechen, und, auf der »Straße« ziehend, am dritten Tag das »Feld der Bestimmung« erreichen und sich dann zwei weitere Tage der Tränke gegenüber setzen. Jäger und Hure gehen auf der »Straße« (charranu)! Das deutet darauf hin, daß der Jäger und die Hure nicht nur Sternbilder,

* Die Ekliptik wird, vom Frühlingspunkt beginnend, in 360° eingeteilt. Die Grade der Ekliptik heißen ekliptikale Längen (Längengrade) und werden mit λ bezeichnet.

sondern auch Planeten sind, die sich entlang der »Straße« im Tierkreis bewegen. Das »Haus« (bitu) des Jägers, das Sternbild PA.BIL.SAG, ist im Epos ausdrücklich erwähnt. Es stellt sich daher die Frage, wem das »Haus« des Jägers gehört.

Nach babylonischer Vorstellung ist das Sternbild PA.BIL.SAG das Haus des Planeten *Jupiter*. Der Jäger hält sich aber augenblicklich nicht in seinem Hause auf, er ist vielmehr auf der Straße unterwegs. Zunächst geht er zu seinem Vater, dann zu Gilgamesch »mitten in Uruk«. Gilgamesch-Merkur befindet sich als sonnennächster Planet immer in der Nähe der Sonne, die am 4. Nisannu, als der Jäger nach dreitägigem Zögern endlich seinen Vater und Gilgamesch aufsucht, bei $\lambda = 349°$, also 11° vor dem Frühlingspunkt steht. Da der Merkur von der Sonne höchstens 27° auf der Ekliptik entfernt sein kann, steht Gilgamesch-Merkur an diesem 4. Nisannu* mindestens bei $\lambda = 322°$ (nämlich 349° – 27°) und höchstens bei $\lambda = 16°$ (349° + 27° (= 376°) = 16°), also im *Anu*-Weg, den wir bereits als das Abbild der Stadt Uruk an der Himmelssphäre kennengelernt haben.

Das Epos beginnt kurz vor der Geburt Enkidus. Bei der Geburt Enkidus am 1. Nisannu hat die Sonne eine Länge von 346°. Gilgamesch-Merkur steht dann mindestens bei $\lambda = 319°$. Die untere Anu-Weggrenze, die südliche Mauer von Uruk, schneidet die Ekliptik bei $\lambda = 315°$. Gilgamesch-Merkur ist zu Beginn des Epos also jedenfalls in Uruk! Wenn darum der Jäger ins Zentrum von Uruk zu Gilgamesch geht, dann muß auch der dem Jäger zugeordnete Planet *Jupiter* im *Anu*-Weg nahe bei Merkur stehen; aber auch der »Vater« des Jägers muß sich in Uruk ganz nahe beim Merkur befinden, sonst könnte der Jäger (Jupiter) nicht an einem Tag vom Vater zu Gilgamesch gelangen.

Als Vater des Jägers kommt nur das Sternbild SHU.GI in Frage, der »Alte« oder »Greis«, der oberhalb von den Plejaden zwischen SIPA.ZI.AN.NA-Gilgamesch und (LÚ).CHUN.GÁ-Enkidu in gebeugter Haltung an der Sphäre steht und unserem Sternbild Perseus entspricht (siehe Sternkarte). Dem »Alten«, dem »Greis« (SHU.GI), kann unter den Planeten nur der greise *Saturn* (SAG.USH) zugeordnet sein,

* Die Sonne wandert pro Tag rund 1° auf der Ekliptik in östlicher Richtung weiter. Am 1. Nisannu steht die Sonne gemäß MUL.APIN-Serie bei 346° auf der Ekliptik, am 4. Nisannu, also drei Tage später, bei 349° (siehe das ausführliche Kapitel 7).

der noch in der viel späteren Mythologie der Griechen und Römer, ja bis heute in der Astrologie als alter Mann erscheint, weil er als äußerster der klassischen Planeten am langsamsten von allen dahinläuft.

Und die Hure Schamchat? Welcher Planet kommt ihr zu, und welches Sternbild müssen wir ihr zuordnen? Als Liebesdienerin kennen die Alten einstimmig nur einen Planeten, den einzigen, der weiblich ist: Venus! Venus muß sich in der Nähe des Jägers (Jupiter) und Gilgameschs (Merkur) befinden, denn der Jäger holt die Hure Schamchat von Gilgamesch. Drei Tage gehen Jäger (Jupiter) und Hure (Venus) gemeinsam auf der »Straße«, dann langen sie am Ziel an, setzen sich »der Tränke gegenüber« und warten, bis Enkidu-(LÚ).CHUN.GÁ am Morgen mit dem Getier zur Tränke kommt. Hure (Venus) und Jäger (Jupiter) sitzen »der Tränke gegenüber«. Dies bestimmt eindeutig ihren Ort an der Sphäre. Enkidu ((LÚ).CHUN.GÁ) und Jäger (PA.BIL.SAG) standen sich an den vorhergehenden Tagen auch »an der Tränke gegenüber«. Da der Jäger sich als Planet Jupiter in den wenigen Tagen kaum merklich von der Stelle bewegt hat und ebenso die Hure (Venus), müssen Jäger und Hure immer noch in der Nähe von Gilgamesch-Merkur stehen, nämlich im Bereich des Sternbildes (LÚ).CHUN.GÁ-Enkidu. Darum kann die Hure (Venus) mit Enkidu-(LÚ).CHUN.GÁ der Wollust pflegen.

Dem aufmerksamen Leser ist sicher eines nicht entgangen: Venus ist eindeutig der Planet der Göttin Ischtar von Uruk! Das läßt nur einen überraschenden Schluß zu: Die Hure Schamchat ist mit Ischtar identisch! Enkidu hurt also am Anfang des Epos mit *Ischtar*, derselben Ischtar, welche in der sechsten Tafel des Gilgamesch-Epos dann von Gilgamesch als Hure geschmäht wird, und die daraufhin voll Zorn den Himmelsstier von Anu fordert. Ischtar-Venus befindet sich zu jenem Zeitpunkt (in der sechsten Tafel) in ihrem Haus, im Sternbild AB.SIN, der Jungfrau (Virgo) mit der Ähre, weit entfernt von Enkidu-(LÚ).CHUN.GÁ, der ihr den Hinterschenkel des getöteten Stieres vor die Füße wirft. Hier, am Anfang des Epos, wird Ischtar jedoch bewußt nicht mit ihrem Namen erwähnt, sondern lediglich als »charimtu Schamchat«, »Hure Schamchat«, bezeichnet. In einem anderen chaldäischen Epos, dem Erra-Epos, wird die Stadt Uruk folgendermaßen beschrieben: »shubat Anim u Ishtar al kezreti *shamchatu* u *charimati*«, »Wohnsitz des Anu und der Ischtar, die Stadt der Freudenmädchen, Dirnen und Huren«. Und auch Ischtars bekanntes

Selbstzeugnis läßt keinen Zweifel, daß sie eine »Hure« (charimtu) ist: »ina bab ashtammi... charimtu ra'imtim anaku« (»im Tor des Bordells... bin ich die Hure (charimtu), die Geliebte«).

Verführung beim Mondenschein

Aber Enkidu vereinigt sich liebend nicht nur als *Sternbild* mit Ischtar-*Venus*! Die astronomische Analyse enthüllt uns auch, daß Enkidu gleichzeitig als *Mond* zu Ischtar-*AB.SÍN* eingeht. Auch dadurch wird die Identität von Ischtar und der Hure Schamchat bestätigt. Enkidu-Mond wandert ja seit seiner Geburt entlang der Ekliptik unaufhaltsam weiter voran. Vergegenwärtigen wir uns anhand der Sternkarte noch einmal den Verlauf der Ereignisse an den inzwischen verstrichenen Tagen:

Am 1. Nisannu *abends* wird Enkidu-Mond in den Plejaden (MUL.MUL) beim Frühlingspunkt (λ = 0°) geboren. Am 1. Nisannu *morgens* trifft der Jäger auf ihn, das heißt auf sein Sternbild (LÚ).CHUN.GÁ, das erstmals mit seinem ersten Stern β Arietis am Osthorizont sichtbar wird; Enkidu-Mond befindet sich an diesem Morgen bei λ = 6°6 an der Ekliptik (er schreitet täglich etwa 13°2 voran). Drei Tage lang trifft der Jäger so auf Enkidu-(LÚ).CHUN.GÁ, also bis zum Morgen des 4. Nisannu; Enkidu-Mond ist inzwischen bei λ = 46°2 im *Enlil*-Weg angelangt; er läuft nun »auf dem *Berge* dahin«. Am gleichen Morgen klagt der Jäger seinem Vater und Gilgamesch sein Leid. Dann nimmt er auf den Rat beider hin Schamchat, die Hure von Uruk (Ischtar-Venus), mit. Jäger und Schamchat (Jupiter und Venus) wandern entlang der »Straße«, entlang der Ekliptik, und kommen am dritten Tage, am 6. Nisannu abends, am »Feld der Bestimmung« bei Enkidu-(LÚ).CHUN.GÁ an, nicht weit vom Frühlingspunkt entfernt; Enkidu-Mond steht dann gerade bei λ = 66° an der Ekliptik.

Jäger und Hure (Jupiter und Venus) setzen sich in ihr Versteck. Zwei Tage, bis zum 8. Nisannu abends, setzen sie sich der Tränke gegenüber. Enkidu-Mond ist inzwischen bis λ = 92°4 im Enlil-Weg vorgerückt. Er nähert sich nun dem Sternbild der Hure (AB.SÍN) und liegt »sechs Tage und sieben Nächte« bei der Hure, bis zum Morgen des 14. Nisannu. Enkidu-Mond steht dann bei λ = 178°2, das heißt, er hat den Bereich des Sternbildes AB.SÍN gerade durchwandert und ist nun östlich neben Ischtar-AB.SÍN an der Ekliptik angelangt. Der Sonnengott Schamasch, der am 1. Nisannu, 14 »Tage« vor Frühlingsanfang, bei $\lambda = 360° - 14° = 346°$ stand, ist zwischenzeitlich 13° auf der Ekliptik weitergewandert und steht nun, am 14. Nisannu, 1° vor dem Frühlingspunkt bei $\lambda = 359°$.

Enkidu-Mond, der am 1. Nisannu als schmale Mondsichel in den Plejaden am Westhorizont geboren wurde, ist inzwischen so sehr gewachsen, daß er zum Vollmond geworden ist. Gleichzeitig ist auch sein Sternbild (LÚ).CHUN.GÁ erstmals vollständig über dem Osthorizont sichtbar. Enkidu-Mond ist also erwachsen.

»Und der Berg ließ ihn (Enkidu) heranwachsen.«

So hatte Ninsun von Enkidu gesagt, als sie Gilgameschs Traum vom »kiṣru sha $^{(d)}$Anim« deutete. »Geboren in der Steppe«, am *West*-Horizont, ist Enkidu-Mond entlang der Ekliptik den Bogen oberhalb des Äquators gezogen und nahm, als er auf dem »Berg« im Enlil-Weg dahinlief, immer weiter zu. Das Sternbild Enkidus, (LÚ).CHUN.GÁ, ist am 14. Nisannu in voller Größe am Morgenhimmel über dem Osthorizont sichtbar, während Enkidu gleichzeitig als Vollmond mit strahlendem Gesicht über dem Westhorizont steht. Deshalb heißt es von Enkidu:

»Er aber war gewachsen, weiten Sinns geworden«,
so daß er nun in seinem ganzen Glanz bewundert werden kann:

»Zu Enkidu spricht die Hure:
›Klug bist du, Enkidu, wie ein Gott bist du geworden!‹«

Wer anders könnte als klug, wissend oder weise bezeichnet werden, wenn nicht der Mond, den die Chaldäer selbst ja ^{d}Sin*, den »vergöttlichten Herrn (EN) der Weisheit (ZU)«, nannten?

Das also steckt hinter dem Liebesabenteuer Enkidus mit der Hure Schamchat! Das hatten sich jene Assyriologen freilich nicht träumen lassen, die in der ›Enkidiade‹ ein evolutionistisches Märchen sehen wollten, eine »prachtvolle Entwicklungsstudie«, wie einer von ihnen

* ^{d}Sin, entstanden aus ^{d}Suen (^{d}ZU.EN = ^{d}EN.ZU).

entzückt ausruft, in der sich Enkidu durch den Geschlechtsverkehr mit der Hure von Uruk innerhalb von 6½ Tagen vom Orang-Utan (Jacobsen) zum Homo sapiens und, der Zeit vorauseilend, sogar zum Gott entwickelt.

Die Kehrseite der Medaille

Mit dieser positiven Veränderung Enkidus geht eine negative einher, über die viel nachgedacht und geschrieben wurde, die aber dennoch ein Rätsel blieb:

»Als er (Enkidu) genug von ihren (der Hure) Reizen hatte,
Wandte er sein Antlitz hin zur Steppe seines Wildes:
Da rannten die Gazellen fort, als sie Enkidu sahen,
Das Wild der Steppe floh von seinem Körper (*zumru*).
So erschrocken war Enkidu, daß sein (Sternen-)Leib (*pagru*) erstarrte.
Es wankten seine Knie: sein Wild lief ihm davon!
Enkidu ist gehemmt, sein Lauf ist nicht mehr wie zuvor.«

Genau das hatten der Vater des Jägers und Gilgamesch prophezeit:

»Wenn er (Enkidu) sie (die Hure Schamchat) sieht, so wird er sich ihr nahen.
Doch wird sein Wild dann von ihm fliehen, das aufgewachsen ist in seiner Steppe.«

Wie läßt sich das erklären? Bisher hat sich Enkidu-Mond allabendlich dem »Wild der Steppe«, den Tieren, die Enkidu dem Jäger entrinnen ließ, nämlich dem Sternbild UR.IDIM, dem »Wolf«, und EN.TE.NA.BAR.CHUM, dem »Wildschwein«, immer mehr genähert und war immer länger mit dem »Wild« zusammen gesehen worden, bis er den Tieren schließlich ganz nahe kam und die ganze Nacht mit dem »Wild« sichtbar war.

Die Sternbilder »Wolf« und »Wildschwein« sind an der Himmelssphäre so vorgestellt, daß sie nach *Westen* (in der Sternkarte von links nach rechts) laufen; das heißt also, sie laufen Enkidu entgegen!

Andererseits kommt aber auch Enkidu-Mond ihnen von Osten her allabendlich entgegen und nähert sich ihnen unaufhörlich. Er verweilt mit ihnen von nun an immer länger über dem Horizont, bis er schließlich vom Abend bis zum Morgen mit ihnen zusammen sichtbar ist. Das ist nun der entscheidende Augenblick, in dem sich alles wendet:

1. Enkidu hat »genug von ihren (der Hure) Reizen«.
   Enkidu-Mond ist am östlichen Rand des Bereiches von Ischtar-AB.SÍN angelangt. Er tritt aus ihrem Sternbild heraus!
2. Er »wandte sein Antlitz (*panû*) hin zur Steppe seines Wildes«.
   Die Mondoberfläche heißt in astrologischen Texten immer *panû*, »Antlitz« des Mondes.
   Enkidu-Mond wendet seine voll erleuchtete Seite der »Steppe« zu; das bedeutet: Der Vollmond selbst ist in der »Steppe« bei den Tieren angelangt. Er befindet sich bei $\lambda = 179°$, der Sonne gegenüber, die bei 359° steht: exakter Vollmond!
3. Von nun an entfernt sich Enkidu-Mond wieder von dem »Wild der Steppe« in östlicher Richtung, während das »Wild« nach wie vor gen Westen »läuft«, von Enkidu weg! Sein Wild hat ihm den Rükken zugekehrt. Enkidu-Mond kann ihnen nicht wieder nahen:

   »Es wankten seine Knie: sein Wild lief ihm davon!«

4. Enkidus *Leib (pagru)*, sein sterbliches irdisches Haus, das Sternbild (LÚ).CHUN.GÁ, ist »erstarrt«, starr, so wie jedes Fixsternbild am Himmel seinen festen Platz behält, und auch in größeren Zeiträumen praktisch unbeweglich ist.
5. Aber auch als *Himmelskörper (zumru)* hat Enkidu sich verausgabt:

   »Enkidu ist gehemmt, sein Lauf ist nicht mehr wie zuvor.«

   Hat sich Enkidu-Mond bisher immer mehr von seinem Geburtsort in den Plejaden ($\lambda = 0°$) entfernt, so hat er, als er aus dem Sternbild Ischtars (AB.SÍN) heraustritt, fast den halben Kreis der Ekliptik durchlaufen: Enkidu wird in seinem Lauf »gehemmt«.
6. Bis zum exakten Vollmond bei $\lambda = 179°$ nahm er noch zu:

»Er aber war gewachsen, weiten Sinns geworden«,

das heißt, seine Erkenntnis wurde umfassend – er erhielt volles Licht.

7. »Er kehrte um«:
   Enkidu ist als Vollmond bei seinem Umkehrpunkt ($\lambda = 180°$) angelangt; weiter kann er sich von den Plejaden ($\lambda = 0°$), seinem Geburtsort, nicht entfernen. Er kehrt um.
8. Zum Zeitpunkt seiner Umkehr in der Ekliptik (bei $\lambda = 180°$) finden wir Enkidu »unterhalb« der Hure sitzend:

   »Er kehrte um und setzt' sich unterhalb (ina shapal) der Hure hin.«

   Enkidu-Mond befindet sich als Vollmond östlich vom Sternbild der Hure (AB.SÍN). Wenn er gerade am Osthorizont steht, ist die Hure (AB.SÍN) schon längst über den Horizont aufgestiegen, sie steht also über ihm, Enkidu-Mond »sitzt« unter ihr.

Bevor wir Enkidus Lauf weiterverfolgen, wollen wir noch einmal auf die Punkte vier und fünf zurückkommen. Hier tritt uns erstmals die für das Verständnis der chaldäischen Astralreligion so außerordentlich wichtige Vorstellung vom Wesen des Menschen entgegen.

Der Mensch ist nach chaldäischer Lehre aus zwei Anteilen zusammengesetzt, nämlich aus dem Leib und der Seele, wobei der Leib sterblich, die Seele unsterblich ist. Beide, Leib und Seele, werden sekundär an den Himmel versetzt. Beim Tod verläßt die Seele ihr sterbliches »Haus«. Der Leib (pagru) erstarrt und wird in ein bestimmtes Fixsternbild in Ekliptiknähe versetzt, während die Seele einem der Wandelsterne als Astralkörper (zumru) zugeordnet wird. Solange die Seele im Leib weilt, ist der Mensch lebendig. Die unter die Sterne gereihten chaldäischen Helden »leben«, solange ihr Leib, also ihr Sternbild, zusammen mit ihrer Seele, dem entsprechenden Wandelstern, über dem Horizont sichtbar ist. Ein in den Himmel gehobener Held »stirbt«, wenn sein Sternbild im Morgengrauen am *West*-Horizont verblaßt. Und er wird wieder lebendig, wenn sein Sternbild vor Sonnenaufgang am *Ost*-Horizont erscheint und auch sein Wandelstern wieder zu sehen ist.

Dieses ausgeklügelte astrale System der Chaldäer gerät allerdings mit den Realitäten in ernsthaften Konflikt. Vom Morgenuntergang bis zum Morgenerstaufgang eines Sternbildes vergeht rund ein halbes Jahr, so daß die Helden teilweise schon nach einem halben Jahr am Himmel »leibhaftig« auferstehen. Da sich aber in aller Regel kein Sterblicher von Sinear – noch dazu in so kurzer Zeitspanne – aus dem Staube wieder erhoben hatte, wurde die am Himmel stattfindende Auferstehung in eine Wiedergeburt umgedeutet. So entstand die chaldäische Lehre von der Re-Inkarnation (Seelenwanderung), die Vorstellung, daß die Seele eines Verstorbenen in den Leib eines neugeborenen Kindes fährt. Später glaubte man, die Seele würde durch alle Lebewesen, Menschen und Tiere, wandern.

Die Re-Inkarnationslehre der Chaldäer hielt in der ganzen alten Welt ihren Einzug. Noch heute ist dieser Glaube weit verbreitet. Die Irrtümer der Menschheit scheinen sich wie die Sterne im Kreise zu drehen, sie kehren immer wieder. »Auferstehung« heißt in Chaldäa also: Re-Inkarnation! Die biblische Hoffnung auf die Auferstehung des Leibes, wie wir sie bei Hiob, Jesaja oder Daniel finden, gibt es in der chaldäischen Mysterienreligion nicht.

Enkidu ante portas!

Enkidu-Mond steht an der Ekliptik bei $\lambda = 180°$ im Umkehrpunkt: von nun an kehrt er wieder langsam zu seinem Ausgangspunkt bei $\lambda = 0°$ zurück, dorthin, wo augenblicklich der Sonnengott Schamasch steht (am 15. Nisannu bei $\odot = 0°$)*, in dessen Nähe sich auch Gilgamesch-Merkur auf der »Straße« von Hürden-Uruk aufhält. So ist es auch verständlich, daß die Hure Schamchat-AB.SÍN, zu deren Füßen Enkidu-Mond sitzt, den Enkidu nach Uruk zu Gilgamesch führen will:

»Warum läufst du (Enkidu-Mond) in der Steppe mit den Herdentieren (namashshu)?
Komm, ich will nach Hürden-Uruk dich hineingeleiten,

* Die jeweilige ekliptikale Länge der Sonne, also der in Längengraden gemessene Stand der Sonne auf der Ekliptik, wird Sonnenlänge genannt und durch das Symbol $\odot$ gekennzeichnet.

Zum strahlenden Tempel, dem Wohnsitz von Anu und Ischtar.
Wo Gilgamesch, der Vollkommene, Starke,
Die Männer wie ein Wildstier (als GU_4.UD-Merkur) überragt.«

Beachten wir genau die Reihenfolge der Worte der Hure: Sie erwähnt zunächst die Steppe, in der Enkidu immer noch läuft: Enkidu befindet sich bei $\lambda = 180°$ bei dem Stern β am Kopf des Skorpions am absoluten Westpunkt der Ekliptik, um den herum sich die »Steppe« ausbreitet. Hier in der Steppe jagte der Jäger (PA.BIL.SAG) sein Wild (bulu), Wolf (UR.IDIM) und Wildschwein (EN.TE.NA.BAR.CHUM), das Enkidu-Mond nun hinter sich zurückgelassen hat. Er nähert sich NU.MUSH.DA, dem »Gewimmel« (namashshu), läuft mit ihm ein Stück noch in der Steppe, ehe er die Steppe im Westen ganz verläßt und Hürden-Uruk im Osten immer näher kommt. Er zieht zunächst auf der Ekliptik im Ea-Weg (siehe Abbildung 50, auf der Sternkarte unterhalb der unteren gestrichelten Linie) und eilt dann zur unteren Anu-Weggrenze hin.

»Enkidu schritt voran,
Hinter ihm blieb stehn die Hure.«

Die Dirne Schamchat-AB.SÍN bleibt natürlich hinter Enkidu-Mond immer weiter zurück. Bei $\lambda = 315°$ tritt Enkidu am Nachmittag des 24. Nisannu, während die Sonne sich 9° vom Frühlingspunkt entfernt hat, auf der Grenze vom Ea- zum Anu-Weg nach Uruk ein. Hier »steht« sein Sternbild (LÚ).CHUN.GÁ: Enkidu-Mond kehrt in sein »Haus« zurück! Dies ist für den Dichter nun der Anlaß, Enkidu-(LÚ).CHUN.GÁ zu beschreiben.

In der an dieser Stelle gut erhaltenen altbabylonischen Pennsylvania-Tafel heißt es:

»Als er (Enkidu) Uruk-rebitim betrat,*
Scharten sich um ihn die Bürger.
Als er da auf der Straße von Uruk-rebitim stand,
Versammelten die Leute sich und sprachen von ihm:

* In der neuassyrischen Abschrift steht hier »Uruk-supuri«, Hürden-Uruk.

›Sein Körperbau gleicht dem des Gilgamesch,
Doch ist er von kleinerem Wuchs,
Er ist aber sehr stark!‹«

Wurde in der ersten Tafel das riesige Sternbild SIPA.ZI.AN.NA des Gilgamesch beschrieben, des »Hirten« von Uruk, der zu zwei Dritteln Gott und zu einem Drittel Mensch ist, weil er fast den gesamten Anu-Weg einnimmt und mit seinen Beinen noch in den Ea-Weg hineinreicht, so muß sich das Sternbild Enkidus ((LÚ).CHUN.GÁ) vergleichsweise klein an der Sphäre ausnehmen; und es wirkt gedrungener als Gilgamesch-SIPA.ZI.AN.NA.

Es folgt (weiter in der altbabylonischen Pennsylvania-Tafel) die Beschreibung der von den Griechen als »Hieros Gamos«, »Heilige Hochzeit«, bezeichneten Zeremonie, bei der der König von Uruk mit einer Tempelprostituierten oder einer Jungfrau aus dem Volk als Vertreterin Ischtars schläft:

»Ischcharas Schlafgemach ist schon zurechtgemacht,
Mit der sich Gilgamesch des Nachts vereinen will.«

Wer ist Ischchara? Aus Keilschriftquellen geht sicher hervor, daß Ischchara der Ischtar gleichgesetzt wird. Ischtar hat also viele Namen. Schamchat und Ischchara sind nur zwei davon. Als *Venus* war Ischtar entlang der Ekliptik im Bereich des (LÚ).CHUN.GÁ-Enkidu gewesen, wo sie mit Enkidu tagelang gehurt hat. Astronomisch gesehen, ist sie inzwischen aus dem Sternbild Enkidus herausgetreten und befindet sich, als Enkidu-Mond nach Hürden-Uruk hereinkommt und auf der »Straße von Hürden-Uruk« einhergeht, bei den Plejaden (MUL.MUL).

Auch Gilgamesch-Merkur ist inzwischen weitergewandert und eilt ebenfalls auf die Plejaden zu, um mit Ischtar-Venus hier die »heilige« Hochzeitsnacht zu verbringen. Kaum hat Ischtar-Venus mit Enkidu gehurt, will sie mit Gilgamesch-Merkur der Liebe pflegen. Sie wird deshalb in der Keilschriftliteratur ganz zu Recht als die »himmlische Hure« bezeichnet, die ständig auf der »Straße« steht, und wer auf sie trifft, der hurt mit ihr.

Das Sternbild der Ischtar-Schamchat (AB.SÍN) ist am 24. Nisannu, wenn Enkidu-Mond Uruk im Anu-Weg betritt, vor Sonnenaufgang unter dem Westhorizont verschwunden, während das Sternbild (LÚ).CHUN.GÁ in ganzer Größe über dem Osthorizont steht: Enkidu hat als Mond und auch als (LÚ).CHUN.GÁ mit Ischtar-AB.SÍN nichts mehr im Sinn! Erst recht nicht Gilgamesch! Dessen Sternbild SIPA.ZI.AN.NA wird gemäß MUL.APIN-Serie erst am 10. Simanu, rund eineinhalb Monate später, zum ersten Mal am Morgen über dem Osthorizont sichtbar, wenn Ischtar-AB.SÍN tief unter dem Westhorizont steht. Umgekehrt ist am Abend beim Untergang des SIPA.ZI.AN.NA am Westhorizont Ischtar-AB.SÍN schon weit über den Osthorizont gestiegen. AB.SÍN scheidet für Ischcharas Sternbild also aus. Wer aber soll Ischchara dann sein?

Gemäß MUL.APIN-Serie und anderen Keilschriftquellen gibt es nur ein einziges Sternbild, das der Ischchara zugeordnet wird:

GÍR.TAB, der »Skorpion«.

Auf Abbildungen der »Heiligen Hochzeit« ist merkwürdigerweise meist ein *Skorpion* unter dem Hochzeitsbett zu sehen. Die Zuordnung Ischtar-Ischcharas zum Skorpion am Himmel erklärt diese Gepflogenheit vollkommen. Wenn Gilgamesch »bei *Nacht*« mit Ischchara-Skorpion schläft, dann bedeutet dies, bezogen auf sein Sternbild, daß SIPA.ZI.AN.NA am *West*-Horizont steht. Tatsächlich geht gegen Ende des Monats Nisannu Ischchara-GÍR.TAB abends gerade am Osthorizont auf, wenn Gilgamesch-SIPA.ZI.AN.NA am Westhorizont »schlafen« geht.

Enkidu zieht nun als Mond durch sein Sternbild (LÚ).CHUN.GÁ auf der »Straße von Hürden-Uruk« und nähert sich mit Riesenschritten den Plejaden. Ischtar-Venus steht bereits östlich von den Plejaden (MUL.MUL), an die Gilgamesch-Merkur ganz dicht herangekommen ist. Enkidu-Mond, der am 24. Nisannu vom Ea-Weg kommend bei der unteren Anu-Weggrenze nach Uruk hineingekommen war, steht am 28. Nisannu abends, wenn die Sonne eine Länge von 13° hat, unmittelbar vor den Plejaden, wo er auf Gilgamesch-Merkur trifft, der sich anschickt, mit Ischtar-Venus die »Heilige Hochzeit« zu begehen. Doch

»Enkidu sperrte das Tor ihm mit seinem Fuß,
Nicht ließ er Gilgamesch hineingehn«.

Daraufhin kommt es zum Zweikampf:

»Sie packten sich,
Und beugten (die Arme) wie Stiere (ki-ma le-i-im),
Zerschmetterten den Pfosten,
Daß die Wand erbebte.«

Gilgamesch-Merkur und Enkidu-Mond sind bei den Plejaden, dem »Kiṣru sha [(d)]Anim«, dem Gebinde des Anu, zusammengetroffen! Das bedeutet exakt die Erfüllung des ersten Traumes Gilgameschs vom »Kiṣru sha [(d)]Anim«, in welchem Gilgamesch dem wilden Enkidu begegnen sollte.

2300 v. Chr. stehen die Plejaden (MUL.MUL oder »Kisru sha

16 Der Zweikampf der beiden Helden im »Tor des Hochzeitshauses« am Abend des 28. Nisannu (Sonnenlänge = 13°): Ischtar (Venus) (♀) steht inmitten des Hochzeitshauses, während Gilgamesch (Merkur) (☿) und Enkidu (Mond) (☾) miteinander ringen. Den Alten (SHU.GI) sah Enkidu (Mond) bereits zum Hochzeitshause eilen, ehe er (bei λ = 315°) nach Uruk (im Anu-Wege) hineinkam.

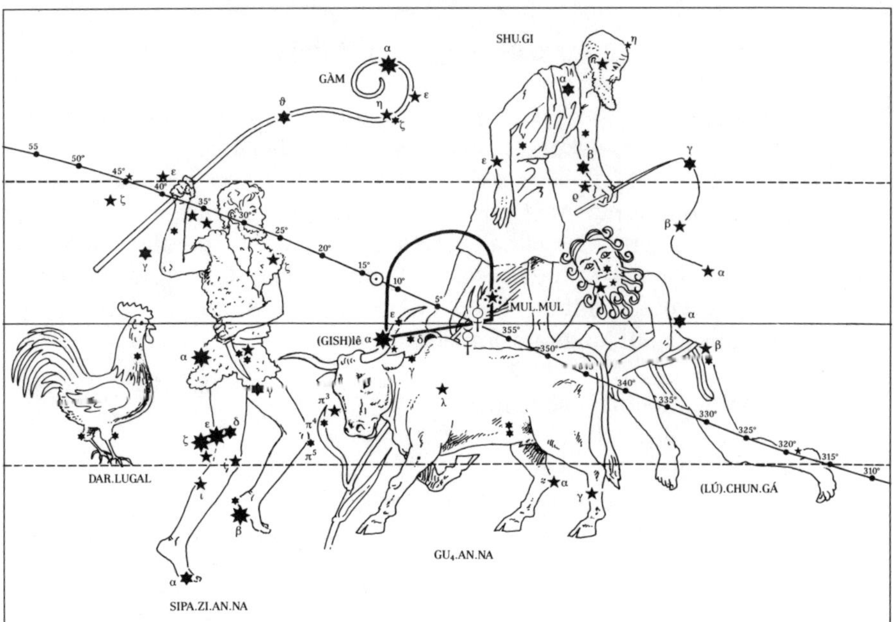

[(d)]Anim«) am Schnittpunkt der Ekliptik mit dem Äquator. Hier befindet sich offenbar das »Tor«, mitten auf der »Straße« von Hürden-Uruk, wobei der Äquator die »Wand« ist und die Plejaden den westlichen »Torpfosten« bilden, den die beiden Helden zerschmettern, während der östliche Pfosten durch die am Horn des Stieres stehenden Hyaden ((GISH)le-e) mit α Tauri als hellstem Stern gekennzeichnet wird (Abbildung 16).

Gilgamesch-Merkur entfernt sich in dieser Nacht des 28. Nisannu nicht wesentlich von den Plejaden. Enkidu-Mond dagegen zieht noch 7° weiter bis zu den Hyaden, aber auch nicht weiter, so daß er jedenfalls im »Tor« zwischen den beiden Pfosten bleibt, was der Dichter für Eingeweihte durch

»kima le-i-im«, »wie Stiere«

beschreibt, wobei »Kima« auf *kimā*, die Plejaden, und »Le-i-im« auf (GISH)le-e, die Hyaden, hinweist. Auch vordergründig besagt die Aussage

»sie beugten (die Arme) wie *Stiere* (le-i-im)«

genau dasselbe: Plejaden und Hyaden sind Sterne im Bereich des *Stieres*, der Zweikampf findet im »Tor« oberhalb des Anu-Stieres (GU_4.AN.NA) statt. Dieses »Tor« ist auf zahlreichen Rollsiegeln dargestellt. Abbildung 17 zeigt den Ausschnitt einer Rollsiegelszene, in der das (geflügelte) »Tor« über dem Stier (GU_4.AN.NA) deutlich herausgearbeitet ist. Im Tor steht Ischtar-Venus, nackt, die rechte Hand zum Gruß erhoben, mit der Linken die Brust fassend. Das »Tor« ist, wie wir aus einem jüngeren Tontafelfragment entnehmen, das

»Tor des Hochtzeitshauses«
(»bab bit e-mu-ti«).

»Emutu« heißt eigentlich »Familie« und ist ein Synonym von »Kimtu« (kimā) und weist wiederum auf die Plejaden (hebräisch: kimā) als Ort des Zweikampfes hin. Warum Enkidu-Mond dem Gilgamesch-Merkur den Eintritt ins »Hochzeitshaus« verwehrt, in das Ischtar-Venus bereits eingekehrt ist, ob aus Eifersucht oder Em-

17 Abdruck eines wahrscheinlich syrischen Rollsiegels zur »Heiligen Hochzeit«. Ischtar (Venus) steht nackt im »Tor« des Hochzeitshauses oberhalb des Stiers (GU_4.AN.NA).

pörung, das ist bisher eine umstrittene Frage gewesen, die wir im vierten Teil des Buches, im Kapitel »In den Tagen des Tammuz«, eindeutig beantworten werden.

Kurz bevor Enkidu nach Uruk hineinkam, hob er seine Augen auf und sah einen »Mann«, der zum »Hochzeitshause« eilte. Dieser »Mann« ist kein anderer als SHU.GI, der »Alte«, der Vater des Jägers. Sein Sternbild steht – immer noch – an der Sphäre nordöstlich über (LÚ).CHUN.GÁ oberhalb des Stieres, seine rechte Hand ist zu den Plejaden ausgestreckt (vergleiche Sternkarte), und auch sein Planet (Saturn) eilt, wenn auch langsamer als alle andern, den Plejaden zu.

Von der Nabelschnur zur Königskrone

Der Zweikampf im Sternbild Stier (GU_4.AN.NA) nimmt ein überraschendes Ende:

»Gilgamesch ging in die Knie,
Den Fuß am Boden.
Da legte sich sein (Enkidus) Zorn;
Er wendete sich ab (von Gilgamesch).«

Enkidu-Mond läßt von dem langsamer wandernden Gilgamesch-Merkur ab und steht schließlich, wenn Gilgamesch noch bei den Plejaden weilt, am anderen Pfosten des »Tores« bei den Hyaden und spricht nun seltsame Worte:

»Als er (Enkidu) sich (von Gilgamesch) nun abgewandt,
Da sprach zu ihm, zu Gilgamesch, Enkidu:
›Wie einzigartig hat dich doch geboren deine Mutter ... Ninsun!
Dein Haupt ist über (alle anderen) Ehemänner hoch erhoben.
Des Volkes Königtum
Bestimmte (i-shi-im-kum) Enlil dir!‹«

Wenn Enkidu gerade jetzt Ninsun erwähnt, so weist er damit sinnvoll auf die Erfüllung der von Ninsun gedeuteten Träume Gilgameschs hin; denn Gilgamesch ist Enkidu im »Kiṣru sha [(d)]Anim« begegnet, und die beiden Helden haben sich – noch in derselben Nacht – im »Tor« des »Hochzeitshauses« versöhnt und »schlossen Freundschaft«. Aber was soll an dieser Stelle das »Königtum«, das »Enlil« Gilgamesch »bestimmte«? Die Antwort steht buchstäblich wieder in den Sternen!

Der akkadische Name der Hyaden, (GISH)le-e (GISH.DA), bei denen Enkidu die seltsamen Worte spricht, bedeutet »(Holz-)Tafel«. Es ist die Schicksalstafel, auf der die Götter die Geschicke der Menschen aufschreiben.

Schon der »Alte« SHU.GI, den Enkidu kurz vor seinem Eintritt in Uruk-rebitim erblickte und der ihm von der nun bevorstehenden Heiligen Hochzeit im »Hochzeitshause« berichtete, sprach bezeichnenderweise vom »Geschick« (shimtu), von der »Bestimmung« (shimtu) und vom »Rat der Götter«:

»Den Bürgern ist die Brautwahl heut' bestimmt (shimtu).
Für Gilgamesch, den König von Uruk-rebitim
Ist bei den Bürgern das Netz zur Auswahl offen.
Mit der Gattin der Bestimmung (shimtu) schläft er (Gilgamesch) dann,
Er zuerst,
Danach der Ehemann.
Im Rat der Götter ward's verordnet.

Als man die Nabelschnur ihm abgeschnitten,
Ward so es ihm bestimmt (shi-ma-aṣ-ṣu).«

Nun sind die Hyaden, (GISH)le-e, laut MUL.APIN-Serie die »Krone des Anu« (agû sha ^{d}Anim), was sofort erklärt, warum der »Alte« SHU.GI und Enkidu auch vom »König« bzw. »Königtum« reden. Nach einem Kommentar zur Heiligen Hochzeit endet das Fest mit der Übernahme der Königswürde des Anu durch den Bräutigam; und in Nippur war die Heilige Hochzeit als Fest für die »Königin der Bräute« bekannt. Das Fest wurde im Monat (ITI).GU$_4$.SI.SÁ (akkadisch: Ajjaru) gefeiert, in dem auch das EZEN.GU$_4$.SI.SÁ, das »Fest der Prozession der Stiere«, stattfand.

Als Monatssternbild des (ITI).GU$_4$.SI.SÁ (Ajjaru) wird GU$_4$.AN.NA, der Himmelsstier, keilinschriftlich mehrfach bezeugt. Gemäß MUL.APIN-Serie gingen am 1. Ajjaru die Plejaden (MUL.MUL, η Tauri), und am 20. Ajjaru die Hyaden (GISH)le-e (α Tauri) am Morgen erstmals auf. Die Heilige Hochzeit ist mit dem Sternbild des Stieres (GU$_4$.AN.NA), speziell mit den Plejaden und Hyaden, untrennbar verknüpft! Da Gilgamesch-Merkur und Enkidu-Mond im »Tor« des »Hochzeitshauses« zwischen Plejaden und Hyaden im Sternbild des Himmelsstieres aufeinandertreffen, wird im Epos auf die mit diesen Sternen verbundenen Zeremonien entsprechend angespielt. Aufgrund der Hyaden als Schicksalstafel ((GISH)le-e) und Krone des Anu (agû sha ^{d}Anim) wird hier die gleichzeitige Erwähnung von »Schicksal« und »König« geradezu gefordert.

Übrigens werden die Hyaden nicht zufällig »Krone des Anu« genannt, bilden sie doch das *Horn* des Anu-Stieres (GU$_4$.AN.NA). Seit alters ist das (Stier-)Horn ein Sinnbild für Macht und Stärke. Die früheste Form der Krone war ein Stierhorn, das durch ein Kopfband an der Stirn gehalten wurde. Das Wort Krone selbst geht auf die lateinische »corona« zurück, die sich vom lateinischen »cornu«, »Horn«, ableitet, was wiederum von »carnu«, dem akkadischen Wort für Horn, entlehnt ist. Wurde Gilgamesch in der ersten Tafel des Epos als »Hirte von Hürden-Uruk« (SIPA.ZI.AN.NA) und »Wildstier« (GU$_4$.UD-Merkur) eingeführt, so muß er nunmehr als »König von Uruk« bezeichnet werden. Warum aber spricht dann Enkidu:

»Des Volkes Königtum
Bestimmte *Enlil* dir (Gilgamesch)«?

Warum *Enlil*, wenn die Hyaden die »Krone des *Anu*« sind? Es liegt durchaus kein Versehen des Dichters oder eines Abschreibers vor. Vielmehr legt der Dichter Enkidu hier einen *prophetischen* Spruch in den Mund, der sich später im Epos noch erfüllen soll: Gilgamesch erscheint im Epos nämlich noch einmal – am Anfang der sechsten Tafel – als strahlender König. Dort befindet er sich, wie wir noch zeigen werden, außerhalb von Uruk im *Enlil*-Weg. Bleibt also noch die »Nabelschnur«, welche der »Alte« (SHU.GI) im Zusammenhang mit der Heiligen Hochzeit erwähnt. Plejaden oder Hyaden? Das ist hier die einzige Frage. Von Hesychios wird uns ein sonderbarer Name der Plejaden überliefert. In seinem alphabetischen Lexikon schreibt der berühmte alexandrinische Grammatiker des fünften Jahrhunderts nach Chr.:

Σάτιλλα· πλειὰς τὸ ἄστρον,
»Zatilla: das Plejadengestirn«.

Dies merkwürdige Wort »Zatilla« gibt es im Griechischen nicht. Faßt man es jedoch als sumerischen Namen auf, dann gibt es sofort einen Sinn:

	ZA oder SÀ	bedeutet: »Kette« oder »Schnur«;
	TIL	bedeutet: »Leben«;
	TIL.LA	ist der Genitiv von TIL;
	ZA.TIL.LA	bedeutet demnach: »Lebensschnur«,

wohl doch die Nabelschnur, welche im Epos zur weiteren Kennzeichnung der Plejaden erwähnt wird.

Wenn der Mond nicht scheint, dann weint Enkidu

Aber was ist jetzt mit Enkidu los? Fast erkennen wir ihn nicht wieder: Enkidu weint!

»Enkidus Augen füllten sich mit Tränen,
Weh wurde ihm ums Herz,
Erbärmlich seufzte er.«

Als Gilgamesch verwundert fragt, warum er weint, antwortet Enkidu:

»O Freund, die Sehnen meines Halses sind erschlafft,
Geschwächt sind meine Arme,
Erschöpft ist meine Kraft.«

Was ist geschehen? Als Enkidu-Mond am Morgen des 14. Nisannu von der Hure Schamchat-AB.SÍN genug hatte, war er »weiten Sinns geworden«: er war voll (Vollmond)! Doch dann kehrte er um (bei $\lambda = 180°$) und nahm beständig ab; kurz bevor er am 24. Nisannu bei $\lambda = 315°$ nach Uruk kam, sah er den »Alten« (SHU.GI); da »wurde *fahl* sein Antlitz«:

Er war als Mond nur noch zu einem Viertel erleuchtet! Als er schließlich am Abend des 28. Nisannu bei den Plejaden (MUL.MUL) im Tor des Hochzeitshauses mit Gilgamesch-Merkur rang, da waren gerade zwölf Stunden vergangen, seit er ein letztes Mal als schmale Altlichtsichel am Osthorizont zu sehen war. Sic transit gloria mundi – so vergeht der Ruhm der Welt! Jetzt sind seine Arme erschlafft, seine Augen mit Tränen gefüllt, seine Kraft ist gebrochen – eine meisterhafte Überleitung und Ouvertüre zum ersten gemeinsamen Abenteuer der beiden Helden, dem Zug zum Zedernwald!

Wer fürchtet sich vor Chumbaba?

Drei Tage ist Enkidu unsichtbar! Am 29. Nisannu, wenn der Sonnengott Schamasch bei 14° auf der Ekliptik steht, ist Neumondtag. Ein bis zwei Tage später, am 1. Ajjaru, steht die Sonne bei 16°, und Enkidu-

Mond ist abends wieder am Westhorizont als schmale Neulichtsichel zu sehen, dieses Mal nicht in den Plejaden, im »Kiṣru sha (d)Anim«, sondern zwischen 28° und 36° ekliptikaler Länge an der Stelle des SIPA.ZI.AN.NA, dem Sternbild des Gilgamesch, das sich etwa zwischen 20° und 45° ekliptikaler Länge im Anu-Weg ausbreitet (vergleiche die Sternkarte): Enkidu-Mond ist nach dem Zweikampf im Stier (GU_4.AN.NA) und dem Freundschaftsschluß der beiden Helden wieder zu Kräften gekommen und mit Gilgamesch-SIPA.ZI.AN.NA zusammen. Nun unterhalten sich die beiden, die unzertrennliche Freunde geworden sind, angeregt miteinander. Gilgamesch will unsterblichen Ruhm gewinnen: Enkidu soll mit ihm zum weit entfernten Zedernwald ziehen, wo der gefürchtete Chumbaba haust.

»Im Walde haust Chumbaba, der Gefährliche,
Ich und du, wir wollen ihn erschlagen,
Ausrotten alles Böse in der Welt.«

Aber Enkidu ist von Gilgameschs Plan, zum Zedernwald zu ziehen, um Chumbaba dort zu töten, ganz und gar nicht begeistert. Nicht ganz zu Unrecht; denn der Wald ist »auf sechzig Doppelstunden umfriedet«, und man kann nicht leicht »in sein Inneres hinabsteigen«. Außerdem steht am Eingang des Waldes »ein Wächter, der niemals schläft«. »Und wer in den Wald hinabsteigt, wird gelähmt«. Und erst Chumbaba!

»Er brüllt wie die Sintflut,
Sein Rachen ist Feuer,
Tod ist sein Atem!«

Aber Gilgamesch läßt sich nicht zurückhalten, sein Entschluß steht fest. Deshalb bleibt Enkidu als gutem Freund Gilgameschs nichts anderes übrig, als einzuwilligen; denn allein kann Gilgamesch schon gar nichts gegen Chumbaba ausrichten; er will ihn in der Not nicht verlassen, ihm vielmehr im Kampfe beistehn. Doch Gilgamesch hat nicht nur Enkidus Skepsis zu überwinden, sondern auch die Furcht der »Ältesten« (shibutum) von Uruk.

SHU.GI steht inzwischen in voller Größe über dem Osthorizont: Aus dem einen Mann von Uruk, der zum Hochzeitshause (MUL.MUL, kimtu-kimā) eilte, und dem Enkidu begegnete, als er nach Uruk gehen wollte, ist nun die Schar der »Ältesten« geworden! SHU.GI, akkadisch: »shibu«, heißt eigentlich der »Alte« oder »Greis«, wie wir wissen, und als solcher steht SHU.GI auch in gebeugter Stellung am Himmel zwischen Enkidu-(LÚ).CHUN.GÁ und Gilgamesch-SIPA.ZI.AN.NA.

Von *shibu* gibt es zwei Pluralformen: »shibū«, was »Alte«, »Greise« bedeutet, und das Kollektivum »shibūtum«, die »Ältestenschaft«. Der Dichter zieht diesen Sammelbegriff für das Sternbild SHU.GI vor, einmal vielleicht, weil der Reiz der Verfremdung den Wert der Dichtung erhöht, vor allem aber, weil es nur ein einziges Sternbild ist, das schlecht für viele einzelne Greise stehen kann, aber wohl die Ältestenschaft als Institution auszudrücken vermag – auch in der römischen Redekunst ist dieses Verfahren unter dem Begriff »singularis pro plurali« übrigens ganz geläufig.

Die Ältestenschaft tritt jedenfalls so häufig auf, daß sie nicht zu übersehen ist, was offenbar im Sinne des Dichters ist, der SHU.GI an dieser Stelle des Epos beschreiben will.

Gilgamesch gegenüber äußert die Ältestenschaft dieselben Bedenken wie Enkidu zuvor. Aber auch sie vermag Gilgamesch nicht von seinem gefährlichen Unternehmen abzubringen.

Waffen, Waffen, Waffen

Schon hat nämlich Gilgamesch sich »Waffen« schmieden lassen: »Große Schwerter, Bogen und Köcher«.

»Er nahm die Waffen,
Hing seinen Köcher um
Und auch den Anschan-Bogen.
Den Dolch hängt er an seinen Gürtel.«

Gilgamesch-SIPA.ZI.AN.NA ist am Himmel von lauter Waffen umgeben. Die wichtigste Waffe des »treuen Hirten des Himmels« ist sein gewaltiger »Hirtenstab« (GÀM), den er in seiner rechten Hand über seinem Kopfe bedrohlich schwingt (Abbildung 18).

An seiner Seite – östlich von SIPA.ZI.AN.NA – stehen noch KAK.SI.SÁ, die »Lanze«, und BAN, der »Bogen«. Von KAK.SI.SÁ, wörtlich:

»Waffe des Nordens«, keilinschriftlich auch als »shukudu«, »Lanze«, belegt, heißt es in der MUL.APIN-Serie:

»KAK.SI.SÁ shiltachu, karradu rabû [d]Ninurta«.	»KAK.SI.SÁ (ist) der Speer, (Sternbild des) großen Helden Ninurta«.

Weiter oben haben wir bewiesen, daß Gilgamesch-SIPA.ZI.AN.NA Ninurta entspricht. Folglich muß im Epos KAK.SI.SÁ die Waffe Gilgameschs sein, der im Epos an die Stelle von Ninurta tritt.

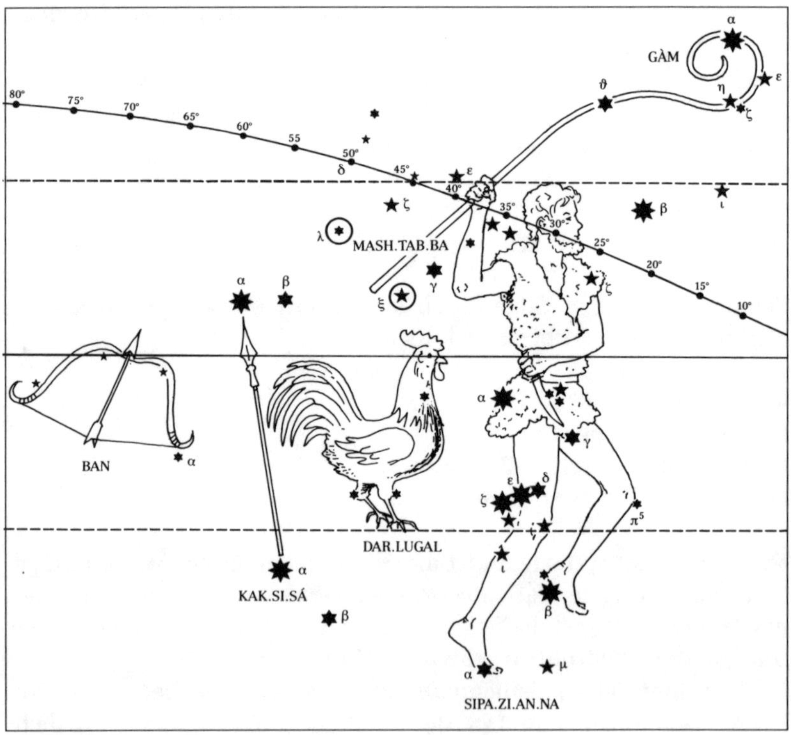

18 Gilgamesch (SIPA.ZI.AN.NA) an der Sphäre mit seinen Waffen: Hirtenstab (GÀM), Dolch, Lanze (KAK.SI.SÁ) und Bogen (BAN). Ihm zur Seite sein Schutzgott Lugalbanda (DAR.LUGAL). Über dem Streithahn die Zwillingssterne (MASH.TAB.BA) – noch im Anu-Weg (Uruk) –, weshalb Enkidu von Gilgameschs Mutter adoptiert wird, um fortan Gilgameschs »Bruder« zu sein, noch ehe beide Uruk verlassen.

Für die Identität des »Bogens« mit dem Sternbild BAN gibt uns der Dichter ein weiteres Indiz: Der »Bogen« ist nicht irgendein Bogen (BAN, akkadisch: qashtum), sondern wird als »qashtum an-sha-nitum«, »Bogen von Anschan«, bezeichnet. Anschan ist ein Gebiet in *Elam*, dem alten Südpersien; darum ist dieser »Bogen« als »elamitischer Bogen« aufzufassen. Genau das wird in der MUL.APIN-Serie vom »Bogenstern« (BAN) gesagt:

»BAN ^{d}Ishtar elamattu marat ^{d}Enlil«
»Bogenstern (der) elamitische(n) Ischtar, (der) Tochter Enlils«.

Einen Bruder zum Abschied

Inzwischen ist der Planet Merkur ins Sternbild SIPA.ZI.AN.NA gewandert: Gilgamesch-Merkur befindet sich in seinem »Hause« in Uruk im Anu-Wege und nähert sich unaufhaltsam auf der »Straße von Uruk« der oberen Grenze des Anu-Weges zum Enlil-Weg; das heißt, Gilgamesch wird Uruk (im Anu-Wege) in Kürze verlassen.

Die Ältestenschaft verabschiedet Gilgamesch und gibt ihm gute Ratschläge und Wünsche mit auf den gefährlichen Weg: Gilgamesch-Merkur entfernt sich auf der Ekliptik immer mehr von der in Uruk zurückbleibenden »Ältestenschaft« (SHU.GI), die mehr und mehr vom Horizont abhebt; und auch der »Alte«, der Planet Saturn, hält sich noch länger in Hürden-Uruk auf. Die zurückbleibende Ältestenschaft (SHU.GI) erwähnt zweimal den Kriegsgott Lugalbanda:

»Möge Lugalbanda im Streite bei dir stehen,
Damit du auch den Sieg erringst!«

und

»Stets halte dich an Lugalbanda!«

Zur Seite von Gilgamesch-SIPA.ZI.AN.NA steht östlich das Sternbild DAR.LUGAL, der »Hahn«, den wir keilinschriftlich als Haus Lugalbandas belegt fanden. Gilgamesch hängt in der sechsten Tafel die Hörner des Anu-Stiers (GU_4.AN.NA) »hinein ins Schlafgemach« Lugalbandas, der dem Planeten *Mars* entspricht. Aber Lugalbanda-Mars weilt, wie wir sehen werden, nicht in seinem Hause, als Gilgamesch-Merkur in Uruk ist. Darum begibt sich Gilgamesch mit Enkidu zum Abschied auch nicht zu Lugalbanda, sondern zu dessen Frau Ninsun, die Lugalbanda während der Abwesenheit in seinem Hause DAR.LUGAL vertritt.

Lugalbanda wird nicht nur Herr von Kullaba, sondern – besonders in altbabylonischer Zeit – auch Herr von Eschnunna genannt. Ninsun ist keilinschriftlich öfters als Gemahlin Lugalbandas belegt; im Epos ist Ninsun die Mutter des Gilgamesch. Ist Lugalbanda der Streit-»Hahn« und Herr von Eschnunna, dann müßte seine Gattin Ninsun, auch wenn es seltsam klingt, ein »Huhn« und Herrin von Eschnunna sein. Tatsächlich nennen sich vier Könige von Eschnunna »Liebling der Göttin DAR (Huhn)«. Kaum hat Gilgamesch die Ratschläge der Ältestenschaft vernommen, begibt er sich mit Enkidu

»zum Egalmach (É.GAL.MACH).
Vor Ninsun tretend, die große Königin!«

DAR.LUGAL, »Hahn«, heißt wörtlich: »Hühnerkönig«, so daß Lugalbandas Gemahlin Ninsun ebenfalls eine (Hühner-)Königin ist.

Im É.GAL.MACH angekommen, bittet Gilgamesch Ninsun, für ihn zum Sonnengott Schamasch um Schutz zu flehen. Daraufhin tritt Ninsun »in ihr Gemach« und setzt ihre »Königsmütze« auf, dem Hahnenkamm des DAR.LUGAL entsprechend.

»Ihr Gemach betrat Ninsun,
Sie zog ein (Feder-)Kleid an, wie es sich für ihren
Leib (pagru) geziemt.
Einen Kragen legt' sie um, wie's ihrer Brust entspricht.
... und setzte ihre Königsmütze auf.
Dann stieg sie die Sprossen (der Hühnerleiter) empor,
sprang auf den Balken,
Stieg auf das Dach ... und hob empor vor (ma-char) Schamasch (der Sonne) ihre Flügel (i-di-shu)«,

fing laut zu »krähen« an und klagte Schamasch, dem Sonnengott, ihr Leid.

Es wird zweifach betont, daß Ninsun dies »vor Schamasch«, das heißt *vor* Sonnenaufgang, tut, genau wie dies ein Hahn zu tun pflegt.

Nun hatte Ninsun die (Sichel-)Axt, die Gilgamesch in seinem zweiten Traum auf der Straße von Hürden-Uruk liegen sah, auf Enkidu-Mond gedeutet und zugleich versprochen:

»Gleichstellen will ich ihn (Enkidu) mit dir.«

Dies Versprechen löst Ninsun jetzt ein, indem sie Enkidu adoptiert. Als Gilgamesch und Enkidu am »Tor« des »Hochzeitshauses« »wie Stiere« aufeinandertrafen, verrauchte der Zorn sehr bald, und aus Feinden wurden Freunde:

»Sie küßten sich und schlossen Freundschaft ...«

Jetzt sollen die beiden durch die Adoption Enkidus Brüder werden. In der siebten Tafel nennt Schamasch denn auch den sterbenden Enkidu »Bruder« des Gilgamesch, und in der hethitischen Fassung der siebten Tafel spricht Gilgamesch selbst Enkidu mit »Bruder« an.

»O Bruder! Lieber Bruder!
Warum sprechen sie (die Götter) mich frei von Schuld statt dich?«

Die Adoption des Enkidu geschieht in einer dunklen Zeremonie, bei der Ninsun unter Weihrauchduft eine Beschwörung spricht ...

Enkidu ist nun Gilgameschs Bruder geworden! Warum Enkidu unbedingt Gilgameschs Bruder werden mußte, hat man bisher nicht verstanden. Aber die astronomische Analyse des Epos zeigt, daß dies notwendig so sein muß, und zwar noch ehe Gilgamesch und Enkidu Uruk verlassen: Östlich neben Gilgamesch-SIPA.ZI.AN.NA und über DAR.LUGAL, dem Haus Lugalbandas, stehen die »Zwillinge«, MASH.TAB.BA, im Anu-Weg, also in Uruk (siehe Abbildung 18).

Gemäß MUL.APIN-Serie (erste Tafel, Kol. II, 3.4) sind diese »Zwillinge« mit ^{d}LÚ.LÀL und ^{d}Latarak identisch. In einer von Rawlinson veröffentlichten Sternliste* ist (MUL).LÚ.LÀL gleich ^{d}Sîn und (MUL).

* Tafel 45 des fünften Bandes der »Cuneiform Inscriptions of Western Asia«, von Rawlinson herausgegeben; im folgenden mit VR 46 abgekürzt.

Latarak gleich ^{d}Nergal; ^{d}Sîn ist der Mondgott, also Enkidu, der im Epos als Mond auftritt. Nergal müßte dann mit Gilgamesch gleichzusetzen sein. In einem religiösen Text steht das auch explizit:

»^{d}Gilgamesch ^{d}Nergal (U.GAR) ashib (DÚR) erṣetim«,
»Gilgamesch ist Nergal, der in der Unterwelt herrscht«.*

Die »Zwillinge« (MASH.TAB.BA) im Anu-Weg oberhalb des Hahnes sind somit die beiden Helden Gilgamesch und Enkidu in Uruk, die durch Ninsuns Adoptionsinitiative Zwillingsbrüder wurden. Gilgamesch wird also im Epos als »Zwilling«, MASH, charakterisiert. Dies erklärt einerseits seine Namensschreibung GISH.GIN.*MASH* und bestätigt nachträglich auch die Identität Gilgameschs mit dem Planeten Merkur, der auch gemäß MUL.APIN-Serie ^{d}MASH heißt (shá ^{d}*MASH* shumshu).

Doch die Adoption Enkidus durch Ninsun hat noch einen tieferen Sinn! Bisher wurden Gilgamesch-Merkur und Enkidu-Mond im Epos jeder für sich mit entsprechenden Sternbildern, in denen jeder von ihnen sich gerade aufhielt, getrennt behandelt.

Aber von nun an handeln die beiden Helden stets gemeinsam. Da Mond und Merkur mit unterschiedlicher Geschwindigkeit entlang der Ekliptik laufen, sich also voneinander entfernen, ehe sie nach rund einem Monat wieder in Konjunktion beieinanderstehen, muß der Dichter einen astronomischen Kompromiß schließen, der eben in der »Gleichstellung« der beiden Helden besteht. Hinfort, seit der Ankindungszeremonie, durch die Ninsun den Enkidu mit Gilgamesch »gleichgestellt« hat, werden Gilgamesch-Merkur und Enkidu-Mond im Epos nur noch *in gleicher Stellung* an der Himmelssphäre bei ihrem Lauf durch den Tierkreisgürtel betrachtet, nämlich bei ihrer monatlichen Konjunktion. Die sich ständig wiederholenden Umläufe des Mondes werden nun im Epos bewußt außer acht gelassen.

Dadurch wird im folgenden die astronomische Deutung erheblich vereinfacht. Wir brauchen von nun an nur noch den jeweiligen Standort des Gilgamesch-Merkur in der Ekliptik zu verfolgen.

* Vergleiche Lambert, W. G. in: Garelli: Gilgameš et sa légende

Enkidus geheimes Wissen

Als Ninsun »vor Schamasch ihre Flügel emporhob«, klagte sie unter anderem, daß Gilgamesch den Weg zu Chumbaba nicht kennt:

»Auf einen Kampf sich (Gilgamesch) einläßt, der ganz ungewiß,
Auf einem unbekannten Wege reisen will.«

Auch Gilgamesch selbst gibt dies zu:

»… einen Weg, den nie zuvor ich ging …«

Andererseits kennt Enkidu den Weg zu Chumbabas Zedernwald genau. Als die »Ältestenschaft« Gilgamesch verabschiedet, sagt sie unter anderem auch:

»Laß Enkidu dir (Gilgamesch) vorangehn,
Er weiß den Weg, die *Straße* (charranu) ist er schon gezogen.
Der Eingang in den Wald ist ihm bekannt,
Chumbabas Schliche kennt er auch!«

Enkidu muß darum schon einmal den gefährlichen Weg zum Zedernwald gegangen sein! Schon als Gilgamesch den Entschluß faßte, zum Zedernwald zu ziehen, erwiderte ihm Enkidu:

»Mein Freund, ich hab' es auf dem Berg (shadu) erkundet,
Als ich dahinlief mit dem Wild.
Auf sechzig Doppelstunden ist der Wald umfriedet.
Wer vermag schon in sein Inneres hinabzusteigen?«

Und dann beschreibt er ausführlich Chumbaba und auch den Wächter am Eingang des Waldes. Enkidu muß die beiden schon einmal gesehen haben! Aber *wie* konnte das geschehen? Vorher werden im Epos Chumbaba und der Zedernwald mit keinem Wort erwähnt. Und doch muß Enkidu irgendwann nach seiner Erschaffung durch Aruru und vor seinem spektakulären Einzug in Uruk Chumbaba und seinen Wächter am Eingang des Zedernwaldes gesehen haben! Da aber bis heute auch keine angeblich verlorengegangenen Fragmente des Gilgamesch-Epos entdeckt werden konnten, auf denen man die »unbekannte Vorgeschichte« Enkidus zu finden hoffte, standen die Gelehrten vor einem Dilemma, das schier unlösbar schien. Doch ein Blick zum gestirnten Himmel der Chaldäer führt uns sofort aus dem Dilemma heraus.

Enkidu-Mond ist ja nach seiner Geburt in den Plejaden durch die ganze Ekliptik gewandert und kehrte schließlich zum »kiṣru sha ^{d}Anim« zurück, während Gilgamesch-Merkur in der Nähe des Sonnengottes einherschritt und sich die ganze Zeit nur um den »kiṣru sha $^{(d)}$Anim« herum in Uruk aufhielt. Den Worten Enkidus entnehmen wir, daß der Zedernwald »auf dem *Berg* (shadu)« liegt, wo Enkidu-Mond mit dem Wild (bulu) umherstreifte. Wir erinnern uns an den Jäger, der sich (am 4. Nisannu) darüber beklagte, daß Enkidu »auf dem *Berge* (shadu) immerzu dahinläuft«.

Diesen *»Berg«* haben wir als den Teil des Ekliptikbogens über dem Äquator bestimmt, der sich im *Enlil*-Weg befindet. Als Ninsun Gilgameschs ersten Traum deutete, sagte sie, daß der *Berg* (shadu) Enkidu »wachsen« ließ, was sich auf den zunehmenden Mond bezog. Und nachdem sich Enkidu-Mond der Hure Schamchat-AB.SÍN zu Füßen gesetzt hatte (bei $\lambda = 180°$), erzählte sie ihm, Gilgamesch habe von ihm geträumt, ehe Enkidu »vom *Berg* (shadu) herabgekommen« sei. Da Schamchat-AB.SÍN im *Anu*-Wege steht und Enkidu-Mond damals dem »kiṣru sha $^{(d)}$Anim« gegenüber beim Stern β des Skorpions als Vollmond stand, muß Enkidu vom *Enlil*-Wege her zu ihr gekommen sein. Folglich ist der *Berg* im *Enlil*-Weg mit Chumbabas Zedernberg identisch! Hier auf dem *Berg* im *Enlil*-Weg muß Enkidu Chumbaba begegnet sein, ehe er zur Hure Schamchat-AB.SÍN gelangte.

Von dem »Zedern-*Berg*« ist der »Zedern-*Wald*« zu unterscheiden; denn man muß vom »Berge« in den Wald »*hinab*-steigen«. Der »Zedernwald« erstreckt sich deshalb offenbar *unterhalb* des Ekliptikbogens im Enlil-Wege. Wie weit der Zedernwald sich ausdehnt, werden wir noch beantworten. Enkidu-Mond kann über Zedernberg und Zedernwald aus eigener Anschauung berichten, während die Ältesten, die Enkidus Bedenken vor Gilgamesch wiederholen, nur vom Hörensagen darüber zu erzählen vermögen:

»Wir *hörten* nämlich, daß Chumbaba ...«

Weil Gilgamesch den Weg nicht kennt, soll Enkidu vorangehen:

»Laß Enkidu dir (Gilgamesch) vorangehn!«

Dies ist natürlich nur eine vordergründige Anweisung. Astronomisch gesehen, *muß* Enkidu vorangehen, da er als Mond dem in der Nähe der Sonne bleibenden Planeten Merkur (Gilgamesch) entlang der Ekliptik vorauseilt und ihn monatlich sogar überholt.

Nachdem Gilgamesch (Merkur) und Enkidu (Mond) sich von der Ältestenschaft (SHU.GI) und von Ninsun (die – wie wir sahen – DAR.LUGAL vertrat) verabschiedet haben, verlassen sie an der oberen Anu-Weggrenze die Stadt Uruk endgültig und brechen zum Zedernberg im Enlil-Wege auf.

Im Gebirge

Von nun an, ab der vierten Tafel, wandern die beiden Zwillingsbrüder auf dem Berg (shadu). Immer wieder ist vom Berg die Rede. Gilgamesch ermahnt Enkidu in dem altbabylonischen Fragment mit den Worten:

»Steig hinauf auf des Berges Klippe …«

Die Uruk-Tafel beginnt mit folgenden Worten:

»Nach zwanzig Doppelstunden brachen sie sich einen Bissen ab,
Nach dreißig Doppelstunden ließen sie zur Abendrast sich nieder,
fünfzig Doppelstunden zogen sie pro Tag.«

Was bedeutet diese Floskel, die nun wiederholt vorkommt?

20 ist die Zahl der Sonne (^{d}Shamash), 30 ist die Zahl des Mondes (^{d}Sîn), weshalb Sonne und Mond keilschriftlich

^{d}20  (Sonne)

und

^{d}30  (Mond)

geschrieben werden. 50 ist die Zahl Enlils,

^{d}50 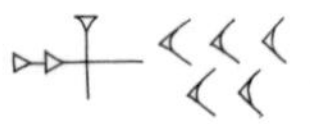 .

Wenn Gilgamesch, der »Stier der Sonne (^{d}20)«, und Enkidu, der Mond (^{d}30), den ganzen Tag lang 50 Doppelstunden ziehen, dann will das besagen: Sie ziehen von nun an im *Enlil*-Weg, statt wie bisher im Anu-Weg. Weiter heißt es: sie zogen

»einen Weg von einem Monat, fünfzehn Tagen insgesamt.«

Hier wird uns die Gesamtstrecke, die Gilgamesch und Enkidu zurücklegen müssen, genannt. Sie wandern einen Monat, das heißt 30 »Tage«, plus 15 »Tage«, insgesamt 45 »Tage« lang. 45 »Tage« entsprechen gemäß MUL.APIN-Serie 45° ekliptikaler Länge (siehe Kapitel 7).

Der Marsch der beiden Helden beginnt an der Grenze von Anu- und Enlil-Weg bei $\lambda = 45°$. Hier treten Gilgamesch und Enkidu beim Verlassen Uruks in den *Enlil*-Weg über. Zählen wir die Gesamtstrecke von 45° ekliptikaler Länge für den beschwerlichen Weg dazu, dann gelangen wir zur ekliptikalen Länge von $\lambda = 90°$, das heißt zum Sommersonnenwendepunkt, der höchsten Erhebung des Ekliptikbogens über dem Äquator im Enlil-Weg.

Da der »Zedernberg« mit dem Ekliptikbogen im Enlil-Weg identisch ist, sind die beiden Helden nicht eher am Ziel ihres Unternehmens angelangt, als bis sie den *Gipfel* des Zedernbergs erreicht haben.

Die beiden Zwillingsbrüder wandern beständig im Enlil-Weg. Bis zum Gipfel des Zedernberges müssen sie durch die entlang der Ekliptik im Enlil-Weg stehenden Sternbilder ziehen. Die ersten beiden Sternbilder, an denen Gilgamesch-Merkur und Enkidu-Mond im Enlil-Weg vorbeiziehen, sind die »großen« und »kleinen Zwillinge«, MASH.TAB.BA.GAL.GAL und MASH.TAB.BA.TUR.TUR (vergleiche Sternkarte). Gilgamesch und Enkidu sind aufgrund von Ninsuns Adoptionszeremonie in Uruk bereits Zwillingsbrüder (MASH.

TAB.BA) geworden. Am Anfang ihrer Wanderung im Enlil-Weg treffen wir die »Zwillinge« wieder. Die »großen Zwillinge«, MASH.TAB.BA.GAL.GAL, werden in der MUL.APIN-Serie als ^{d}LUGAL.GÌR.RA und ^{d}MES.LAM.TA.È.A bezeichnet. In dem einige Seiten vorher zitierten religiösen Text steht explizit geschrieben:

»MES.LAM.TA.È.A ^{d}Gilgamesh«
also: »Meslamtaea ist Gilgamesch«.

Einer der »großen Zwillinge« im Enlil-Weg ist also Gilgamesch; sein Zwillingsbruder Enkidu-Mond muß dann der zweite »große Zwilling« ^{d}LUGAL.GÌR.RA sein. Tatsächlich wird in der schon genannten Sternliste VR 46 ^{d}LUGAL.GÌR.RA als Mondgott (^{d}Sîn) bezeichnet. Wir lesen dort:

»(MUL).MASH.TAB.BA.GAL.GAL ^{d}LUGAL.GÌR.RA ú ^{d}MES.LAM.TA.È.A
^{d}Sîn ú ^{d}Nergal«.

Ein Alptraum vom Berg

Während der Bergwanderung der beiden Zwillingsbrüder hat Gilgamesch mehrere seltsame Träume: Er träumt von Schamasch, dem Sonnengott, der sie beschützt, von Lugalbanda, der sie aus einem Schlauch mit Wasser tränkt, von Chumbaba. All diese Träume erhält Gilgamesch vom »Berg«, wobei »Berg« auch gleichbedeutend für Enlil, den »großen Berg«, steht. Wenn Gilgamesch von Lugalbanda träumt, dann ist das durchaus auf dessen Sternbild DAR.LUGAL zu beziehen, das neben SIPA.ZI.AN.NA-Gilgamesch im Anu-Wege steht und zusammen mit dem »treuen Hirten des Himmels« am Morgen über dem Horizont immer deutlicher sichtbar wird. Die Ältesten von Uruk (SHU.GI) gaben Gilgamesch folgenden Rat mit auf seinen gefährlichen Weg:

»Stets halte dich an Lugalbanda!«

– was ihm nicht schwerfallen dürfte, da ja DAR.LUGAL immer deutlicher am Osthorizont neben SIPA.ZI.AN.NA-Gilgamesch auftaucht.

Aber Gilgamesch träumt, daß Lugalbanda ihn

»aus seinem Schlauch mit Wasser tränkte«.

Dies kann Lugalbanda nur, wenn er sich unmittelbar bei Gilgamesch-*Merkur* auf der Ekliptik befindet. Das heißt: Lugalbanda muß als Planet Mars auf der Ekliptik mit Gilgamesch-Merkur zusammengetroffen sein. Folgerichtig wird Lugalbanda, der Kriegsgott, der nach dem Wunsch der Ältesten »bei« Gilgamesch »stehen« sollte, in einem weiteren Traum Gilgameschs als Planet *Mars* angedeutet. Jäh erwacht Gilgamesch aus diesem Traum, den er Enkidu berichtet:

»O Freund, hast du mich nicht gerufen?
Warum bin ich aufgewacht?
Hast du mich nicht berührt?
Warum bin ich so erschrocken?
Ging nicht an mir ein Gott vorüber?«

Diese letzte Frage beinhaltet einen deutlichen Hinweis auf einen Planeten, und zwar auf Lugalbanda-*Mars*, der akkadisch *ṣalbatanu* heißt und unter diesem Namen auch in der Serie MUL.APIN vorkommt. Der bei den Griechen als »Feuerstern« bezeichnete Planet Mars wird im Lexikon des Hesychios βελήβατος (Belebatos) genannt, was jedoch aus ζελήβατος (Zelebatos) verschrieben ist, und somit eindeutig »ṣalbatanu«, dem akkadischen »Feuerstern«, entspricht. Dazu stimmt die akkadische Bezeichnung »meqit ishat«, »Feuerbrand«, als Beiname des Mars, der auch der »rote Stern« ((MUL).DIR) genannt wird. Der Mars wird in der erwähnten Rawlinson-Sternliste (VR 46) als »der beständig Verderben sehen läßt« gedeutet. Als »Unheilsstern« wird er auch durch die Bezeichnung (MUL)limnu, der »böse Stern«, charakterisiert. Achten wir darauf, wie Gilgamesch seinen dritten Traum erzählt:

»... finster ward es um mich her,
Ein Blitz zuckt' auf, empor die Flamme loderte,
... Tod regnete herab!
Die Rotglut schwand, erloschen war das Feuer.«

In dieser Traumschilderung finden wir sämtliche oben erwähnten erklärenden Beiwörter des Mars wieder. Die leider in der Keilschrifttafel weggebrochene Deutung des Traumes muß demnach von Lugalbanda (*Mars*) gehandelt haben.

Kein Eintritt für Wandelsterne!

Das unmittelbar auf die »großen Zwillinge« folgende Sternbild an der Ekliptik im Enlil-Weg ist AL.LUL, der »Flußkrebs«, das unserem Sternbild »Krebs« entspricht (Abbildung 19).

Das Verweilen des Mars im »Flußkrebs« wurde von den Chaldäern als unheilvolles Vorzeichen gedeutet. Deshalb war es den babylonischen Astrologen wichtig, daß Mars sich lange in den »Zwillingen« aufhielt, weil dadurch ein Verweilen im »Flußkrebs« (AL.LUL) unmöglich wurde. Der Flußkrebs (AL.LUL) ist der Wächter des Zedernwaldes; er hält am *Eingang* zum Zedernwald Wache und verwehrt den beiden Helden den Zutritt. Der Wächter AL.LUL am Eingang des Zedernwaldes ist natürlich von Chumbaba, der »inmitten« des Zedernwaldes einhergeht, streng zu unterscheiden! Soweit wir aus der sehr schlecht erhaltenen vierten Tafel ersehen können, wird Gilgamesch an dieser kritischen Stelle des beschwerlichen Weges von Enkidu ermuntert, so daß Gilgamesch »von Zuversicht erfüllt« wird. Dann mahnt Enkidu zur Eile:

»Mach schnell, stürz dich auf ihn (den Wächter), damit er (AL.LUL) uns auch nicht entwischt,
Nicht in den Wald hinabsteigt, um sich zu verstecken.
Noch hat er seine sieben Panzermäntel (TÚG.GÚ.È.(MESH))
nicht sich angezogen,
Nur einen hat er an, die sechs andern aber abgelegt!«

Treffender als mit diesen Worten kann der Wächter des Zedernwaldes, der Flußkrebs (AL.LUL), nicht beschrieben werden: Der Flußkrebs zeichnet sich bekanntlich dadurch aus, daß er sich während des Sommers – (AL.LUL geht zehn Tage vor dem Sommeranfang am fünften Du'uzu erstmals am Morgen auf!) – periodisch mehrfach häutet, und daß er sich während der Häutungen versteckt hält. AL.

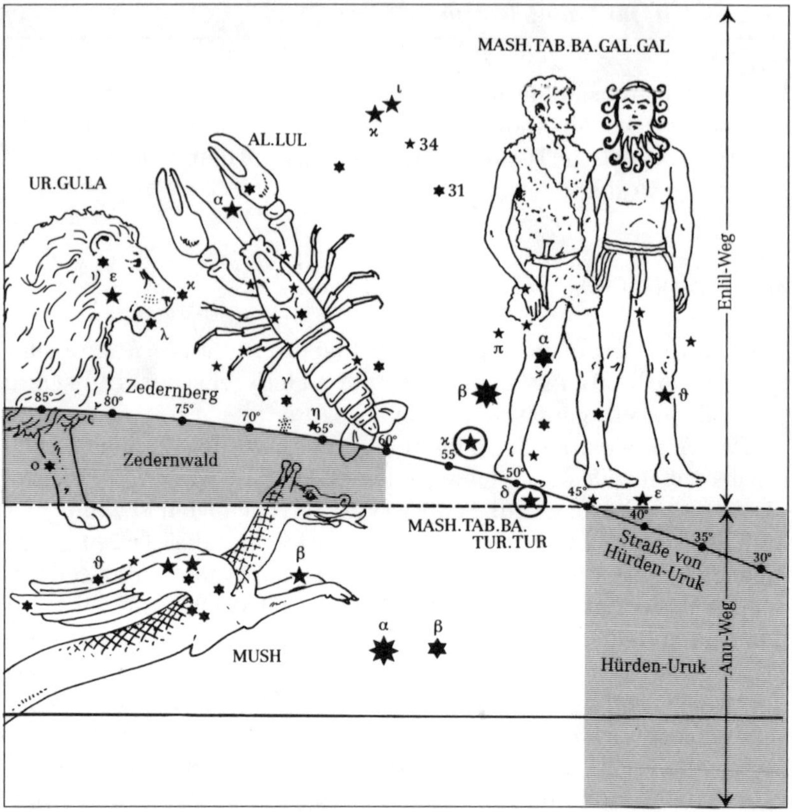

19 Nachdem Gilgamesch-Merkur und Enkidu-Mond bei 45° an der Ekliptik Hürden-Uruk (im Anu-Weg) verlassen haben, sind sie in den Enlil-Weg übergetreten und wandern nun als »Zwillings-Brüder« (MASH.TAB.BA.GAL.GAL und MASH.TAB.BA.TUR.TUR) im Gebirge. Bei λ = 60° ist der Eingang zum Zedernwald des Zedernberges. Hier steht der Wächter des Zedernwaldes (AL.LUL), der gerade sechs Panzer abgelegt hat. Beim Hinabsteigen in den Zedernwald wird Enkudi-Mond von der Schlange (MUSH) gebissen und ist vorübergehend gelähmt.

LUL, der Wächter des Zedernwaldes, hat sich bereits sechsmal gehäutet, sechs Panzer hat er abgelegt! AL.LUL steht an der Sphäre fast vollständig *oberhalb* des Ekliptikbogens; der Zedernwald, in den man »hinabsteigen« muß, erstreckt sich *unterhalb* des Ekliptikbogens im Enlil-Weg. Noch ist AL.LUL also nicht in den Wald hinabgestiegen, um sich dort zu verbergen! Deshalb mahnt Enkidu Gilgamesch zur Eile, hat AL.LUL doch von sieben Panzermänteln gerade nur einen an.

Wir können jetzt auch die Frage beantworten, wie weit sich der

Zedernwald unterhalb der Ekliptik ausdehnt. Daß er nicht vom gesamten Ekliptikbogen im Enlil-Weg umfaßt wird, ist ohne weiteres klar; denn Gilgamesch-Merkur und Enkidu-Mond müssen, nachdem sie Uruk auf der Ekliptik bei der oberen Anu-Weggrenze zum Enlil-Weg (bei $\lambda = 45°$) verlassen haben, erst eine Wegstrecke auf dem »Berg« wandern, ehe sie zum Wächter (AL.LUL) am Eingang des Zedernwaldes gelangen.

Der Flußkrebswächter (AL.LUL) steht mit seinem Schwanzfächer um 2340 v. Chr., zu der Zeit, auf die sich das Epos astronomisch bezieht (siehe Teil 3), auf der Ekliptik bei *60°*: Hier also ist der Eingang zum Zedernwald! Wenn der Zedernwald symmetrisch um den Gipfel ($\lambda = 90°$) des »Berges« herum angeordnet ist, muß der Zedernwald sich von 60° (= 90° − 30°) bis 120° (= 90° + 30°) erstrecken, also sich auf 60° ekliptikale Länge ausdehnen. Diese 60° Länge scheinen im Epos durch die »60 Doppelstunden« angedeutet zu sein, die der Zedernwald (entlang der Ekliptik) »umfriedet« ist.

Die beiden Helden stürzen sich nun, während Lugalbanda-Mars für alle Fälle im Hintergrund zurückbleibt, auf den sechsfach gehäuteten Flußkrebswächter (AL.LUL), der zu fliehen versucht. Nur noch der Schwanzfächer des Krebses ist in Ekliptiknähe zu sehen. Er wird aber von den beiden Helden überwältigt, und dann dringen sie in den nunmehr unbewachten Zedernwald ein, Enkidu voran. Aber Enkidu wird plötzlich gelähmt. Schon in Uruk hatte Enkidu, als er Gilgamesch vom Zug zum Zedernwald abriet, erklärt:

»Wer in den Wald *hinab*steigt, wird gelähmt!«

Die Planeten und der Mond bewegen sich in einem schmalen Band um die Ekliptik herum; so kann sich der Mond nur bis zu 5½° von der Ekliptik entfernen, der Planet Merkur bis zu 7°. Deshalb vermag kein Wanderer entlang der Ekliptik vom »Berg« aus

»in sein (des Waldes) Inneres *hinab*zusteigen«.

Enkidu scheint dies in der Aufregung ganz vergessen zu haben, er geht ein Stück weit in den Zedernwald hinein und wird gelähmt.

Doch damit ist noch nicht erklärt, warum Enkidu-Mond gerade hier und nur hier beim Eintritt in den Zedernwald gelähmt wird.

Denn die Entfernungsbeschränkung gilt für jeden beliebigen Punkt der Ekliptik. Ein Blick auf die Sternkarte lehrt, daß an dieser Stelle unterhalb des AL.LUL die Schlange, MUSH, ihren Kopf zur Ekliptik erhebt (siehe auch Abbildung 19), so daß Enkidu-Mond beim Herabsteigen vom Zedernberg in den Zedernwald von der Schlange gebissen und durch das Gift vorübergehend gelähmt wird.

Die Schlange (MUSH) wird an dieser Stelle des Epos allerdings nicht direkt genannt, so daß bisher diese Stelle wie vieles andere auch in dunkel gehüllt war. Erst gegen Ende des Epos wird die Schlange ausdrücklich erwähnt. Wir werden sehen, daß es genau diese Schlange (MUSH) des Zedernwaldes ist, die dann Gilgamesch die letzte Hoffnung auf ewiges Leben raubt. Doch die »lähmende« Wirkung des Schlangengiftes läßt allmählich nach. Und dann stehen die beiden Helden Chumbaba Auge in Auge gegenüber.

Beim Haupte Chumbabas

Auf AL.LUL, den Flußkrebswächter am Eingang des Zedernwaldes, folgt im Tierkreis das Sternbild UR.GU.LA, der »Löwe«. *Er* ist Chumbaba, der an der höchsten Stelle der Ekliptik auf dem Zedernberg inmitten des Zedernwaldes einherschreitet (Abbildung 20)!

Die Identität Chumbabas mit dem Sternbild Löwe (UR.GU.LA) erklärt nun auch die geheimnisvolle Floskel, welche Gilgamesch aussprach, nachdem er sich entschieden hatte, gegen Chumbaba in den Kampf zu ziehen. Scheinbar völlig zusammenhanglos hatte Gilgamesch damals zu Enkidu gesagt:

»Ein *Löwe* sprang dich an – du weißt ja alles!«

Enkidu-Mond war entlang der Ekliptik, auf dem Berg umherstreifend, auch auf den Löwen (UR.GU.LA) gestoßen, so daß er »alles« über Chumbaba wußte und auch sofort verstand, daß Gilgamesch mit dem Löwen verborgen auf Chumbaba hinwies. Enkidu, der zunächst von dem Zug zum Zedernwald Chumbabas abgeraten hatte, beschrieb Chumbaba mit folgenden Worten:

»Chumbaba! – Er *brüllt* wie die Sintflut«,

20 Ritzzeichnung aus dem zweiten Jahrhundert v. Chr. Dargestellt sind die Schlange, bezeichnet als (MUL).MUSH, und der Löwe (Beizeichen: (MUL).UR. GU.LA). Vor der Schlange ist Jupiter (als (MUL).SAG.ME.GAR bezeichnet) eingeritzt; Vorderasiatische Abteilung der Berliner Museen (Tontafel Nr. 7847).

womit natürlich das Brüllen des Löwen gemeint ist. In der sumerischen Episode »Gilgamesch und Chuwawa«* heißt es noch deutlicher:

»Sein Antlitz ist das eines Löwen!«

Das »Antlitz« des Löwen Chumbaba ist an der Sphäre nach Westen gerichtet, so daß Chumbaba die von Westen her ihm entgegenkommenden Helden sofort erspäht hat und, in Zorn geraten, sich Gilgamesch und Enkidu brüllend in den Weg stellt. Es kommt zum Kampf auf Leben und Tod.

Gleichzeitig mit dem Kopf des Chumbaba-Löwen steigt gemäß MUL.APIN-Serie KAK.SI.SÁ, die uns bekannte Waffe Gilgameschs, mit ihrer scharfen Spitze, dem Stern Prokyon (α Canis minoris), über den Osthorizont herauf. Darum wird an dieser Stelle des Epos beschrieben, wie Gilgamesch seine Waffen ergreift und auf den Löwen Chumbaba einschlägt. Doch erst Enkidu gelingt es beim »dritten Schlag«, Chumbaba das Haupt abzuschlagen.

Nachdem wir Chumbaba als den *Löwen* (UR.GU.LA) des Tierkreisgürtels bestimmt haben, wollen wir noch einmal auf das Rollsiegel der Abbildung 21 (bzw. Abbildung 13) aus dem 23. Jahrhundert v. Chr. zurückkommen. Hier ist Gilgamesch als Stiermensch, Enkidu als sechslockiger bärtiger Held dargestellt, der den Himmelsstier bei den Hinterbeinen packt. Schwierigkeiten bereitete uns bei der Deutung des Siegels noch der *Löwe*, mit dem Gilgamesch kämpft. Denn von einem besonderen Löwenkampf ist explizit im Epos nichts zu finden, und in der Episode vom Himmelsstier hat der Löwe schon gar nichts zu suchen.

* Chuwawa ist eine sumerische Schreibvariante für Chumbaba.

Kein Wunder, daß Archäologen diese Rollsiegeldarstellung nicht auf das Gilgamesch-Epos beziehen wollten. Es blieb ihnen verborgen, daß der akkadische Schöpfer des Rollsiegels hier *zwei* Szenen aus dem Epos zu *einem* Bilde kunstvoll vereinte: die Tötung des Himmelsstiers und den Kampf mit dem Löwen Chumbaba, jene Heldentaten, welche die beiden Freunde *gemeinsam* vollbringen, so daß die Helden auf dem Siegel nur einmal erscheinen mußten. Damit schuf der akkadische Künstler *die* klassische Rollsiegeldarstellung des Gilgamesch-Epos. So unmißverständlich sie für den in die chaldäische Geheimlehre Eingeweihten ist, so verborgen ist die Deutung dem Unwissenden, so sehr, daß auch moderne Gelehrte sie nicht zu erhellen vermochten.

Bleibt noch der kleine Steinbock hinter Gilgamesch, den ebenfalls noch niemand zu deuten verstand. Am chaldäischen Fixsternhimmel steht hinter Gilgamesch-SIPA.ZI.AN.NA, wie wir wissen, der »Hahn« (DAR.LUGAL), das Haus von Gilgameschs kriegerischem Schutzgott Lugalbanda-Mars. Wir würden darum anstelle des Steinbocks einen (Streit-)Hahn bei Gilgamesch erwarten, wie das auf anderen Rollsiegeln auch der Fall ist. Doch ergibt sich des Rätsels Lösung ganz einfach aufgrund einer philologischen Betrachtung. Dem Lautwert *dar* entsprechen mehrere (homophone) Keilschriftzeichen, die, obwohl

21 Die rechte Hälfte des in Abb. 13 wiedergegebenen Rollsiegelabdrucks zeigt Gilgamesch im Kampf mit dem Löwen Chumbaba. Der kleine Steinbock hinter Gilgamesch ist sein Schutzgott Lugalbanda.

22 Enkidu im Kampf mit Chumbaba. Abdruck eines akkadischen Rollsiegels (Ausschnitt) aus dem 23. Jahrhundert v. Chr.; British Museum, London (Nr. 89147). Das Siegel stellt den Eintritt des Mondes in das Sternbild des Löwen dar.

gleichlautend, verschiedene Bedeutungen haben. Zwei dieser Zeichen sind

DÁR 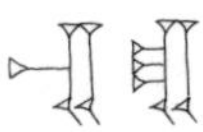 und DAR 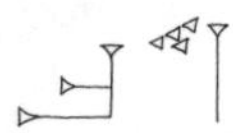

DÁR bedeutet »Steinbock«, und DAR ist das »Huhn«, so daß DÁR.LUGAL »Steinbock-König« und DAR.LUGAL »Hühner-König« (»Hahn«) heißt. Der Künstler oder der ihn beauftragende Besitzer dieses Rollsiegels hat sich also ein kleines Wortspiel mit dem Sternbild Lugalbandas erlaubt. Wir werden später noch sehen, daß diese philologische Spielerei bei den Chaldäern sehr beliebt war, um den eigentlichen Sinn gewisser Wörter vor dem Uneingeweihten zu verbergen.

Auf einem anderen Rollsiegel aus dem 23. Jahrhundert v. Chr., das sich im British Museum in London befindet und zu den schönsten Siegeln des ganzen Alten Orients gehört, ist Enkidu im Kampf mit Chumbaba dargestellt (Abbildung 22). Wer hätte je gedacht, daß hier der Eintritt des Mondes in das Sternbild des Löwen für den Eingeweihten veranschaulicht wird!

Abbildung 23 zeigt eine (leider abgebrochene) Kupferstatue des Enkidu, auf dessen mond-runder Bodenplatte eine Weihinschrift des Königs Naram-Sin eingraviert ist. Naram-Sin heißt »Liebling des Mondgottes«. Es versteht sich daher von selbst, daß gerade zur Zeit

23 Akkadische Kupferstatue Enkidus. Auf der Bodenplatte ist eine Weihinschrift Naram-Sins (2260–2224 v. Chr.) eingraviert. Naram-Sin, der »Geliebte des Mondgottes«, bezeichnet sich darin als »König der vier Hauptpunkte des Kosmos«; Iraq Museum, Bagdad.

Naram-Sins (2260–2224 v. Chr.) Enkidu-Mond, der Schutzheilige (siehe Teil 5) des Enkels Sargons, in der Kunst (neben Gilgamesch) eine dominierende Rolle spielt.

Strahlender Merkur und verliebte Venus

Nach dem Kampf mit Chumbaba erscheint Gilgamesch zu Beginn der sechsten Tafel als strahlender König (sumerisch: LUGAL, akkadisch: sharru). Er setzt die »Königsmütze« auf; vom »Thron« ist die Rede; Könige sollen vor ihm knien, von »Königtum« wird gesprochen. Später wird Gilgamesch im Epos nie wieder als »König« bezeichnet. Bereits am Schluß der sechsten Tafel ist von »Männern« und »Helden« statt vom »König« die Rede. Einzig in der zweiten Tafel ist Gilgamesch, der in der ersten Tafel als »Hirte« (SIPA.ZI.AN.NA) und »Wildstier« (GU_4.UD) vorgestellt wurde, »König« von Uruk genannt worden. Dies bezog sich auf (GISH)le-e, die Hyaden im Sternbild Stier, die nach der MUL.APIN-Serie die »Krone des Anu« (agû ^{d}Anim) sind und mit der Erlangung der Königswürde im Rahmen der Heiligen Hochzeit zusammenhängen. In den Hyaden aber hat, wir erinnern uns, Enkidu nach dem Zweikampf im Tor zwischen Plejaden und Hyaden seine seltsamen prophetischen Worte gesprochen:

»Des Volkes Königtum
Bestimmte *Enlil* dir!«

Diese Worte haben sich jetzt erfüllt! Gilgamesch (Merkur) ist nun, nachdem Enkidu Chumbabas Haupt abgeschlagen hat, an der *höchsten* Stelle der Ekliptik im *Enlil*-Weg angelangt, am Sommersonnenwendepunkt, an dem um 2340 v. Chr. der »Königs«-Stern, LUGAL, steht, ein einzelner Ekliptikstern, der Basiliskos des Ptolemäus, der noch heute den lateinischen Namen Regulus, das heißt »kleiner König« oder »Königssohn«, führt – wir sprachen bereits in der Einführung davon. Aus diesem Grunde *muß* am Anfang der sechsten Tafel Gilgamesch als König beschrieben werden.

Aber es werden vorher noch – gleich in der ersten Zeile der sechsten Tafel – »seine Waffen« genannt: Kurz bevor Regulus, der königliche Stern, am Morgen über dem Osthorizont zum ersten Mal sichtbar wird, bricht Sirius, der hellste Fixstern überhaupt, strahlend hervor (Abbildung 24).

Sirius gehört mit Prokyon zum Sternbild KAK.SI.SÁ, der »Lanze« Gilgameschs, wobei Prokyon, die Spitze der Lanze, schon mit dem Haupt des Löwen Chumbaba sichtbar war, während Sirius, das Ende der Lanze, erst jetzt, wenn Gilgamesch-Merkur vor dem Königs-Stern LUGAL steht, strahlend über dem Horizont erscheint. Darum macht Gilgamesch »seine Waffen« »*hellglänzend*«, noch ehe er die »Königsmütze« aufsetzt. Dem »König« Gilgamesch geht »Ischtar, die *Fürstliche*«, werbend entgegen:

»Die Königsmütze setzte Gilgamesch sich auf.
Da hob Ischtar, die Fürstliche, die Augen auf zur Schönheit Gilgameschs:

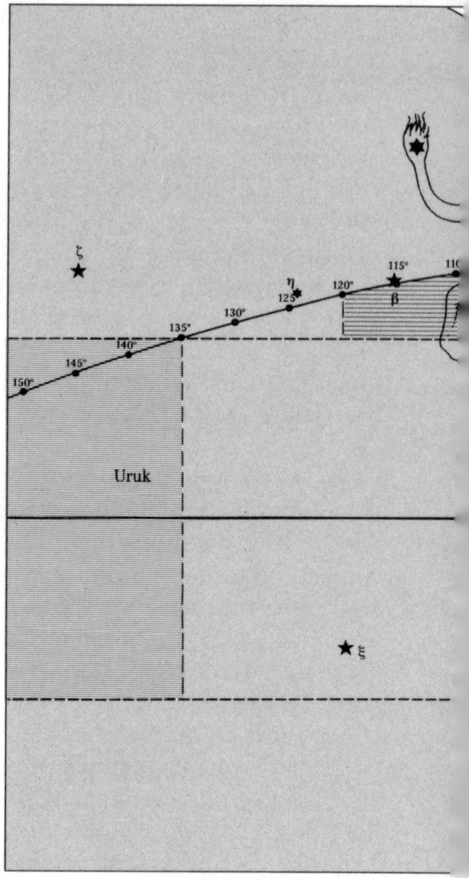

24 Während der Wächter (AL.LUL) am Eingang des Zedernwaldes steht, schreitet Chumbaba (UR.GU.LA) mitten durch den Zedernwald hindurch. Da er nach Westen blickt, hat er die von Westen kommenden Helden Gilgamesch-Merkur und Enkidu-Mond schon erspäht und stellt sich ihnen brüllend in den Weg. Nachdem es Enkidu gelang, Chumbaba das Haupt abzuschlagen, macht Gilgamesch seine Waffen blinkend: Erst jetzt wird von Gilgameschs Lanze (KAK.SI.SÁ) der strahlende Sirius, der hellste Fixstern überhaupt, sichtbar. Dann setzt Gilgamesch die Königsmütze auf: Gilgamesch-Merkur ist auf dem Gipfel des Zedernberges angelangt und steht im Königsstern Regulus (LUGAL), wo er nunmehr in der Morgendämmerung strahlend am Himmel erscheint.

›Komm her zu mir, o Gilgamesch! Sei mein Geliebter!‹«

Wenn der »Königs«-Stern LUGAL, in dem Gilgamesch-Merkur nach dem Kampf mit Chumbaba nun als strahlender König auf dem Gipfel des Zedernberges steht, in der Morgendämmerung aufgeht, dann ragt vom Sternbild der Göttin *ᵈErua* gerade der Kopf über den Horizont (Abbildung 25); die Göttin *ᵈErua* steht am Himmel hinter dem Löwen im Enlil-Weg und blickt nach Westen!

Mit dieser Göttin *ᵈErua* muß folglich »Ischtar, die *Fürstliche*«, identisch sein, die jetzt »ihre Augen« zu Gilgamesch-Merkur »aufhebt«. Daraufhin sagt »Ischtar, die *Fürstliche*«, weiter zu Gilgamesch-Merkur:

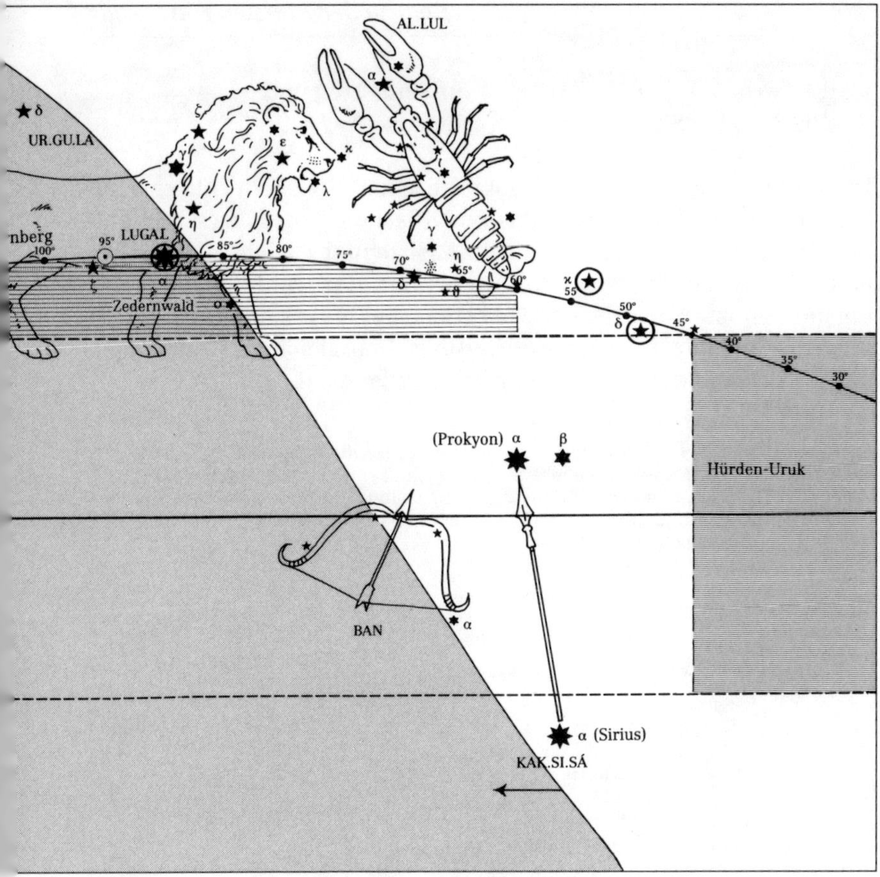

»Tritt ein in *unser Haus* inmitten lauter Zederduft.
Wenn du in *unser Haus* hineinkommst,
Werden dir die Schwelle und der Thronsitz deine Füße küssen.«

Wir müssen daraus folgern, daß die *fürstliche* Ischtar ihr »Haus« im Sternbild der Göttin [d]*Erua* im *Enlil*-Weg hat, denn wie sonst sollte diese Aussage zu verstehen sein.

Andererseits sahen wir, daß in der Himmelsstierepisode (die den zweiten Teil der sechsten Tafel einnimmt) Ischtar als Tochter des *Anu* gekennzeichnet wird und dem Sternbild »AB.SÍN [d]Shala shubultum« im *Anu*-Wege entspricht. Wir haben somit zwei Sternbilder der Ischtar-*Venus* zu unterscheiden:

»(MUL)^{d}Erua« im *Enlil*-Weg und
»(MUL).AB.SÍN ^{d}Shala« im *Anu*-Weg.

Der Ekliptikbogen im Enlil-Weg wurde von uns als Zedernberg identifiziert. In der fünften Tafel des ninivitischen Textes lesen wir, daß der Zedernberg »Irninis Thronsitz« ist. Irnini ist lange schon als einer der vielen Namen *Ischtars* bekannt, der wohl aus ERIN.NIN entstanden ist, was »Herrin der Zeder« heißt. Aus allem folgt, daß das Sternbild der ^{d}Erua mit der Göttin Ischtar gleichzusetzen ist, die ihren »Sitz« auf dem Zedernberg im *Enlil*-Weg hat.

25 Wenn Gilgamesch-Merkur im Königsstern (LUGAL) als strahlender König sichtbar wird, erhebt die fürstliche Ischtar (^{d}Erua) ihr Haupt über den Osthorizont zu Gilgamesch. Während er in östlicher Richtung weiterwandert, begegnet er der fürstlichen Ischtar (^{d}Erua und Venus) noch auf dem »Berg« im Enlil-Weg.

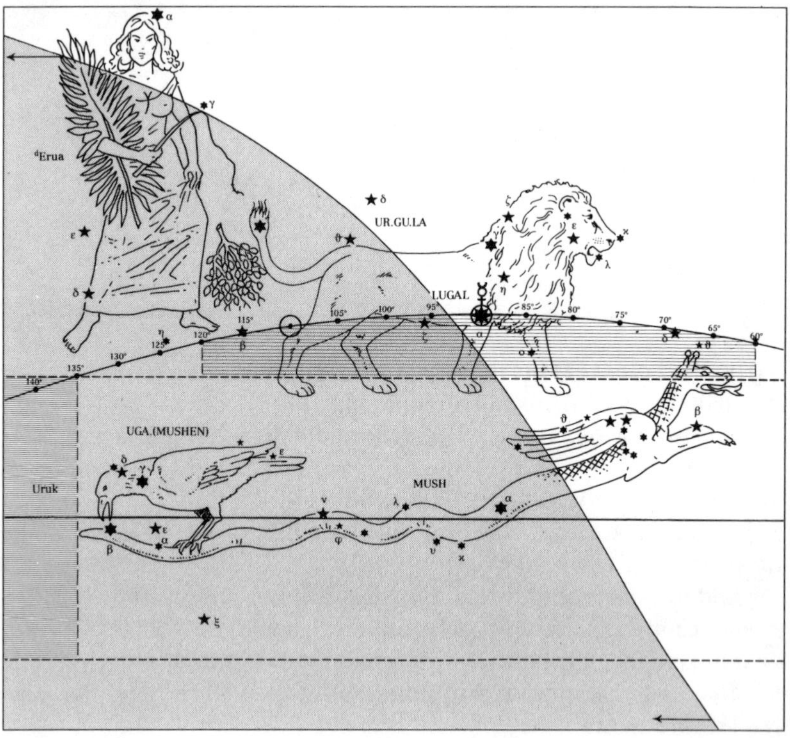

Gilgamesch-Merkur begegnet der fürstlichen Ischtar-Venus bei ihrem Haus im *Enlil*-Weg, das heißt beim Sternbild der ^{d}Erua, noch auf dem Zedernberg. Dies erklärt, warum Gilgamesch das Haus der fürstlichen Ischtar unter »*Zedern*duft« betreten soll.

Es steht also fest: ^{d}Erua im *Enlil*-Weg und ^{d}Shala-AB.SÍN im *Anu*-Weg sind zwei Sternbilder ein und derselben Göttin: *Ischtar*. Beide Sternbilder, die dicht aufeinanderfolgen, machen das *eine* große Haus der Venusgöttin aus. Deshalb nennt Ischtar ihr Haus auch nicht *mein* Haus, sondern »*unser* Haus«.

Da ^{d}Erua im Enlil-Weg und ^{d}Shala-AB.SÍN im Anu-Weg zu *einer* Person gehören und ^{d}Shala-AB.SÍN von uns als die Dirne Schamchat identifiziert wurde, mit der Enkidu in seiner Jugendzeit verkehrte, ehe er mit Gilgamesch in Uruk zusammentraf, müssen wir demnach ^{d}Erua im Enlil-Weg bereits mit zur Dirne Schamchat zählen! Nur so erklärt es sich, daß Enkidu-Mond sechs Tage und sieben Nächte die Hure beschlief, was einem Ekliptikbogen von 6 ½ mal 13°2 = 85°8 entspricht.

Tatsächlich nimmt die Projektion beider Sternbilder auf die Ekliptik in etwa diese Strecke ein, während AB.SÍN allein nur rund 30° der Ekliptik überspannt. Das bedeutet: Enkidu hat bereits auf dem Zedernberg mit Ischtar-Schamchat-^{d}Erua »gehurt«! Es ist darum nur zu gut verständlich, daß Gilgamesch die »fürstliche Ischtar« (^{d}Erua im Enlil-Weg) nunmehr als Hure beschimpft.

Die Zuordnung von *zwei* Sternbildern zur Ischtar-Venus erklärt auch die bisher unverstandene Floskel der Ältesten (SHU.GI), als sie Gilgamesch und Enkidu in Uruk verabschiedeten:

»Seinen (Gilgameschs) Leib (pagru) soll er (Enkidu) bis zu den *Gattinnen* hinführen!
In unserer Versammlung übergeben wir den König dir.
Kehrst du (Enkidu) zurück, bring uns den König wieder!«

Sie sprechen nicht von *einer* Gattin, sondern von (zwei) Gattinnen! Da Ischtar-Venus sich in dem Sternbild-*Paar* ^{d}Erua und ^{d}Shala-AB.SÍN an der Sphäre manifestiert, und die fürstliche Ischtar Gilgamesch bittet:

»Du sollst mein Gatte sein, ich will dann deine *Gattin* sein«, so sind die beiden »Gattinnen« eindeutig auf die beiden Sternbilder der Ischtar-Venus, ^{d}Erua und ^{d}Shala-AB.SÍN, bezogen. Wenn die Ältesten bangend hoffen, Enkidu möge Gilgamesch »bis zu den Gattinnen« bringen, dann bedeutet das: Sie hofften, daß Enkidu-Mond, der dem Gilgamesch-Merkur immer voranschreitet, den Gilgamesch über UR.GU.LA-Chumbaba, den Löwen, hinaus mit sich bringt. Sie wünschten also, daß Gilgamesch nicht von dem Löwen Chumbaba zerfleischt wird und auf dem Zedernberg tot liegen bleibt, sondern wohlbehalten zu dem Gattinnenpaar ^{d}Erua und ^{d}Shala-AB.SÍN gelangen möge.

In dem Augenblick, wo Gilgamesch-Merkur die Grenze vom Enlil-Weg zum Anu-Weg überschreitet, gelangt er vom Zedernberg wieder nach Uruk im Anu-Weg zurück. Wenn Gilgamesch-Merkur an dieser Grenze steht, befindet er sich genau zwischen den beiden *Gattinnen*. Er zieht exakt dann wieder in Uruk ein, wenn er die zweite Gattin, Ischtar-AB.SÍN im Anu-Weg, die Ischtar von Uruk, erreicht hat. Käme er entlang der Ekliptik nur bis zur ersten Gattin, ^{d}Erua im Enlil-Weg, dann würde Gilgamesch niemals nach Uruk zurückkehren. Nun ist aber der Planet Merkur, Gilgameschs Himmelskörper (zumru), die unsterbliche Seele des Königs von Uruk. *Sie* kann Chumbaba ja nicht zu Tode bringen!

Entscheidend ist darum, daß Gilgameschs Leib (pagru), das heißt, sein sterbliches »Haus« (SIPA.ZI.AN.NA), unversehrt bleibt, also daß es nicht unter den Horizont sinkt, bis Gilgamesch-Merkur inmitten der Gattinnen nach Uruk zurückkehrt. Deshalb sprechen die Ältesten korrekt vom *Leib* (pagru) des Gilgamesch.

Die grosse Hure

In der ersten und zweiten Tafel wurde Ischtar nicht namentlich genannt, sondern erschien als Dirne Schamchat in der Rolle der Buhle Enkidus. Auf dies »Verhältnis« von Enkidu-Mond und Ischtar-Erua-AB.SÍN spielt Gilgamesch jetzt durch seine rhetorische Frage an:

»Ischtar, der Fürstlichen, entgegnet darauf Gilgamesch:
›Ach, was kann *ich* dir schon geben, wenn ich dich zur Gattin nehme!?

Du hast im Überfluß ja Salbe, deinen Leib zu salben, Gewänder hast du auch genug.
Im Überfluß ist Korn und Nahrung da.‹«

Denn in der ersten und zweiten Tafel hatte die Hure Schamchat all dies im Überfluß:

»Dann riß sie ihr Gewand entzwei,
Ihm zog den einen Teil sie an,
Bedeckte selbst sich mit dem anderen.«

»Da sprach die Hure zu Enkidu:
›Iß Brot, Enkidu,
Das gehört zum Leben!
Trink auch das Gerstenbier, so ist es Sitte in der Welt!‹«

»Da aß Enkidu Brot,
Bis er ganz satt war,
Sieben Krüge trank er aus vom Gerstenbier.
Sorgenfrei ward sein Gemüt, er wurde heiter,
Jubelte in seinem Herzen,
Und sein Antlitz strahlte (Vollmond)!«

»Als er nun mit Öl sich salbte . . .«
»Als er ein Gewand noch anzog . . .«

Durch die Gewänder wird ^{d}Erua und durch das Brot und Gerstenbier AB.SÍN mit der Kornähre (shubultum) eindeutig gekennzeichnet. Doch Gilgamesch skizziert das Sternbild ^{d}Erua im Enlil-Weg noch genauer! In der ältesten Uranographie von Enlil-Gestirnen (siehe dazu Kapitel 7) wird ^{d}Erua folgendermaßen beschrieben:

»(MUL) Erua, ein Bild in *Kleidung*, einen kurkurru
(den besonderen Mantel der Ischtar) hat sie an
sich. Ein Stern ist an ihrem Kopfe eingezeichnet.
Eine *Peitsche* trägt sie in ihrer rechten Hand.
Das Leder ihrer Peitsche ist auf den Schwanz des
UR.GU.LA gerichtet.«

^{d}Erua steht hinter dem Löwen (UR.GU.LA = Chumbaba), den deshalb Gilgamesch im Epos auch rückblickend erwähnt:

»Als du den Löwen liebtest, . . .«

Sodann erwähnt Gilgamesch die Peitsche der fürstlichen Ischtar-^{d}Erua:

»Doch hast du ihm hernach bestimmt die *Peitsche*.«

Als weiteren Liebhaber Ischtars nennt Gilgamesch die »blau schimmernde Racke«, deren Flügel Ischtar zerbrochen hat. Zu Füßen von ^{d}Erua, neben AB.SÍN, steht das Sternbild UGA.(MUSHEN), der »Rabe«, der in dem sumerischen Mythos von »Inanna und Schukalletuda« einen Obstgarten anzulegen hilft (vergleiche auch Abbildung 25 und 26). Und noch einen letzten Liebhaber Ischtars zählt Gilgamesch auf:

»Ischullanu, den Palmgärtner deines Vaters.«

Daß auch er nicht zufällig in Verbindung mit Ischtar-^{d}Erua genannt wird, läßt sich ebenfalls zeigen. In der MUL.APIN-Serie heißt es:

»kakkabani ummulutu sha ina zibbat (MUL).UR.GU.LA izzazu sissinnu ^{d}Erua,«
»Die schwach leuchtenden Sterne am Schwanz des Löwen sind die *Dattelrispe* der Göttin Erua.«

26 Ritzzeichnung aus dem zweiten Jahrhundert v. Chr. Links der Rabe ((MUL).UGA.(MUSHEN)) auf der Schlange, rechts Ischtar (AB.SÍN) mit der Ähre. Vor Ischtar ist Merkur ((MUL).GU_4.UD) eingeritzt; Louvre, Paris (Nr. AO 6448).

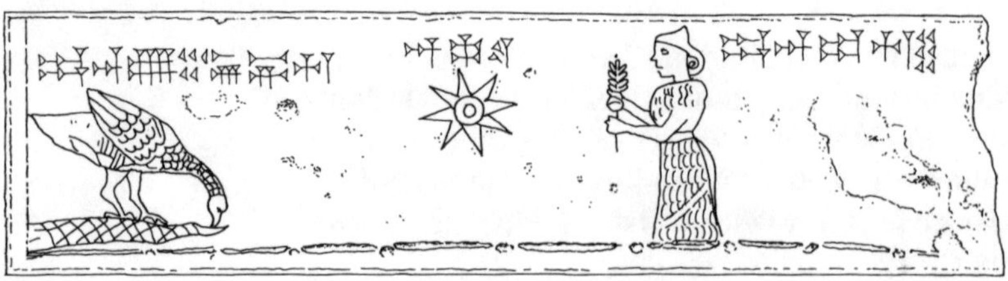

Zur Göttin Erua-Ischtar gehört die Dattelrispe! Ischullanu, der Palmgärtner von Ischtars Vater, brachte, wie wir Gilgameschs Worten entnehmen können,

»unentwegt dir (Ischtar) Körbe voll von *Datteln*!«

Damit ist [d]Erua im Enlil-Weg als Sternbild der »fürstlichen Ischtar« eindeutig charakterisiert. [d]Erua steht an der Grenze zum Anu-Weg. Gilgamesch-*Merkur* ist inzwischen entlang der Ekliptik über die Grenze hinaus in den *Anu*-Weg hineingewandert und befindet sich nunmehr in Uruk (!) bei der an den Enlil-Weg grenzenden Ischtar-AB.SÍN mit der »Ähre« (shubultum)! Nachdem Gilgamesch ihre Liebe verschmäht hat, fordert die erzürnte Ischtar von *Anu* den Himmelsstier (GU_4.AN.NA), damit dieser den Gilgamesch töte. Der Himmelsstier steigt zur Erde herab, es kommt zum bereits beschriebenen Kampf: Gilgamesch-SIPA.ZI.AN.NA und Enkidu-(LÚ).CHUN.GÁ töten den Stier am Westhorizont in Hürden-Uruk.

Wir haben nunmehr den Anschluß an die eingangs analysierte Himmelsstierepisode gefunden. Damit ist der Beweis geliefert, daß die Himmelsstierepisode astronomisch sinnvoll nur an dieser Stelle ins Gesamtepos integriert werden konnte und mußte. Greßmanns Argumentation gegen eine astronomische Deutung des Gilgamesch-Epos erweist sich nun als völlig verfehlt.

Ein Freudenfest wird um ein halbes Jahr verschoben

Die Ereignisse, die unmittelbar auf die Tötung des Himmelsstieres folgen, haben wir schon behandelt. Wir können uns darum kurz fassen und wollen nur einiges noch ergänzend und bestätigend dazu sagen. Nachdem die beiden Helden den Himmelsstier getötet haben, feiern sie bis spät in die Nacht ein »Freudenfest«. In einem kleinen Tafelfragment, das offenbar zur schlecht erhaltenen zweiten Tafel der jüngeren Abschrift gehört, entgegnet Gilgamesch den Ältesten von Uruk, sein Entschluß, gegen Chumbaba zu ziehen, stehe fest, und er werde bei seiner Rückkehr in Uruk ein Freudenfest feiern. Man hat dieses Freudenfest für das Neujahrsfest im Frühling gehalten. Jedoch zeigt die astronomische Analyse, daß Gilgamesch dieses

Fest kurz vor Herbstbeginn feiert, ein halbes Jahr später, als bisher angenommen wurde.

Gilgamesch-Merkur ist als »König« auf dem Gipfel des Zedernbergs beim Sommersonnenwendepunkt ($\lambda = 90°$) im »Königs«-Stern LUGAL (Regulus) in Richtung Uruk umgekehrt und schließlich bei $\lambda = 135°$ an der oberen Anu-Weggrenze wieder in Uruk eingezogen. Dann tötet er mit Enkidu den Himmelsstier und hängt die Hörner des Stiers ins *Schlaf*gemach seines Schutzgottes Lugalbanda (DAR. LUGAL im *Anu*-Weg am *West*-Horizont). Von den beiden Brüdern heißt es dann:

»Sie faßten sich bei der Hand und zogen einher.
Auf der Straße von Uruk schritten sie dahin.«

Gemeinsam ziehen Gilgamesch-Merkur und Enkidu-Mond *nur* um die Zeit des Neumondes entlang der Ekliptik, also am Monatsende oder Monatsanfang. Zur Zeit des Freudenfestes befindet sich Gilgamesch-Merkur jedenfalls *inmitten* von Uruk im Anu-Weg, weit von der oberen Anu-Weggrenze entfernt. Unmittelbar nach dem Freudenfest träumt Enkidu, noch in derselben Nacht, von der Gerichtsversammlung der großen Götter einschließlich des Sonnengottes Schamasch, der in sein Haus, das Sternbild Waage (ZI.BA.AN.NA, zibanitum) östlich neben Ischtar-AB.SÍN, eingetreten ist.

In der zweiten Tafel von MUL.APIN wird zibanitum ausdrücklich »MUL ^{d}Shamash« (^{d}UD, »Sternbild des Sonnengottes«, genannt. 2340 v. Chr. hat der erste (westliche) Stern der Waage, α Librae, eine ekliptikale Länge von 165°. Gemäß MUL.APIN-Serie entspricht einer Sonnenlänge von 165° im Normaljahr der 30. Ululu. Der folgende Tag, der 1. Taschritu (Sonnenlänge = 166°), ist ein *Neulichttag*, an dem Enkidu-Mond über dem abendlichen *Westhimmel* als schmale Sichel wiedererscheint (Abbildung 27). In dem genannten Tafelfragment sollen nach Gilgameschs Worten Freudengesänge ertönen, man solle immer wieder »Elluri« rufen.

Wie wir aus den Keilschriftquellen wissen, wurde das Erscheinen der Mondsichel am Monatsanfang mit dem Brauch des Jubelrufens (elluri) gefeiert. So wird beispielsweise in einer sogenannten »Flötenklage für Sîn«, den Mond, die Neulichtsichel des Mondes folgendermaßen begrüßt:

»Jubelrufe (elluri), so viele es gibt,
Jubelrufe, so viele es gibt.«

Damit haben wir folgende Verhältnisse am Himmel: Nachdem sie

27 Der Jubel über das Erscheinen der Neulichtsichel des Mondes über dem Westhorizont am Abend des 1. Taschritu (Sonnenlänge = 166°) ist kurz; denn der Sonnengott ist in sein »Haus«, die Waage (ZI.BA.AN.NA), das Sinnbild von Gericht und Gerechtigkeit, eingekehrt und fällt zusammen mit den großen Göttern (DINGIR.GUB.BA.(MESH)) das Todesurteil über Enkidu. In der Nacht dieses 1. Taschritu überschreitet Enkidu-Mond den Äquator von der nördlichen zur südlichen Hemisphäre. Hier, im absoluten Westen, wird er am Morgen des 27. Taschritu (Sonnenlänge = 192°) als Altlichtsichel wieder zur südlichen Hemisphäre eingehen, wenn gleichzeitig sein »Leib« (LÚ).CHUN.GÁ zum letzten Mal über dem Westhorizont zu sehen ist und so das Urteil der Götter an ihm vollzogen wird.

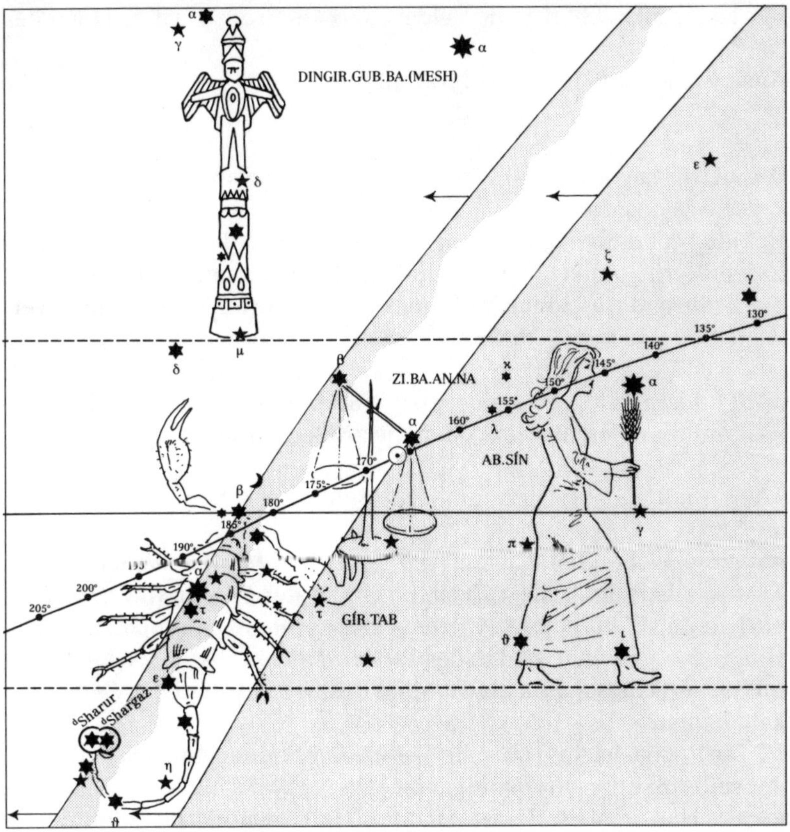

den Himmelsstier getötet haben, stehen Gilgamesch-Merkur und Enkidu-Mond in Konjunktion östlich von AB.SÍN (»Sie faßten sich bei der Hand.«). Sie laufen entlang der Ekliptik im Anu-Weg (»Auf der Straße von Uruk schritten sie dahin«), Enkidu-Mond eilt Gilgamesch-Merkur voraus und ist gerade als Neulichtsichel erstmals über dem Westhorizont am Abend des 1. Taschritu sichtbar: das Freudenfest beginnt! Die Sonne (Sonnenlänge = 166°) steht 14° vor dem Herbstpunkt bei dem Stern α Librae; Enkidu-Mond ist an diesem Abend bei λ = 178°.2 vor dem Herbstpunkt der Ekliptik angelangt. Nachdem kurz zuvor Gilgamesch-Merkur unter dem Horizont verschwand, sinkt auch Enkidu-Mond unter den Horizont:

»Es legten sich schlafen die Helden, sie ruhten aus auf dem Lager der Nacht.
Auch Enkidu schläft ein und träumt.«

Wenn Götter richten, wägen sie die Tränen nicht

Enkidu-Mond überschreitet in der Nacht des 1. Taschritu den Äquator am Herbstpunkt (λ = 180°) und taucht in die südliche Hemisphäre ein, während die Sonne (Schamasch) im Sternbild der Waage verweilt (Sonnenlänge = 166°):

»Auf fuhr Enkidu, erzählte seinen Traum und sprach zum Freunde:
›O Freund, warum beraten denn die großen Götter?‹«

»Anu, Enlil, Ea und der himmlische Schamasch«

halten *Gericht* über Gilgamesch und Enkidu! Die Waage (ZI.BA.AN.NA, zibanitum), die auf das Sternbild der Ischtar von Uruk (AB.SÍN) an der Ekliptik folgt, wird als *kittu schamê*, »Gerechtigkeit des Himmels«, gedeutet, und in der Tat kann nichts besser als die Waage mit ihren Waagschalen als Sinnbild des Gerichts und der Gerechtigkeit dienen.

Die Waage ist das Haus der Sonne, des Sonnengottes Schamasch, der selbst »kittu«, »Gerechtigkeit«, genannt wird und am 1. Taschritu in sein Haus eintritt. Es ist darum nicht verwunderlich, daß neben

Anu, Enlil und Ea, den drei den gesamten Kosmos konstituierenden Göttern, auch der »himmlische Schamasch« Gericht ausübt; er steht ja gerade als »himmlischer Richter der irdischen Dinge« in seinem Haus, der »Gerechtigkeit des Himmels«.

Andererseits richtet Schamasch nicht allein, weil oberhalb der Waage das Gestirn der »Stehenden Götter« (DINGIR.GUB.BA.(MESH)) steht, zu welchem unter anderem die Sterne α und δ Coronae borealis gehören (vergleiche Abbildung 27). Wir wohnen mithin einer ordentlichen Gerichtsverhandlung der vier Götter bei. Anu will, daß Gilgamesch stirbt, da er

»dem Berg die Zeder hat entrissen!«

Enlil dagegen will Enkidu sterben lassen. Schließlich steht das Urteil fest, das auch Schamasch nicht mehr ändern kann: *Enkidu muß sterben!* Enkidu, dessen Haus wir mit (LÚ).CHUN.GÁ identifiziert haben, hatte sich in der sechsten Tafel zwar noch gegenüber Ischtar-AB.SÍN gebrüstet und mit Gilgamesch-SIPA.ZI.AN.NA am Westhorizont den Himmelsstier (GU_4.AN.NA) getötet, aber sein Stern war bereits im Sinken begriffen. Enkidu versucht sich nun tagelang zu rechtfertigen, immer wieder *vor* Schamasch, am Morgen *vor* Sonnenaufgang:

»Als der Morgen gerade zu dämmern begann,
Erhob Enkidu sein Haupt und weinte vor Schamasch,
Vor dem Strahlenglanz des Schamasch fließen seine Tränen.«

Schließlich sind seit jener Nacht vom 1. Taschritu zwei Wochen vergangen; am 14. Taschritu steht die Sonne bei $\lambda = 179°$ und Enkidu der Sonne bei $\lambda = 359°$ als Vollmond gegenüber! Von nun an wandert Enkidu, ständig abnehmend, den gleichen Weg, den er nach seiner Geburt in den Plejaden – damals als zunehmende Mondsichel – genommen hatte.

Am 15. Taschritu steht die Sonne im Äquator beim Herbstpunkt der Ekliptik (Sonnenlänge = 180°). Das ist der Zeitpunkt, an dem die Waage (zibanitum) am *Morgen* erstmals zu sehen ist und das Gerichtsurteil vollstreckt wird.

Enkidu-(LÚ).CHUN.GÁ ist dann gerade am *West*-Horizont angelangt und hat noch einmal einen Traum. Jetzt träumt er nicht mehr von der Gerichtsversammlung, sondern, daß er zwischen Himmel und Erde steht, von einem gefiederten Dämon mit »Adlerkrallen« gepackt und zur Unterwelt hinabgezogen wird, wo unter anderem auch »Etana haust«, der in dem berühmten Etana-Mythos von einem Adler zum Himmel des Anu und der Ischtar getragen wird, aber abstürzt und am Boden zerschellt. Enkidu beschreibt hier offensichtlich die beiden Sternbilder TI8.(MUSHEN), den »Adler«, und (LÚ).ÚSH,

28 Enkidus prophetischer Traum von seiner Einkehr in die Unterwelt. Ein gefiederter Dämon mit »Adlerkrallen« bringt Enkidu ins »Haus des Erdenstaubs«, wo auch »Etana haust«, jener sagenhafte König von Kisch, der im berühmten Etana-Mythos auf der Suche nach der Pflanze des Lebens von einem Adler zum Himmel des Anu und der Ischtar getragen wird. Der Adler ermattet jedoch wegen der schweren Last und stürzt völlig entkräftet ab, so daß Etana am Boden zerschellt. Der Etana-Mythos und dieser Traum Enkidus im Gilgamesch-Epos beschreiben ein und dieselben Sternbilder: »Adler« (TI8.(MUSHEN)) und »Leichnam« ((LÚ).USH). Die spätere griechische Sage über Ganymed, den Mundschenk des Zeus, der von einem Adler in den Olymp (=Sternenhimmel) entführt wird, geht auf den Etana-Mythos zurück.

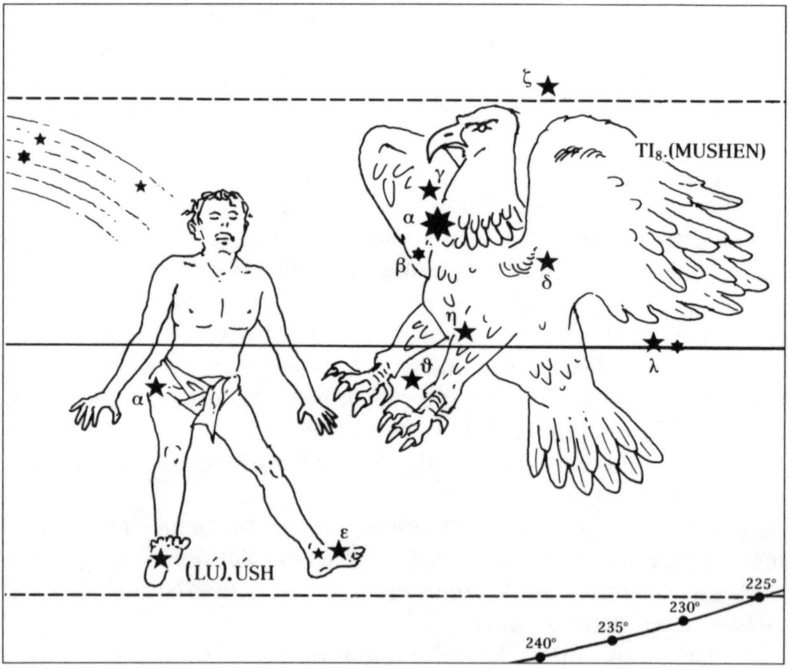

den »Leichnam«, an denen Enkidu-Mond bei seiner Unterweltsfahrt vorüberziehen wird (Abbildung 28). Dann war

»der Tag, da er den Traum gesehn, zu Ende«.

Der 15. Taschritu ist vorüber!

»Da liegt Enkidu nun den ersten Tag, den zweiten Tag.
Enkidu liegt todkrank auf seinem Lager.
Den dritten Tag . . .
Den elften Tag und noch den zwölften liegt er da,
Enkidu liegt auf seinem Lager, mit dem Tode ringend.«

Zwölf Tage lang liegt Enkidu todkrank auf seinem Lager bis zum 27. Taschritu (Sonnenlänge = 192°). Der Tod sitzt in seinem Hause ((LÚ).CHUN.GÁ), das Tag für Tag immer mehr unter dem Westhorizont verschwindet, bis am Morgen des 27. Taschritu gerade noch der letzte Stern von (LÚ).CHUN.GÁ über dem *West*-Horizont sichtbar ist.

An diesem Morgen des 27. Taschritu ist auch Enkidu-*Mond* zum letzten Mal als Altlichtsichel über dem *Ost*-Horizont am absoluten *West*-Punkt (bei $\lambda = 180°$) sichtbar, also genau dort, wo er sich auch in der Nacht des 1. Taschritu befand, als er von der Gerichtsversammlung der großen Götter träumte. Enkidu (der Mond und das Sternbild (LÚ).CHUN.GÁ) stirbt (vergleiche das Kapitel »Wann starb Enkidu?«)!

Gilgamesch ist untröstlich über den Tod seines »Bruders«. Todesfurcht packt ihn. Wird er nicht auch bald wie Enkidu unter den Horizont sinken? »Sechs Tage und sieben Nächte« vergehen, ehe Gilgamesch sich von seinem toten Freund losreißen kann. Die Sonne steht dann bei $\lambda = 199°$. Während dieser sechs Tage, an denen Gilgamesch um den toten Enkidu trauert, verhält sich Gilgamesch ganz merkwürdig:

»Er schreitet rückwärts und dann wieder vorwärts.«

Das bedeutet: Der Planet Merkur (Gilgamesch) ist nach dem Tode Enkidus auf der Ekliptik – von der Erde aus gesehen – in rückläufiger Bewegung begriffen, bis er sich endlich aufrafft und entlang der Ekliptik vorwärts zieht.

Wanderer, kommst du ans infernalische Tor...

Ihr, die ihr hier ankommt,
laßt alle Hoffnung fahren.
Dante Alighieri, »Göttliche Komödie«

Gilgamesch-Merkur »jagt« nun, von Todesfurcht geplagt, »über die Steppe hin«. Er will zu seinem Urahn Utnapischtim, dem Sintfluthelden, der dem biblischen Noah entspricht und gemäß dem Epos lebendig auf eine Insel entrückt wurde, wo er sich ewigen Lebens erfreut.

Auch Enkidu-Mond lief »in der Steppe«, als er sich zu Füßen der Hure Schamchat beim Herbstpunkt der Ekliptik ($\lambda = 180°$) befand. »Warum läufst du in der Steppe?« hatte die Hure Schamchat-Ischtar-AB.SÍN Enkidu gefragt. Und auch der Jäger (PA.BIL.SAG) klagte, daß Enkidu »die *Steppen*-Tiere seiner Hand entrinnen« ließ, unter anderem den Wolf (UR.IDIM) und das Wildschwein (EN.TE.NA.BAR.CHUM), die sich auf der Höhe des Herbstpunktes im Ea-Weg aufhalten.

Zu den »Tieren der Steppe« gehört aber auch der »Skorpion« (GÍR.TAB), dessen Kopf mit seinem vordersten Stern (β Scorpii) 2340 v. Chr. nahe beim Schnittpunkt der Ekliptik mit dem Äquator beim Herbstpunkt steht. Deshalb gelangt Gilgamesch-Merkur jetzt auf seinem Weg entlang der Ekliptik hinter der Sonne her zu den »*Skorpion*-Menschen«, die »täglich Aus- und Eingang« am »Bergtor« des »Maschu-Gebirges« bewachen.

Maschu hat die Bedeutung von »Vernichtung« und »Vergessen«. Das Maschu-Gebirge ist der Berg der Vernichtung oder des Vergessens. Maschu heißt aber auch »Zwilling«, so daß Gilgamesch-Merkur ins »Bergtor« des »Berges des Zwillings«, eintritt. Dieser Zwilling ist Gilgamesch (^{d}MASH) selbst!

Bei dem Stern β Scorpii am Kopf des Skorpions tritt Gilgamesch-Merkur wie jeder Planet und Mond und Sonne von der *nördlichen* Hemisphäre in die *südliche* Hemisphäre ein.

Hier bei β Scorpii am Kopf des Skorpions ist der absolute Westpunkt an der Sphäre inmitten der »Steppe«. Hier ist der Eingang ins Totenreich für alle Wanderer entlang der Ekliptik. Auch Enkidu-

Mond hat hier bei λ = 180° am 27. Taschritu die Unterwelt betreten, als die Sonne bei λ = 192° stand. Der Sonnengott trat ebenfalls bei λ = 180° (am 15. Taschritu) als »Richter des Totenreiches« ins Totenreich ein, wobei zugleich seine Waage (zibanitum) über dem Osthorizont sichtbar wurde.

Auf seinem Weg von der Gerichtswaage zum Kopf des Skorpions (GÍR.TAB) beim Stern β Scorpii gelangte Gilgamesch-Merkur »bei Nacht zu den *Pässen* des Berges«. Hier sah er UR.MACH.(MESH), »gewaltige Hunde«, und »fürchtete« sich.

»Wenn ich bei Nacht zu den Pässen des Berges gelange
Und gewaltige Hunde seh und mich fürchte,
Dann hebe mein Haupt ich empor und bete zum Heiligen Mond.«

Der »Berg«, der gesamte Ekliptikbogen oberhalb des Äquators, endet beim Stern β Scorpii, im Schnittpunkt der Ekliptik mit dem Äquator. In der *Lücke* zwischen den Sternbildern Waage und Skorpion, am Fuße des »Berges«, ist ein bequemer »Paß« quer zur Ekliptik. Nordöstlich steht in diesem »Paß« das Sternbild UR.KU, der »sitzende Hund« im Enlil-Weg, und südwestlich im Ea-Weg das Sternbild UR.IDIM, der Wolf, wörtlich: »wilder Hund« (Abbildung 29). Es sind also zwei »gewaltige Hunde«, UR.MACH.(MESH), und nicht etwa »Löwen«, wie man bisher an dieser Stelle zu übersetzen pflegte.

Inzwischen ist auch der Mond wieder des Nachts sichtbar. Enkidu gilt so lange als verstorben, wie sein Sternbild ((LÚ).CHUN.GÁ) unter dem Horizont weilt, etwa ein halbes Jahr, vom 28. Taschritu bis zum 30. Addura, dem letzten Tag des Jahres, ehe er dann am Tag darauf, am 1. Nisannu, am Neujahrstag, reinkarniert wieder erscheint, also von neuem geboren wird. Der verstorbene Enkidu ist hier nach seinem Tod vergöttlicht, zum Heiligen geworden. Obwohl sein Leib (pagru), sein Sternbild (LÚ).CHUN.GÁ, in der »Erde« (erṣetu), also unterhalb des Horizonts begraben liegt, zieht seine Seele, sein (Himmels-) Körper (zumru), als »Heiliger Mond« (^{d}Sîn) am Himmel weiter seine Bahn. Deshalb ruft Gilgamesch jetzt den verstorbenen Enkidu als »Heiligen Mond« (^{d}Sîn) um Hilfe an! Freilich kann ^{d}Sîn, der Heilige Mond, Gilgamesch augenblicklich nicht zu Hilfe eilen, da er sich seit seinem Untergang am 27. Taschritu inzwischen weit von β Scorpii entfernt hat und ständig weiter entfernt.

Aber Gilgamesch-Merkur durchschreitet dennoch wohlbehalten den gefährlichen Paß und steht nun beim Bergtor am Kopf des Skorpions am Eingang zum Totenreich. Eigentlich sollte Gilgamesch – wie vor ihm Enkidu – an dieser Stelle sterben. Aber sterben kann er nur, wenn sein Sternbild SIPA.ZI.AN.NA in der Morgendämmerung vollständig unter den Westhorizont sinkt. Da der Planet Merkur höchstens um 27° der Sonne hinterherhinken kann, steht folglich die Sonne höchstens bei $\lambda = 207°$, wenn Gilgamesch-Merkur bei den

29 Ehe Gilgamesch-Merkur zu den Skorpionmenschen (GÍR.TAB) gelangt, wandert er durch einen »Paß« quer zur Ekliptik, in dem »gewaltige Hunde« (UR.MACH.(MESH)) lauern, nämlich UR.KU, der »sitzende Hund«, und UR.IDIM, der »Wolf« (wörtlich: »wilder Hund«).

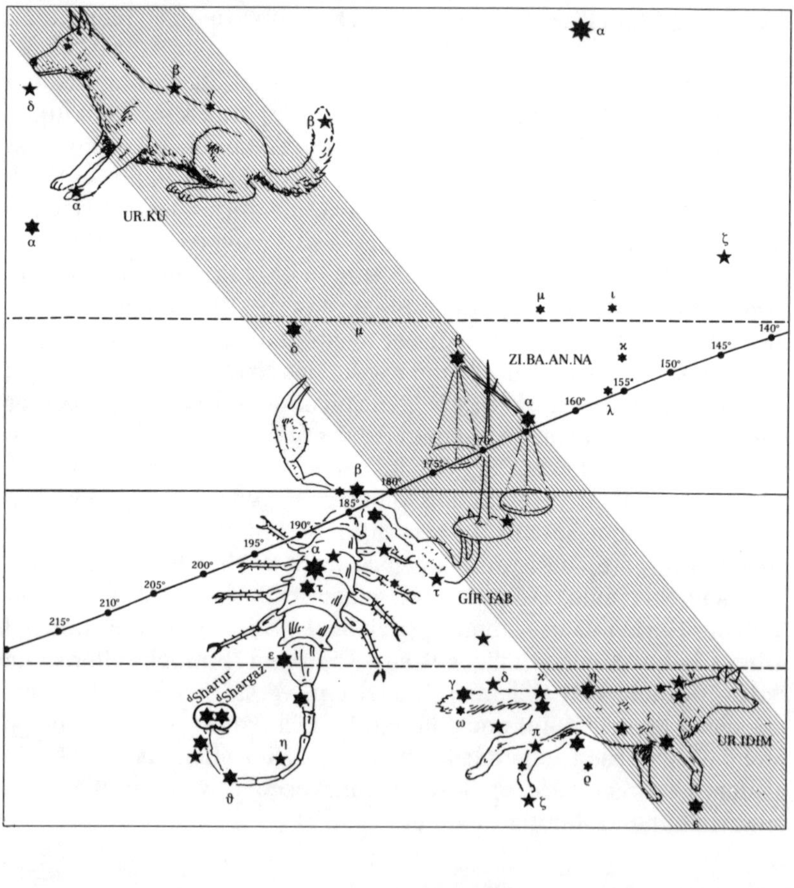

Skorpionmenschen am Tor zur Unterwelt anlangt (bei $\lambda = 180°$). Gilgamesch-SIPA.ZI.AN.NA ist dann schon bis auf sein Gesicht und den rechten Arm unter den Westhorizont gesunken.

»Als Gilgamesch sie (die Skorpionmenschen) sah (noch von ferne, als er sich dem Stern β Scorpii bei $\lambda = 180°$ näherte), da ward vor Furcht Und Schreck sein Antlitz finster.«

Das Antlitz des SIPA.ZI.AN.NA steht bereits im Dunstkreis des Horizontes, so daß es nur noch wenige Tage dauern kann, bis Gilgamesch-SIPA.ZI.AN.NA ganz in die Unterwelt (erṣetu) eingegangen sein wird. Der Dichter läßt Gilgamesch jedoch nicht sterben. Er kann ihn hier, auf halbem Weg durch die Ekliptik, mitten im Epos, gar nicht sterben lassen. Und der Dichter hat sogar ein Alibi dafür: den *»Leib«* des Gilgamesch! Als Gilgamesch-Merkur auf die Skorpionmenschen trifft, wird bezeichnenderweise das Sternbild Gilgameschs, SIPA.ZI.AN.NA, das bei der Einführung Gilgameschs in der ersten Tafel des Epos erwähnt wurde, wieder genannt.

»Der Skorpionmensch ruft da seinem Weibe zu:

›Der Körper dessen, der da zu uns kommt, ist Götterfleisch!‹«

Der »Körper« (zumru) Gilgameschs ist sein unsterblicher Himmelskörper Merkur, der dem Sternbild SIPA.ZI.AN.NA zugeordnet ist, auf das sich nun auch die Skorpionfrau bezieht:

»Dem Skorpionmenschen gab sein Weib zur Antwort:
›Zu zwei Dritteln ist er Gott, Mensch zu einem Drittel nur!‹«

Dies ist die wörtliche Wiederholung der Floskel aus der ersten Tafel! Der »Leib« (SIPA.ZI.AN.NA) Gilgameschs besteht zu zwei Dritteln aus Götterfleisch: darum kann Gilgamesch bei seiner Unterweltsfahrt nicht völlig sterben!

Gilgamesch-Merkur will zu Utnapischtim, »der das Leben fand«. Deshalb ist er so weit gewandert und jetzt am Bergtor des Skorpions (GÍR.TAB) angelangt. Aber der Skorpionmensch will Gilgamesch nicht ins »Tor« einlassen, denn:

»O Gilgamesch, noch kein *Mensch* vermochte lebend
Das Innere des Berges zu durchschreiten,
Zwölf Doppelstunden dehnt sein Inneres sich aus,
Dicht ist die Finsternis, kein Licht ist da!«

Nach langem Flehen und Klagen gewährt der Skorpionmensch Gilgamesch endlich den Eingang ins Bergtor.

»Auf dem Wege der Sonne (charran ^{d}Schamash) ging Gilgamesch durchs Tor.«

Der »Weg der Sonne« (charran ^{d}Schamash) ist natürlich die Ekliptik, die scheinbare Bahn der Sonne, an der Gilgamesch entlangwandert und beim Stern β Scorpii am Kopf des Skorpions den Äquator überschreitet, der Sonne hinterhereilend. Wenn Gilgamesch zwölf Doppelstunden, 24 Stunden, Tag und Nacht, auf der Ekliptik durch das Maschu-Gebirge gezogen ist, hat die Sonne lediglich rund 1° ekliptikaler Länge zurückgelegt; Gilgamesch-Merkur hat es dann gerade geschafft, den Äquator von der nördlichen zur südlichen Hemisphäre zu überschreiten. Damit ist Gilgamesch zu einem Ort gelangt, wo Edelsteinbäume stehen:

»Der Karneolweinstock trägt reife Frucht,
Läßt seine Reben hängen, gar lieblich anzusehn.
Der Lapislazulibaum trägt . . . ,
Trägt Frucht, die nur zu sehen eine Lust schon ist.«

Gilgamesch-Merkur wandert nun im Bereich der Milchstraße, die sich als breites helles Band durch den Skorpion hindurchzieht. Die unzähligen Sterne, die den eigenartigen Glanz der Milchstraße hervorrufen, werden hier offenbar mit Edelsteinen verglichen. Dieser Edelsteingarten liegt, wie aus den Resten der letzten Zeilen der neunten Tafel hervorgeht, in der Nähe des »Meeres« (A.ABBA; akkadisch: tâmtum).

Jagdgeschichten für die Meerjungfrau

Nicht von ungefähr gelangt Gilgamesch gleich darauf (am Anfang der zehnten Tafel) ans Gestade des *Meeres*. Hier trifft er auf die jungfräuliche »Schenkin« Siduri, die »am Gestade des Meeres« wohnt.

Gilgamesch-Merkur befindet sich noch immer im Bereich des Skorpions, wenn auch nur der Kopf des Skorpions beim Stern β Scorpii an die Ekliptik grenzt, und deshalb der Skorpion (GÍR.TAB) selbst nicht weiter erwähnt wird. Gemäß MUL.APIN-Serie ist – wie wir bereits wissen – GÍR.TAB verbunden mit der Göttin Ischchara. Ischchara ist namentlich im Epos bereits in der zweiten (Pennsylvania)-Tafel aufgetaucht, wo es hieß:

»Ischcharas Schlafgemach ist schon zurechtgemacht,
Mit der sich Gilgamesch des Nachts vereinen will.«

An der betreffenden Stelle der zweiten Tafel stieg GÍR.TAB und damit Ischchara nach Sonnenuntergang (»bei Nacht«) am Osthorizont empor, während Gilgamesch-SIPA.ZI.AN.NA sich am *West*-Horizont schlafen legte. Hier in der zehnten Tafel ist Ischchara-GÍR.TAB vor Sonnenaufgang über dem *Ost*-Horizont zusammen mit Gilgamesch-Merkur sichtbar. Ischchara muß mit Siduri »am Gestade des Meeres« identisch sein. In einer Sternliste (VR 45) wird Ischchara sogar ausdrücklich als »Ischchara tâmtim«, »Ischchara des Meeres«, bezeichnet. Daß sie an dieser Stelle des Epos nicht wiederum mit Ischchara benannt werden darf, ist wohl aus dem Handlungsablauf verständlich. Was erfahren wir über Gilgamesch, der entlang der Ekliptik gewandert war und nunmehr zur Schenkin Siduri an der Milchstraße gelangt ist? Auffällig ist die stereotype Redewendung, die sechsfach in der zehnten Tafel erscheint und nicht überlesen werden kann:

»Wehmut zog in seinem Innern ein,
Einem Wanderer auf fernen Wegen gleicht sein Antlitz.«

Diese Floskel ist uns aus der ersten Tafel bereits vertraut. Dort war sie bezogen auf den Jäger, der Enkidu gegenüber der Tränke entgegentrat, und dessen Sternbild wir mit PA.BIL.SAG, dem »Feuerpfeilschießer«, unserem Sagittarius oder Schützen, identifizierten. Er stieg abends am Osthorizont auf, wanderte die ganze Nacht über den Himmel und sank morgens vor Sonnenaufgang am Westhorizont immer tiefer hinab, während Enkidu-(LÚ).CHUN.GÁ am Osthorizont immer höher stieg.

Hier in der zehnten Tafel steht Gilgamesch-Merkur auf der Ekliptik im Bereich des Skorpionschwanzes, zu dem der Vorderteil des PA.BIL.SAG heranreicht. Gilgamesch-Merkur wandert immer mehr in den Bereich von PA.BIL.SAG hinein. Es wird darum wie in der ersten Tafel das Sternbild des »Jägers«, PA.BIL.SAG, mit dieser Floskel beschrieben. Ganz wie ein Jäger wird jetzt auch Gilgamesch geschildert:

»In ein Fell ist er gekleidet . . .«
(10. Tafel (assyr.), I, 6)
»In ihre Felle kleidet er sich, ißt ihr Fleisch . . .«
(10. Tafel (altbabyl. Meissner), I, 2)

Sodann erzählt er Siduri seine »Jagd«-Abenteuer:

»Ich habe den Stier, der vom Himmel herabstieg, gepackt und getötet,
Den Wächter des Waldes (AL.LUL-Flußkrebs) erschlagen,
Chumbaba (UR.GU.LA-Löwe) niedergeworfen, der im Zedernwald hauste,
Gewaltige Hunde (UR.KU und UR.IDIM) in den Pässen des Berges getötet.«

Der Jäger in der ersten Tafel konnte »die Steppentiere« nicht erlegen, weil Enkidu die »Netze«, die der Jäger »gespannt« hatte, »ausriß« und seiner »Hand« »das Wild, die Steppentiere« »entrinnen ließ«. Hier in der zehnten Tafel auf der Höhe des PA.BIL.SAG können die »Tiere« (namashshu = NU.MUSH.DA) Gilgamesch jedoch nicht entrinnen, da Gilgamesch-Merkur ihnen entgegenläuft, so daß Gilgamesch mit den »Tieren« (namashshu) zusammen am Horizont sichtbar ist. Deshalb erzählt Gilgamesch später gegen Ende der zehnten Tafel dem Utnapischtim rückblickend, daß, noch ehe er zur Schenkin gelangte, seine (königliche) Kleidung schon abgenutzt war, und daß er

»das Wild (UR.IDIM und EN.TE.NA.BAR.CHUM) und die Steppentiere (namashshu)«

getötet habe, deren Felle er anzog.

Durch die Gewässer des Todes

Nachdem der in Felle gekleidete Gilgamesch der Schenkin Siduri (Ischchara tâmtim) »am Gestade des Meeres« seine »Jagd«-Abenteuer berichtet hat, gibt er Enkidus Tod als Grund an, weshalb er in der Steppe umherläuft. Von Todesfurcht gepackt, will er den Weg zu Utnapischtim wissen. Siduri soll ihm den Weg dorthin weisen.

»O Schenkin, du wohnst am Gestade des Meeres, . . .
Zeige den Weg mir . . .
Wenn es möglich ist, will ich das Meer jetzt überqueren.«

Siduri gibt (im ninivitischen Text erhalten) die treffende Antwort:

»Niemals, Gilgamesch, hat es einen Übergang gegeben.
Niemand, der herkam seit Urzeiten, ging übers Meer.
Schamasch, der Held, überquert zwar das Meer.
Wer außer Schamasch kann's schon überqueren?«

Diese rhetorisch gemeinte Frage Siduris können wir beantworten. Außer der Sonne überschreiten der Mond und die Planeten dies himmlische »Meer«. So hat Enkidu-Mond dies »Meer« bereits siebenmal überschritten und die Sonne Schamasch einmal.

Siduri fährt fort:

»Beschwerlich ist der Übergang, der Weg dorthin gefahrenvoll,
Und die Gewässer des Todes dazwischen hindern die Weiterfahrt.
Wenn du das Meer überschreitest
Und die Gewässer des Todes erreichst, was willst du dann tun?
Gilgamesch, da ist gerade Urschanabi, Utnapischtims Schiffer! . . .
Vielleicht kannst du mit ihm hinüberfahren, wenn nicht, kehr um!«

Gilgameschs einzige Chance scheint also Urschanabi zu sein, der gerade in der Nähe ist und Gilgamesch über das Meer bringen kann. Dem Schiffer Urschanabi erzählt Gilgamesch, daß er »einen fernen Weg, den Weg des Schamasch« entlang der Ekliptik gewandert sei, und er bittet Urschanabi, ihm den Weg zu Utnapischtim, dem Entrückten, zu weisen.

Wenn Gilgamesch »Utnapischtim, den Entrückten« sehen will, muß er mit Urschanabi »das Schiff« besteigen. Das ekliptiknahe Sternbild, das auf PA.BIL.SAG folgt, ist MÁ.GUR$_8$, das »Lastschiff«, welches offenbar das Schiff Urschanabis an der Sphäre darstellt. Urschanabi wird in einer Version der elften Tafel auch »UR-^{d}Shanabi (UR.^{d}NIMIN)« geschrieben. »^{d}Shanabi (^{d}NIMIN)« ist eine andere Bezeichnung für den Gott ^{d}Ea. Die Zahl ^{d}Eas ist 40, was ²⁄₃ von 60, der Einheit im Sexagesimalsystem der Babylonier, ist. »Shanabi (NIMIN)« heißt: ²⁄₃. Urschanabi ist als Schwiegersohn Eas keilinschriftlich belegt. Die Gattin Urschanabis ist Eas Tochter Nansche; ihr ist das heilige Heck des MÁ.GUR$_8$ geweiht. MÁ.GUR$_8$ steht jedoch im *Ea*-Weg, das Schiff Urschanabis ist somit auch Eas Schiff.

Der sumerische Name Eas ist ^{d}EN.KI. Im sumerischen Mythos »Enki und die Weltordnung« fährt EN.KI (Ea) im MÁ.GUR$_8$, dem Lastschiff, durch das Sumpfland nach KUR, der Unterwelt. Dieser astronomische Mythos bildet den Hintergrund für die Fahrt des Urschanabi durch die »Wasser des Todes«. Das Schiff (MÁ.GUR$_8$) gehört im Epos letztlich Utnapischtim, dem Sintfluthelden. Dies wird um so deutlicher, als MÁ.GUR$_8$ nicht nur »Lastschiff« bedeutet, sondern auch »Sintflutschiff« (denn GUR$_8$ ist auch als URU$_5$ (abubu), »Sintflut«, zu lesen).

Urschanabi und Gilgamesch setzen zur Überfahrt an. Nach drei Tagen haben sie das Meer überquert und gelangen in die »Gewässer des Todes«. Endlich haben sie auch die »Wasser des Todes« unversehrt durchschifft. Sie sind am Ziel ihrer Seereise: bei Utnapischtim.

Welches Sternbild Utnapischtim am Himmel darstellt, darüber kann es keinen Zweifel mehr geben (Abbildung 30): Das nach PA. BIL.SAG und MÁ.GUR$_8$ an der Ekliptik folgende Sternbild, auf das Gilgamesch-Merkur auf dem Wege des Schamasch stößt, ist SUCHUR.MÁSH.KU$_6$ (Capricornus/Steinbock), das gerade aufgeht, wenn PA.BIL.SAG ganz über dem Horizont sichtbar ist (vergleiche Sternkarte). Mit Gilgamesch-Merkur steht also auch das »Jäger«-

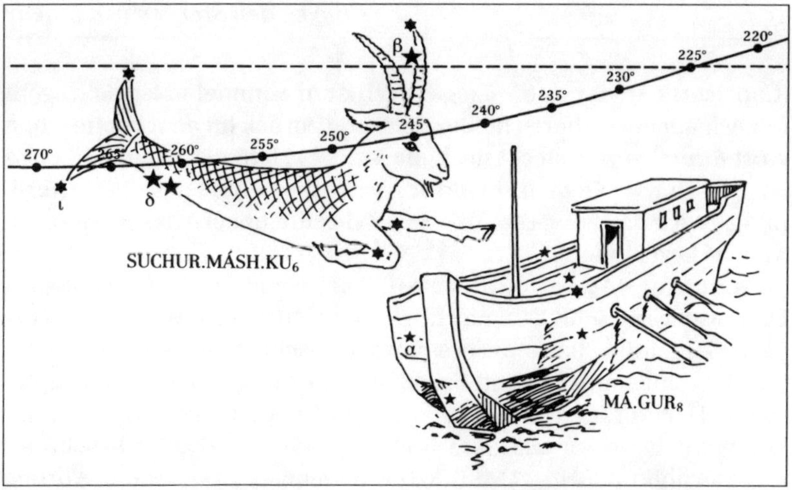

30 Gilgamesch und Urschanabi haben mit dem Schiff (MÁ.GUR$_8$) auch die »Gewässer des Todes« wohlbehalten durchquert und gelangen endlich zu Utnapischtim (SUCHUR.MÁSH.KU$_6$), dem babylonischen Sintfluthelden.

Sternbild PA.BIL.SAG vor Utnapischtim (SUCHUR.MÁSH.KU$_6$). Darum stellt der Sintflutheld an Gilgamesch die für PA.BIL.SAG charakteristische Frage:

»Warum zog Wehmut ein in deinem Innern,
Gleicht dein Antlitz einem Wanderer auf fernen Wegen?«

Die Redewendung darf später im Epos nicht mehr vorkommen, weil Gilgamesch-Merkur aus dem Bereich des PA.BIL.SAG heraustritt und sich immer weiter davon entfernt. Und wirklich: Diese Floskel taucht fortan nicht mehr im Epos auf. Damit sind wir zur elften Tafel, der berühmten »Sintfluttafel« gelangt.

Die Sintflut am Himmel

Zu Beginn der elften Tafel mustert Gilgamesch den Sintfluthelden, was wir zum Anlaß nehmen wollen, näher auf Utnapischtim einzugehen. Das Utnapischtim entsprechende Sternbild SUCHUR.MÁSH.KU$_6$, wörtlich »Ziegenfisch«, ist ein Mischwesen, das aus einem Ziegenvorderleib mit Fischschwanz gebildet ist. Das »Ziegenfisch«-Gestirn heißt sonst auch DÁR.ABZU, »Steinbock des Apsu«. Unser Steinbock

(Capricornus), der dem »Ziegenfisch« am Himmel entspricht, geht folglich auf die sumerische Bezeichnung zurück (in dem lateinischen Wort *Capri-cornus* steckt noch die »Ziege«, lateinisch: *capra*; *cornu* ist das »Horn«). In dem chaldäischen Mythos »Enki und die Weltordnung« wird das MÁ.GUR$_8$ als »Schiff des Steinbocks des Apsu (DÁR.ABZU)« bezeichnet.

Weil DÁR.ABZU SUCHUR.MÁSH.KU$_6$ ist und MÁ.GUR$_8$ das Schiff Utnapischtims, muß Utnapischtim mit SUCHUR.MÁSH.KU$_6$ identisch sein. Genau dies hatte unsere astronomische Analyse ergeben. Als Mischwesen aus Ziege und Fisch ist SUCHUR.MÁSH.KU$_6$ ein Amphibium. Der vor den Wassern der Sintflut gerettete Utnapischtim könnte nicht besser charakterisiert werden. Der Dichter beschreibt das Sternbild SUCHUR.MÁSH.KU$_6$ mit wenigen prägnanten Worten. Gilgamesch rügt nämlich den Sintfluthelden:

»Doch ruhst du jetzt und liegst auf deinem ›Rücken‹.«

Dies beschreibt den *liegenden* Ziegenfisch, wobei »ṣiru« (»Rücken«) poetisch für den Fischschwanz steht. Vordergründig bedeutet dies, daß Utnapischtim gute Tage in Ruhe und Frieden verbringt.

Gilgamesch will nun wissen, wie Utnapischtim »in die *Versammlung* der *Götter*« eingetreten sei. Darauf erzählt Utnapischtim-SUCHUR.MÁSH.KU$_6$, der Zeuge der Sintflut am Sternhimmel, die Geschichte der Sintflut. Die »großen Götter« berieten miteinander, sie wollen »eine Sintflut« kommen lassen. Die »großen Götter« sind uns schon einmal in der siebten Tafel begegnet. Dort waren sie versammelt, um mit Schamasch, der in sein Haus, die Waage (zibanitum), das Symbol der Gerechtigkeit, eingetreten war, über Enkidu Gericht auszuüben. War es dort das Sternbild der »*stehenden* Götter« (DINGIR.*GUB*.BA.(MESH)), das oberhalb von zibanitum steht, so ist es hier das Sternbild der »*sitzenden* Götter«, DINGIR.*TUSH*.A.(MESH), das die beratende Götterversammlung darstellt (vergleiche Sternkarte). Es ist beim Aufgang des SUCHUR.MÁSH.KU$_6$ (Utnapischtim) am Osthorizont ganz zu sehen (siehe Sternkarte); die »sitzenden Götter« sind also alle »versammelt«.

Mit SUCHUR.MÁSH.KU$_6$ (Utnapischtim) gehen zwei weitere Sternbilder auf: (LÚ).ÚSH und SIM.MACH. LÚ heißt »Mensch« oder »Mann« (akkadisch: amēlu), ÚSH heißt »sterben«, (LÚ).ÚSH ist dann der »tote

Mann« oder »Leichnam«. Auffallend ist die Anrede LÚ (amēlu) für Utnapischtim an dieser Stelle des Epos, die offensichtlich auf (LÚ).ÚSH anspielt – den wir auch schon bei Enkidus Todestraum kennengelernt haben. In Zeile 23 der elften Tafel wird Utnapischtim als »LÚ schu-ru(ri)-up(ip)-pa-ku-u«, »Mann von Schuruppak«, angeredet, in Zeile 38 schlicht als »(a-me)-lu«, »Mann«.

SIM.MACH, das »Schwalben«-Gestirn, ist in Keilschrifttexten als »(ÍD) Purattu«, *»Euphrat«*-Gestirn, belegt. Die Babylonier sahen in diesem Sternbild das himmlische Abbild des Euphrat. Nicht von ungefähr erwähnt darum Utnapischtim die Stadt Schuruppak mit der Bemerkung: »Schuruppak – du kennst diese Stadt, sie ist am Ufer des *Euphrats* gelegen.« Wenn der Dichter schon so genau ist und kein Sternbild zu schildern vergißt, so dürfen wir erwarten, daß auch das Sternbild MÁ.GUR$_8$ noch einmal erwähnt ist, dessen Aufgang zwar *vor* SUCHUR.MÁSH.KU$_6$ erfolgt und deshalb in der zehnten Tafel bereits mit Urschanabi zusammen erklärt wurde, aber andererseits mit Utnapischtim über den Horizont immer mehr heraufsteigt, bis es schließlich ganz zu sehen ist. Wirklich erhält Utnapischtim den Befehl, ein Schiff zu bauen, eben das Sintflutschiff, als das wir MÁ.GUR$_8$ in der zehnten Tafel identifiziert haben. Es ist erstaunlich, wie fein der Dichter die ineinander geschachtelten fünf Sternbilder zu trennen vermag und mit wie wenigen Worten er sie zu charakterisieren und in die Handlung zu integrieren weiß.

Den Befehl zum Schiffsbau erhält Utnapischtim von ^{d}Ea (^{d}EN.KI), dem Gott der Weisheit und Herrn (EN) der Erde (KI). Das unmittelbar in der Ekliptik auf SUCHUR.MÁSH.KU$_6$ folgende Sternbild ist GU.LA (Abbildung 31). Gemäß der MUL.APIN-Serie ist es das Sternbild des Gottes ^{d}Ea. Es entspricht etwa unserem Aquarius (Wassermann), dem griechischen Hydrochoos, dem »Wasserspender«. In den Händen hält er ein Gefäß, aus dem zwei Wasserströme sprudeln, in denen öfters Fische schwimmend eingezeichnet sind. Dieses Gefäß ist offensichtlich das Abbild der (kugelförmigen!) Erde, aus deren Innerem, dem Apsu oder Abgrund, das Süßwasser strömt; denn ^{d}Ea wird »König des Apsu« genannt und seine Wohnung als »É.ABZU«, »Haus des Apsu«, bezeichnet. Damit haben wir die Erklärung für die sonderbaren Worte, die Utnapischtim auf Eas Befehl den Einwohnern von Schuruppak als Begründung für den Bau eines Schiffes vorlügen soll:

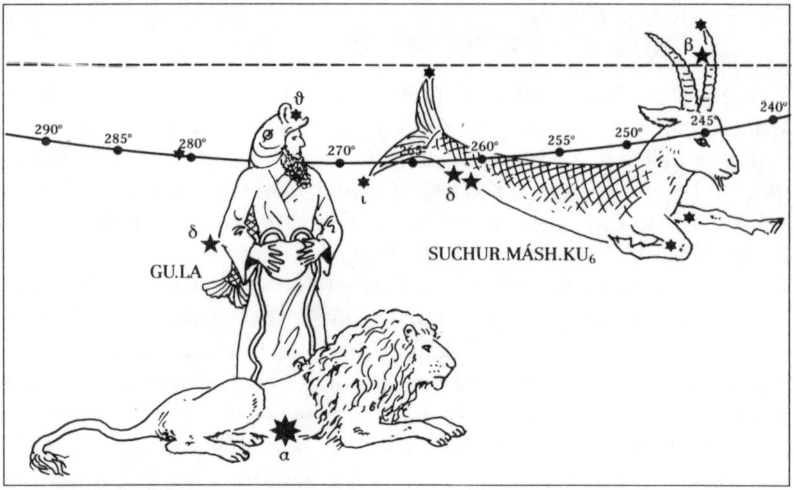

31 GU.LA, das Sternbild des Gottes Ea, mit seinem Symboltier, dem Löwen. Das Sternbild entspricht unserem Wassermann (Aquarius). Da Ea (GU.LA) neben Utnapischtim (SUCHUR.MÁSCH.KU$_6$) steht, kann er ihn auch vor der Sintflut warnen und zum Bau der Arche bewegen.

»Sondern will hinab zum Apsu steigen und bei Ea wohnen, meinem Herrn.«

Und einige Zeilen vorher befiehlt Ea:

»Wie der Apsu soll bedeckt es (das Schiff) sein!«

Danach geht Utnapischtim an die Arbeit.

»Am fünften Tag entwarf ich dann sein (des Schiffes) Rahmenwerk.
Ein (ASH)ikû (IKU) maß seine Bodenfläche.
Je hundertzwanzig Ellen waren seine Wände hoch,
Je hundertzwanzig Ellen die vier Kanten seiner Decke lang.«

Es wird hier das gemäß MUL.APIN-Serie gleichzeitig mit GU.LA ^{d}Ea aufgehende Sternbild (ASH).IKU, das aus den Sternen α, β, γ Pegasi und α Andromedae gebildete Viereck, beschrieben (vergleiche Sternkarte). Ikû ist ein Flächenmaß, das 100 Quadrat-GAR oder 14 400 Quadratellen entspricht. Der Grundriß des Schiffes von einem ikû ist quadratisch. Dies ergibt sich unmittelbar aus den zitierten Zeilen, wonach die Seitenlänge 10 GAR = 120 Ellen beträgt, die Grundfläche sich folglich zu 120 Ellen mal 120 Ellen = 14 400 Quadrat-Ellen = 1 ikû ergibt. Länge, Breite und Höhe betragen 10 GAR = 120 Ellen, das heißt:

Die Arche wird im Gilgamesch-Epos also als Würfel betrachtet! Solch ein Würfel ist vom hydrodynamischen Standpunkt aus natürlich äußerst ungeeignet als Schiff, geschweige denn als Sintflutschiff. In der Bibel, im sechsten Kapitel der Genesis, werden ganz andere Maße für die Arche angegeben. Hier ist die Arche quaderförmig wie ein riesengroßer Ziegelstein:

»Und Gott sprach zu Noah:
. . . Mach dir eine Arche . . . :
Dreihundert Ellen sei die Länge der Arche,
Fünfzig Ellen ihre Breite und dreißig Ellen ihre Höhe.«
(Genesis 6, 13–15)

Die quaderförmige Arche des biblischen Noah ist extrem seefest. Den Dichter des Gilgamesch-Epos interessieren die hydrodynamischen Verhältnisse natürlich wenig. Ihm geht es allein um die Beschreibung des (ASH).IKU, des himmlischen Quadrats, und darum müssen alle sechs Seiten der Arche quadratisch sein und eine Fläche von einem ikû (ASH.IKU) aufweisen!

Utnapischtim läßt nun »allerlei Lebenssamen« in das Schiff steigen, betritt schließlich selber das Schiff und verschließt die Türe.

»Als der Morgen gerade zu dämmern begann,
Stieg eine schwarze Wolke vom Horizont empor.
Adad donnert darin.
Schullat und *Chanisch* ziehn vor ihm her
Über Berg und Tal als Herolde.
Erragul reißt die Stöpsel heraus,
Es eilt *Ninurta* dahin, daß die Dämme brechen!
Die Anunnaki hoben die Fackeln empor . . .
Bestürzt wurde der Himmel um Adads willen,
Der alles Licht in Finsternis verwandelt.«
. . .
»Die Sintflut versetzte die Götter in Schrecken,
Sie flohen und stiegen zum Himmel des Anu hinauf.«

Die genaue Analyse dieser Schilderung läßt wiederum den astronomischen Gehalt erkennen.

»Als der Morgen gerade zu dämmern begann«,

also noch ehe der Ziegenfisch (SUCHUR.MÁSH.KU_6) zusammen mit dem Schiff (MÁ.GUR_8) morgens zum ersten Mal am Osthorizont gesehen wird,

»Stieg eine schwarze Wolke vom Horizont empor,
Adad donnert darin (in der Wolke).«

Adad, der Gott des Sturmes, steigt (in der schwarzen Wolke) vom *Ost*-Horizont bereits empor, während Utnapischtim und sein Boot sich gerade erst anschicken, am Horizont zu erscheinen. Oder anders gesagt: Wenn Ziegenfisch (SUCHUR.MÁSH.KU_6) und Schiff (MÁ.GUR_8) am Horizont sichtbar werden, ist Adad bereits über den Horizont emporgestiegen. Es gibt lediglich zwei Sternbilder, in denen Adad sich offenbart: UGA.(MUSHEN), den »Raben«, und NU.MUSH.DA, die Steppentiere. Der Rabe sinkt beim Morgenerstaufgang von Ziegenfisch (SUCHUR.MÁSH.KU_6) und Schiff (MÁ.GUR_8) zum westlichen Horizont *herab*, ist also hier völlig auszuschließen. Es bleibt allein das Sternbild NU.MUSH.DA für Adad übrig, das tatsächlich über dem östlichen Horizont oberhalb von Utnapischtims Schiff steht (vergleiche Sternkarte).

»Schullat und Chanisch ziehn vor ihm (Adad-NU.MUSH.DA) her.«

Unmittelbar vor, das heißt westlich von NU.MUSH.DA-^{d}Adad stehen gemäß MUL.APIN-Serie (erste Tafel, Kol. II, 25) zwei Einzelsterne mit den Namen ^{d}Shullat und ^{d}Chanish (α und β Trianguli australis). Sie eilen Adad, dem Sturmgott, voraus, weshalb sie

»*vor* ihm her als Herolde über Berg und Tal« ziehen.

Wenn Adad »donnert« und hinter Schullat und Chanisch herhinkt, dann bedeutet dies vordergründig wohl ein Gewitter, von dem der Blitz zuerst sichtbar ist und dann erst der Donner gehört wird. Tatsächlich ist Schullat ein *Licht*-Gott, der in MUL.APIN sogar als ^{d}UD, »Gott des Lichts«, bezeichnet wird.

»Erragal reißt die Stöpsel heraus.
Es eilt Ninurta dahin . . .«

Nördlich vom Gestirn Adads stehen, etwa gleich weit wie dieses vom Osthorizont entfernt, zwei Einzelsterne im Enlil-Weg (vergleiche Sternkarte): ^{d}ÈR.RA.GAL und ^{d}NIN.SAR, der ^{d}NIN.IB (Ninurta) entspricht. Der Dichter faßt zusammen:

»Die Sintflut versetzte die Götter in Schrecken,
Sie flohen und stiegen zum Himmel des Anu hinauf.«

Dies trifft für die genannten Götter buchstäblich zu: Sie entweichen beim Aufgang des Sintflutschiffes (MÁ.GUR$_{8}$) und des Sintfluthelden (SUCHUR.MÁSH.KU$_{6}$) vom Horizont zum »Himmel« hinauf (in Richtung Meridian).

»Die Götter kauern wie ein Hund (UR.KU!) und ducken an der Außenmauer sich.«
»Die Götter sind niedergebeugt und sitzen in Klagen.«

Hiermit wird nochmals eindringlich auf DINGIR.TUSH.A.(MESH), die »sitzenden Götter«, hingewiesen. Sie ducken sich nun an der oberen Mauer des Anu-Weges, im Enlil-Weg hockend wie UR.KU, der »sitzende Hund« (vergleiche Sternkarte). Schließlich legt sich der Sturm, die Sintflut ist vorbei, das Schiff bleibt am Berg Niṣir haften, und Utnapischtim läßt (nacheinander) eine Taube, eine Schwalbe und einen Raben fliegen. Eine Taube aber gibt es am chaldäischen Fixsternhimmel überhaupt nicht. Und der Rabe (UGA.(MUSHEN)) steht in einer ganz anderen Himmelsregion, hat also hier keine astronomische Berechtigung. Einzig die Schwalbe ist astronomischen Ursprungs. Sie entspricht dem Sternbild SIM.MACH, dem »Schwalben«-Gestirn (Abbildung 32).

In dem Sintflutbericht der biblischen Genesis kommt die astronomische Schwalbe (SIM.MACH) bezeichnenderweise gar nicht vor, wohl aber die völlig unastronomische Taube und der Rabe:

»Und Noah öffnete das Fenster der Arche, das er gemacht hatte, und ließ den *Raben* hinaus.
Und der flog aus, hin und her, bis das Wasser von der Erde vertrocknet war.
Und er ließ die *Taube* von sich hinaus, um zu sehen, ob die Wasser weniger geworden seien auf dem Erdboden.
Aber die *Taube* fand keinen Ruheplatz für ihren Fuß und kehrte zu ihm in die Arche zurück; denn es war (noch) Wasser auf der Oberfläche der ganzen Erde; da streckte er seine Hand aus, nahm sie und holte sie zu sich in die Arche.

32 »Quadrat« ((ASH).IKU) und »Schwalbe« (SIM.MACH) am Himmel der Chaldäer erklären, warum die Arche Utnapischtims eine quadratische Grundfläche von einem ikû (14400 Quadratellen) hat und warum der babylonische Sintflutheld außer einer Taube und einem Raben noch eine Schwalbe fliegen läßt. Im Sintflutbericht der Genesis hat die Arche dagegen einen rechteckigen Grundriß, und Noah sendet hier nur eine Taube und einen Raben aus. ASH heißt »ein«, ASH.IKU also wörtlich: »ein ikû«.

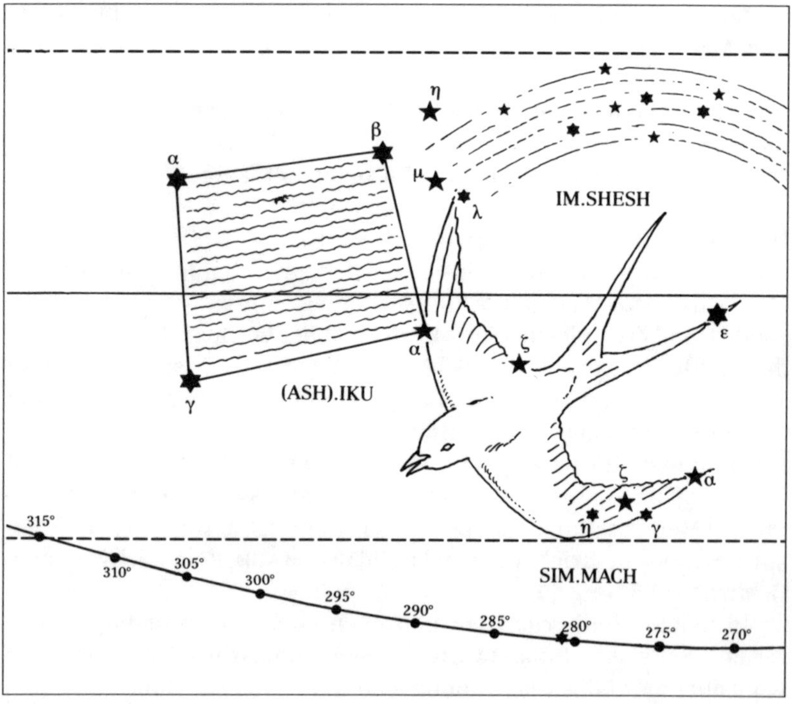

Und er wartete noch sieben weitere Tage, dann ließ er die *Taube* noch einmal aus der Arche.
Und die *Taube* kam um die Abendzeit zu ihm (zurück), und siehe, ein frisches Olivenblatt war in ihrem Schnabel. Da erkannte Noah, daß die Wasser auf der Erde weniger geworden waren.
Und er wartete noch weitere sieben Tage und ließ die *Taube* hinaus; da kehrte sie nicht mehr wieder zu ihm zurück.« (Genesis 8, 6–12)

Offensichtlich gehörte die Aussendung des Raben und der Taube im 24. Jahrhundert v. Chr. bereits zum festen Bestand der Sintflutgeschichte, so daß der Dichter des Gilgamesch-Epos sie als allbekannt erwähnen mußte, obwohl Rabe und Taube astronomisch nicht realisierbar sind! Andererseits mußte die Schwalbe (SIM.MACH) aus astronomischem Grund nachträglich (!) in die Sintfluterzählung des Epos integriert werden, wie ja auch die Würfelform der Arche lediglich durch das Sternbild (ASH).IKU, das heutige Pegasus-Quadrat, bedingt ist.

Selbstverständlich fehlt in der Bibel auch die astronomische Beschreibung des Aufsteigens der Sternbilder Adads, Schullats und Chanischs vom Horizont, und auch der Stern Erragals wird nicht erwähnt. Die Bibel berichtet uns das Sintflut-Ereignis ohne allen sekundären astronomischen Ballast! Wenn der Genesis-Bericht der Sintflut immer genau dort vom Epos abweicht, wo im Epos aus astronomischem Grunde etwas hinzugefügt werden mußte – wie im Falle der Schwalbe (SIM.MACH) – oder verändert werden mußte – wie bei den Maßen der Arche zur Beschreibung des (ASH).IKU –, dann ist es sehr unwahrscheinlich, daß die akkadische Sintfluterzählung die *Vorlage* für den biblischen Bericht gewesen ist, wie es in theologischen Kreisen seit über hundert Jahren immer noch behauptet wird. Vielmehr muß die Sintfluterzählung des Gilgamesch-Epos bereits auf eine ältere Vorlage zurückgehen, die dem biblischen Bericht bis in Details hinein entsprach, im Epos aber aus astronomischen Erwägungen nachträglich verfälscht worden ist.

Das Sternbild SIM.MACH, die Schwalbe, wurde in der zweiten Hälfte des dritten Jahrtausends zum Schwalben-*Fisch* umgedeutet, der im Euphrat ((ÍD) Purattu) schwimmt. In der MUL.APIN-Serie (2340 v. Chr.) ist bereits von zibbati(MESH), den »Schwänzen«, dem späteren DUR nunê, dem »Band der Fische«, die Rede, die als himmlischer *Euphrat* ((ÍD) Purattu) und *Tigris* ((ÍD) Idiglat) keilinschriftlich mehrfach belegt sind. Die Schwalbe ist außerdem auf einem sumerischen Rollsiegel, das astronomischen Inhalts ist, zu sehen (Abbildung 33). Dort ist die Schwalbe deutlich als »gewöhnliche Sturmschwalbe« (Hydrobates pelagicus) dargestellt, für die der fledermausartige Flug mit hängenden Beinen dicht über den Wellen charakteristisch ist.

Mit dem Morgenerstaufgang der Schwalbe (SIM.MACH) überlappt sich auch das auf das himmlische Viereck ((ASH).IKU) folgende Sternbild Anunitum. Anunitum ist uns als Göttin der Geburt in Form der *Aruru* aus der ersten Tafel bekannt. Dort hieß es von ihr:

»Die Hände wusch Aruru sich, kniff *Lehm* sich ab und legt' ihn in die Steppe.
. . . schuf sie Enkidu, den Helden . . .«.

Hier in der elften Tafel heißt es:

»Ischtar schreit wie eine Gebärende,
Die Götterherrin klagt mit lautem Schrei:
›Fürwahr, zu *Lehm* geworden ist die alte Welt,
Nur weil ich Unheil gebot in der Götter Versammlung!
Wie konnt' in der Götter Versammlung ich Unheil gebieten,
Die Schlacht zur Vernichtung (all) meiner Menschen befehlen,
Wenn ich doch selber es war, welche die Menschenkinder *gebar*!
Wie Fischbrut so zahlreich erfüllen nun sie das Meer.‹«

Es kann keinem Zweifel mehr unterliegen, daß der Dichter in beiden Fällen ein und dasselbe Bild beschreibt: Anunitum!

Anunitum-Aruru wird hier ausdrücklich als *Ischtar* bezeichnet! Anunitum ist also (neben ^{d}Erua und AB.SÍN-^{d}Shala) ein drittes Sternbild der Ischtar-Venus. Damit ist übrigens auch bewiesen, daß sich das Aufsteigen Ischtars »auf die Mauer von *Hürden*-Uruk« nach der Tötung des Himmelsstiers auf das Sternbild Anunitum-Aruru am Westhorizont bezieht, wie wir ja aufgrund von Ischtars »Fluch« (aruru-tu) schon vermutet haben.

Auf dem erwähnten sumerischen Rollsiegel (Abbildung 33) ist Anunitum-Aruru deutlich als Ischtar zu erkennen, wie sie noch in neuassyrischer Zeit dargestellt wird. Anunitum wird keilinschriftlich

33 Rollsiegel des Schreibers Adda aus dem 24. Jahrhundert v. Chr.; British Museum, London (Nr. 89115). Dargestellt sind (von rechts nach links): der januskoöpfige Noah-Utnapischtim, der in zwei Welten lebte, der Welt vor der Sintflut und der nach der Sintflut; GU.LA, das Sternbild EN.KI-Eas, des Herrn und Repräsentanten der Erde, aus deren Innerem Quellen entspringen, die sich zu Flüssen ergießen; die Sturmschwalbe (SIM.MACH); etwas unterhalb der Sonnengott, der in seiner Linken den Schlüssel hält, mit dem er alle sechs »Tore« auf dem »Weg der Sonne« am Himmel aufzuschließen vermag; Anunitum, das Sternbild der Ischtar-Aruru, neben ihr der kishkanu-Baum bzw. chuluppu-Baum, der zum Sternbild Enkidus ((LÚ).CHUN.GÁ) wurde; Gilgamesch (SIPA.ZI.AN.NA) mit seinem Bogen (BAN); die Lanze (KAK.SI.SÁ); der Löwe (UR.GU.LA).

auch mit dem Tigris verglichen, wie die Schwalbe (SIM.MACH) den Euphrat darstellt. Der zuletzt aufgehende Teil dieser beiden quasi als ein einziges Sternbild aufzufassenden Gestirne ist der Schnittpunkt der »Schwänze«, der die *Mündung* von »Euphrat« und »Tigris« in den Persischen Golf versinnbildlichen soll, in welchem auch der (Meeres-)Fisch KU$_6$ ^{d}Ea schwimmt (vergleiche Sternkarte). Deshalb wird Utnapischtim nach der Sintflut zu den Göttern an die »Mündung der Ströme« entrückt:

»›Wohnen soll Utnapischtim fern an der Mündung der Ströme!‹
Da nahmen sie (die Götter) mich und ließen fern an der Mündung der Ströme mich wohnen.«

Vom Capricornus nach Uruk zurück – Das Ende des Liedes

Nun weiß Gilgamesch endlich, wie Utnapischtim in die Versammlung der Götter trat. Er selbst jedoch steht immer noch auf der Ekliptik vor dem Ziegenfisch (Utnapischtim). Ihm bleibt also nichts anderes übrig, als die soeben geschilderten Stationen seinerseits zu durchlaufen in der Hoffnung, schließlich wie Utnapischtim ewiges Leben zu erlangen.

Den Auftakt bilden wieder die vollzählig über dem Horizont versammelten sitzenden Götter (DINGIR.TUSH.A.(MESH)):

»Doch wer wird zu *dir* nun die Götter versammeln,
Damit du das Leben auch findest, nach welchem du strebst?«

Es folgt das Sternbild (LÚ).ÚSH, der »Leichnam«, dieses Mal selbstverständlich nicht auf Utnapischtim, sondern auf Gilgamesch bezogen, wobei im Text des Epos das Zeichen ÚSH wieder ausfällt und LÚ (amēlu) übrigbleibt:

»Schau nur den kräftigen Menschen (LÚ) dir an, der nach dem Leben verlangt,
Der Schlaf weht ihn wie Nebel an.«
»Rühr ihn an, daß erwache der Mensch (LÚ)!«
»Da erwachte der Mensch (LÚ)«.
»Der Mensch (LÚ), den du hierher geführt hast . . .«

Gilgamesch wird hier ganz in seiner Hinfälligkeit, als sterblicher Mensch gezeichnet. Zu beachten ist, daß Gilgameschs Haus (SIPA.ZI-.AN.NA) völlig unter den Horizont gesunken ist, seit er als Planet Merkur mit Urschanabi an die Wasser des Todes gelangte. Sein Haus (SIPA.ZI.AN.NA), seine sterbliche Behausung, sein Leib, befindet sich seitdem also völlig im Totenreich. Dies gibt Gilgamesch auch unumwunden zu, als er aus seinem tiefen »Schlaf« erwacht:

»Gilgamesch sprach zu Utnapischtim, dem Entrückten:
›Was soll ich machen, o Utnapischtim, wo soll ich hingeh'n:
Er, der (des Lebens) beraubt, hat meine Glieder schon lange gepackt!
Im Hause (bitu!) meines Ruhlagers wohnet der Tod.
Und Tod ist, wohin ich auch gehe!‹«

Um des Fortgangs der Handlung willen darf Gilgamesch natürlich nicht völlig sterben; als Zweidrittelgott kann er die Unterwelt (fast) unbeschadet passieren!

Da Gilgamesch gleichzeitig mitten durch den Ziegenfisch (SUCHUR.MÁSH.KU_6) auf der Ekliptik hindurchwandert, muß neben dem Leichnam ((LÚ).ÚSH) auch der Ziegenfisch erwähnt werden. Der Dichter läßt nicht nur Utnapischtim, sondern auch die Gattin des »Ziegenfisches« auftreten, um wie im Falle des GÍR.TAB (Skorpionmenschenpaar) und DAR.LUGAL (Lugalbanda und NIN.SUN) dem Sternbild Gewicht zu verleihen.

Mit dem Ziegenfisch steigt das Sintflutschiff MÁ.GUR_8 immer weiter über dem Horizont empor; folglich erhält der Schiffer Urschanabi vom Ziegenfisch (Utnapischtim) die längst fällige Rüge dafür, daß er verbotenerweise Gilgamesch über die Wasser des Todes gefahren hat, die den Wassern der Sintflut entsprechen. Sodann muß Urschanabi seinen Gast Gilgamesch »zum Waschort« bringen! Dabei bietet sich für den Dichter die Gelegenheit, das Sternbild (LÚ).ÚSH, welches bisher unter LÚ (amēlu) lief, nochmals nachdrücklich zu erwähnen:

Die akkadische Entsprechung zu (LÚ).ÚSH ist pagru, »Leib«, und vom Leib des Gilgamesch ist nunmehr die Rede:

»Der Mensch (LÚ), den du hierher geführt hast, ist von Schmutz bedeckt an seinem Leib (pagru).«

Hier werden LÚ und pagru ((LÚ).ÚSH) in einer Zeile zusammen genannt, woraus noch nachträglich die Identität des LÚ mit (LÚ).ÚSH (pagru) hervorgeht.

»Er (Gilgamesch) wusch von seinem Schmutz sich rein wie Schnee mit Wasser,
Seine Felle warf er ab, das Meer trug sie davon, und
Sichtbar ward sein schöner (Himmels-)Körper (zumru).«*

Astronomisch: Gilgamesch ist als Planet Merkur aus den Strahlen der Sonne herausgetreten und wieder sichtbar geworden! Inzwischen ist der Ziegenfisch ganz über den Horizont getreten: Gilgamesch-Merkur muß von ihm Abschied nehmen!

* Wie bei Enkidu-Mond der »Leib« (pagru), nämlich sein Sternbild (LÚ).CHUN.GÁ, von seinem (Himmels-)Körper (zumru) unterschieden wurde, so wird auch hier bei Gilgamesch-Merkur der »Leib« (SIPA.ZI.AN.NA) vom (Himmels-)Körper (Merkur) unterschieden!

»Gilgamesch und Urschanabi bestiegen das Schiff.
Sie stießen das Schiff ab vom Strand und glitten dahin.«

Da hat Utnapischtims Frau Mitleid mit Gilgamesch und bittet ihren Mann, den enttäuschten Gilgamesch nicht ganz leer in die Heimat zurückkehren zu lassen. Als Gilgamesch die Worte der Frau vernahm, ergriff er die Schiffsstange und »brachte das Schiff wieder ans Ufer heran«. Das Schiff (MÁ.GUR$_8$) bleibt natürlich hinter Gilgamesch-Merkur zurück! Deshalb wird es hier zwar noch einmal erwähnt, aber Gilgamesch muß es bei Utnapischtim zurücklassen!

Utnapischtim verrät Gilgamesch-Merkur nunmehr, wo er die Verjüngungspflanze finden kann, die ihn wieder jung macht, wenn er sie ißt. Kaum hat Utnapischtim das Geheimnis preisgegeben, taucht Gilgamesch schon zum Apsu (Abgrund), zum Apsu des GU.LA ^{d}Ea, der dem Ziegenfisch unmittelbar benachbart ist (siehe Abbildung 31).

Gilgamesch findet das Verjüngungsgewächs und wird von der Strömung »ans Ufer« geworfen, zwanzig Doppelstunden weit von Utnapischtim entfernt.

Das »Schiff« (MÁ.GUR$_8$) hat ja Gilgamesch bei Utnapischtim zurückgelassen; deshalb muß er von nun an auf der Ekliptik (immer noch im Ea-Weg) zu Fuß nach Uruk gehen. Da geschieht etwas Unerwartetes:

»Einen Brunnen mit kühlem Wasser sah Gilgamesch,
Stieg *hinunter*, sich mit dem Wasser zu waschen.
Den Duft der Pflanze roch eine Schlange (MUSH).
Sie kam *herauf* und stahl ihm die Pflanze.
Als sie zurückkehrte, warf sie die Haut ab.«

Zum Verständnis dieser und der folgenden Zeilen müssen wir beachten, daß sie eingerahmt werden von der stereotypen Formel:

»Nach zwanzig Doppelstunden brachen sie sich einen Bissen ab (vom Brot),
Nach dreißig Doppelstunden ließen sie zur Abendrast sich nieder.«

Diese Wendung ist uns aus der vierten Tafel vertraut. Sie bedeutet, daß die jeweiligen Ereignisse sich am *West*-Horizont, beim Untergang der Sonne abspielen. Gilgamesch-Merkur steht (nachdem er den Ziegenfisch verlassen und soeben aus dem Apsu des GULA ^{d}Ea das Verjüngungsgewächs geholt hat) auf der Ekliptik kurz nach dem Wintersonnenwendepunkt im Ea-Weg nahe bei der Sonne.

Während er am abendlichen Westhorizont hinabsteigt (»stieg hinunter«), um sich in dem Brunnen zu waschen, kommt am Osthorizont das Sternbild der Schlange (MUSH) herauf (»sie kam herauf«) und stiehlt ihm das Gewächs, das die Häutung der Schlange bewirkt.

Die Tafel schließt mit der Ankunft in »Hürden-Uruk«, also im Anu-Weg, in den Gilgamesch-Merkur, vom Ea-Weg kommend, auf der Ekliptik bei $\lambda = 315°$ eintritt.

»Als sie nach Hürden-Uruk hineinkamen,
Da sagte Gilgamesch zu Urschanabi, dem Schiffer:
›Steh auf und geh entlang an Uruks Mauer, Urschanabi!
Besieh das Fundament! Prüf doch die Ziegel: Sind ihre Ziegel nicht gebrannt,
Ward nicht ihr Grundriß weise festgelegt durch sieben Maße?‹«

Diese Aufforderung ist die wortwörtliche Wiederholung aus der Einleitung der ersten Tafel. Gilgamesch-Merkur ist, nachdem er die Ekliptik durchlaufen hat, wieder nach Hürden-Uruk im Anu-Weg zurückgekehrt!

3 COSMOGRAPHIA CHALDAICA – EINTRITT INS CHALDÄISCHE WELTGEBÄUDE

SECHS TORE UND EIN DATUM

Unsere Untersuchung hat bisher ergeben, daß das Gilgamesch-Epos astronomisch gedeutet werden muß: Die Episoden folgen in der Reihenfolge der Sternbilder, in denen sich Gilgamesch-Merkur und Enkidu-Mond auf ihrer Bahn entlang der Ekliptik jeweils befinden. Der gleichzeitige Verweis auf Sternbilder am Westhorizont erleichtert neben einer Wiederholung von Floskeln die Bestimmung der betreffenden Sternbilder im Aufgang und sichert allgemein die Identifikation von Sternbildern doppelt ab. Ein derart feines Raster von Sternbildern reagiert natürlich gegen jede Verschiebung äußerst empfindlich: Da sich die Lage der Sternbilder relativ zum Horizont und zu den Kardinalpunkten der Ekliptik infolge der sogenannten Luni-Solar-Präzession allmählich ändert, kann die im Epos festgelegte »Konstellation« nur zu einem bestimmten Zeitpunkt gültig sein. Daraus ergibt sich zwangsläufig ein Kriterium für die Datierung des Epos.

Wir haben bei unseren Erörterungen als Zeitraum, auf den sich das Epos astronomisch bezieht, 2340 v. Chr. vorausgesetzt, also die Zeit, für die auch die Angaben der Serie MUL.APIN gültig sind, so daß wir insbesondere die Daten der Morgenerstaufgänge von Sternen aus MUL.APIN einfach auf das Epos übertragen konnten. Nun will ich beweisen, daß sich das Epos tatsächlich auf die Epoche 2340 v. Chr. bezieht.

Eine Datierung des Epos aufgrund der jährlichen Auf- und Untergänge von Sternen ist nicht möglich, da im Epos keine Monats- geschweige denn Tagesangaben im Sonnenjahr gemacht werden. Das Epos gibt uns jedoch von den Sternphasen völlig unabhängige Kriterien an die Hand, welche exakt die dem Epos zugrundeliegende Zeit und darüber hinaus noch die dem Epos innewohnende Kosmologie zu ergründen gestatten. Wenn das Epos insgesamt astronomisch zu deuten ist, so müssen unter anderem die mehrfach erwähnten »Tore« ebenfalls astral gedeutet werden. Als eindeutig astronomischer Terminus kommen die »Tore« bekanntlich im babylonischen Weltschöpfungsepos »Enuma Elisch« vor. In dessen fünfter Tafel wird beschrieben, wie Marduk, der zum obersten Gott Babylons erkoren wurde, die Fixsterne, Sonne, Mond und Planeten am Himmel erstrahlen läßt. In Zeile neun der fünften Tafel heißt es von Marduk:

»ip-te-ma abullê (KÁ.GAL.(MESH)) ina ṣi-li ki-lal-la-an«,
»Er öffnete Tore an beiden Seiten«;

die beiden Seiten werden in einem Kommentar (Cuneiform Texts 26) als *Ostpunkt* und *Westpunkt* erklärt. Daß es sich nicht um Türen auf der Erde, auch nicht allgemein um Türen am Ost- und Westhorizont handelt, geht aus dem Zusammenhang unmittelbar hervor.

Die verbreitete Meinung, wonach die Tore Öffnungen am Horizont seien, durch welche die Sonne *täglich* bei Sonnenaufgang und Sonnenuntergang ein- und austrete, scheitert an den elementarsten astronomischen Tatsachen: Der Aufgangs- und Untergangsort der Sonne am Horizont von Babylon variiert im Jahr um jeweils etwa 58°, das heißt, diese Tore würden zusammen fast ein Drittel des gesamten Horizontes einnehmen (etwa 116°). Jedes dieser Tore wäre demnach 116mal so groß (breit) wie der (scheinbare) Durchmesser der Sonne (½°). Diese Interpretation der Tore verliert damit ihre Berechtigung. Vielmehr sind die an der Fixsternsphäre verankert. Wo aber befinden sich an der Sphäre Ost- und Westpunkt? Von der Beantwortung dieser Frage hängt offensichtlich die Identifikation der Tore des »Enuma Elisch« ab. Der in der zweiten Tafel der MUL.APIN-Serie genannte äußerst wichtige Text zur Bestimmung der Haupthimmelsrichtungen, auf den wir im Teil 7 des Buches noch näher eingehen werden, verknüpft Ost- und Westpunkt des Horizontes mit dem Frühlings- und Herbstpunkt, das heißt: Als astronomischer Ostpunkt an der Sphäre gilt der Frühlingspunkt der Ekliptik, als astronomischer Westpunkt der Herbstpunkt der Ekliptik, woraus sich ohne weiteres Sommer- und Wintersonnenwendepunkt als astronomischer Norden und Süden auf der Ekliptik ergeben.

Die beiden Schnittpunkte der Ekliptik mit dem Äquator sind somit als absoluter Ost- und Westpunkt an der Sphäre definiert. Hier sind die beiden Tore des »Enuma Elisch« zu lokalisieren. An diesen markanten Punkten der Ekliptik müssen wir auch im Gilgamesch-Epos Tore finden; denn es handelt sich hier offenbar um eine fundamentale kosmologische Vorstellung.

Nicht zu übersehen ist in der neunten Tafel des Gilgamesch-Epos das Bergtor, an dem die Skorpionmenschen Wache halten. Gilgamesch steht an dieser Stelle des Epos vor dem Skorpion (GÍR.TAB), genauer: vor dessen erstem, westlichstem Stern β Scorpii. Hier tritt Gilgamesch »auf dem Wege des Schamasch«, auf der Ekliptik, ins Bergtor ein.

Ein weiteres »Tor« wird im Epos in der zweiten Tafel genannt, als Enkidu und Gilgamesch einander begegnen, miteinander ringen und »wie Stiere« in die Knie gehen. Der Ort des Zweikampfes auf der Ekliptik ließ sich eindeutig bestimmen: Die beiden Helden stehen zu jenem Zeitpunkt im Sternbild Stier (GU_4.AN.NA) auf der Höhe von η Tauri, dem Hauptstern in der Plejadenähre, die »kiṣru sha [(d)]Anim« genannt wird. Hier, bei η Tauri, befindet sich das »Tor«, das Enkidu mit dem Fuß sperrt und dessen »Pfosten« die beiden zerschmettern. Wir haben damit zwei Tore auf der Ekliptik bestimmen können: das Bergtor bei β Scorpii und das Tor bei η Tauri.

In dem erwähnten Text aus der zweiten Tafel der MUL.APIN-Serie werden β Scorpii und η Tauri als Orientierungssterne für den West- und Ostpunkt angegeben, woraus sich ein Datum vor 2300 v. Chr. ergibt, zu dem diese Sterne die beiden Schnittpunkte mit dem Himmelsäquator markieren. *Wenn* die beiden Tore im Gilgamesch-Epos mit den Toren aus dem babylonischen Weltschöpfungsepos »Enuma Elisch« identisch sind, sich also ebenfalls an den beiden Schnittpunkten der Ekliptik mit dem Äquator befinden, dann folgt daraus, daß sich die beiden Episoden der zweiten und neunten Tafel des Gilgamesch-Epos auf eine Zeit *vor* 2300 v. Chr. beziehen*.

Neben Frühlings- und Herbstpunkt sind Sommer- und Wintersonnenwendepunkt, die Umkehrpunkte der Sonne, zwei weitere Kardinalpunkte der Ekliptik. Hat der Dichter die beiden Punkte der Ekliptik, in denen die Sonne zur Zeit der Tagundnachtgleichen steht, in Form der beiden Tore im Epos erwähnt, so wird er auch die beiden

* Beachte: Infolge der Präzession (siehe Kapitel 7) wandern η Tauri und β Scorpii entlang der Ekliptik relativ zum Frühlingspunkt und Herbstpunkt etwa alle 72 Jahre um 1° weiter in östlicher Richtung.

Umkehrpunkte der Wandelsterne auf der Ekliptik beschrieben haben. Tatsächlich kehrt Gilgamesch im ganzen Epos nur an zwei Stellen um: am Anfang der sechsten Tafel und gegen Ende der elften Tafel. Zu Beginn der sechsten Tafel kehrt er, nachdem Enkidu das Haupt des Chumbaba (UR.GU.LA) abgeschlagen hat, als »König« nach Uruk zurück. Auf dieses Ereignis spielten auch die Ältesten an, als sie Enkidu sagten:

»Kehrst du (Enkidu) zurück, bring uns den König (Gilgamesch) wieder!«

Wir sahen, daß Gilgameschs *Umkehr* vom Zedernwald als »König« mit dem »Königs«-Stern *LUGAL* verknüpft ist, das heißt, mit einem einzelnen Ekliptikstern, α Leonis (Regulus) in der Brust des Löwen. Wir brauchen nun nur noch zu bestimmen, zu welcher Zeit α Leonis am Umkehrpunkt stand. Es ergibt sich 2340 v. Chr. Damals stand α Leonis genau im Sommersonnenwendepunkt ($\lambda = 90°$).

Die Umkehr nach Uruk (im Anu-Weg) *muß* zudem im Sommersonnenwendepunkt der Ekliptik stattfinden, weil die parallel zum Äquator verlaufende obere Grenze des Anu-Weges (also der Stadt Uruk) von diesem Wendepunkt gleich weit entfernt ist. Das heißt: Gilgamesch hat als Planet Merkur bei $\lambda = 45°$ Uruk an der oberen Anu-Weggrenze verlassen, wandert dann im Enlil-Weg und tritt bei $\lambda = 135°$ wieder bei der oberen Anu-Weggrenze auf der Ekliptik, vom Enlil-Weg kommend, in den Anu-Weg ein. Auf der *Mitte* des Ekliptikbogens im Enlil-Weg zwischen diesen beiden Punkten, nämlich bei $\lambda = 90°$, also im Sommersonnenwendepunkt, ist er am weitesten vom Anu-Weg entfernt und nähert sich von da ab wieder dem Anu-Weg, mit welchem Uruk im Epos gleichgesetzt wird. Der zweite Umkehrpunkt wird in der elften Tafel unmißverständlich hervorgehoben. Gilgamesch hat bei Utnapischtim (SUCHUR.MÁSH.KU_6) das Leben, das er suchte, nicht finden können, und steigt, sichtlich enttäuscht, mit Urschanabi ins Schiff, um Utnapischtim wieder zu verlassen. Da empfindet die Gattin Utnapischtims Mitleid mit Gilgamesch und spricht zu Utnapischtim:

»Hierher kam Gilgamesch, erschöpft und völlig abgespannt.
Was gibst du ihm, womit er wieder in sein Land zurückkehrt?«

Gilgamesch bringt daraufhin »das Schiff (MÁ.GUR$_8$) wieder an das Ufer heran«, um es dort endgültig zu lassen, während Utnapischtim ihm »ein Verborgenes« enthüllt, beginnend mit den Worten:

»O Gilgamesch, du kamst hierher, erschöpft und völlig abgespannt. Was geb' ich dir, womit du wieder in dein Land zurückkehrst?«

Gilgamesch kehrt folglich in dem Augenblick um, in dem er Utnapischtim (SUCHUR.MÁSH.KU$_6$) verläßt. Gilgamesch-Merkur, der auf der Ekliptik von Westen nach Osten wandert, verläßt den Ziegenfisch (SUCHUR.MÁSH.KU$_6$) bei dessen letztem, das heißt östlichstem Stern. Der östlichste Stern des Ziegenfisches (SUCHUR.MÁSH.KU$_6$) ist gemäß MUL.APIN-Serie der ekliptiknahe Stern ι Aquarii. Er steht 2340 v. Chr. bei 269°, also unmittelbar am Wintersonnenwendepunkt (270°). Der Wintersonnenwendepunkt der Ekliptik *muß* auch der Umkehrpunkt Gilgameschs sein, weil er sich von da ab wieder der unteren Anu-Weg-Grenze vom Ea-Weg her nähert. Wir haben nun aus den Umkehrpunkten eindeutig die entsprechende Zeit (2340 v. Chr.) gefunden!

2340 v. Chr. stehen aber die Sterne η Tauri und β Scorpii am *Frühlings-* und *Herbstpunkt* der Ekliptik. Folglich befinden sich die beiden »Tore« (bei η Tauri und β Scorpii) ebenfalls im Frühlings- und Herbstpunkt der Ekliptik, also genau dort, wo sie gemäß dem Weltschöpfungsepos »Enuma Elisch« auch stehen sollen.

Durch die vier Kardinalpunkte der Ekliptik (die beiden »Tore« und die beiden Umkehrpunkte) wird das Gilgamesch-Epos um 2340 v. Chr. eindeutig an der Sphäre verankert!

Außer den beiden »Toren« an den Schnittpunkten der Ekliptik mit dem Himmelsäquator werden jedoch noch vier weitere »Tore« genannt.

Kehren wir noch einmal zur fünften Tafel des »Enuma Elisch« zurück. Dort wird in der Zeile, die der Erwähnung der »Tore« vorausgeht, beschrieben, wie Marduk die Standorte von Enlil und Ea (Variante: Anu) festsetzt. Die hier ganz offensichtlich gemeinten »Wege« des Enlil, des Anu und des Ea (vergleiche Abbildung 50) sind Parallelstreifen zum Äquator und gehören zum festen Grundkonzept babylonischer Kosmologie. Auch in der ersten Tafel der MUL.APIN-Serie sind die Sterne auf die drei »Wege« (Enlil-, Anu- und Ea-Weg) verteilt.

In der zweiten Tafel der MUL.APIN-Serie findet sich neben einer Einteilung des Jahres aufgrund der Kardinalpunkte, also nach den uns geläufigen astronomischen Jahreszeiten, eine weitere aufgrund des Verweilens der Sonne in den drei »Wegen« (siehe Kapitel 7). Hierdurch ergeben sich neben den beiden Schnittpunkten mit dem Äquator vier weitere ausgezeichnete Punkte der Ekliptik an den Schnittpunkten mit den Grenzen des Anu-Weges bei $\lambda = 45°$, $\lambda = 135°$, $\lambda = 225°$, $\lambda = 315°$ (vergleiche Abbildung 50 und die Sternkarte).

An diesen Schnittpunkten geht die Sonne vom Anu- in den Enlil-Weg und umgekehrt sowie vom Anu- in den Ea-Weg und umgekehrt über, so daß sich das Bild von »Türen« oder »Toren« geradezu anbietet. Diese »Tore« sind empfindliche Indikatoren, die unsere Datierung bestätigen oder widerlegen müssen.

In der dritten Tafel des Gilgamesch-Epos ist das »Stadttor (abullu) Uruks mit den sieben Riegeln« erwähnt, zu dem die Bürgerschaft sich schart, um Gilgamesch und Enkidu ein letztes Mal vor ihrem Aufbruch zum Zedernwald zuzujubeln, während die Ältesten gute Ratschläge erteilen.

Sobald die beiden Helden Uruk verlassen haben, befinden sie sich auf der Ekliptik im *Enlil*-Weg bei den Großen und Kleinen Zwillingen, wie gezeigt wurde, während sie sich vorher im *Anu*-Weg in Uruk aufhielten. Die beiden Zwillingsgestirne des Enlil-Weges stehen 2340 v. Chr. am Schnittpunkt der Ekliptik mit der oberen Anu-Weggrenze im Enlil-Weg (bei $\lambda = 45°$). Der Schnittpunkt selbst muß dann zwangsläufig das Stadttor sein, durch das die beiden Helden zum Zedernberg aufbrachen.

Am Anfang der zehnten Tafel kommt Gilgamesch-Merkur im Sternbild des Jägers (PA.BIL.SAG) auf die Schenkin Siduri-Ischchara (tâmtim) zu, der er dann ja auch seine »Jagd«-Abenteuer erzählt. Als Siduri ihn sah,

». . . verriegelte das *Tor* sie.
Verriegelte ihr *Tor*, verriegelte den Riegel.«

Gilgamesch antwortet darauf:

»Was sahst du, Schenkin, daß dein *Tor* du hast verriegelt?
Dein *Tor* verriegelt, verriegelt deinen Riegel?
Einschlagen werd' ich deine *Türe*, den Riegel dir zerbrechen!«

Das Tor Siduris ist einerseits im Bereich des Jägers PA.BIL.SAG, andererseits an der Milchstraße (dem Edelsteingarten) zu lokalisieren. Siduri selbst gehört noch zum Sternbild des Skorpions (GÍR.TAB). Sie steht *vor* (westlich von) ihrem »Tor«. Sie spricht mit Gilgamesch demnach nicht durch das verschlossene Tor hindurch, sondern steht mit ihm (im Anu-Weg) *davor*. Ihr »Tor« ist eindeutig ›im‹ Sternbild PA.BIL.SAG. Als dritte einschränkende Bedingung gilt, daß sich Gilgamesch-Merkur noch *vor* Urschanabi und dessen Schiff (MÁ.GUR$_8$) befinden muß. Das entspricht 2340 v. Chr. dem Schnittpunkt der Ekliptik mit der unteren Anu-Weggrenze. An dieser Stelle tritt Gilgamesch auf der Ekliptik vom Anu-Weg in den Ea-Weg über. Dieses Tor Siduris befindet sich auf der Ekliptik genau gegenüber dem »Stadttor« von Uruk; das heißt, wenn Gilgamesch am Osthorizont beim Tor Siduris anlangt, steht gleichzeitig das Stadttor, aus dem er einst auszog, am Westhorizont. Das Stadttor Uruks ist in der dritten Tafel als Tor »mit den sieben Riegeln« erwähnt worden. Wenn darum auch das Tor Siduris so aufwendig »verriegelt« ist, dann will der Dichter, dem der astronomische Sachverhalt bekannt ist, folgerichtig auf das Stadttor von Uruk am Westhorizont verweisen. Hierdurch wird andererseits die Identifikation und Lokalisation des Stadttores von Uruk gestützt und das Datum 2340 v. Chr. bestätigt.

Es bleiben noch die »Tore« bei $\lambda = 135°$ und $\lambda = 315°$, das heißt, die Übergangsstellen auf der Ekliptik vom Enlil- in den Anu-Weg und vom Ea- in den Anu-Weg nach Uruk zurück.

Das »Tor« bei $\lambda = 135°$ steht 2340 v. Chr. genau zwischen den Sternbildern ^{d}Erua (im Enlil-Weg) und AB.SÍN (im Anu-Weg). Beide Gestirne haben wir mit Ischtar identifizieren können, die in der sechsten Tafel des Epos zunächst als ^{d}Erua mit der Dattelrispe (sisinnu) im Enlil-Weg, dann als AB.SÍN mit der Kornähre (shubultum) im Anu-Weg erscheint. Wenn unsere Datierung des Epos auf 2340 v. Chr. stimmt, dann muß genau an der Nahtstelle zwischen den Beschreibungen beider »Jungfrauen« im Epos ein Tor geschildert werden. Exakt an der geforderten Stelle, in den Zeilen 96 bis 99 der sechsten Tafel, wird auf dieses Tor verwiesen. Ischtar droht ihrem Vater Anu:

»Gibst du mir aber nicht den Himmelsstier,
Dann schlag' ich deine Türe ein,
Zerbreche den Riegel und lasse das Tor weit offenstehn«.

Da die Tafel an dieser Stelle zerbrochen ist, mußten die Zeilen sinngemäß ergänzt werden. Klar ist nur, daß hier von einem »Tor« die Rede ist. Die Zeilen klingen jedoch an die Drohworte Ischtars in dem Mythos von Ischtars Unterweltsfahrt an, auf den wir sehr bald ausführlich eingehen werden, so daß ich im Einklang mit bisherigen wissenschaftlichen Übersetzern des Epos diese Zeilen entsprechend jenem Mythos ergänzt habe. Die Türe, die Ischtar hier im Epos zu zerschlagen droht, ist natürlich das Tor an der Grenze vom Enlil- zum Anu-Weg und nicht, wie in jenem Mythos, das Tor zur Unterwelt.

Als letztes Tor bleibt noch die Übergangsstelle auf der Ekliptik vom Ea- in den Anu-Weg bei $\lambda = 315\,°$, also das Tor an der unteren Anu-Weggrenze, durch das Gilgamesch-Merkur schließlich wieder in Hürden-Uruk einkehrt. Auf dieses Tor nimmt Utnapischtims Frau in der elften Tafel Bezug mit den Worten:

»In Frieden kehr er (Gilgamesch) auf der Straße, die er ging, zurück!
Durchs Tor (abullu), von dem er ausging*, mög in sein Land zurück er kehren!«

Für Gilgamesch-Merkur, der auf der Ekliptik von Westen nach Osten in Sonnennähe wandert, heißt Umkehr und Rückkehr *nicht*, wie wir wissen, daß er denselben Weg entlang der Ekliptik in umgekehrter Richtung zurückliefe. Dies erklärt – was sonst nicht verständlich ist –, daß Gilgamesch auf seinem Weg von Utnapischtim zurück nach Uruk nicht wieder über die Wasser des Todes und über das *Meer* fährt und nicht wieder zu Siduri und zu den Skorpionmenschen gelangt, sondern das Schiff bei Utnapischtim läßt und zu Fuß nach Uruk zurückkehrt, weil er auf der Ekliptik nur in einer Richtung *vorwärts* läuft, von den sogenannten Schleifen abgesehen. Das »Tor«, durch das er nach Hürden-Uruk zurückkehrt, kann nur *vor* ihm, also östlich von ihm auf der Ekliptik liegen. Gilgamesch befindet sich als Planet Merkur an der

* Das heißt: als er zu Beginn des Epos bei $\lambda = 315°$ seinen Lauf als Planet Merkur begann.

Ekliptik ja gerade beim Umkehrpunkt am Ende des Schwanzes von Utnapischtim (SUCHUR.MÁSH.KU_6) bei ι Aquarii. Folglich muß dieses Tor bei $\lambda = 315°$ an der unteren Anu-Weggrenze lokalisiert werden. 2340 v. Chr. liegt dieser Schnittpunkt der Ekliptik mit der unteren Anu-Weggrenze bei dem Stern ζ Piscium. Bevor Gilgamesch nach Hürden-Uruk kommt, schickt er sich zur *Abend*-Rast, das heißt, beim Eintritt durchs »Tor« von Uruk befindet er sich am *West*-Horizont jedenfalls noch *vor* den Sternbildern Anunitum und (LÚ).CHUN.GÁ, so daß sie im Epos auch nicht mehr erwähnt werden.

Wanderer auf drei Wegen

Gilgamesch (-Merkur) läuft in Sonnennähe entlang der Ekliptik auf der »Straße« durch die sogenannten drei »Wege«, den Weg des Anu, des Enlil und des Ea, welche die Sphäre in drei Zonen parallel zum Äquator teilen und sozusagen ein Raster für die Fixsterne bilden.

Es ist nun höchst bemerkenswert, daß das Gilgamesch-Epos auch auf die drei Wege Bezug nimmt. Das Dreiwegekonzept ist aber natürlich ein empfindliches Merkmal für die Datierung; denn aufgrund der astronomischen Präzession, verursacht durch die Kreiselbewegung der Erdachse, ändern sich die Sternpositionen auch relativ zu diesen Wegen im Laufe der Zeit: Sterne, die einmal zum Anu-Weg gehörten, stehen später im Enlil- oder Ea-Weg und umgekehrt. Anhand der Wanderung Gilgameschs durch die drei Wege läßt sich zeigen, wie sehr der Dichter des Epos im 24. Jahrhundert v. Chr. bedacht war, auch den jeweiligen Aufenthalt Gilgameschs in den drei »Wegen zu beschreiben«. Gilgamesch läuft auf der »Straße« entlang der Ekliptik durch drei Wege:

1. *Anu-Weg*
   Das Epos beginnt in Uruk, im Anu-Weg; erwähnt wird die Mauer, die untere Grenze des Anu-Weges. Die großen Götter klagen »Anu« das Leid der Einwohner von Uruk; Aruru-Anunitum schafft Enkidu als »Ebenbild des Anu«. Der »kiṣru sha [(d)]Anim«, das »Gebinde des Anu« (MUL.MUL), wird mehrfach erwähnt.

2. *Enlil-Weg*
Nachdem die beiden Helden das Stadttor Uruks an der Übergangsstelle vom Anu- zum Enlil-Weg (bei $\lambda = 45°$) durchschritten haben, treffen wir sie in der vierten Tafel im Enlil-Weg, angedeutet durch die Zahl Enlils, 50 (»fünfzig Doppelstunden zogen sie pro Tag«) und die Betonung des »Berges«. Auch der Zedernwald Chumbabas liegt im Enlil-Weg, hat doch »die Zeder zu bewahren, *Enlil* ihn (Chumbaba) zum Schrecken für die Sterblichen bestimmt«.

3. *Anu-Weg*
Nach dem Übergangsort vom Enlil-Weg zum Anu-Weg (bei $\lambda = 135°$) sehen wir Ischtar-AB.SÍN von *Anu*, »ihrem Vater«, den Stier des *Anu* (GU_4.AN.NA) fordern, der ebenfalls im *Anu*-Wege steht.

4. *Ea-Weg*
Als Gilgamesch an der Übergangsstelle vom Anu- in den Ea-Weg (bei $\lambda = 225°$) durch das Tor Siduris geschritten ist, trifft er auf Urschanabi, wobei »$^{(d)}$Shanabi« (sumerisch: ^{d}NIMIN), »Zweidrittel«, eine Bezeichnung des Gottes *Ea* ist, dessen Zahl 40 ist, also ²⁄₃ von 60, der Einheit im Sexagesimalsystem der Chaldäer. Es ist Ea, der dann Utnapischtim den Befehl zum Bau des Schiffes ($MÁ.GUR_8$) gibt, das auch im *Ea*-Weg steht; und in der Anspielung auf Sternbilder am abendlichen Osthorizont, während Gilgamesch-Merkur am Westhorizont steht, *fehlt* die Erwähnung von 50 Doppelstunden der vierten Tafel, weil Gilgamesch-Merkur hier nicht im Enlil-, sondern im *Ea*-Weg entlang der Ekliptik wandert. Dann kehrt Gilgamesch durch das Tor (bei $\lambda = 315°$) nach Uruk im Anu-Weg zurück.

Aus unseren Ausführungen folgt, daß sich das gesamte Epos auf die Epoche 2340 v. Chr. bezieht. Auch das Dreiwegekonzept, wie wir es aus der MUL.APIN-Serie, und dem Weltschöpfungsepos »Enuma Elisch« kennen, kommt im Gilgamesch-Epos voll zur Geltung. Es ist ein und dasselbe wissenschaftliche Weltbild, das wir für das dritte Jahrtausend v. Chr. im südlichen Zweistromland nachgewiesen haben.

Von der Galaxis zum Tartaros

Nach den »Toren« wollen wir noch drei weitere im Gilgamesch-Epos vorkommende Schlüsselbegriffe beleuchten, an denen die Unhaltbarkeit der bisher vorgebrachten Meinungen zum Weltbild der Altorientalen besonders deutlich hervortritt.

1. *tâmtum, das himmlische Meer*
   Wie wir gesehen haben, überquert Gilgamesch, nachdem er am Bergtor auf die Skorpionmenschen gestoßen und durch den Edelsteingarten gewandert ist, ein »Meer« (tâmtum), das außer ihm unter anderem auch die Sonne überschreitet. Dieses Meer soll der bisherigen Vorstellung der etablierten Wissenschaft vom angeblich primitiven Weltbild der Babylonier zufolge der Ozean sein, der die scheibenförmige Erde umgibt, und über den die Sonne am Tage hinweggeht und unter den sie am Abend beim Berge des Sonnenuntergangs hinabsinkt. Die astronomische Analyse hat dagegen, wie gezeigt, ergeben, daß der Edelsteingarten die helle Milchstraße mit ihren vielen glitzernden Sternen ist, und daß das Meer sich östlich daran anschließt. Hier steht auch das Schiff (MÁ.GUR8), mit dem Gilgamesch schließlich zum Sintfluthelden gelangt.

2. *Der shupuk shamê*
   Von den Skorpionmenschen heißt es, daß sie oben mit ihrem Kopf an den »shupuk shamê« stoßen. Der »shupuk shamê« galt bisher als der den irdischen Ozean umgebende Ringwall oder Damm, der einerseits – so behauptete man – verhindern sollte, daß das Wasser des Ozeans herausfließen konnte, und andererseits den Himmel von der Erde abgrenzte. Es ist dies also angeblich ein hoher Wall, den man am Ende der Welt, wenn man weit genug auf dem flachen Ozean gefahren war, erreichte, und von dem aus man, wenn man ihn mühsam überstiegen hatte, zum Fundament der Himmelskäseglocke gelangte . . . Astronomisch genauer untersucht, entpuppt sich der »shupuk shamê« als der Himmelsäquator, an den der am Kopf des Skorpions (GÍR.TAB) stehende Stern β Scorpii um 2340 v. Chr. gerade grenzt.

3. *Arallu und der Fährmann im Totenreich*
Von den Skorpionmenschen wird auch gesagt, daß »unten« ihre »Brust an den Arallu heranreicht«. Die Brust des Skorpions (GÍR. TAB) reicht bis zum Stern ε Scorpii hinunter. ε Scorpii steht 2340 v. Chr. aber an der unteren Grenze des Anu-Weges: Die Brust des Skorpions grenzt an den Ea-Weg. Das heißt: ε Scorpii steht an der Grenze zur tiefsten Region des sichtbaren Fixsternhimmels, die der Dichter hier mit dem »Arallu«, einem Teil der Unterwelt, vergleicht. Bei β Scorpii tritt Gilgamesch-Merkur am Bergtor inmitten der Steppe von der nördlichen in die südliche Hemisphäre ein. Hinter dem Tor Siduris beginnt das »*Wasser* des Todes«, nachdem Gilgamesch-Merkur in den Ea-Weg an der unteren Grenze des Anu-Weges eingetreten ist. Merkur fährt mit Urschanabi auf dessen *Schiff* (MÁ.GUR$_8$) durch den Arallu hindurch! Wir sehen deutlich, wie die spätere griechische Vorstellung vom Styx, dem Grenzfluß der Unterwelt, über den die Toten von Charon, dem uralten Fährmann, in einem Kahn hinübergefahren werden, im Gilgamesch-Epos vorgebildet ist (vergleiche Abbildung 34)!

34 Die ägyptische Göttin Selket, die Skorpiongöttin, ist die ägyptische Variante der Siduri. Selket bewachte eines der Tore zur Unterwelt. Auch Siduri bewacht das Tor zum Arallu, einem Teil der Unterwelt, wo sich auch das »Gewässer des Todes« befindet, das bei den Griechen zum Unterweltfluß Styx wurde (nach Lockyer, J. Norman: The Dawn of Astronomy. 1894).

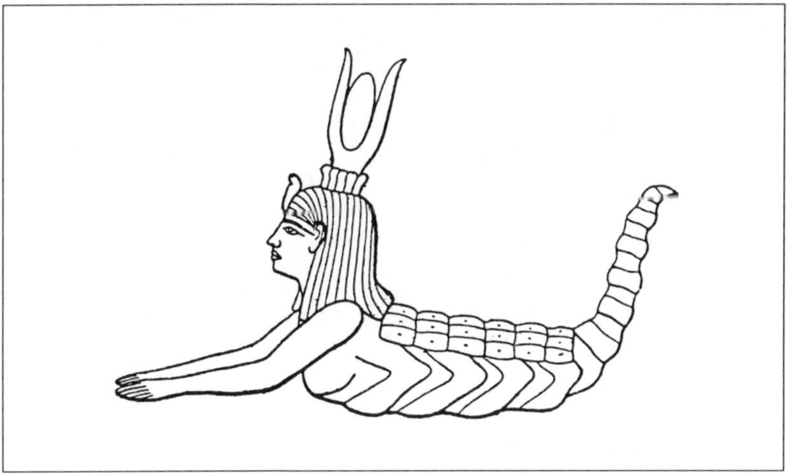

4. *Aus dem Tartaros steigt niemand herauf*
Die Unterwelt der Chaldäer ist also auch am Himmel unterteilt. Der Eingang zur Unterwelt (erṣetu) ist einerseits am Westhorizont, absolut aber an der Fixsternsphäre im Westpunkt der Ekliptik bei dem Stern β Scorpii am Kopf des Skorpions! Hier kommen alle Sterblichen an; hier geht die Seele zur *südlichen* Hemisphäre ein. An der Grenze zum Ea-Weg bei $\lambda = 225°$ (auf der Höhe des Sterns ε Scorpii) im Sternbild des Jägers (PA.BIL.SAG) gelangt die Seele in den Arallu, zu dem auch die »Wasser des Todes« gehören.

Der tiefste Teil der Unterwelt, den die Griechen viel später Tartaros nennen und in den Zeus alle seine Gegner hinunterstürzte, ist offenbar der Teil der Fixsternsphäre, der nie über dem Horizont sichtbar wird, der unterste Teil des Ea-Weges bis zum Südpol hinab. Bezogen auf den Horizont von Babylon, beginnt der Tartaros also bei 57°5 unterhalb des Himmelsäquators. Auch in der Bibel wird übrigens der Tartaros genannt. Im zweiten Kapitel seines zweiten Briefes schreibt der Apostel Petrus, daß Gott die Engel, die (vor der Sintflut) gesündigt hatten, zur Strafe in finstere Höhlen des Tartaros hinabgestürzt und zur Verwahrung für das Gericht bestimmt hat. Die Vorstellung von verschiedenen Räumen in der Unterwelt, »erṣetu«, also innerhalb der *Erde*, ist offenbar ältestes Geistesgut des Menschen und wurde von den Chaldäern nachträglich auch an die Himmelssphäre projiziert.

4 IN DEN TAGEN DES TAMMUZ

Alles Vergängliche ist nur ein Gleichnis.
Johann Wolfgang von Goethe

Wir sind nun unversehens vom gestirnten Himmel in die Gefilde des Mythos und der Religion gelangt. Und das ist auch kein Wunder. Ist doch die Religion der Chaldäer eine *Sternen-* oder *Astralreligion*. Die Astrolatrie, die Verehrung der Sterne, ist das wesentliche Merkmal des chaldäischen Mysterienkultes, der bisher im dunkel bleiben mußte, weil der Himmel der Chaldäer nicht erschlossen war. Auch in der Keilschriftserie MUL.APIN wird jedem Sternbild eine Gottheit zugeordnet. Die Sterngötter der Chaldäer müssen eine ungeheure Faszination auf das Gemüt des altorientalischen Menschen ausgeübt und Dichtung und Kunst zu immer neuen Vorstellungen angeregt haben. Die Verknüpfung der Sterne von Babylon mit den Göttern der Chaldäer im dritten Jahrtausend v. Chr. scheint das schier unbegreifliche Phänomen zu erklären, daß die Sterne der Chaldäer durch die Jahrtausende über Phönizier, Griechen und Araber schließlich auch dem Abendland überliefert wurden und noch heute jeden Sternglobus zieren. So traten die Sterne der Chaldäer seit dem dritten Jahrtausend v. Chr. den Siegeszug durch Orient und Okzident an, und mit den Sternen haben auch die an sie gebundenen Götter der Chaldäer weltweit ihren Einzug gehalten. Freilich oft unter anderem Namen und teilweise entsetzlich entstellt, so daß ihre chaldäische Herkunft manchmal nur schwer zu erkennen ist.

Auf der Suche nach Tammuz!

Eine entscheidende Rolle spielt in der Religion der Chaldäer der Tammuz-Kult, der den gesamten Vorderen Orient überschwemmte und auch bei den Juden Anklang fand. So mußte der Prophet Ezechiel voll Schmerz mit ansehen, wie Frauen am Eingang des Tempels in Jerusalem saßen und den Tammuz beweinten (Ezechiel 8, 14). Und noch Hieronymus zürnt darüber, daß zu seiner Zeit in Bethlehem, dem Geburtsort Jesu, »Tammuz, der Geliebte der Venus« (Thammus, Veneris amasius) beklagt wurde. Der Tammuz-Kult, dessen Wurzeln in die Frühzeit des Menschen zurückreichen, ist uns aus Keilinschriften des dritten Jahrtausends wohlvertraut. Der sumerische Name des Tammuz ist Dumuzi. Er ist der Geliebte und Gatte der Ischtar, die sumerisch Inanna, »Himmelskönigin«, heißt. Sie wurde in Uruk im Tempel É.AN.NA, dem »Haus des Himmels (des Anu)«, verehrt. Ischtar (Inanna), die Göttin von Uruk, wird im Gilgamesch-Epos ausführlich beschrieben, deshalb sollte man erwarten, daß auch Tammuz (Dumuzi), ihr Geliebter, im Epos erscheint. Tatsächlich wird Tammuz in der sechsten Tafel erwähnt. Als Ischtar dem strahlenden Gilgamesch entgegengeht und um seine Liebe wirbt, da weist Gilgamesch sie unter anderem mit den Worten ab:

»Tammuz, dem Geliebten deiner Jugend,
Hast du Jahr um Jahr bestimmt zu weinen.«

Sonst findet sich anscheinend von Dumuzi-Tammuz im Epos keine Spur. Es wäre allerdings recht merkwürdig, daß Dumuzi-Tammuz im Gegensatz zu Ischtar nur mit einem Satz abgetan sein sollte. Nun haben wir die Hauptakteure des Epos alle astronomisch bestimmt, und es ist von vornherein wahrscheinlich, daß die Chaldäer auch Dumuzi-Tammuz am gestirnten Himmel verewigt haben. Aber in welchem Sternbild zeigte sich Dumuzi um 2300 v. Chr.? Um diese Frage zu beantworten, brauchen wir nur in der Sternliste der ersten Tafel von MUL.APIN (Kol. I, 43) nachzusehen, welches Gestirn dem Geliebten Ischtars entsprach. Die überraschende Antwort lautet:

(MUL).(LÚ).CHUN.GÁ ^{d}DUMU.ZI,
(LÚ).CHUN.GÁ ist Dumuzi!

Da (LÚ).CHUN.GÁ eindeutig als Sternbild des *Enkidu* bestimmt ist, muß folglich Enkidu mit Dumuzi identisch sein! Daraus folgt, daß kein anderer als Dumuzi oder Tammuz in der siebten Tafel des Epos stirbt. Der Dumuzi-Tammuz-Kult rankt sich um Tod und »Auferstehung« (Re-Inkarnation) dieses Gottes. Auf den Tod folgt im Kult das siebentägige Weinen – vor allem der Klageweiber – um Tammuz. In völliger Harmonie mit dem Tammuz-Kult folgt im Epos auf den Tod Enkidus das Weinen um Enkidu:

»Weinen sollen über dich . . .
Weinen sollen über dich . . .
Weinen soll auch . . .
Weinen, Weinen, Weinen.«

Die Ältesten von Uruk, die wilden Tiere, der Euphrat, die Krieger von Uruk werden alle aufgerufen, Enkidu zu beweinen, wie auch Gilgamesch selbst um Enkidu weint:

»Ich weine über dich . . .«
»Ich weine um Enkidu, meinen Freund,
Bitter klagend wie ein Klageweib!«

Gilgamesch weint »sechs Tage und sieben Nächte« um seinen Freund. Der Schenkin Siduri berichtet er:

»Tag und Nacht hab ich um ihn geweint –
Sechs Tage, sieben Nächte lang,
Bis die Würmer auch seine Nase angefressen.«

Den Schimpfworten Gilgameschs zufolge war Tammuz (Dumuzi) der »Jugendgeliebte« Ischtars (Inannas). Das trifft in vollkommener Weise auch auf Enkidu zu! Wir erinnern uns, daß die jugendliche Liebe des Enkidu-Tammuz und der Hure Schamchat, von uns als Ischtar identifiziert, in der ersten Tafel des Epos dramatisch geschildert wird.

Die Höllenfahrt der Venus

In unseren Klöstern beschäftigte man sich zudem auch noch mit Übersetzen, Abschreiben und sogar Verfassen solcher Gedichte, ja, und noch zu welcher Zeit? – Unter dem Tatarenjoch! Es existiert da zum Beispiel ein klösterliches Gedichtchen (natürlich aus dem Griechischen übersetzt!) »Wie die Mutter Gottes durch die Stätten der Qualen wandelte«, dessen Bilder von einer Kühnheit sind, die Dante nichts nachgibt. Die Gottesmutter besucht die Hölle . . .
Iwan zu Alescha in Fjodor M. Dostojewskijs Roman »Die Brüder Karamasow«

Die »Auferstehung« des Tammuz entspricht offensichtlich der (Neu-)Geburt Enkidus. Somit werden im Epos Jugendliebe, Tod und »Auferstehung« (Re-Inkarnation) des Tammuz verborgen beschrieben! Er stirbt am 27. Taschritu und wird am 1. Nisannu (von neuem) geboren. Zwischen Tod und »Auferstehung« Enkidu-Dumuzis liegt mithin rund ein halbes Jahr, der Zeitspanne entsprechend, während der das Sternbild (LÚ).CHUN.GÁ unsichtbar unter dem Horizont bleibt, oder, anders ausgedrückt, die Enkidu-Dumuzi in der Unterwelt (erṣetu) verbringt. Dies steht im Einklang mit dem sumerischen Mythos von »Inannas (Ischtars) Gang zur Unterwelt«, der uns auch in einer akkadischen Fassung überliefert ist:

Inanna (Ischtar), die Göttin von Uruk, die »Himmelskönigin«, ist fest entschlossen, zur Unterwelt hinabzusteigen. Sie kleidet sich in ihre königlichen Gewänder, legt ihr funkelndes Geschmeide um Hals und Brust und macht sich auf den Weg zur Unterwelt.

Am Lapislazuli-Palast der Unterweltsgöttin Ereschkigal angekommen, bittet Inanna um Einlaß. Der Haupttorwächter der Unterwelt fragt sie, wer sie sei, worauf Inanna antwortet: »Ich bin die Himmelskönigin des Ortes östlich der Sonne.« Der Wächter versteht nicht, warum Inanna zum »Land (erṣetu) ohne Wiederkehr«* gekommen ist; er weiß auch nicht, ob er sie einlassen soll und fragt darum seine »Königin Ereschkigal«, die schließlich Inanna den Eintritt in den Unterweltspalast gewährt.

Inanna durchwandert nun die sieben Tore der Unterwelt, an

denen sie ihres *glänzenden* Schmuckes nach und nach beraubt wird. Dann wird sie von sieben Anunnaki-Richtern zum Tode verurteilt und stirbt. Ihr Bote Ninschubur, der in der akkadischen Fassung den Namen Papsukkal trägt, wartet »drei Tage und Nächte« und begibt sich, als Inanna immer noch nicht aus der Unterwelt zurückgekehrt ist, zu Enlil in Nippur und Nanna in Ur, die er um Hilfe anfleht, jedoch ohne Erfolg. Nur Enki (Ea) zeigt schließlich Mitleid mit der »Hure des Himmels«, und durch seine Intervention gelingt es endlich, Inanna mit Brot und Wasser des Lebens zu versehen und wieder zum Leben zu erwecken.

In der akkadischen Fassung wird berichtet, wie Ischtar nun durch die sieben Tore der Unterwelt zurückgeht und an jedem Tor ein Stück ihres glitzernden Schmuckes zurückerhält. Inanna darf entgegen den Regeln die Unterwelt verlassen, jedoch auch nur unter der Bedingung, daß sie jemanden findet, der ihren Platz in der Unterwelt einnimmt. In Begleitung einer Schar Dämonen kehrt sie nach Uruk zurück. Hier sitzt Dumuzi, ihr junger Gatte, im Festgewand auf seinem Thron, statt in Sack und Asche um die aus dem Lande der Lebendigen verschwundene Inanna zu trauern. Als Inanna Dumuzis ansichtig wird, gerät sie außer sich vor Wut und überläßt den treulosen Gatten den unbarmherzigen Dämonen, damit sie ihn zur Unterwelt schleppen. In seiner Not fleht Dumuzi unter Tränen zum Sonnengott, er möge ihn entkommen lassen, und er entwischt den Dämonen wohl auch siebenmal, wird aber endlich von ihnen *ergriffen* und in die Unterwelt entführt, wo er im Wechsel mit seiner Schwester Geschtinanna jeweils ein halbes Jahr verbringen muß.

Sowohl im Gilgamesch-Epos als auch in diesem sumerischen Mythos verursacht *Inanna (Ischtar)* den Tod Enkidu-Dumuzis. Im sumerischen Mythos überläßt Inanna den fassungslosen Dumuzi den Dämonon, nachdem sie selbst gerade erst aus der Unterwelt heraufgestiegen ist.

Im Gilgamesch-Epos beginnt Enkidu-Dumuzi langsam aber sicher unter den Horizont, das heißt zur Unterwelt hinabzusinken, nachdem Ischtar-AB.SÍN, aus der Unsichtbarkeit unterhalb des Hori-

* Der Leib (pagru) kehrt – wie wir gesehen haben – nach chaldäischer Religion in der Regel nicht wieder aus der Unterwelt (erṣetu) zurück, wohl aber die Seele (zumru).

zontes hervorkommend, beim Morgenerstaufgang der Waage am Herbstanfang *völlig* über den Horizont emporgestiegen ist, also die Unterwelt *ganz* verlassen hat. Ischtar-AB.SÍNs Aufstieg aus der Unterwelt bedingt astronomisch das unwiderrufliche Hinabsinken Enkidu-Dumuzis zur Unterwelt.

Gemäß der MUL.APIN-Serie geht das der Ischtar zugeordnete Sternbild AB.SÍN 20 Tage vor dem Herbstanfang am 25. Ululu (Sonnenlänge = 160°) des Morgens erstmals auf! Da es sich beim Morgenerstaufgang eines Sternbildes in der MUL.APIN-Serie um das Sichtbarwerden von dessen *erstem* Stern handelt – bei AB.SÍN ist der zuerst aufgehende Stern α Virginis (Spica), die Spitze der Ähre –, so bedeutet dies, daß Ischtar am 25. Ululu *beginnt*, aus der Unterwelt heraufzusteigen.

35 Wie der Mond, zeigt auch die Venus Phasen, die mit bloßem Auge schwer zu erkennen sind, aber den Chaldäern dennoch nicht verborgen blieben. Während ihres (synodischen) Umlaufs um die Sonne variiert der Abstand der Venus von der Erde beträchtlich, so daß sich auch die scheinbare Größe der Venus merklich ändert. Der Durchmesser der Venus erscheint uns in Erdnähe (um die untere Konjunktion herum) sechsmal größer als in Erdferne (um die obere Konjunktion herum). Zur Abbildung: Der scheinbare Durchmesser der Sonne (etwa ½°) müßte maßstabsgerecht etwa 28mal größer als derjenige der Neuvenus (64 Bogenminuten) gezeichnet werden.

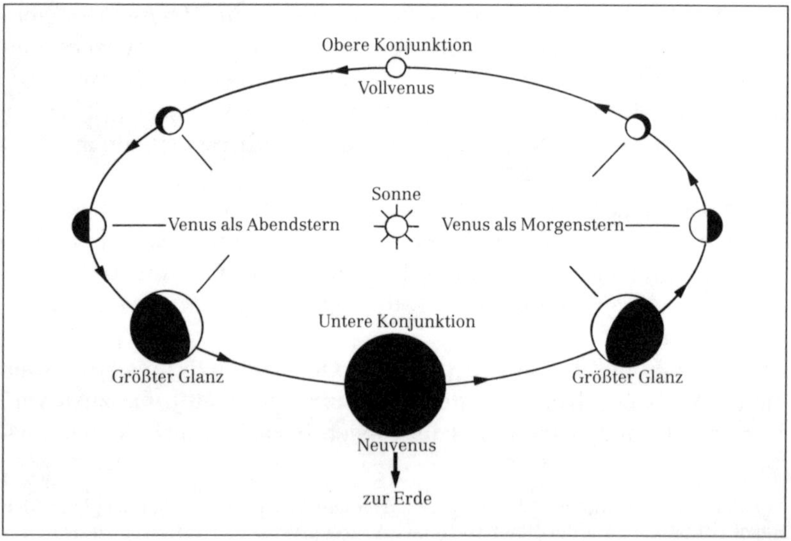

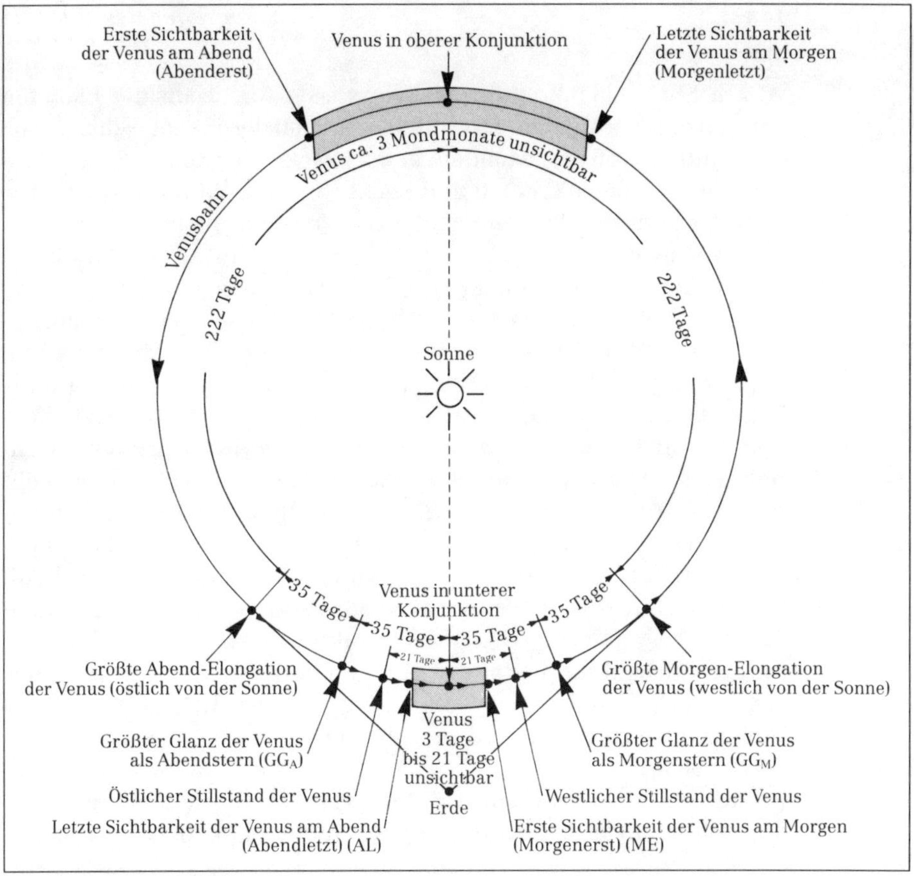

36 Lauf der Venus um die Sonne, von der Erde aus betrachtet (die Achse Sonne-Erde ist feststehend gedacht). Für einen (synodischen) Umlauf von einer unteren Konjunktion zur nächsten benötigt die Venus 584 Tage. Um die untere Konjunktion herum ist die Venus 3 bis 21 Tage lang unsichtbar, um die obere Konjunktion herum ist sie etwa 3 Mondmonate nicht zu sehen.
▒ Venus unsichtbar (Sonne überstrahlt die Venus); Änderungen von 1 bis 2 Tagen möglich. (Skizze, nicht maßstabgerecht).

Es ist in diesem Zusammenhang recht aufschlußreich, daß der Ululu, der sechste Monat, im Sumerischen (ITI).KIN ^{d}INANNA, »Monat der Sendung der Ischtar«, heißt. Dieser Monatsname bezieht sich auf die in diesem Monat erfolgende »Sendung« der Inanna-Ischtar aus der Unterwelt zur Oberwelt zurück, was nur astronomisch sinnvoll gedeutet werden kann und somit eindeutig auf den Morgenerstaufgang des Sternbildes AB.SÍN bezogen ist.

Das Sternbild AB.SÍN ist, wie wir wissen, das Haus des Planeten Venus (Ischtar). Mit dem Sternbild muß auch der Planet Ischtars wieder sichtbar werden, nachdem er vorher von der Sonne überstrahlt worden war; Seele (Venus) und Leib (AB.SÍN) Ischtars müssen über dem Horizont sichtbar sein, anders kann Ischtar nicht wieder in der Oberwelt leben!

Nun kann die Venus aber als Abendstern nach Sonnenuntergang über dem Westhorizont und auch als Morgenstern vor Sonnenaufgang über dem Osthorizont wiedererscheinen (Abbildung 35 und 36). Es ist jedoch ganz sicher, daß Inanna-Venus am Anfang ihrer Reise zur Unterwelt als *Abendstern* nicht weit von der *unteren* Konjunktion mit der Sonne entfernt ist und kurz darauf ein letztes Mal am *Abend* sichtbar ist, wenn sie in die Unterwelt einkehrt. Dies geht schon aus der Bezeichnung »Himmelskönigin des Ortes östlich der Sonne« hervor – sie steht also *östlich* von der Sonne – und aus dem Umstand, daß Ninschubur (Papsukkal) *drei Tage* abwarten soll, ob Inanna-Ischtar aus der Unterwelt wieder herausgekommen ist; denn in *unterer* Konjunktion ist die Venus mindestens *drei Tage*, höchstens 21 Tage unsichtbar, bei *oberer* Konjunktion ist sie dagegen immer etwa drei Mond-*Monate* nicht am gestirnten Himmel zu sehen (Abbildung 36). Venus wird also gleichzeitig mit AB.SÍN am *Morgen* wieder sichtbar.

Papsukkal (Ninschubur) ist, laut MUL.APIN-Serie SIPA.ZI.AN.NA, der »treue Hirte des Himmels« und »Bote (sukkal) Ischtars«, das

37 Zur Höllenfahrt der Venus I. In der unteren Figur sind die heliozentrischen Bahnen von Erde und Venus schematisch dargestellt. Ich habe willkürlich neun Stationen, in denen sich Erde und Venus gleichzeitig befinden, herausgegriffen und jeweils durch Strecken miteinander verbunden. In Station 5 steht Venus in unterer Konjunktion (zwischen Erde und Sonne).

In der oberen Figur ist die Erde im Mittelpunkt der Sphäre (geozentrisch) gezeichnet. Tragen wir die Strecken Erde-Venus mit den jeweiligen Richtungen von der Erde aus ab und verbinden die Endpunkte miteinander, dann erhalten wir die in der oberen Figur dargestellte symmetrische Kurve. Sie gibt die Richtung und Entfernung der Venus von der Erde exakt wieder. Für einen Beobachter auf der Erde erscheint diese Kurve an der Sphäre als Schleife. Wäre die Bahnebene der Venus nicht gegenüber der Erdbahn geneigt, dann würde sich Venus an der Sphäre nur in der Ekliptik bewegen, und zwar bis zur Station 4 (östlicher siderischer Stillstand der Venus) rechtsläufig (von West nach Ost). Danach würde sie in der Ekliptik bis zur Station 6 (westlicher siderischer Stillstand der Venus) rückläufig werden und dann wieder in der Ekliptik vorwärts laufen: Eine Schleifenbildung gäbe es nicht. Eingezeichnet sind auch die jeweils gleichzeitigen Positionen der Sonne (von 2 bis 8) in der Ekliptik.

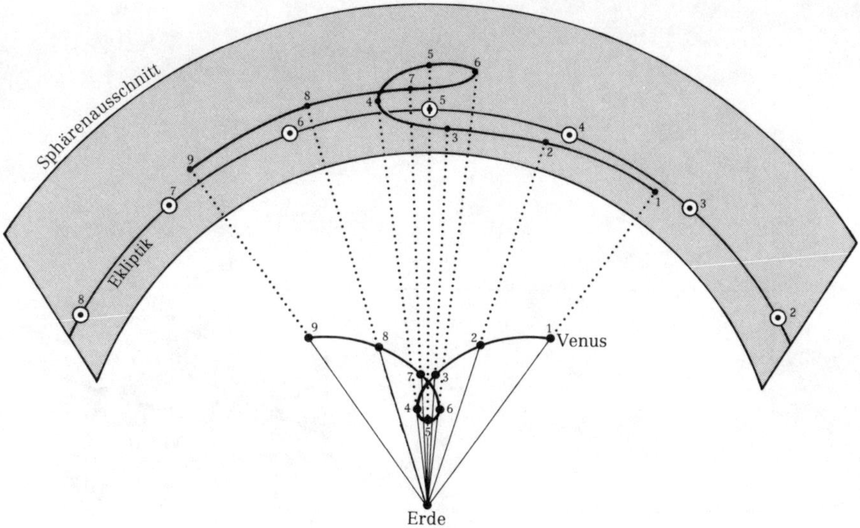

Sphärenausschnitt
Ekliptik
Venus
Erde

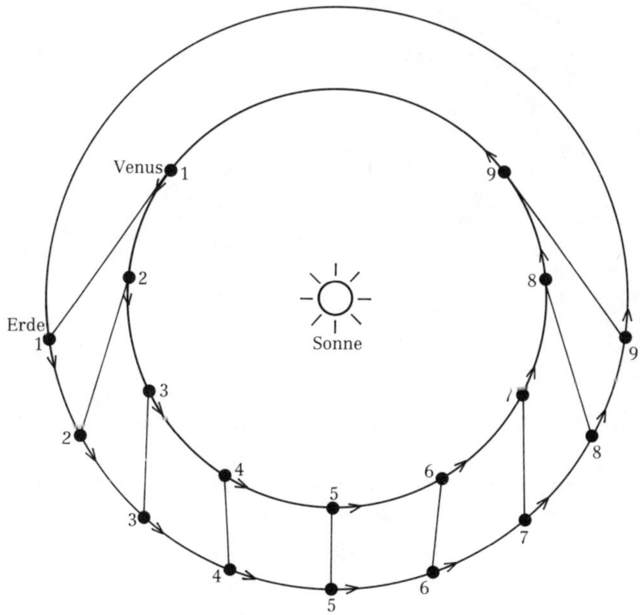

Venus
Erde
Sonne

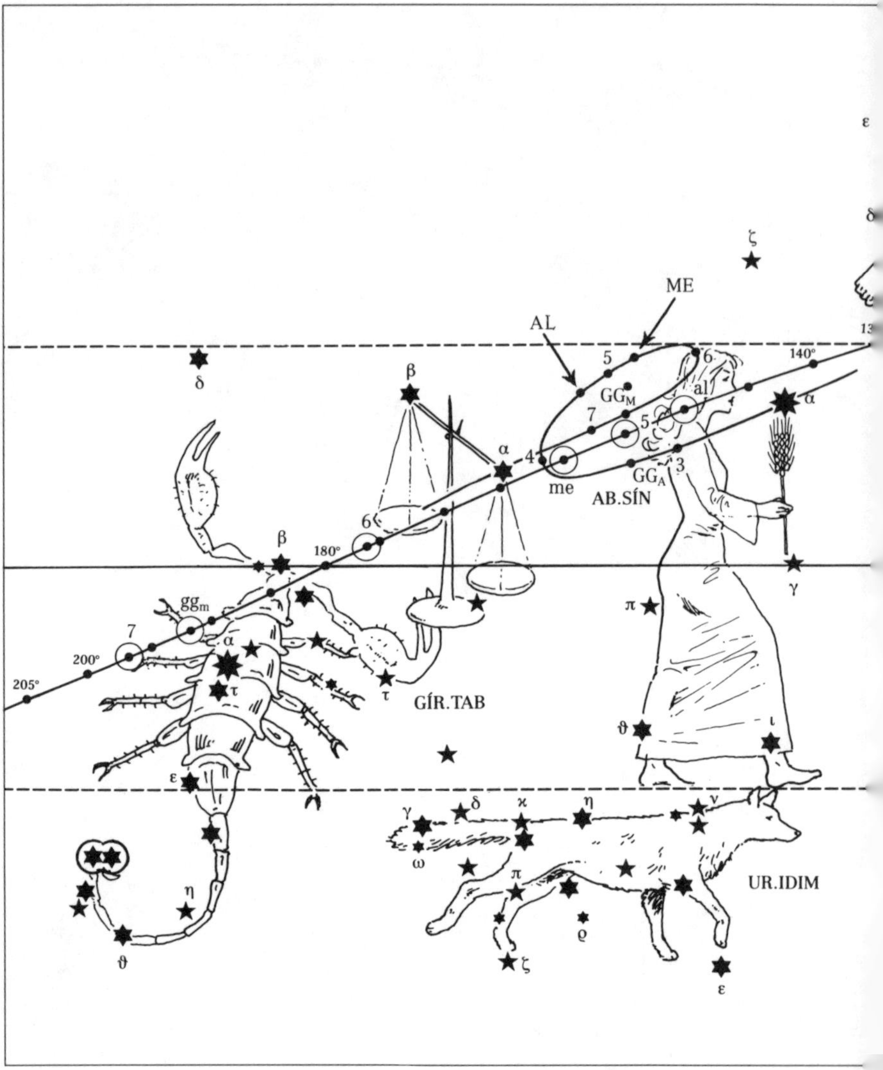

Sternbild des Gilgamesch-*Merkur*, der als Morgenstern etwa 21 Tage gut sichtbar ist.

Die Höllenfahrt der Ischtar wird somit zu einem grandiosen Schauspiel am Himmel, das in vier Akten abläuft (Abbildung 37 und 38):

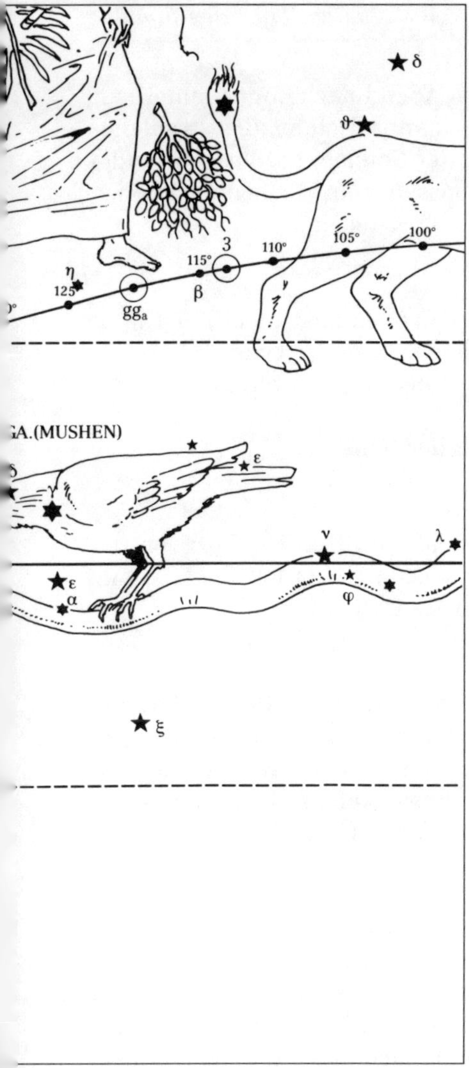

38 Zur Höllenfahrt der Venus II (Ausführlicher Kommentar im Text; die Zahlen entsprechen denen der Abb. 37).
GG_A größter Glanz der Venus als Abendstern;
AL letztmalige Sichtbarkeit der Venus am Abend (Abendletzt);
ME erstmalige Sichtbarkeit der Venus am Morgen (Morgenerst);
GG_M größter Glanz der Venus als Morgenstern.
Die zugehörigen gleichzeitigen Sonnenpositionen in der Ekliptik sind mit gg_a, al, me und gg_m bezeichnet.

ERSTER AKT: *Zum Inferno hinab*

Sonnenlänge 120°, das heißt, die Sonne steht bei 120°:
Venus befindet sich in ihrem Sternbild AB.SÍN und erstrahlt *abends* in ihrem *größten Glanz* (GG_A) östlich von der Sonne (gg_a) (vergleiche Abbildung 35). Gleichzeitig ist ihr Stern α Virginis (Spica) an der

Spitze der Ähre zum letzten Mal am Abend nach Sonnenuntergang über dem Westhorizont sichtbar: Inanna-Ischtar, die strahlende »Himmelskönigin des Ortes östlich der Sonne«, hat ihr glänzendes Geschmeide angelegt und ist entschlossen, zum »Land ohne Wiederkehr« (KUR.NU.GI.A, erṣet lâ târi) hinabzusteigen.

Sonnenlänge 121° bis 150°:
Venus verliert bis zum Abendletzt (AL) immer mehr an Glanz: Inanna-Ischtar durchwandert die sieben Tore der Unterwelt, wobei sie ihres glänzenden Schmuckes nach und nach beraubt wird.

ZWEITER AKT: *Im siebenten Kreis der Hölle*

Sonnenlänge 151°:
Venus ist unsichtbar geworden; sie ist vom Himmel, also von der Oberwelt verschwunden: Die Himmelskönigin ist tot! Ihr Leib (AB.SÍN) und ihre Seele (Venus) weilen in der Unterwelt.

Sonnenlänge 153°:
Nach drei Tagen ist Venus immer noch unsichtbar. *Merkur* dagegen ist in der Morgendämmerung westlich von der Sonne im *Enlil*-Weg zu sehen: Inanna-Ischtar ist schon »drei Tage und drei Nächte« verschwunden. Ihr Bote Ninschubur-Papsukkal macht sich deshalb frühmorgens auf den Weg zu *Enlil*, der ihm aber nicht helfen kann.

Sonnenlänge 154°:
Das Sternbild SIPA.ZI.AN.NA, der Leib, das sterbliche »Haus« des Merkur, ist des Nachts am Himmel zu sehen. SIPA.ZI.AN.NA steigt gegen 22 Uhr über dem Osthorizont auf und kulminiert* etwa zwei Stunden vor Sonnenaufgang (siehe Sternkarte). In dieser Nacht des 19. Ulūlu, fünf Tage nach der Vollmondnacht des 14. Ulūlu (Sonnenlänge = 149°), steht der Mond etwa bei 35° ekliptikaler Länge im Sternbild SIPA.ZI.AN.NA: Da *Enlil* nicht hilft, begibt sich Ninschubur-Papsukkal noch in der Nacht zum Mondgott Nanna (akkadisch: Sîn), der aber Inanna-Ischtar ebenfalls nicht helfen will. Beachte: Der

* das heißt: das Sternbild erreicht seinen höchsten Punkt über dem Horizont und steht dabei genau im Süden, im Meridian.

Mondgott ist eigentlich Dumuzi-Enkidu. Ninschubur-Papsukkal wendet sich hier also an Dumuzi-Tammuz, den Jugendgeliebten der Inanna-Ischtar. Bereits an dieser Stelle wird dem Eingeweihten beiläufig gesagt, daß Dumuzi-Tammuz am Geschick der »himmlischen Hure« nicht im geringsten Anteil nimmt, was dann später ja offenbar wird und den Zorn seiner Jugendgeliebten hervorruft.

Sonnenlänge 155° bis 159°:
Das Sternbild SIPA.ZI.AN.NA steht zu einem Drittel mit seinen Beinen im *Ea*-Weg: Die letzte Rettung ist EN.KI-*Ea*. Zu ihm geht darum jetzt Ninschubur-Papsukkal behenden Schrittes. Und *Ea* will Inanna-Ischtar helfen. Allerdings kann Ea selbst wie schon Enlil vor ihm der »himmlischen Hure« nicht zu Hilfe kommen, da sie sich als Planet (Venus) und Sternbild (AB.SÍN) im *Anu*-Weg befindet. Aber als Gott der Weisheit findet Ea auch diesmal einen Weg: er formt zwei (in der akkadischen Fassung nur ein) Wesen, die Inanna-Ischtars toten Leib mit »Brot« und »Wasser des Lebens« versehen.

DRITTER AKT: *Von den Toten zurück*

Sonnenlänge 160°:
Venus ist nach neun Tagen zum ersten Mal wieder am *Morgen* sichtbar (ME, Morgenerst). Sie steht jetzt *westlich* von der Sonne (me). Gleichzeitig ist auch α Virginis (Spica), der erste Stern ihres Sternbildes AB.SÍN, wieder über dem Osthorizont zu sehen: Inanna-Ischtar beginnt den Aufstieg aus der Unterwelt, nachdem sie durch Eas Hilfe wieder lebendig wurde.

Sonnenlänge 161° bis 179°:
Venus entfernt sich immer mehr von der Sonne und nimmt an Glanz zu: Inanna-Ischtar durchwandert in umgekehrter Reihenfolge die sieben Tore der Unterwelt und erhält an jedem Tor ein Stück ihres glänzenden Geschmeides zurück.

Sonnenlänge 180°:
Das Sternbild Inanna-Ischtars (AB.SÍN), das am 25. Ululu (Sonnenlänge = 160°) mit seinem *ersten* Stern, α Virginis (Spica), aus der Unterwelt aufzusteigen begann, hat nun am 15. Taschritu (Sonnenlänge

= 180°) beim Aufgang der Waage (ZI.BA.AN.NA) die Unterwelt ganz und gar verlassen und steht mitsamt dem Astralkörper Inanna-Ischtars, dem Planeten Venus, über dem morgendlichen Osthorizont: Inanna-Ischtar hat auch das siebente Tor der Unterwelt durchschritten und ist auf die Erde zurückgekehrt!

VIERTER AKT: *Die Rache der Venus*

Sonnenlänge 180°:
Dies ist der Augenblick, in dem Dumuzi-Mond einen Tag nach Vollmond, also in ganzer Pracht, diametral gegenüber von AB.SÍN am Westhorizont in Uruk im Festgewand auf seinem Thron sitzt, statt um Ischtar (Inanna) zu trauern.

Sonnenlänge 181° bis 192°:
Doch von nun an nimmt Dumuzi-Mond ständig ab und eilt entlang der Ekliptik auf der Flucht vor den Dämonen dahin, bis er zwölf Tage später, am 27. Taschritu (Sonnenlänge 192°) bei $\lambda = 180°$ als Altlicht im absoluten Westpunkt von den Dämonen schließlich doch ergriffen und in die Unterwelt geschleppt wird. Ebenso sinkt auch sein Sternbild (LÚ).CHUN.GÁ völlig unter den Westhorizont hinab. Dumuzi-Mond befand sich am 15. Taschritu (Sonnenlänge 180°) an der Ekliptik bei $\lambda = 18{,}8°$, das heißt im Bereich des Gilgamesch-SIPA.ZI.AN.NA in Uruk (im Anu-Wege). Die sieben Verstecke, die Dumuzi-Mond während der zwölftägigen Flucht vor den Dämonen findet, sind die folgenden Sternbilder entlang des »Weges des Mondes«:

1. SIPA.ZI.AN.NA, der »treue Hirte des Himmels«
2. GÀM, der »Hirtenstab«
3. MASH.TAB.BA.GAL.GAL*, die »großen Zwillinge«
4. AL.LUL, der »Flußkrebs«
5. UR.GU.LA, der »Löwe«
6. AB.SÍN, die Jungfrau mit der Ähre
7. ZI.BA.AN.NA (zibanitum), die Waage.

* MASH.TAB.BA.TUR.TUR wird in der Liste der Mondbahngestirne in MUL.APIN nicht aufgeführt.

Im GÍR.TAB, beim Kopf des Skorpions (β Scorpii), geht Dumuzi-Mond zur Unterwelt ein. Wurde Inanna-Ischtar ihres Lebens bisher noch nicht recht froh, weil sie eine Ersatzperson finden mußte, die an ihrer Statt zur Hölle fährt, so kann sie jetzt (Sonnenlänge = 192°; gg_m), nachdem sie sich auch an Dumuzi-Tammuz gerächt hat, ›zufrieden‹ sein: Venus strahlt in ihrem schönsten Glanz (GG_M). Nun erbietet sich im Mythos Geschtinanna, die Schwester des Dumuzi-Tammuz, im Wechsel mit ihrem Bruder je ein halbes Jahr in der Unterwelt zu verbringen. Wer ist diese Geschtinanna? Geschtinanna heißt wörtlich: »Weinstock des Himmels«. Wir erinnern uns, daß Gilgamesch, als er im Bereich des Skorpions wanderte, nach dem Gang durch das Maschu-Gebirge (bei β Scorpii) in einen Edelsteingarten (die Milchstraße) gelangt, in dem auch Weinstöcke mit reifen »Trauben« stehen. Der Garten ist am »Meer« gelegen, an dessen Ufer Siduri, die jungfräuliche »Schenkin«, wohnt. Die Weinschenkin Siduri ist also mit Ischchara im Sternbild des Skorpions (GÍR.TAB) identisch!

Nur acht Tage nachdem Dumuzi-Mond beim Stern β Scorpii (λ = 180°) in die Unterwelt eingeht (Sonnenlänge 192°), tritt gemäß MUL. APIN-Serie der Skorpion (β Scorpii) zum ersten Mal im Jahr am Morgen aus den Strahlen der Sonne heraus (Sonnenlänge 200°), das heißt, er kommt aus der Unterwelt hervor. Da nun der Skorpion (GÍR. TAB) mit Ischchara-Siduri verbunden ist, steigt folglich nur eine Woche nach Dumuzis Eintritt in die Unterwelt Ischchara-Siduri aus der Unterwelt empor. Ischchara-Siduri, die (Wein-)Schenkin im Edelsteinweingarten am »Meer«, muß folglich mit Geschtinanna, der Schwester des Tammuz, identisch sein; sie weilt auf der Erde, wenn ihr Bruder im Hades ist; umgekehrt geht sie in die Unterwelt, wenn Dumuzi die Pforten der Hölle verläßt.

Die Identität von Ischchara mit Geschtinanna erklärt nunmehr auch, warum Enkidu-Tammuz dem Gilgamesch das Tor versperrt, als dieser sich gerade anschickt, mit Ischchara die rituelle »Heilige Hochzeit« zu begehen: Enkidu-Tammuz läßt nicht zu, daß Gilgamesch sich seiner jungfräulichen Schwester Ischchara-Geschtinanna naht. – Damit haben wir auch den sumerischen Mythos von Inannas (Ischtars) Unterweltsfahrt bis in Einzelheiten hinein astronomisch gedeutet und zwar in völliger Übereinstimmung mit dem Gilgamesch-Epos, so daß die Identität Enkidus mit Dumuzi-Tammuz offensichtlich ist!

Wenn das Samenkorn nicht in die Erde fällt ...

Wir wollen noch einen Augenblick bei den Sternbildern verweilen! Betrachten wir zunächst die »weiblichen« Sternbilder entlang der Ekliptik:

(MUL)^{d}Erua	mit der Dattelrispe	(sissinnu)
(MUL).AB.SÍN	mit der Kornähre	(shubultum)
(MUL).GÍR.TAB	das Sternbild der Ischchara-Geschtinanna mit dem himmlischen Weinstock!	

Der ursprüngliche Sinn dieser Sternbilder kann wohl nur der gewesen sein, daß sie Katasterismen der drei Hauptnahrungsmittel des Zweistromlandes (Datteln, Getreide und Weintrauben) waren, die beim Auf- oder Untergang dieser Sternbilder geerntet oder gesät wurden. Es ist uns darum anhand der MUL.APIN-Serie möglich, den Beginn der Erntezeit der jeweiligen Früchte im dritten Jahrtausend v. Chr. vom Himmel abzulesen!

Der Morgenerstaufgang der hinter dem Löwen stehenden ^{d}Erua mit der Dattelrispe zeigt offensichtlich den Beginn der Dattelernte an. ^{d}Erua geht nach dem Königsstern (LUGAL, α Leonis) und vor dem Raben (UGA.(MUSHEN)) erstmals am Morgen auf, gemäß MUL.APIN-Serie zwischen 110° (Regulus) und 145° (Rabe) Sonnenlänge, also Ende Juli, Anfang August.

Die Weinernte beginnt analog beim Morgenerstaufgang des Skorpions (β Scorpii) etwa 20 Tage nach Herbstbeginn, in der zweiten Oktoberwoche, wenn die Sonne gemäß MUL.APIN-Serie eine ekliptikale Länge von 200° hat.

Die Getreideernte im südlichen Zweistromland des dritten Jahrtausends fällt in die Zeit des Frühlings, wie wir aus den keilinschriftlichen Zeugnissen jener Zeit wissen. Gemäß MUL.APIN-Serie geht aber AB.SÍN mit der Getreideähre (α Virginis) etwa 20 Tage vor Herbstbeginn (Sonnenlänge 160°) am Morgen erstmals auf, so daß der Morgenerstaufgang von Ischtar-AB.SÍN nicht die Erntezeit, sondern die *Saat*-Zeit anzeigt.

Diese Besonderheit erklärt sich vollkommen aus dem Namen des Sternbildes: AB.SÍN heißt wörtlich »Saatfurche« oder »Ackerfurche«! Ursprünglich hat das Sternbild nichts mit Ischtar zu tun. Erst nachträglich wurde es mit Ischtar und dem Tammuz-Kult verwoben, wodurch es in Beziehung zum (LÚ).CHUN.GÁ gesetzt wurde.

(LÚ).CHUN.GÁ ist der »Knecht« oder »Ackermann«, auch »Mietling«, also ein Bauer. Wenn am 15. Taschritu die »Waage« (ZI.BA.AN.NA) erstmals am Morgen vor Sonnenaufgang über dem Osthorizont sichtbar wird und dadurch die Herbst-Tagundnachtgleiche anzeigt, steht AB.SÍN, die »Saatfurche«, über dem Osthorizont und (LÚ).CHUN.GÁ, der Ackermann, am Westhorizont hinter dem Himmelsstier (GU_4.AN.NA) und zieht mit dem gleichzeitig am Westhorizont stehenden Pflug (APIN) die Saatfurche (AB.SÍN) und läßt aus dem aufgesetzten Saattrichter (UR.BAR.RA) des Pfluges die Saatkörner in die Erde (erṣetu) fallen. Im Kult wurde der Bauer mit Dumuzi und die Saatfurche mit Ischtar verwoben.

AB.SÍN wurde personifiziert und zur Fruchtbarkeitsgöttin gemacht, die am Herbstanfang vom Fruchtbarkeitsgott Dumuzi begattet wird, der aber zwölf Tage darauf sterben muß, weil dann sein Sternbild ((LÚ).CHUN.GÁ) untergeht. Ischtar (AB.SÍN) bringt im Frühjahr, am Westhorizont stehend, die volle Ähre (shubultum) hervor, die aber geerntet, also abgeschnitten wird, weil Ischtar (AB.SÍN) samt ihrer Ähre untergeht, während Dumuzi ((LÚ).CHUN.GÁ) als Frühlingsgott am Osthorizont »aufersteht«.

Der Umdeutung der »Saatfurche« (AB.SÍN) zur Frauengestalt der Ischtar stand um so weniger im Wege, als das Keilschriftzeichen für »Frau« ursprünglich das Bild einer weiblichen Scham oder Vulva war. Die Entwicklung des Zeichens »sal« für »Frau« seit dem vierten Jahrtausend v. Chr. sah so aus:

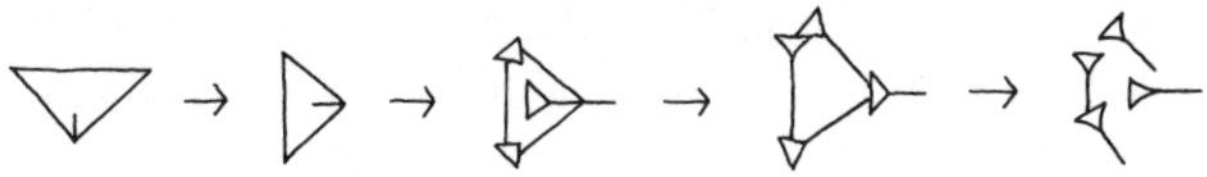

Nicht ohne Grund bittet deshalb in sumerischen Texten Inanna-Ischtar so oft ihren Geliebten Dumuzi-Tammuz:

»Komm und pflüge meine Vulva!«

Der Sumerologe Thorkild Jacobsen prägte in diesem Zusammenhang den Begriff »Dumuzi of the grain«, »Dumuzi des Korns«, der den soeben dargelegten Sachverhalt genau trifft. Jacobsen ist zu diesem Begriff aus der Betrachtung der einschlägigen Dumuzi-Texte gekommen. Die astronomische Komponente sieht er nicht. Er hält darum fälschlich »Dumuzi of the grain« für »die Kraft in der Gerste, besonders im Bier, das daraus gebraut wird«. Er schließt dies unter anderem daraus, daß Dumuzi in dem sumerischen Mythenkomplex »Inannas Gang zur Unterwelt« vor den Dämonen flieht und sich auch in einer Brauerei, im »Haus des Bieres«, versteckt hält. Jacobsen folgert daraus: »Sein (Dumuzis) Tod tritt ein, wenn das Korn zur Erntezeit geschnitten wird und dann zu Bier gebraut wird, das in einem unterirdischen Raum gelagert wird: das heißt sozusagen in der Unterwelt.« Nach Jacobsen stirbt »Dumuzi of the grain« zur Zeit der Getreideernte im Frühling. Das erweist sich nun als falsch!

Aus der astronomischen Betrachtung des sumerischen Mythos ergab sich im Vergleich mit dem Gilgamesch-Epos ganz von selbst, daß das Enkidu-Dumuzi zugeordnete Sternbild (LÚ).CHUN.GÁ zwölf Tage nach der Herbst-Tagundnachtgleiche völlig untergeht, was seinem Tod, seinem Eintritt in die Unterwelt, entspricht. Der Vergleich der Phänomene am Himmel mit den Verhältnissen auf der Erde zeigt, daß der Untergang des (LÚ).CHUN.GÁ zu der Zeit erfolgt, da der »Knecht« das Samenkorn in die Erde legt, was gleichbedeutend mit dem Begräbnis des Samenkorns ist. Das Samenkorn wird im Herbst begraben, und gleichzeitig stirbt der himmlische Dumuzi-(LÚ).CHUN.GÁ.

Wenn das Korn im Frühling in den Ähren reift, dann erwacht Dumuzi zu neuem Leben. Die Ernte wird der Ähre (shubultum) Ischtars zum Verhängnis, aber nicht Dumuzi. Dies ist wohl auch der tiefere Grund dafür, daß Ischtar-AB.SÍN im 24. Jahrhundert zusätzlich eine Ähre erhielt.

Die Vergleichsgrundlage für den Tod des Korns und Dumuzis ist, daß beide »von ›erṣetu‹ (der Erde oder Unterwelt) gepackt« werden. Deshalb können beide einander vertreten, so daß schließlich Dumuzi selbst als Samenkorn aufgefaßt werden kann, das im Herbst in die Erde fällt und stirbt, aber im Frühling durch die Erde zum Licht durchdringt und viel Frucht bringt. Die Gleichsetzung des Samens mit Dumuzi kommt rein sprachlich darin zum Tragen, daß Dumuzi auch *zêru*, »Same«, genannt wird.

Es ist höchst bemerkenswert, daß dieser *ländliche* Tammuz-Kult noch im Mittelalter bei den Ṣabiern in Harran lebendig war, der alten Stadt des Dumuzi-Mond, in der auch Abraham gelebt hatte und die er fünfundsiebzigjährig verließ. Von arabischen Schriftstellern sind uns Einzelheiten der Zeremonien der Ṣabier beim Fest »buqat« (»Weinen«) bekannt. Während des Klagens und Weinens der Frauen um den toten Tammuz durfte kein Getreide gegessen und auch kein Korn in ihren Mühlen gemahlen werden, weil das Korn der Leib des Tammuz (Ta'uz) war. Im alten Phönizien wurde Tammuz unter dem Namen Adon, »Herr«, im Tempel der Aschtarte, seiner Geliebten, verehrt, die Ischtar völlig entspricht. Adon war ein Gott des Ackerbaus. Als sein Symbol galt der Ackerstier. Sein Fest wurde sieben Tage lang gefeiert, genau so lange, wie Gilgamesch um Enkidu-Tammuz weint.

Gemäß Philon von Byblos (etwa 60–140 n. Chr.), der die phönizische Geschichte des Sanchuniathon, eines phönizischen Schriftgelehrten wahrscheinlich des 14. Jahrhunderts v. Chr., ins Griechische übersetzt hat, wurde Tammuz-Adon in Byblos auch *Adōn sadē* (אדון שדה), »Herr des Feldes«, genannt. Dies aber ist genau die Bedeutung von EN.KI.DU! EN heißt »Herr«, KI.DU ist das »(Acker-) Feld«. Sanchuniathon berichtet weiter, daß das Bild des Adon in Phönizien besondere Verehrung erfuhr und in einem Schrein auf einem Ochsenkarren in einer feierlichen Prozession durch die Stadt gezogen wurde.

Bei den Griechen wurde der phönizische Adon zum Adonis, dessen Tod am Adonis-Fest mit Wehklagen begangen wurde. Er war der Geliebte der Aphrodite, der griechischen Ischtar-Venus. Aphrodite hatte den hübschen Knaben ihrer Schwester Persephone, der Königin der Unterwelt, die der Ereschkigal der Chaldäer entspricht, in einem Kasten anvertraut. Als Persephone aber den Kasten öffnete, war sie von der Anmut des Knaben so sehr berührt, daß sie ihn nicht mehr herausgeben wollte, als Aphrodite-Venus zur Unterwelt hinabgestiegen war, um ihren Geliebten aus dem Reich der Schatten zu befreien. Es kam zu einem heftigen Streit der beiden Schwestergöttinnen, den schließlich Zeus (Jupiter) durch einen Kompromiß schlichtete: Adonis durfte hinfort ein halbes Jahr (Variante: vier Monate) bei Aphrodite, seiner Geliebten, in der Oberwelt weilen, während er die andere Hälfte des Jahres bei Persephone in der Unterwelt verbringen mußte.

Bei den Römern wurde Adonis-Tammuz unter dem Namen Bacchus verehrt. Auch Bacchus ist ein semitisches Wort und kommt von *bachā*, »weinen« oder »beklagen«. Wir haben dafür sogar ein Zeugnis aus berufenem Munde. Hesychios schreibt nämlich, bei den Phöniziern »heißt Bacchus Weinen«. Auch um Bacchus weinten die Frauen wie im Orient die Klageweiber um Tammuz. Das »Festum Bacchi rusticum«, das »ländliche Fest des Bacchus«, wurde im kaiserlichen Rom in der zweiten Oktoberwoche gefeiert. Die römische Kirche hat aus Enkidu-Dumuzi-Bacchus einen Heiligen und Märtyrer des Orients gemacht und den siebten Oktober zum »Festum Sancti Bacchi«, dem »Fest des Heiligen Bacchus«, erkoren . . .

Wer hat die schönsten Schäfchen?

Der astronomische Hintergrund des Dumuzi-Tammuz-Kultes geriet im Laufe der Jahrhunderte und Jahrtausende immer mehr in Vergessenheit, so daß auch moderne Mythenforscher nur die irdische Komponente des Mythos erkennen konnten und sich sogar gegen eine auf die Sterne bezogene Deutung verwahrten. Dabei wurde geflissentlich übersehen oder zumindest zu wenig beachtet, daß die wichtigsten antiken Götter Stern- und Planetengötter waren. Noch heute bezeichnen wir die fünf klassischen Planeten mit den (lateinischen) Namen der Götter des alten Rom:

Merkur, griechisch: *Hermes*, ist der Götterbote, wie schon Gilgamesch-Merkur im dritten Jahrtausend v. Chr. der »Bote« (sukkal) des Himmelsgottes Anu und der Göttin Ischtar von Uruk war.

Venus, griechisch: *Aphrodite*, ist die Göttin der geschlechtlichen Liebe, wie schon Ischtar-Venus die himmlische »Hure« der Chaldäer gewesen ist.

Mars, griechisch: *Ares*, ist der streitsüchtige Kriegsgott, der dem Streit-*Hahn* (DAR.LUGAL) Lugalbanda-Mars entspricht.

Saturn, griechisch: *Kronos*, wird in der antiken Kunst als alter bärtiger Mann dargestellt. Er ist kein anderer als der schon im 24. Jahrhundert am chaldäischen Himmel dem Sternbild SHU.GI, dem »Alten« oder »Greis«, zugeordnete Planet (Saturn), der *Vater* des PA.BIL.SAG-*Jupiter*. Auch in der antiken Mythologie ist Kronos-Saturn der Vater des *Jupiter*, des griechischen Gottes *Zeus*, der deshalb auch »Kronide«, Sohn des Kronos, genannt wird.

Und was den jugendlichen Gott *Bacchus* oder *Adonis* betrifft, den Geliebten der Aphrodite-Venus, so haben wir deutlich genug gezeigt, daß er dem Dumuzi-*Mond*, dem Trabanten der Erde, entspricht.

Die Mythologie der Griechen und Römer ist somit in ihren Wurzeln eindeutig astral und kann nur von ihrem chaldäischen Ursprung im dritten Jahrtausend v. Chr. her richtig gedeutet werden. Mit dieser Verknüpfung des alten chaldäischen Sternkultes und den Grundlagen der griechisch-römischen Religion haben wir eine für die meisten Leser sicher neue Seite in der vergleichenden Mythologie und Religionsgeschichte aufgeschlagen, die uns dank der Sterne von Babylon in bisher ungeahnte Bereiche einzudringen erlaubt, so daß wir völlig neue Antworten auf uralte Fragen zu geben vermögen.

Verweilen wir nur noch einen Augenblick beim Mond! Das Enkidu-Dumuzi zugeordnete Sternbild (LÚ).CHUN.GÁ, der Landmann, erklärt die *ländliche* Komponente des Tammuz-Kultes. Nun ist aber Dumuzi-Tammuz im Mythos auch ein Hirte. Die *Hirten*-Seite des Tammuz-Kultes ist leicht verständlich, wenn wir bedenken, daß Enkidu-Dumuzi der Gott des Mondes ist. Die einzigen Wanderer am nächtlichen Himmel sind die Planeten, die sich von den Fixsternen kaum merklich abheben, und der Mond, der als riesige Lampe am Himmel dahingeht. Die Sterne waren nach chaldäischer Vorstellung Schafe (LU), die in den himmlischen Gefilden weiden; die Planeten wurden LU.BAD, »wilde Schafe«, genannt, weil sie sich gegenüber den anderen Schafen, den Fixsternen, am Himmel fortbewegen. Ihr aller Hirte war des Nachts der Mond. Dies ist der Grund, warum im Mythos von Inannas (Ischtars) Unterweltsfahrt der vor den Dämonen fliehende Dumuzi-Mond als Hirte gezeichnet wird und sein Haus ((LÚ).CHUN.GÁ) ein Schafstall (in Hürden-Uruk) ist, den der Wind verweht, als Dumuzi-Mond die Unterwelt betritt, weil eben zur gleichen Zeit sein Haus im Westen untergeht. Auch in der altbabylonisch gut erhaltenen Stelle der zweiten Tafel des Gilgamesch-Epos ist Enkidu-Dumuzi als Hirte dargestellt, nachdem er mit Ischtar-Schamchat gehurt hat:

»Die Hirten konnten ruhig schlafen in der Nacht.
Denn er (Enkidu) erschlug die Wölfe (UR.IDIM)*,
Löwen (UR.GU.LA)** jagte er davon.
Die großen Hüter ruhten alle:
Enkidu wacht für sie . . .«

* Enkidu-Mond befindet sich hier *nach Vollmond* (»sein Antlitz strahlte«) im Skorpion. Der »Wolf« (UR.IDIM) geht mit Enkidu-Mond am Abend auf und ist mit ihm die ganze Nacht zu sehen.

** Dagegen steht der Löwe (UR.GU.LA), der später im Epos als Chumbaba auftritt, in Quadratur (90°) zu Enkidu-Mond. Er flieht von ihm und verschwindet um Mitternacht schon unter dem Westhorizont.

5 VON DEN STERNEN ZU DEN HELDEN SINEARS ZURÜCK

Und Kusch zeugte Nimrod;
der war der erste Gewaltige auf der Erde.
Er war ein gewaltiger Jäger vor dem Herrn.
Und der Anfang seines Königreiches war
Babel und Uruk und Akkad und Kalne im
Lande Sinear.
Genesis 10, 8–10

Der Mondgott verlässt den Mythos

Sind wir nun Stufe um Stufe immer tiefer in die Geheimnisse des Gilgamesch-Epos vorgedrungen, so dürfen wir nach allem nicht vergessen, daß das Epos sich um Gilgamesch, den König von Uruk, rankt. Die Beschreibung der historischen Persönlichkeit dieses Herrschers steht im Vordergrund. Gilgamesch wird im Epos als Erbauer der Mauer von Uruk eingeführt. An der Geschichtlichkeit Gilgameschs ist immer wieder gezweifelt worden – zu Unrecht, wie wir heute wissen. In alten historischen Keilschriftquellen wird Gilgamesch als König von Uruk erwähnt. In einer Inschrift aus Tummal, einem Bezirk der Stadt Nippur, wird Gilgamesch als Erbauer des Giparu Enlils in Nippur genannt. Anam, ein späterer König von Uruk und Zeitgenosse Rimsîns von Larsa, schreibt, daß er die Stadtmauer, das »alte Werk Gilgameschs« (^{d}Gish-bil-ga-mesh), wieder auferbaut habe. In der sogenannten sumerischen Königsliste wird Gilgamesch als fünfter Herrscher der ersten Dynastie von Uruk (É.AN.NA) aufgezählt.

Einem Lobpreis auf Schulgi zufolge hat Gilgamesch einen Angriff Enmebaragesis von Kisch abgewehrt, und in der sumerischen Episode »Gilgamesch und Agga von Kisch« wird der Kampf Gilgameschs mit Agga von Kisch, dem Sohn Enmebaragesis, geschildert.

Beide Herrscher von Kisch werden auch in der sumerischen Königsliste erwähnt. Enmebaragesi ist inzwischen durch Originalinschriften aus der frühdynastischen Zeit als historische Persönlichkeit erwiesen, so daß auch an Gilgameschs geschichtlicher Existenz nicht mehr gezweifelt wird. Er muß den Quellen zufolge am Beginn des dritten Jahrtausends v. Chr. gelebt haben.

Ist Gilgamesch aus dem Bereich der Fabel in die historische Realität gerückt, dann mag die Frage berechtigt sein, wer denn eigentlich Enkidu ist, der Freund und Begleiter des Gilgamesch zum Zedernwald. Daß Enkidu im Epos mit dem Gottesdeterminativ* geschrieben wird, das ihn zum Gott erhebt, hindert uns nicht daran, ihn auch unter den Sterblichen zu suchen. Denn auch Gilgamesch erscheint im Epos durchweg mit Gottesdeterminativ.

Nach sumerischem Zeugnis bedeutet die Vergöttlichung eines Sterblichen dessen Versetzen an die Himmelssphäre. Freilich wurde nicht jedem Sterblichen diese Ehre zuteil, sondern nur den berühmtesten unter ihnen. So heißt es in einem bekannten sumerischen Text von den Helden Sumers:

»Sie waren die Männer,
die an den Himmel traten,
die am Himmel leuchtend erschienen.«**

Gilgamesch und Enkidu sind offensichtlich zwei von ihnen, die als Merkur und Mond am Himmel leuchtend einherziehen und im SIPA.ZI.AN.NA (Orion) und (LÚ).CHUN.GÁ (Aries) ihr himmlisches Haus haben. Gilgamesch ist schon in sehr frühen Texten vergöttlicht, zum Beispiel in den Tafeln, die in Fara, dem alten Schuruppak, gefunden wurden. In der erwähnten sumerischen Königsliste werden nach der Flut zuerst die Könige von Kisch und dann die Herrscher von Uruk genannt.

* In der Keilschrift steht vor dem Namen eines Gottes immer das Determinativ 𒀭, das »Gott« (DINGIR) und »Himmel« (AN) zugleich bedeutet, so daß wir Gilgamesch und Enkidu genauer mit »himmlischer Gilgamesch« und »himmlischer Enkidu« wiedergeben müßten. In der Umschrift wird das Determinativ DINGIR durch ein hochgestelltes ^{d} vor dem Namen eines Gottes gekennzeichnet. Wir müßten also korrekt ^{d}Gilgamesch und ^{d}Enkidu schreiben. Wir haben jedoch um der besseren Lesbarkeit willen das ^{d} weggelassen.

** Übersetzung nach H. Sauren

Den Herrschern, die nach der Flut in Uruk regiert haben, geht in dieser Liste Meskiag-Kasch(er) als Herrscher von É.AN.NA voraus. Es folgt sein Sohn Enmer-kár als erster »König von Uruk, der Uruk erbaut hat«. Demnach muß É.AN.NA, der spätere Tempelbezirk von Uruk, als Ort bereits *vor* Uruk existiert haben, der dann in die Stadt Uruk integriert worden ist. Nach Enmer-kár regierte ^{d}*Lugalbanda* in Uruk, dann ^{d}*Dumuzi*. Nach diesem wird ^{d}*Gilgamesch* genannt, dem sein Sohn auf dem Thron folgte. Von diesen Herrschern Uruks sind uns im Gilgamesch-Epos außer ^{d}Gilgamesch noch ^{d}Lugalbanda und ^{d}Dumuzi begegnet. ^{d}Lugalbanda ist im Epos der Schutzgott Gilgameschs, der kriegerische Mars, der im Sternbild DAR.LUGAL, dem (Streit-)Hahn, zu Hause ist. Und ^{d}Dumuzi wurde als *Enkidu* nachgewiesen! Enkidu-Dumuzi ist folglich ein früher Herrscher von Uruk gewesen, der nach seinem Tode vergöttlicht wurde und als Mond »am Himmel leuchtend erschien«. Daß sich um ihn wie um Gilgamesch und Lugalbanda bald die Fabel spann und der Mythos breitete, ist nicht verwunderlich.

Söhne der Sonne oder: Kopernikus in Sinear

Diese neuen Entdeckungen werden das Grabgeläut oder vielmehr das Jüngste Gericht für die Pseudophilosophie sein; denn schon sieht man die Zeichen an den Sternen, dem Mond und der Sonne. Ich sehe nicht, wie die Unveränderlichkeit der Himmel noch Rettung und Zuflucht finden soll.
Galileo Galilei

Gemäß der sumerischen Königsliste ist Meskiag-Kasch(er), der erste Herrscher von É.AN.NA-Uruk, »der Sohn des Sonnengottes (^{d}UD; akkadisch: ^{d}Schamash)«. Die Herrscher von Uruk betrachteten sich demnach als Nachkommen oder »Söhne« der Sonne. Deshalb nimmt auch im Gilgamesch-Epos der Sonnengott (Schamasch) eine so wichtige Stellung ein. Zu ihm fleht Gilgamesch in seiner Not. Vor Schamasch legen die beiden Helden den erschlagenen Himmelsstier nieder. Und Schamasch hält Gericht mit Anu, Enlil und Ea und verteidigt die beiden Adoptivbrüder. Vor Schamasch fließen auch Enkidus Tränen. Und »auf dem Wege des Schamasch« tritt Gilgamesch ins Bergtor ein.

Wenn wir die Vergöttlichung der Herrscher von Uruk konsequent zu Ende denken, dann muß auch der Sonnengott, der Vorfahre der Könige Uruks, ein vergöttlichter Sterblicher gewesen sein. Wir werden noch darauf zurückkommen. Andererseits müssen auch Meskiag-Kasch(er), der Sohn des Sonnengottes, und Enmer-kár, der Sohn des Meskiag-Kasch(er), im Sonnensystem ihren Platz erhalten haben wie Lugalbanda-Mars, Dumuzi-Enkidu-Mond und Gilgamesch-Merkur.

Außer Sonne und Mond haben die Chaldäer die fünf klassischen Planeten Merkur, Venus, Mars, Jupiter und Saturn sorgfältig beobachtet. Sie werden auch in der MUL.APIN-Serie genannt. Da nun Merkur und Mars für Gilgamesch und Lugalbanda vergeben sind, und der Planet Venus der Ischtar von Uruk vorbehalten ist, bleiben für Meskiag-Kasch(er), den Sohn der Sonne, und Enmer-kár, den Enkel des Sonnengottes, nur noch Saturn und Jupiter übrig. Saturn hat den sumerischen Namen LU.BAD.SAG.USH, wobei LU.BAD »Planet« bedeutet und SAG.USH »der Erstgeborene« oder »älteste Sohn«. Die vollständige Schreibung für den Planeten Saturn lautet: LU.BAD.^{d}SAG.USH.^{d}UD, »ältester Sohn (Erstgeborener) der Sonne«. Mithin ist Meskiag-Kasch(er), »der Sohn der Sonne«, mit Saturn, dem »ältesten Sohn der Sonne«, identisch, so daß dann Enmer-kár, der Sohn des Meskiag-Kasch(er), mit Jupiter gleichzusetzen ist. Demnach erhalten wir folgende Entsprechung zwischen der sumerischen Königsliste und dem Sonnensystem:

Sumerische Königsliste	*Sonnensystem*
Sonnengott	Sonne
Meskiag-Kasch(er), Sohn des Sonnengottes	Saturn
Enmer-kár, Sohn des Meskiag-Kasch(er)	Jupiter
^{d}Lugalbanda	Mars
^{d}Dumuzi (^{d}Enkidu)	Mond
^{d}Gilgamesch	Merkur

Wir haben die Herrscher in der chronologischen Reihenfolge aufgelistet, wie sie in der sumerischen Königsliste aufeinander folgen. In der Reihe der Planeten fehlt nur Venus! Venus kann natürlich keinem männlichen Herrscher von Uruk zugeordnet werden, da sie schon für Inanna-Ischtar von Uruk auserkoren ist. Inanna-Ischtar von Uruk muß in diesem System ebenfalls eine vergöttlichte Sterbliche gewesen sein, der bereits in frühester Zeit göttliche Ehren zuteil wurden. Da sie die Geliebte des Dumuzi sowohl im Kult als auch im Gilgamesch-Epos ist und im Epos auch um die Liebe Gilgameschs wirbt, müßte sie jedenfalls gleichzeitig mit Dumuzi und Gilgamesch gelebt haben. Wahrscheinlich ist sie zeitweilig mit Dumuzi liiert gewesen. Ihre Stellung im Sonnensystem ist damit notwendigerweise zwischen Dumuzi-Mond und Gilgamesch-Merkur.

Der Mond war den Chaldäern als Satellit der Erde bekannt, der sich von den Planeten unterscheidet. Dies geht unmittelbar aus seiner Bezeichnung SHESH.KI, »Bruder der Erde«, hervor, und auch Enkidu bedeutet außer »Herr, der zur fruchtbaren (Acker-)Erde gehört« noch »Liebling EN.KIs«, des »Herrn der Erde«. Dumuzi-Enkidu-Mond gehört also zur Erde, so daß er sie gewissermaßen vertreten kann. ^{d}EN.KI, akkadisch ^{d}Ea, kommt selbstverständlich im Gilgamesch-Epos vor. Aber er ist mit der Stadt Eridu am Persischen Golf verbunden und hat deshalb unter den Herrschern der Stadt Uruk nichts zu suchen.

Fügen wir nun in der obigen Aufzählung Ischtar-Venus zwischen den zur Erde gehörenden Dumuzi-Mond und Gilgamesch-Merkur ein, so erkennt man, daß die den Herrschern von É.AN.NA-Uruk entsprechenden Planeten (der Mond entspricht der Erde) in der Reihenfolge ihrer Entfernung von der Sonne aufgelistet sind, beginnend beim langsamsten, dem von der Sonne am weitesten entfernten Saturn, und endend beim Merkur, der der Sonne am nächsten steht und deshalb am schnellsten um die Sonne läuft; er ist sozusagen der »Jüngste« und kann deshalb noch flink laufen, während Saturn, der »Älteste« des Sonnengottes, nur noch ganz langsam gehen kann (Abbildung 39).

Durch dieses Schema wird das Sonnensystem mit der Sonne als Zentralgestirn, um das die Planeten in verschiedenen Abständen kreisen, beschrieben. Das bedeutet:

Die Kopernikanische Wende ist im südlichen Zweistromland bereits vier Jahrtausende vor Kopernikus vollzogen!

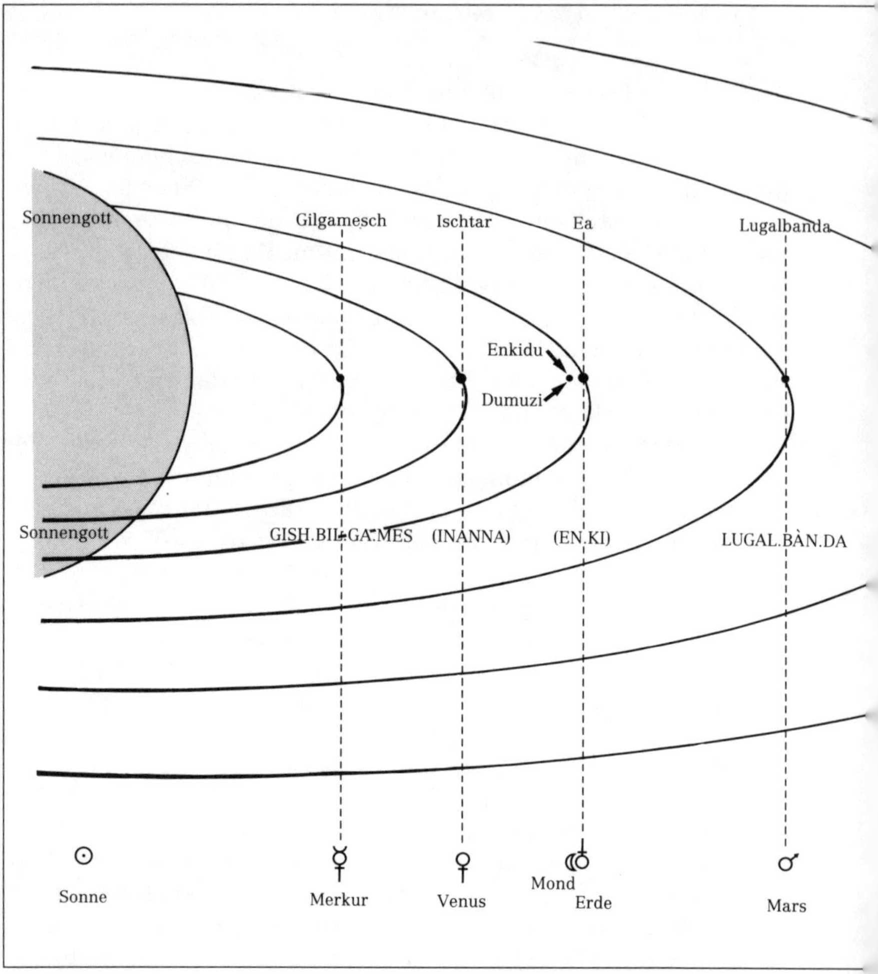

Das Weltbild der Chaldäer im dritten Jahrtausend v. Chr. ist unser modernes heliozentrisches Weltbild gewesen. Die chaldäischen Astronomen wußten, daß die Planeten nicht um die Erde, sondern mit dieser um die Sonne kreisen. Die Erde mitsamt dem Mond, ihrem »Bruder«, ist korrekt an vierter Stelle nach Saturn, Jupiter und Mars eingeordnet.

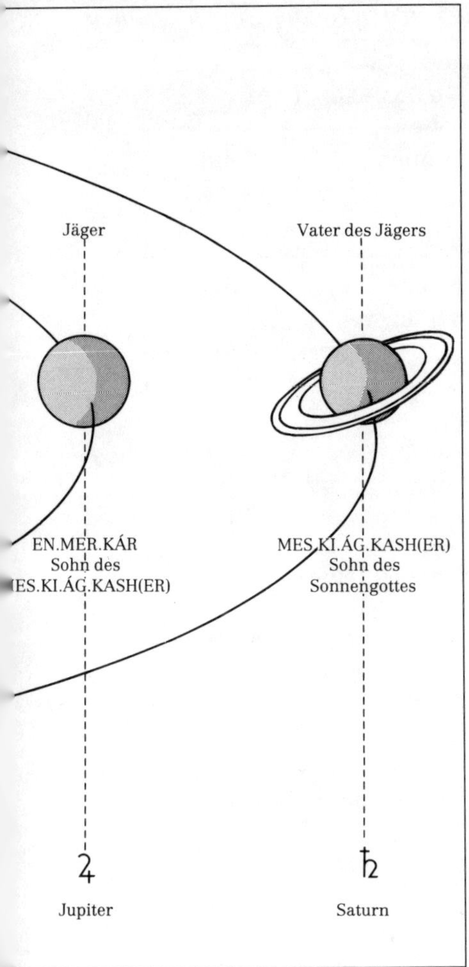

39 Kopernikus kam 4000 Jahre zu spät! Gilgamesch-Epos und sumerische Königsliste zeigen, daß unser modernes heliozentrisches Weltbild den Chaldäern in der Mitte des dritten Jahrtausends v. Chr. vertraut war. Die Herrscher von Uruk werden als »Söhne der Sonne« entsprechend ihrer chronologischen Reihenfolge – mit dem Jüngsten bei der Sonne beginnend – den Planeten zugeordnet. Siehe die Beweisführung im Text. Skizze nicht maßstabsgerecht.

Heureka! Ich habe Nimrod gefunden!

Ein Vergleich der sumerischen Königsliste mit dem Gilgamesch-Epos zeigt, daß Meskiag-Kasch(er), der Sohn des Sonnengottes, im Epos dem Vater des Jägers entspricht, während sein Sohn Enmer-kár mit dem Jäger selbst identisch ist. KÁR ist das sumerische Wort für »Jäger«. Enmer-kár bedeutet folglich nichts anderes als »Enmer, der Jäger«.

Sumerische Königsliste		Gilgamesch-Epos	
Sonne	Sonnengott Vater des Meskiag-Kasch(er)	Sonnengott	Sonne
Saturn Erstgeborener der Sonne	Meskiag-Kasch(er) Sohn des Sonnengottes Vater des Enmer-kár	Vater des Jägers	Saturn Erstgeborener der Sonne
Jupiter	Enmer-kár Sohn des Meskiag-Kasch(er)	Jäger Sohn des Vaters des Jägers	Jupiter
Mars	Lugalbanda	Lugalbanda	Mars
Mond	Dumuzi	Enkidu-Dumuzi	Mond
Venus	—	Ischtar-Inanna	Venus
Merkur	Gilgamesch	Gilgamesch	Merkur

Vergleich der Könige von É.AN.NA-Uruk mit den handelnden Personen im Gilgamesch-Epos aufgrund ihrer Zuordnung zu den Wandelsternen.

Die aufgrund der *astronomischen* Analyse des Epos gewonnene Identität des Jägers mit Enmer-kár wird somit auch philologisch bestätigt. Von diesem Jäger Enmer-kár heißt es in der sumerischen Königsliste, daß er der Erbauer von Uruk war:

»Enmer, der Jäger (kár), der Sohn Meskiag-Kasch(er)s,
König von Uruk, welcher Uruk erbaute.«

Enmer, der Jäger, war also der erste Herrscher von Uruk nach der Flut. Wie sagt das zehnte Kapitel der Genesis noch, in dem die Nachkommen der drei Söhne Noahs verzeichnet sind?

»Und dies ist die Geschlechterfolge der Söhne Noahs:
Sem, Ham und Japhet – ihnen wurden Söhne nach der Flut geboren . . .
Und die Söhne Hams sind: Kusch und Mizrajim und Put und Kanaan . . .
Und Kusch zeugte Nimrod; der war der erste Gewaltige auf der Erde.
Er war ein gewaltiger Jäger vor dem Herrn; darum sagt man: Wie Nimrod, ein gewaltiger Jäger vor dem Herrn!
Und der Anfang seines Königreiches war Babylon und *Uruk* und Akkad und Kalne im Lande Sinear.«

Die sumerische Königsliste stimmt also mit der Bibel darin überein, daß nach der Flut ein Herrscher von *Uruk* lebte, der ein bedeutender Jäger gewesen war. Es konnte keinen Zweifel mehr geben: Ich hatte Nimrod, den gewaltigen Jäger der Bibel, im Gilgamesch-Epos und in der sumerischen Königsliste gefunden! Die sumerische Königsliste ist uns in mehreren Abschriften vor allem aus altbabylonischer Zeit bekannt geworden. In einem Duplikat der Liste wird Enmer-kár ausführlich syllabisch geschrieben: *en-me-er-rú(d)-kár*. Trennen wir kár, den »Jäger«, ab, verbleibt als eigentlicher Name des ersten Königs von Uruk: en-me-er-rú(d), zusammengelesen also *Enmerud*.

Der uns überlieferte alte hebräische Text der Genesis enthielt ursprünglich nur die Konsonanten. Erst im Mittelalter haben jüdische Gelehrte, die sogenannten Masoreten, dem Konsonantentext der Bibel Vokalzeichen hinzugefügt, wodurch der Bibeltext leichter lesbar wurde. Ob der von den Masoreten »Nimrod« gelesene Name Nmrd (נמרד) die ursprüngliche Aussprache des Namens wiedergibt, ist nicht sicher. Jedenfalls zeigt ein Vergleich der Konsonanten des biblischen Nimrod mit dem sumerischen Enmerud völlige Übereinstimmung: N^{i}MR^{o}D = ^{e}N M^{e}R^{u}(D). Bisher hatten die Gelehrten den biblischen Nimrod vergeblich in der Keilschriftliteratur gesucht; in theologischen Kreisen galt darum Nimrod als dichterische Erfindung, wie überhaupt die ersten Seiten der Bibel als jüdische Märchen aus späterer Zeit abgestempelt wurden. Die Sterne von Babylon be-

40 Abdruck eines altassyrischen Rollsiegels aus dem 23. Jahrhundert v. Chr., Wien. (Nach Lajard, Culte de Mithra, 62, 2, 1847).
Dargestellt sind unter anderem Nimrod – als KÁR.NUN, »gewaltiger Jäger«, bezeichnet – und Gilgamesch, der Wildstiermensch (AM.SAG). Gilgamesch kämpft hier mit dem Löwen Chumbaba, der als Dämon (DÌM) ausgewiesen ist. (vgl. auch Abb. 41).

Die Beizeichen (neben den Bildzeichen ist jeweils das entsprechende neuassyrische Keilschriftzeichen in senkrechter Stellung wiedergegeben, das auf das ursprüngliche Bild zurückgeht):

Beizeichen zum Löwen (Chumbaba)

DÌM = Dämon

Beizeichen zum Stiermensch (Gilgamesch)

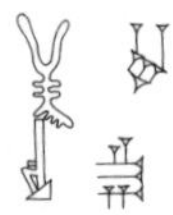

AM = remu = Wildstier

SAG = amelu = Mensch

AM.SAG = Wildstiermensch

Beizeichen zum Jäger (Nimrod)

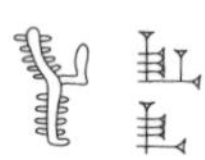

KÁR = chabilu = Jäger

NUN = rabu = gewaltig

KÁR.NUN = gewaltiger Jäger

weisen nun die Unhaltbarkeit der von der etablierten alttestamentlichen Wissenschaft in diesem Punkt vertretenen Meinung.

Nimrod-Enmerud, der Jäger (kár), war in Sumer und Akkad so berühmt, daß er im dritten Jahrtausend v. Chr. bereits wie Lugalbanda und Gilgamesch, die ihm auf dem Thron von Uruk folgten, in einem eigenen Epos, dem bekannten Enmer-kár-Epos, verherrlicht wurde. Auch auf den Rollsiegeln des dritten Jahrtausends v. Chr. ist Nimrod, der gewaltige Jäger, verewigt worden. In dem hier abgebildeten altassyrischen Rollsiegel (Abbildung 40), das aus dem 23. Jahrhundert v. Chr. stammt, ist Nimrod sogar zusammen mit Gilgamesch dargestellt. Dieses Siegel zeigt zudem, wie bekannt das Gilgamesch

Epos damals auch im nördlichen Assur gewesen ist, denn neben Gilgamesch ist noch Chumbaba als Löwe (UR.GU.LA) zu sehen. Nimrod wird auf diesem Siegel als *KÁR.NUN*, »gewaltiger Jäger«, bezeichnet, Gilgamesch als AM.SAG, »Wildstiermensch«. Das Zeichen DÌM beim Löwen Chumbaba bedeutet: »Dämon«.

Der Sohn des Sonnengottes ging über das Meer

Im Gilgamesch-Epos hat der »Jäger« von Uruk einen »Vater«, der aber nicht namentlich genannt wird. Der sumerischen Königsliste entnehmen wir, daß der Jäger (kár) Enmerud der Sohn des Meskiag-Kasch(er) war. In der Genesis heißt der Vater Nimrods, des gewaltigen Jägers, *Kusch*. Die Identität des Jägers mit Enmerud und Nimrod legt nahe, daß auch Meskiag-Kasch(er) und Kusch ein und dieselbe Person sind. Meskiag bedeutet »geliebter Held«, ist also nur ein Titel vor dem eigentlichen Namen Kasch(er). Der Vergleich von Kasch(er) mit Kusch zeigt deutlich den konsonantischen Gleichklang dieses Namens in Babel und Bibel. Außer Nimrod ist also auch sein Vater Kusch in der sumerischen Königsliste namentlich aufgeführt. Kusch, der Vater des gewaltigen Jägers von Babel und Uruk, wird im Gilgamesch-Epos dem Planeten Saturn zugeordnet. Es ist darum nicht verwunderlich, wenn dieser Planet in den Keilschrifttexten auch direkt KUSCH genannt wurde.

Ein weiterer keilinschriftlich belegter Name für den Planeten Saturn war MI, der »Schwarze«. Nun galt Kusch als Vater der schwarzen Völker Afrikas, speziell der Äthiopier. Eusebios schreibt in seinem »Chronikon«:

»Kusch ist der, von dem die Äthiopier kamen.«

Dies bezeugt auch Josephus. In der Septuaginta, der griechischen Übersetzung der hebräischen Bibel, wird Kusch mit Äthiopien wiedergegeben; noch im modernen Hebräisch bedeutet *Kusch* Äthiopien und *Kuschi* Neger. Wir haben hier die scheinbar paradoxe Situation vor uns, daß Kusch einerseits König von É.AN.NA und Vater des berühmten Jägers Nimrod, des Erbauers von Uruk, war, andererseits aber der Stammvater der Äthiopier gewesen sein soll.

Wie kommt Kusch von Sinear nach Afrika?

Diese Frage müssen wir stellen, wenn wir nicht das vielstimmige Zeugnis in griechischer Sprache als Phantasiegebilde abtun wollen. Die Antwort auf diese drängende Frage finden wir in der sumerischen Königsliste selbst. Hier steht jene geheimnisvolle Klausel, die in echt chaldäischer Manier mehr verhüllt als enthüllt, nämlich:

»Meskiag-Kasch(er) zog über das Meer und ließ sich auf dem Gebirge nieder.«

Meskiag-Kasch(er) wird in der Königsliste »Sohn des Sonnengottes« genannt, und es könnte sich sein Zug über das Meer auf den Planeten Saturn beziehen. Saturn wird ja, wie wir sahen, »Erstgeborener des Sonnengottes« (LU.BAD.$^{(d)}$SAG.USH.^{d}UD) genannt. Das »Meer«, das auch Gilgamesch-Merkur überqueren mußte, um zu seinem Urahn Utnapischtim zu gelangen, wäre dann ausschließlich am gestirnten Himmel zu suchen. Da aber Sonne, Mond und alle Planeten über das himmlische Meer ziehen, muß die rätselhafte Floskel ganz irdisch verstanden und auf den Vater Nimrods ganz persönlich bezogen werden. Demnach fuhr *Kusch* wohl von Sinear über den Persischen Golf in den Indischen Ozean hinaus, umschiffte die arabische Halbinsel, ging an der Ostküste Afrikas an Land und siedelte dann im äthiopischen Hochland (CHUR.SAG). Nun lesen wir im elften Kapitel der Genesis, daß die nachsintflutliche Menschheit von Babylon »über die ganze Erde zerstreut« wurde. Diese »Zerstreuung« könnte also zu Lebzeiten Kuschs geschehen sein.

Wir hatten Meskiag, den Titel *Kuschs* in der sumerischen Königsliste, mit »geliebter Held« übersetzt. Es ist aber noch eine Deutung des Titels möglich, nämlich: »Held (MES), der die Erde (KI) zerteilte (ÁG = AG)«. Diese Deutung war natürlich nur dem Eingeweihten vertraut. Es ist diese »Geheim«-Sprache der Chaldäer, die es bisher vereitelte, ihre dunklen Sprüche zu verstehen. Wenn Kusch »die Erde zerteilte«, dann ist er wohl hauptsächlich für die babylonische Zerstreuung verantwortlich gewesen. Dies kann vor dem Hintergrund der Genesis nur bedeuten, daß er am Bau des babylonischen Turmes maßgebend beteiligt war, was in alten Quellen auch bestätigt wird.

Wie auch immer wir die Geschichte vom babylonischen Turm, die uns auch keilinschriftlich überliefert ist, einschätzen, an der Historizität Kuschs und der Ausbreitung der nachsintflutlichen Menschheit vom Zweistromland aus kann jedenfalls nicht mehr gezweifelt werden.

Der Vergleich von Bibel und Babel enthüllt uns aber noch ein weiteres Geheimnis: Die Identität des Sonnengottes, des Vaters von Meskiag-Kasch(er). Der Sonnengott muß ebenfalls ein berühmter Held von Sinear gewesen sein, der nach seinem Tod als *Sonne* »leuchtend an den Himmel« trat. Über den Namen dieses vergöttlichten Helden schweigt die sumerische Königsliste, nicht jedoch die Genesis: Der Vater Kuschs hat hier den Namen *Ham*. Ham bedeutet im Hebräischen »warm«, »heiß«; substantiviert heißt es »Hitze«, »Wärme«, »Glut« und steht dichterisch im Propheten Jesaja und im Hohenlied auch für »Sonne«. Für Ham, den »Heißen«, kommt unter den Himmelskörpern daher sinnvoll allein die »Sonne« in Betracht. Die Sonne ist im Sumerischen, Akkadischen und Hebräischen nicht, wie im Deutschen, grammatikalisch weiblich, sondern männlich! Ham ist der Stammvater der hamitischen Völker, die in der Genesis einzeln aufgezählt werden. Es überrascht daher nicht, daß der Kult aller dieser Völker ein Sonnenkult war. Wenn auch die Pharaonen sich Söhne des Sonnengottes nannten, dann geschah dies im Bewußtsein ihrer Abstammung von *Ham*. In der Bibel heißt Ägypten Mizrajim, womit eigentlich das Land des Mizrajim gemeint ist. Mizrajim ist nach Genesis 10 wie Kusch ein Sohn Hams, der offenbar nach der Katastrophe von Babylon ebenfalls westwärts zog und sich mit seiner Sippe nördlich von seinem Bruder in Afrika am Nil niederließ.

Für Noah kein Platz an der Sonne

Eine Frage soll und muß noch gestellt werden, eine Frage, die uns aus dem Sonnensystem in die unermeßliche Weite des Alls ans Ziel unserer Reise führt, zu Utnapischtim: *Wer war der Vater des Sonnengottes?* Hierauf gibt es nur eine Antwort: Noah! Denn Ham, der »Heiße«, der nach seinem Tode als Sonnengott verehrte Held von Sinear, ist laut der Genesis einer der drei Söhne Noahs, die mit ihren Frauen die Sintflut überlebten:

»Und Gott redete zu Noah und sprach:
›Geh aus der Arche heraus, du und deine Frau und deine Söhne und die Frauen deiner Söhne mit dir!‹
Und die Söhne Noahs, die aus der Arche gingen, waren Sem und Ham und Japhet . . .
und von ihnen ist die ganze Erde bevölkert worden.«
(Genesis 8,15.16; 9,18.19)

Im Gilgamesch-Epos fanden wir den Sintfluthelden, der hier den Namen Utnapischtim führt, im Sternbild SUCHUR.MÁSH.KU_6 (Ziegenfisch) an der Himmelssphäre verewigt. Der Ziegenfisch, der unserem Capricornus entspricht, ist das Sternbild des zehnten Monats, des Ṭebētu; in diesem Monat wird der Ziegenfisch erstmals im Jahre vor Sonnenaufgang über dem Osthorizont sichtbar. Nun hat der zehnte Monat im Sumerischen den seltsamen Namen AB.BA.UD.DU, was wörtlich bedeutet: »Der Vater (AB.BA) der Sonne (UD) geht heraus (DU)«. Dies bezieht sich offensichtlich auf den Morgenaufgang des Ziegenfisches, wenn er also erstmals aus den Strahlen der Sonne heraustritt. Natürlich ist nicht der Ziegenfisch selbst, sondern der im Ziegenfisch verewigte Utnapischtim-Noah mit dem »Vater der Sonne« (des Ham) gemeint.

Im Gilgamesch-Epos wird die Linie der Herrscher von Uruk konsequent von Gilgamesch bis zu Noah-Utnapischtim, dem Vater Hams, durchgezogen.

Da Sonne, Mond und Planeten restlos auf Ham und seine Nachkommen, Kusch und Nimrod, den Erbauer von Uruk, sowie Lugalbanda, Dumuzi-Enkidu, Ischtar und Gilgamesch verteilt sind, kann Noah-Utnapischtim, dem »Vater der Sonne« (dem Vater des Ham), unmöglich ein Himmelskörper im Sonnensystem zugeordnet werden. Dies könnte erklären, warum im Epos Utnapischtim als einziger Sterblicher lebendig zu den Göttern entrückt wird, ohne, wie alle anderen Helden von Sinear, durch den Tod gehen zu müssen, so daß seine Entrückung eine notwendige Entfernung aus dem Sonnensystem bedeutet. Daß Gilgamesch als sonnennächster Planet diesen Zustand der Glückseligkeit fern vom Sonnensystem niemals erreichen kann, ist dann ohne weiteres verständlich.

Wandelstern	Genesis	Sumerische Königsliste	Gilgamesch-Epos
Sonne	Ham, Vater des Kusch	Sonnengott, Vater des Kasch(er)	Sonnengott
Saturn	Kusch, Vater des Nimrod	Kasch(er), Vater des Enmerud	Vater des Jägers
Jupiter	Nimrod, Sohn des Kusch	Enmerud, Sohn des Kasch(er)	Jäger
Mars	–	Lugalbanda	Lugalbanda
Mond	–	Dumuzi	Dumuzi
Venus	–	–	Ischtar
Merkur	–	Gilgamesch	Gilgamesch

Warum Utnapischtim vom Berg entrückt wurde

Aber es gibt noch einen wichtigen Grund für die Entrückung des babylonischen Noah. Gemäß dem Bericht der Genesis landete die Arche auf dem Gebirge Ararat, also in der Gegend des heutigen Armenien, das die Babylonier Urartu nannten. Ararat ist oft als »Berg des Abstiegs« (hebräisch: Har Jored) gedeutet worden, womit offenbar der Abstieg Noahs nach der Flut vom Berge herab gemeint war; Armenien hieße dann: »Berg des Meni oder Manu« (Har Meni). Meni oder Manu ist der Name Noahs in den indischen Sintflutgeschichten; er setzt sich aus Ma (Me), »Wasser«, und Nu, »Noah«, zusammen. Im »Śatapatha-Brāhmaṇa«, einer altindischen Schrift (etwa 1000 v. Chr.), findet sich eine der ältesten indischen Sintfluterzählungen.

Darin wird der Landeplatz der Arche auf dem »nördlichen Gebirge« als »Manus Niedergang« bezeichnet. Das »nördliche Gebirge« ist folglich mit dem biblischen Ararat identisch.

Auch im Gilgamesch-Epos landet die Arche auf einem »Berg«, dem »Berg Niṣir«.

Niṣir bedeutet »Rettung«. Der Berg Niṣir ist schlicht der »Berg der Errettung« Utnapischtims. In späten Keilschrifttexten wird in der Nähe vom Urmia-See ein Berg gleichen Namens erwähnt; ob aber gerade dieser Berg oder der Ararat gemeint ist, weiß man nicht. Jedenfalls liegen beide, das Ararat-Gebirge und der Berg Niṣir, *nördlich* von Uruk.

Berossos, der Marduk-Priester von Babylon, gibt als Landeplatz der Arche das »Gebirge der Gordyäer (Kurden) in Armenien« an.

Alle genannten Quellen stimmen darin überein, daß die Arche auf einem Gebirge weit im Norden von Babylonien landete. Der Landeplatz der Arche im armenischen Hochland muß demnach so bekannt gewesen sein, daß er aus der Sintflutgeschichte ebensowenig wegzudenken war wie der Rabe oder die Taube, die Noah fliegen ließ.

Nun entspricht der absolute *Norden* am akkadischen Himmel dem Sommer-Sonnenwendepunkt der Ekliptik, und hier fanden wir den »Zedernberg« Chumbabas, der sich im Enlil-Weg zwischen 60° und 120° ekliptikaler Länge um den Gipfel bei α Leonis (90°) ausdehnt, so daß der »Berg« Niṣir oder Ararat mit dem Zedernberg oder einem Teil desselben an der höchsten Stelle der Ekliptik gleichzusetzen ist. Hier im *Enlil*-Weg müßten darum auch Utnapischtim und sein Sintflutschiff lokalisiert werden, und Gilgamesch sollte auf dem Zedernberg nicht nur Chumbaba, sondern auch dem chaldäischen Sintfluthelden begegnet sein.

Aber Utnapischtim liegt als Ziegenfisch am gestirnten Himmel dem Zedernberg diametral gegenüber im *Ea*-Weg, an der *südlichsten* Stelle der Ekliptik, und dort steht bei ihm auch die Arche (MÁ.GUR$_8$).

Der Dichter konnte im Epos den allbekannten Landeplatz der Arche auf dem »*nördlichen* Gebirge« unmöglich in den Süden von Uruk verlegen. Da kam ihm der rettende Gedanke, daß, wenn er schon nicht Berge versetzen, er wenigstens Utnapischtim mitsamt der Arche vom »Berg« entrücken konnte. Damit umschiffte der Dichter nicht nur glänzend diese gefährliche astronomische Klippe, er fand zugleich auch die Begründung dafür, warum sich Gilgamesch auf die Reise zu Utnapischtim begab, und machte so erst das Epos zur großen Problemdichtung der Menschheit: die Suche nach der Unsterblichkeit nicht der Seele – denn die war auch nach chaldäischer Vorstellung unsterblich –, sondern des Leibes. Auf diese Weise wurde das Epos über den Tod Enkidus hinaus weitergesponnen: Gilgamesch-Merkur konnte seine Bahn durch die Tierkreisbilder bis zum Ziegenfisch fortsetzen!

Wenn auch die leibliche Entrückung Utnapischtims als große Ausnahme hingestellt wird, die Gilgamesch niemals zuteil werden sollte, so war dieser Gedanke dennoch nicht ungewöhnlich oder gar neu. Wurde doch gemäß der Genesis schon Henoch *vor* Einbruch der Sintflut zu Gott entrückt, weil er »mit Gott wandelte« (Genesis 7, 22.24). Und auch Elia, der Prophet Israels, wurde nach dem Bibeltext (2 Könige, 2. Kap.) im neunten Jahrhundert v. Chr. in den Himmel entrückt, ohne durch den Tod gehen zu müssen. Utnapischtim wurde also mitsamt dem Sintflut-Schiff (MÁ.GUR$_8$) aus *astronomischem* Grund vom »Berg« im Enlil-Weg entrückt. Daß diese astronomische Komponente in der Genesis fehlt – hier stirbt Noah eines natürlichen Todes –, beweist einmal mehr, daß der biblische Sintflut-Bericht die ursprüngliche, mindestens viereinhalb Jahrtausende alte Quelle unverfälscht wiedergibt.

Betrachten wir nun, wie der Dichter die Entrückung Utnapischtims und der Arche vom *Enlil-* in den *Ea*-Weg bewerkstelligt. Als Gilgamesch-Merkur bei Utnapischtim, dem Ziegenfisch (SUCHUR. MÁSH.KU$_6$) im *Ea*-Wege, angelangt ist, erzählt ihm dieser die Sintflutgeschichte. Der neben dem Ziegenfisch im *Ea*-Weg stehende »große Gott Ea« (GU.LA ^{d}Ea) kündigt dem chaldäischen Noah die bevorstehende Sintflut an und rät ihm zum Bau der Arche (MÁ.GUR$_8$), die ebenfalls im *Ea*-Weg beim Ziegenfisch steht. So weit ist astronomisch alles in der Ordnung. Aber nun kommt die Klippe!

Als Utnapischtim mit seinem Schiff auf dem Ararat-Niṣir, dem Berg im Norden, gelandet ist, tritt plötzlich der Gott *Enlil* (!) auf den Plan und streitet mit Ea, der den Beschluß der Götter, eine Sintflut über die Erde kommen zu lassen, verraten hatte:

»Als aber Enlil herantrat
Und das Schiff sah, da ward Enlil voll Zorn.«

Enlil, der die Sintflut plante, ist außer sich vor Wut, daß doch ein Sterblicher die Sintflut überlebt hat. Als aber Ea erklärt, daß er das Geheimnis der Götter nicht verraten habe, sondern Utnapischtim angeblich nur einen Traum sehen ließ, den dieser so »äußerst Weise« (Atrachasis)* zu deuten verstand, da lenkt *Enlil*, der etwas auf Intelligenz gibt, ein:

»Dann stieg *Enlil* in das Schiff,
Nahm mich (Utnapischtim) bei der Hand und ließ mich einsteigen,
Ließ meine Frau einsteigen und neben mir knien,
Stellte sich zwischen uns hin, berührte uns're Stirn und segnete uns also:
›Vordem war Utnapischtim nur ein Mensch.
Fortan sollen Utnapischtim und seine Frau wie wir Götter sein.
Wohnen soll Utnapischtim fern an der Mündung der Ströme.‹«

Mit den Strömen sind, wie wir wissen, die an den Himmel projizierten Flüsse Euphrat (SIM.MACH) und Tigris (Anunitum) gemeint, die in den himmlischen Persischen Golf im Ea-Wege münden, wo sich Utnapischtim seitdem als Ziegenfisch samt seinem Schiff befindet.

Sanchuniathon verrät das Geheimnis der Götter

Der Vergleich von Gilgamesch-Epos, sumerischer Königsliste und Genesis ergibt, daß Noah, Ham, Kusch und Nimrod tatsächlich gelebt haben. Die Sterne von Babylon beweisen die historische Zuverlässigkeit der Bibel bis an die Schwelle der Sintflut zurück. Sie enthüllen aber auch das Mysterium der chaldäischen Astralreligion, in der Ham und seine »Söhne« (Nachkommen) nach ihrem Tode vergöttlicht und in den Wandelsternen verewigt wurden. Sonne, Mond und Planeten waren nur Abbilder der hamitischen »Heiligen« von Sinear.

* Diesen Disput zwischen Enlil und Ea im akkadischen Gilgamesch-Epos hat später ein babylonischer Schreiber zum Anlaß genommen, um daraus den euphemistisch »Atrachasis-Epos« genannten, befremdlichen Beschwörungsritualtext für die Geburt eines Kindes zu fabrizieren. In einer frühestens zu Beginn des zweiten Jahrtausends v. Chr. entstandenen, sumerisch abgefaßten Sintflutversion kommt der Sintflutheld unter dem Namen Ziusudra (»Leben langer Tage«) vor, den noch Berossos als Xisuthros erwähnt.

Auf dem schon erwähnten altassyrischen Rollsiegel aus dem 23. Jahrhundert v. Chr., auf dem auch der »gewaltige Jäger« (KÁR. NUN) Nimrod neben Gilgamesch abgebildet ist, sieht man in der rechten Bildhälfte eine Initiationsszene (Abbildung 41). Ganz rechts sitzt ein Priester, vor ihm steht ein Initiand, der den Priester um Erlösung bittet: SIL, »(Er)löse mich«!, worauf der Priester ihm die Absolution erteilt: KAS$_4$, »Sei frei!« Der Priester ist umgeben von Sonne, Mond (als Sichel) und fünf Kugeln, welche offenbar die fünf Planeten Merkur, Venus, Mars, Jupiter und Saturn bedeuten, aber in verborgener Weise die Heiligenbilder von Gilgamesch (Merkur), Ischtar (Venus), Lugalbanda (Mars), Nimrod (Jupiter) und Kusch (Saturn) sind. Der Priester ist natürlich ein Stellvertreter der Erde oder des Erdgottes EN.KI (Ea); er hält deshalb den Erdtrabanten Mond (in seiner Hand) fest. Wir finden hier also das komplette Sonnensystem versammelt. Der Mond ist als kleines Schälchen geformt, das den berauschenden Trank enthält, den der Initiand trinken mußte.

Der Mysterienkult der Chaldäer fand seit dem dritten Jahrtausend v. Chr. im ganzen Vorderen Orient eine schnelle Verbreitung;

41 In der rechten Hälfte des in Abb. 40 wiedergegebenen altassyrischen Rollsiegels aus dem 23. Jahrhundert v. Chr. ist eine Initiationsszene dargestellt. Der Priester erteilt dem Initianden die Absolution.
Der Priester wirkt als Stellvertreter EN.KI-Eas, des »Herrn der Erde«, und ist von Sonne, Mond und den fünf Planeten umgeben, den Heiligenbildern von Gilgamesch (Merkur), Ischtar (Venus), Lugalbanda (Mars), Nimrod (Jupiter), Kusch (Saturn), Ham (Sonne) und Dumuzi (Mond).

Die Beizeichen (neben den Bildzeichen ist jeweils das entsprechende neuassyrische Keilschriftzeichen in senkrechter Stellung wiedergegeben, das auf das ursprüngliche Bild zurückgeht):

Beizeichen zum Initianden

SIL = puṭur = »(Er)löse mich!«

Beizeichen zum Priester (Stellvertreter des EN.KI-Ea)

KAS$_4$ = lisam = »Sei frei« (»Lauf frei herum!«) (Absolutionsformel)

schließlich wurde er auch von Griechen und Römern übernommen. Daß die Juden diesem Kult im Babylonischen Exil nicht unterlagen, sondern den Glauben Abrahams, Isaaks und Jakobs an den einen Gott, den Schöpfer von Himmel und Erde, inmitten einer heidnischen Umwelt bewahrten, gehört zu den größten Wundern der Weltgeschichte. Bei Licht besehen, war der Sternen- oder Astralkult der Chaldäer ein Totenkult. Darum durfte auch kein Eingeweihter dies sorgsam gehütete Geheimnis verraten. Dennoch sickerte genug Information nach außen durch. In seiner Vorrede zur schon erwähnten »Phönizischen Geschichte« des Sanchuniathon, jenes phönizischen Schriftgelehrten aus dem 14. Jahrhundert v. Chr., schreibt Philon von Byblos:

»Abdonilibnas, der König der Byblier, . . . ließ die alten Schriften zu sich bringen und befahl seinem Schreiber Sanchuniathon, allem Wissenswürdigen darin nachzuforschen und es aufzuschreiben.

Demnach untersuchte dieser . . . mit großer Sorgfalt die Bücher des Taautos, weil er wußte, daß Taautos zuerst unter allen, die auf Erden gelebt, die Buchstabenschrift erfunden und zuerst angefangen hat, geschichtliche Erinnerungen niederzuschreiben; deswegen also legte Sanchuniathon ihn seinem ganzen Werke zugrunde.

Taautos aber heißt bei den Ägyptern Thoyth, bei den Alexandrinern Thoth, und die Griechen übersetzten ihn Hermes (lateinisch: Merkur).

Aber diejenigen, welche sich später mit der Deutung der göttlichen Dinge befaßten, verwarfen von vornherein die wirklichen Tatsachen, ersannen dafür Mythen und Allegorien, brachten einen erdichteten verwandtschaftlichen Zusammenhang in die Weltschöpfung und ihre fortschreitende Entwicklung und errichteten Mysterien, welche sie in ein geheimnisvolles Dunkel hüllten, so daß nicht leicht jemand die Wahrheit zu erkennen vermochte. Sanchuniathon aber machte sich an die aus dem Innersten der Tempel hervorgesuchten heiligen Schriften, welche in der freilich nicht jedem verständlichen Sprache der Ammunäer abgefaßt waren, und suchte eifrig alles zu erforschen. Und endlich entfernte er wieder aus den Anfängen der Geschichte die Mythen und Allegorien, wodurch er seiner Arbeit die Krone aufsetzte und sein Vorhaben würdig zum Ziele führte: bis spätere Priester wiederum sie zu verfälschen und in das

Gewand der Fabel einzuhüllen für gut fanden, und seitdem sind auch unter den Hellenen jene mystischen Lehren verbreitet, die ihnen früher fremd waren . . .

Um nun also die Wahrheit auch den Griechen bekanntzumachen, habe ich beschlossen, die Erzählung des Sanchuniathon zu übersetzen. Zu größerer Deutlichkeit aber und zum besseren Verständnis des einzelnen muß man sich vorher merken, daß die ältesten nichtgriechischen Völker, besonders aber die Ägypter und Phönizier, von denen auch die übrigen dies annahmen, als die höchsten Götter erstens diejenigen verehrten, welche eine für das menschliche Leben wichtige Erfindung gemacht oder sonst sich ein Verdienst um die Völker erworben haben, und daß sie, um diesen göttliche Ehre zu erweisen, ihnen in notdürftigen Tempeln Felsblöcke und Baumstämme weihten, welche sie unter dem Namen jener anbeteten und an deren Dienst sie die heiligsten Feste knüpften.

Zweitens aber übertrugen die Phönizier insbesondere die Namen ihrer eigenen Könige auf die Urstoffe der Welt und auf gewisse Naturkräfte, die sie göttlich verehrten, wie sie denn Sonne, Mond und die übrigen Planeten, die Elemente, und was dem verwandt ist, für Götter ansahen. Auf diese Weise also hatten sie einerseits sterbliche, andererseits unsterbliche Götter.*«

Diese prägnanten Worte des Philon von Byblos sind von Religionswissenschaftlern immer wieder belächelt und nicht ernst genommen worden. Aber was wir aus sumerischen Keilschrifttexten wissen und im Gilgamesch-Epos bestätigt fanden, zeigt, wie recht Philon von Byblos hat.

Der Leichnam Jupiters im Babylonischen Turm

Die Vergöttlichung Hams und seiner Söhne erklärt einerseits das »Verwandtschaftsverhältnis« der Wandelsterne untereinander und andererseits die menschlich-allzumenschlichen Verhaltensweisen der Götter in der Mythologie der Völker.

Die »Theogonie« Hesiods wird auf diesem Hintergrund über-

* Übersetzung nach I. Classen

haupt erst verständlich. Die Götter werden gezeugt und geboren, sie existieren nicht von Ewigkeit her, sie sind mit den schlimmsten Leidenschaften und Lastern behaftet und scheuen nicht vor Mord zurück, sie sind sterblich wie das ganze Menschengeschlecht.

Minucius Felix, ein christlicher Schriftsteller aus dem dritten Jahrhundert, hat in seinem Dialog »Octavius« ganz ähnlich wie Philon von Byblos die Entstehung der Götterverehrung richtig gesehen. Er schreibt unter anderem:

»In gleicher Weise haben auch unsere Vorfahren über die Götter sich geirrt: unüberlegt, leichtgläubig haben sie mit naiver Einfalt ihren Glauben gebildet. Während sie nach deren Hinscheiden das Bedürfnis fühlten, sie in Bildern vor Augen zu haben, und das Bestreben hatten, ihr Andenken in Statuen festzuhalten, wurde später ein Gegenstand des Kultes, was ursprünglich nur als Trostmittel gedient.

Endlich verehrte jedes Volk, bevor der Erdkreis dem Handel erschlossen ward und die Völker ihre Sitten und Gebräuche austauschten, seinen Stifter oder ruhmreichen Führer oder seine tugendhafte, mehr als weiblichen Mut zeigende Königin oder den Erfinder irgendeiner wohltätigen Einrichtung oder Kunst als einen Bürger von gutem Andenken. So ward den Verstorbenen eine Belohnung und den künftigen Geschlechtern ein Vorbild gegeben.

Lies nur die Schriften der Geschichtsschreiber oder die Schriften der Philosophen, und du wirst zum gleichen Urteil wie ich kommen.

Euhemerus führt Personen auf, welche wegen der Verdienste ihrer Tapferkeit oder Wohltätigkeit für Götter gehalten wurden. Er zählt ihren Geburtstag, ihre Heimat, ihre Grabstätte auf und weist sie in den verschiedenen Provinzen nach . . .

Der bekannte Mazedonier Alexander der Große berichtete in einem berühmten Schreiben an seine Mutter (Olympias), aus Furcht vor seiner Macht habe ihm der Priester (des Ammon) das Geheimnis betreffend die menschliche Natur der Götter verraten. Er macht darin Vulcan (Saturn) zum ersten aller Götter, und an die zweite Stelle setzt er das Geschlecht des Jupiter.

Den Saturn als Stammvater dieses Geschlechts haben denn auch alle alten griechischen und römischen Schriftsteller als *Menschen* dargestellt. Das bezeugen Nepos und Cassius in ihrer Geschichte; auch Thallus und Diodorus reden davon. Dieser Saturn hatte sich auf der Flucht von Kreta nach Italien begeben, aus Angst vor seinem wütenden Sohn. Dort ward er von Janus gastfreundlich aufgenommen. . . . Sein *Versteck* wollte er, weil er dort sicher geborgen war, Latium (»das Verborgene«) genannt wissen, und er hinterließ nach seinem Namen zum Gedächtnis für die Nachwelt die Stadt Saturnia (alter Name der Stadt Rom) ebenso wie Janus das Janiculum (einer der sieben Hügel Roms).

Jedenfalls also war es ein *Mensch*, welcher floh und sich ein Versteck suchte, und sowohl eines Menschen Vater wie eines Menschen Sohn . . .

Sein Sohn Jupiter regierte auf Kreta, nachdem er seinen Vater vertrieben, starb dort und hatte Söhne daselbst. Noch heute besucht man die Höhle des Jupiter und zeigt sein Grab. So erweist sich sein menschlicher Ursprung schon durch die Art seiner Heiligtümer.«*

Minucius Felix beschreibt hier die von den Chaldäern überkommene Mythologie der Griechen und Römer, in welcher die ursprünglichen Zusammenhänge bereits bewußt vielfältig entstellt sind, um den Nichteingeweihten zu täuschen.

Die Flucht Saturns (Kuschs) vor seinem Sohne Jupiter (Nimrod) von Kreta nach Italien erinnert nur noch leise an die Katastrophe von Babylon und die Auswanderung Kuschs nach Afrika. Mit Janus, der Saturn (Kusch) freundlich aufnahm, ist sein Großvater *Noah* gemeint, der durch die Wasser der Sintflut hindurch gerettet wurde, also in der Welt vor der Flut und nach der Flut lebte, weshalb Janus als zweiköpfiger Mensch abgebildet wurde, der zugleich zurück und vorwärts schaut (Abbildung 42, siehe auch Abbildung 31). Janus galt auch als der Erfinder von Schiffen, was deutlich auf Noah, den Erbauer der Arche, hinweist. Daß Saturn (Kusch) sich vor seinem Sohn Jupiter (Nimrod) »versteckte«, ist ein bewußtes Wortspiel mit seinem Namen; Kusch bedeutet ja der »Dunkle«, »Finstere«, »Schwarze«, »Verborgene«. Um die Wahrheit zu verbergen, die uns in der Genesis erhalten blieb, wurde ein Synonym für Kusch gewählt, das man der semitischen Sprache der Babylonier entlehnte. Saturn kommt von dem semitischen Partizip Satur (סתור), das wörtlich der »Versteckte« heißt. Im alten Rom, das den Namen Saturnia, »Stadt des Saturn«, führte, hat die chaldäische Mysterienreligion schon früh

* Übersetzung nach O. Bardenhewer

42 Römische Darstellung des Janus-Noah (nach: Jeremias: Handbuch, 1929). Er wird bereits auf dem in Abb. 33 wiedergegebenen Rollsiegel aus dem 24. Jahrhundert v. Chr. zweiköpfig abgebildet.

Fuß gefaßt, so daß die Stadt bewußt den Namen des im Kult verehrten Saturn-Kusch erhielt. Die Stadt des Kusch war, wie wir gesehen haben, Uruk (É.AN.NA). Hier regierte sein Sohn Nimrod-Jupiter, nachdem Kusch-Saturn nach Äthiopien ausgewandert war.

Wie aber ist die seltsame Erwähnung der Insel Kreta zu deuten? Kreta ist selbstverständlich ebenfalls als ein semitisches Wort aufzufassen, nämlich als *kart*, das »Stadt« bedeutet (vergleiche Karthago und so weiter), womit keine andere Stadt als Uruk gemeint ist. Für den Eingeweihten bedeutete der Satz: »Sein (Saturns) Sohn Jupiter regierte auf Kreta, nachdem er seinen Vater vertrieben hatte« im Klartext: »Kuschs Sohn Nimrod regierte in Uruk, nachdem sein Vater nach Äthiopien ausgewandert war.« Der in die Mysterien nicht Eingeweihte konnte natürlich nicht zwischen den Zeilen lesen und hielt Kreta vordergründig für die Mittelmeerinsel. Dieses Mißverständnis war von den Priestern beabsichtigt; denn dadurch erhielt der Kult eine folkloristische Komponente. Man ließ bewußt das Volk in dem Glauben, daß der heilige Jupiter auf der Insel Kreta sein Grab hatte, machte dort eine Höhle zum Wallfahrtsort, und das Volk strömte in Massen herbei, um den Sarkophag des vermeintlichen Jupiter zu sehen, nicht ahnend, daß es in seiner Leichtgläubigkeit nicht nur um sein Geld betrogen wurde.

Welchen Namen auch immer die Götter in den verschiedenen Nationen erhielten, sie alle gehen letztlich auf die chaldäischen Heiligen nach der Sintflut zurück. Dies macht auch den synchretistischen Zug aller Religionen verständlich: Der griechische Zeus ist darum mit dem römischen Jupiter identisch und dieser mit dem babylonischen Gott Marduk, denn alle drei sind letztlich ein und dieselbe Person: Nimrod, der Jäger von Uruk und Babylon! Deshalb kann Diodor den babylonischen Tempel-Turm »ein Heiligtum des Zeus« nennen, wenngleich die babylonische Zikkurat dem obersten Gott Babylons, Marduk, geweiht war, der als »Bel Babili«, »Herr (Herrscher) von Babylon«, verehrt wurde. Ktesias (um 400 v. Chr.) und Strabon (um 63 v. Chr. – 19. n. Chr.) nennen den babylonischen Turm »das Grab des Bel«, und Aelian schreibt im 13. Buch seiner »Historia«:

»Xerxes, der Sohn des Dareios, erbrach das Grabmal des altehrwürdigen Belos und fand den gläsernen Trog, worin der Leichnam in Öl gelegt war . . . «

Marduk, der »Bel (Herr) von Babylon«, ist kein anderer als Nimrod! Unter diesem enigmatischen Namen wurde Nimrod, der große Jäger, erst in der ersten Hälfte des zweiten Jahrtausends v. Chr. von Hammurapi, dem bedeutendsten Herrscher der altbabylonischen Dynastie, zum Hauptgott von Babylon und obersten Gott des babylonischen Reiches erhoben und dem Planeten Jupiter gleichgesetzt.

Jupiter war aber bereits ein halbes Jahrtausend früher, in akkadischer Zeit, wie wir im Gilgamesch-Epos gesehen haben, mit Nimrod identifiziert worden. Nun war Nimrod, der Jäger (KÁR), nicht nur ein Herrscher von Uruk, das er gemäß der sumerischen Königsliste erbaut hat, sondern gemäß der Genesis auch der erste bedeutende Herrscher nach der Flut, dessen Reich in Babylon, Uruk und Akkad seinen Anfang nahm.

Nimrod-Jupiter war also der erste Herrscher von Babylon nach der Flut. Deshalb wurde er bewußt zum obersten Gott von Babylon erkoren.

Marduk wird (N)AMAR.UD geschrieben, was »Nachkomme (Kalb) der Sonne« heißt und deutlich Marduk (Nimrod) als Nachkomme der Sonne (Ham) ausweist. (N)AMAR.UD kann vordergründig auch »hell leuchtendes Licht« gelesen werden und bezieht sich dann auf den Planeten Jupiter als den (neben Venus) hellsten Planeten des Sonnensystems, aber verborgen auch auf den illustren Jäger Nimrod.

Plinius hält den (strahlenden) Jupiter-Bel, also Marduk (Nimrod), für den Erfinder der Astronomie, womit er nicht ganz unrecht hat, sofern man unter Astronomie den Astralkult versteht.

Der gewaltige Jäger Nimrod-Jupiter von Babylon ist wie jeder andere Sterbliche auch gestorben, und es ist nicht unwahrscheinlich, daß er in Babylon seinen Tod fand. Ob im Babylonischen Turm, der im Laufe der Geschichte mehrmals zerstört und auf den Trümmern wieder errichtet wurde, der gläserne Sarg wirklich den Leichnam Nimrods enthielt, ist nicht sicher. Daß das Grab Jupiters an allen möglichen und unmöglichen Orten gezeigt wurde, unter anderem, wie Minucius Felix sagt, auf Kreta, versteht sich aus dem oben Gesagten von selbst. Es verhält sich damit ebenso wie mit dem Schweißtuch Jesu, das an über hundert Orten gezeigt wird.

Wie Nimrod zum Orion wurde

Nimrod-Marduk-Jupiter war Herrscher von Babylon *und* Uruk. Gilgamesch war lediglich Herrscher von Uruk. Das alte akkadische Gilgamesch-Epos war deshalb für die Herrscher der späteren altbabylonischen Dynastie uninteressant, da es nicht Babylon, sondern Uruk verherrlichte. Das dem Gilgamesch-Merkur zugeordnete Sternbild SIPA.ZI.AN.NA, das unserem Orion entspricht, wurde deshalb einfach zum Sternbild des »Hirten« (SIPA) und Jägers (KÁR) von Babylon, Nimrod-Marduk, umfunktioniert, »dessen Füße in Ea stehen«, wie es von Marduk in einem Kommentar zum babylonischen Weltschöpfungsepos heißt. In dem schon mehrfach genannten Rawlinson-Text VR 46 wird der Hirtenstab (GÀM) des Gilgamesch zur Waffe Marduks. Es steht dort geschrieben:

»GÀM (GISH)kakku sha qata ^{d}Marduk«,
»GÀM ist die Waffe in den Händen Marduks.«

Auch diese Zeile beweist wie viele andere, daß Marduk an die Stelle von Gilgamesch-SIPA.ZI.AN.NA tritt (vergleiche Abbildung 43). Seit Hammurapi ist SIPA.ZI.AN.NA-Orion in Babylonien und Assyrien das Sternbild des Jägers Nimrod geblieben.

Auch Assyrien hatte zu Nimrod eine besondere Beziehung. Dem zehnten Kapitel der Genesis zufolge baute Nimrod in diesem Lande mehrere Städte, unter anderem Ninive und Kalach, dessen moderner Name »Nimrud« noch an den großen Jäger von Babylon erinnert. Darum wurde auch Nimrod von den Assyrern als göttlich verehrt. Freilich spielte Nimrod, der Enkel Hams, im semitischen Assyrien nur eine untergeordnete Rolle. Denn die Assyrer waren sich ihrer Abstammung von Sem, dem Bruder Hams, sehr wohl bewußt. Sie übernahmen zwar die Astralreligion ihrer südlichen Nachbarn, deuteten sie aber wie die übrigen Völker einschließlich Griechen und Römer nationalistisch um. So verehrten sie in der Sonne verständlicherweise in späterer Zeit nicht mehr Ham, sondern Sem. An die Stelle Kuschs, des Sohnes von Ham, trat dann natürlich Sems Sohn Assur, der zum Reichsgott der Assyrer erhoben wurde. Diese Zusammenhänge erklären ein weiteres bisher nicht gelöstes Rätsel, daß nämlich der Gott Assur in der assyrischen Kunst als ein bärtiger Mann dargestellt wird, der aus der geflügelten Sonne hervorkommt (siehe Abbildung 44).

43 Dieser spätbabylonische Rollsiegel-Abdruck zeigt, daß Marduk an die Stelle des Gilgamesch trat. Das Siegel stellt Marduk mit dem Krummstab (GÀM) im Kampf mit dem Himmelsstier (GU_4.AN.NA) dar. Auch der Kampf Gilgameschs mit dem Löwen Chumbaba (UR.GU.LA) ist hier auf Marduk übertragen. Die Inschrift enthält ein Gebet an Nabu, den Propheten- und Schreibergott, der mit dem Planeten Merkur als Götterbote gleichgesetzt wurde. Da Merkur der Planet Gilgameschs ist, beweist die Inschrift, daß sich der Eigentümer des Rollsiegels der ursprünglichen Zusammenhänge sehr wohl bewußt war. Pierpont Morgan Library, New York.

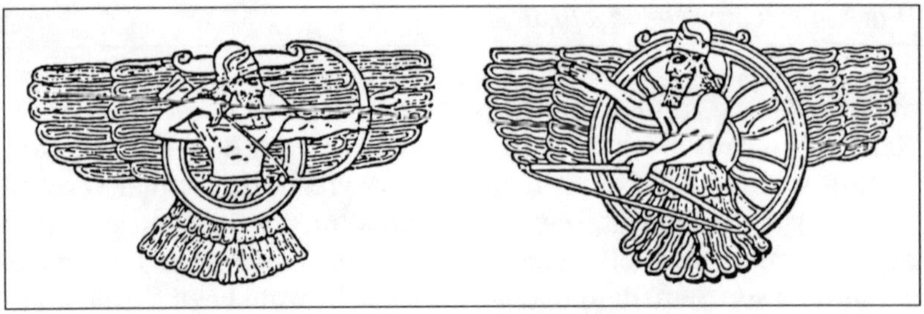

44 Zwei Darstellungen Assurs, des Reichsgottes der Assyrer (nach: Jeremias: Handbuch, 1929): links Assur vor der Schlacht mit Pfeil und Bogen, rechts Assur siegreich nach der Schlacht. Assur, der Stammvater der Assyrer, war der Sohn Sems, des Bruders von Ham. Die Assyrer verehrten in der Sonne deshalb nicht Ham, sondern Sem. Sein Sohn Assur wurde folgerichtig als Sonnensohn dargestellt, der aus der geflügelten Sonne (Sem) hervorkommt.

Die Assyrer haben Nimrod selbstverständlich nicht unter dem babylonischen Namen Marduk verehrt, denn das wäre einer Anerkennung der politischen Führungsrolle Babylons über Assyrien gleichgekommen, sondern unter dem alten Namen Ninurta (Nimurta), was, wie schon gesagt, »Herr der Mauer« (NIN.IB) bedeutet und Nimrod als Städtebauer verherrlicht. Nimrod hatte also wie Noah (Utnapischtim, Atrachasis, Ziusudra) mehrere Namen, unter anderem Enmerud(kár), Ninurta und Marduk, wobei Ninurta und Marduk im Kult eine über den großen Jäger hinausgehende Rolle erhielten, Marduk als Weltenbaumeister im babylonischen Weltschöpfungsepos und Ninurta als zeitloser, ewiger Jagd-, Kriegs- und Schutzgott, auch in vorsintflutlicher Zeit. Nimrod wurde gleichsam als Inkarnation des Weltenbaumeisters betrachtet, wie denn auch der Babylonische Turm ein Abbild des Kosmos war. Besonders häufig wird Nimrod auf neuassyrischen Rollsiegeln dargestellt. Das in Abbildung 45 wiedergegebene Rollsiegel zeigt den berühmten Jäger von Babylon, wie er auf einem geflügelten Tier dahinschreitet.

Bei der Deutung dieser Szene tappten die Gelehrten bisher völlig im dunkeln. Es war weder bekannt, wer der bogenspannende Jäger ist, noch kam man auf den Gedanken, daß der große Unbekannte, der mitten unter den Sternen des Himmels einherschreitet, ein Sternbild darstellen könnte.

Es genügt jedoch ein Blick auf einen modernen Sternatlas, um zu erkennen, daß auf unserem Rollsiegel die charakteristisch angeordneten Sterne des Orion abgebildet sind: α, λ und γ Orionis um das Haupt des Jägers und der helle Rigel (β Orionis) an seinem linken Knie. Sogar δ und ε Orionis, die beiden »Gürtelsterne« des Orion, sind deutlich als runde Kugeln herausgehoben. Und auch die sieben Kugeln entlang dem gespannten Bogen entsprechen den lichtschwächeren Sternen von Orion und angrenzendem Eridanus. Daß die Kugeln wirklich für Sterne stehen, beweisen zahlreiche neuassyrische Rollsiegel, auf denen die Kugeln durch Sterne ersetzt sind und zusätzlich die Plejaden (MUL.MUL) als sieben dicke Kugeln neben der Mondsichel stehen.

Nichts erinnert mehr an Gilgamesch-SIPA.ZI.AN.NA, den »guten Hirten des Himmels« von Uruk, wenngleich die Sichelaxt, die an Nimrods rechtem Arm herabhängt, als Relikt des ehemaligen Hirtenstabes (GÀM) geblieben ist. Niemand hat auch nur geahnt, daß diese Szene, über die noch viel zu sagen wäre, durch eine Metamorphose aus der Himmelsstierepisode des Gilgamesch-Epos hervorgegangen ist . . .

Unser Rollsiegel zeigt offenbar das assyrische Vorbild des griechischen Orion, des »großen Jägers«, den auch Homer in der »Ilias« und Hesiod in seinen »Werken und Tagen« als Sternbild erwähnen und dessen Name wohl von dem semitischen Wort »'or«, »Licht«, abgeleitet ist und soviel wie der »Helle« oder »hell Strahlende« bedeutet. Auch Arat besingt in seinen »Phainomena« den »großen Orion« als den »hell Strahlenden« des Himmels.

Und zeichnet man das Sternbild nach dem Sternkatalog im »Almagest« des Ptolemäus (siehe Abbildung 46), so wird die frappierende Ähnlichkeit des Bildes mit der assyrischen Darstellung des

45 Abdruck eines neuassyrischen Rollsiegels (Ausschnitt). Nimrod, der gewaltige Jäger von Babylon, schreitet auf einem geflügelten Tier am Sternenhimmel dahin. Über ihm die Göttertrias Sonne, Mond und Venus. Deutlich zu erkennen sind die Sterne α, λ, und γ des Orion um das Haupt des Jägers, δ und ε Orionis, die beiden »Gürtelsterne« des Orion, und β Orionis (Rigel) an seinem Knie. Die Sichelaxt, die an Nimrods rechtem Arm herabhängt, ist als Überbleibsel des ehemaligen Hirtenstabes (GÀM) des Gilgamesch (SIPA.ZI.AN.NA) zu verstehen.

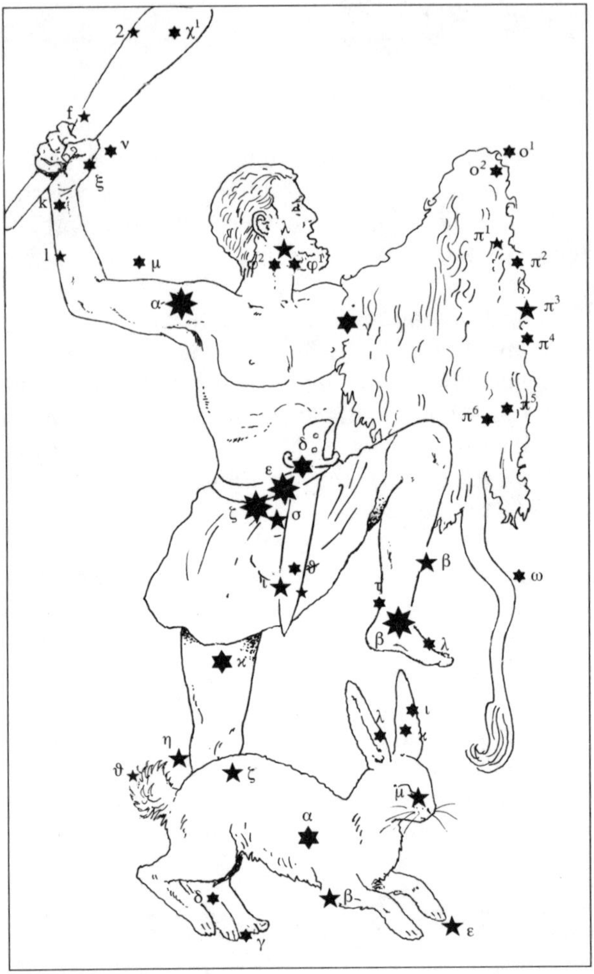

46 Das griechische Sternbild Orion, der »große Jäger«, nach dem Sternkatalog des Ptolemäus (2. Jh. n. Chr.). Der Bogen des assyrischen Bildes (s. Abb. 45) ist zum Löwenfell geworden, das von Orions Arm herabhängt und deutlich an den Kampf des Gilgamesch mit dem Löwen Chumbaba erinnert.

großen Jägers Nimrod vollends offenbar. Wie dieser schreitet auch Orion über ein Tier hinweg, wobei der linke Fuß über den Kopf des flüchtigen Tieres erhoben ist, das nun zum Hasen (Lepus) umgestaltet ist, der nach Arat »zu Füßen des Orion ewiglich (vom Großen Hund, Canis maior) gehetzt wird«. Doch unverkennbar ist im Bild der Griechen noch die Erinnerung an Gilgamesch (SIPA.ZI.AN.NA) wachgeblieben: Der Bogen des assyrischen Bildes ist zum Löwenfell geworden, das von seinem linken Arm herabhängt und deutlich auf den Kampf mit dem Löwen Chumbaba anspielt. In seiner erhobenen rechten Hand schwingt der Held gegen den Himmelsstier eine Keule, die dem einstigen Hirtenstab entspricht, und sogar der Dolch an seinem Gürtel fehlt hier nicht.

Auch in Elam, dem alten Iran, wurde an dieser Stelle des Himmels der Jäger Nimrod verewigt. Aus persischen Quellen wissen wir zuverlässig, daß Nimrod im Sternbild Orion (SIPA.ZI.AN.NA) als göttlich verehrt wurde.

Bei den Arabern heißt der große Jäger Orion Al-Ğabbar, der »Gewaltige«, was unmittelbar an den Beinamen »Gibbor« des Jägers Nimrod in der Genesis erinnert:

הוּא הָיָה גִבֹּר־צַיִד
»(Hu' hajā gibbor ṣajid)«,
»Er war ein gewaltiger Jäger«.

6 WIE AM HIMMEL, SO AUF ERDEN

DIE WANDERUNG GILGAMESCHS AUF DEM PLANETEN ERDE

Wir sind Gilgamesch-Merkur auf seiner Reise durch die Tierkreisbilder am Himmel gefolgt und haben das Gilgamesch-Epos als chaldäische Sternendichtung aus akkadischer Zeit (2340 v. Chr.) erwiesen. Das hindert uns freilich nicht, vom gestirnten Himmel zur Erde zurückzukehren. Im Gegenteil! Wie wir die biblischen Helden von Sinear auf dem Umweg über die Sterne im Gilgamesch-Epos wiederfanden, so können wir nun auch eindeutig die Orte auf der Erde bestimmen, die den himmlischen Orten auf der Sternenfahrt Gilgameschs entsprechen.*

Den Schlüssel hierzu liefert uns wieder die Serie MUL.APIN, in deren zweiter Tafel die mehrfach erwähnte Vorschrift zur Bestimmung der Haupt-Himmelsrichtungen steht. Dem Text zufolge findet man zum Beispiel den Ost- und Westpunkt auf einfachste Weise, indem man den Stern β Scorpii am Kopf des Skorpions (GÍR.TAB) in der Nacht beobachtet, wie er immer tiefer zum Westhorizont herabsinkt. In dem Augenblick, da β Scorpii gerade noch über dem Westhorizont zu sehen ist und gleichzeitig der Plejaden-Sternhaufen (η Tauri; MUL.MUL) über dem Osthorizont erscheint, markiert η Tauri den Ostpunkt und β Scorpii den Westpunkt des Horizontes.

Diese Vorschrift ist, wie ich im Kapitel 7 zeigen werde, überhaupt nur *vor* 2300 v. Chr. gültig. Entscheidender aber ist in unserem Zusammenhang, daß η Tauri und β Scorpii um 2340 v. Chr. beim Frühlings- und Herbstpunkt der Ekliptik stehen und daß der Horizont den Äquator und die Ekliptik genau in diesen beiden Kardinalpunkten schneidet, wenn η Tauri und β Scorpii gemeinsam über dem Ost- und Westhorizont sichtbar sind. Mit anderen Worten: Zur Zeit der Abfas-

* Siehe hierzu auch die Landkarte auf dem Vorsatzblatt

sung des Gilgamesch-Epos (und der MUL.APIN-Serie) fielen Ost- und Westpunkt auf der Erde mit dem »Ost«- und »West«-Punkt am Himmel zusammen, wenn η Tauri und β Scorpii über dem Horizont standen.

Daß diese Verknüpfung von Himmel und Erde um 2340 v. Chr. vollzogen wurde, beweist das Gilgamesch-Epos zur Genüge. Im Epos wird die Ekliptik zur »Straße« oder zum »Weg« am Himmel; entlang dieses »Weges« ziehen alle Wandelsterne. Um den Herbstpunkt herum erstreckt sich der himmlische Westen; hier liegt die himmlische »Steppe«, durch die Enkidu-Mond und Gilgamesch-Merkur laufen; hier jagt auch der Jäger (PA.BIL.SAG-Nimrod) seine »Steppen«-Tiere (UR.IDIM (Wolf) und EN.TE.NA.BAR.CHUM (Wildschwein)), hier hausen die Steppengeister und Dämonen. Im exakten Westpunkt bei β Scorpii am Kopf des Skorpions ist der Eingang ins Totenreich. Genau gegenüber, beim Frühlingspunkt, finden wir den exakten Ostpunkt unterhalb der Plejaden. Am Sommersonnenwendepunkt bei α Leonis (LUGAL) in der Brust des Löwen (UR.GU.LA) ist der Nordpunkt an der »Straße« des Himmels gelegen und am Wintersonnenwendepunkt bei ι Aquarii im Schwanz des Ziegenfisches der Südpunkt.

Da der Ziegenfisch (SUCHUR.MÁSH.KU_6) das Sternbild Utnapischtims ist, wissen wir nun auch, daß der chaldäische Noah auf der Erde irgendwo im Süden zu suchen ist. Entsprechend muß der Zedernberg samt Zedernwald, in dem der schreckliche Chumbaba haust, irgendwo im Norden liegen, denn Chumbaba haben wir an der Sphäre im Sternbild des Löwen (UR.GU.LA) gefunden.

Aber Steppe im Westen, Zedernberg im Norden und Utnapischtim im Süden bleiben geographisch unbestimmt, solange wir nicht ihre Lage in bezug auf Uruk kennen. »Hürden-Uruk«, die Heimatstadt Gilgameschs, ist am Himmel eindeutig das sphärische Rechteck um den Frühlingspunkt (siehe Seite 68), in dem auch Gilgamesch-SIPA.ZI.AN.NA und Enkidu-(LÚ).CHUN.GÁ stehen, und dessen Diagonale als »Straße von Hürden-Uruk« den Ekliptikbogen von 315° bis 45° umspannt. Hürden-Uruk dehnt sich also im Osten aus!

Zu Beginn des Epos befindet sich Gilgamesch in Hürden-Uruk. Der Ausgangspunkt des Gilgamesch-Merkur an der Ekliptik ist somit eindeutig festgelegt: nahe der unteren Anu-Weggrenze, der südlichen »Mauer« von Uruk, bei ζ Piscium. ζ Piscium ist ein Stern des Bandes, das von SIM.MACH, der »Schwalbe«, ausgeht und, wie wir wissen, von den Akkadern als himmlisches Abbild des Euphrat aufgefaßt wurde, an dem die Stadt Uruk lag. Bei ζ Piscium ist mithin im engeren Sinne der genaue Ort von Uruk auf der Ekliptik. Von hier (etwa 315°) aus wandert Gilgamesch-Merkur mit der Sonne in ihrem *jährlichen* Lauf in *östlicher* Richtung entlang der Ekliptik weiter nach Osten (bei 0°) und über Nordost (bei 45°) nach Norden (bei 90°), dann über Nordwest (bei 135°) nach Westen (bei 180°), von hier aus über Südwest (bei 225°) nach Süden (bei 270°) und gelangt schließlich durch das »Tor, da er auszog«, bei 315° nach Uruk zurück.

Dieses Ergebnis zwingt zur Aufgabe phantastischer Spekulationen über die Wanderung Gilgameschs auf Erden. Greifen wir nur den »Zedernberg« als ein Beispiel unter vielen heraus. Über die Lage des Zedernbergs gab es im wesentlichen zwei sich einander ausschließende Auffassungen: Die meisten Gelehrten setzten ihn mit dem Libanon-Gebirge westlich von Uruk gleich, einige wenige wollten ihn dagegen im elamischen Hochland östlich von Uruk lokalisieren. Für die Libanon-Hypothese schien es immerhin zwei triftige Gründe zu geben. Zum einen spricht auch die Bibel von den »Zedern des Libanon«. Sodann konnte man noch ein plausibles Argument aus dem Gilgamesch-Epos selbst ins Feld führen, daß nämlich Gilgamesch gemäß dem Epos ausdrücklich »auf dem Weg der Sonne« (charran ^{d}Shamash) wandere, die ja *täglich* augenscheinlich von Osten nach Westen wandert.

Der »Weg des Sonnengottes« bezeichnet natürlich den Tierkreisgürtel, durch den Sonne, Mond und Planeten, also auch Gilgamesch-Merkur, in östlicher(!) Richtung, entgegen der scheinbaren täglichen Bewegung der Sonne, ziehen. Aber auch östlich von Uruk kann der Zedernberg nicht liegen, wenn auch Gilgamesch zunächst, in östlicher Richtung wandernd, den Tigris, das Band, das durch Anunitum verläuft, überquert und nach Anschan im alten Elam zieht, worauf deutlich der »Bogen von Anschan« anspielt, den Gilgamesch sich gemäß dem Epos umhängt. Die Sterne weisen ihm vielmehr von Elam deutlich weiter nach Norden den Weg zum Zedernwald. Aber wie weit nach Norden?

Diese brennende Frage haben wir eigentlich schon beantwortet. Wir erinnern uns, daß Utnapischtim aus astronomischem Grund vom »Berg der Rettung« entrückt werden mußte, der mit dem Zedernberg im Enlil-Weg zusammenfällt und mit dem biblischen Ararat-Gebirge, dem »nördlichen Gebirge« Manus in der indischen Flutgeschichte und dem »Berg der Kurden« bei Berossos identisch ist. Folglich ist der Gipfel des Zedernberges auf der Erde im armenischen Hochland, in Urartu, im Quellgebiet von Euphrat und Araxes gelegen. Auf dem Weg zum »Zedernwald« zieht Gilgamesch mit Enkidu demnach von Anschan in Elam, dem heutigen Kuschistan, über das Zagros-Gebirge (siehe Karte im Vorsatz dieses Buches) durch Luristan und Kurdistan weiter nach Asserbaidschan ins armenische Hochland. Am Araxes ist offenbar der Eingang zum Zedernwald, wo ihnen der Wächter, der am Himmel durch den Flußkrebs AL.LUL repräsentiert wird, den Eintritt in den Wald verwehrt. Da er jedoch »sechs« von seinen »sieben Panzern« »abgelegt« hat, wird der Wächter ziemlich leicht überwältigt, und Gilgamesch und Enkidu dringen in den Zedernwald ein; Enkidu »steigt« als erster in der Gegend des Ararat, am »Berg des Abstiegs« oder besser: »des Hinabsteigenden«, in den Zedernwald »hinab« und wird von lähmendem Schmerz gepackt. Kurz darauf stehen beide Helden vor Chumbaba. Enkidu gelingt es nach erbittertem Kampf, Chumbaba das Haupt abzuschlagen. Gilgamesch fällt dann die zum Himmel ragende Zeder, aus der Enkidu eine Tempeltür zimmert. Dann fügen beide ein Floß zusammen und lassen die Zederntüre den »Euphrat« stromabwärts nach »Nippur« treiben, der Stadt des südlichen Zweistromlandes, in welcher Enlil als oberster Gott im Tempel É.KUR, dem »Haus des Berges«, verehrt wurde.

»Der Euphrat bringe sie (die Türe) zu Enlils Tempel!
Enlil freue sich über dich (Türe)!
Enlil frohlocke über sie!«

so ruft Enkidu begeistert aus. Gilgamesch und Enkidu befinden sich auf dem Gipfel des »Berges« im »Enlil«-Weg. Dieser Gipfel des Zedernbergs ist auf der Erde am Euphrat zu suchen. Im Euphrat wäscht sich nun Gilgamesch. Er reinigt seine Waffen, zieht sich saubere Kleidung an und setzt die »Königsmütze« auf, was auf die Stellung des Gilgamesch-Merkur im »Königs-Stern« (LUGAL) an der höchsten Stelle der Ekliptik hinweist, wie wir wissen. Gilgamesch ist also im Quellgebiet des Euphrat am nördlichsten Punkt seines irdischen Laufes angelangt!

Von nun an beginnen die beiden Helden den langsamen Abstieg über das Antitaurus-Gebirge. Hier, noch auf dem »Berge«, kommt Gilgamesch »Ischtar, die Fürstliche« werbend entgegen. Weil Gilgamesch ihre Liebe verschmäht, erzürnt Ischtar so sehr, daß sie Anu bittet, ihr den (im Anu-Wege stehenden) Himmelsstier zu überlassen, damit er vom Himmel nach Uruk hinabsteige und Gilgamesch dort töte. Noch heute erinnern die Namen der beiden Gebirgszüge Taurus und Antitaurus an die Entsendung des Stieres (lateinisch: »Taurus«) des Anu.

Gilgamesch-Merkur und Enkidu-Mond gelangen am Himmel vom Zedernberg im Enlil-Weg wieder in den Anu-Weg, der repräsentativ für Uruk steht. Aber sie kehren hier nicht nach Hürden-Uruk im Osten der Ekliptik zurück! Sie befinden sich im Gegenteil genau gegenüber im Westen der Ekliptik in der »Steppe«. Hat sich der Dichter an dieser Stelle geirrt? Hätte Ischtar den Himmelsstier statt nach Hürden-Uruk im Osten vielmehr in die Steppe im Westen schicken müssen?

Durchaus nicht! Denn erstens steht schließlich der Himmelsstier (GU$_4$.AN.NA) an der Sphäre fest verankert inmitten von Hürden-Uruk im Osten und kann unmöglich in die Steppe im absoluten Westen gelangen. Zweitens sind Merkur und Mond die unsterblichen Astralkörper oder Seelen von Gilgamesch und Enkidu, die auch der Himmelsstier nicht töten kann. Dagegen stehen ihre sterblichen Leiber, ihre Häuser SIPA.ZI.AN.NA und (LÚ).CHUN.GÁ, zusammen mit dem Himmelsstier (GU$_4$.AN.NA) in Hürden-Uruk. Gilgamesch und Enkidu wandern so einerseits in der Steppe im Westen und weilen doch andererseits in Hürden-Uruk im Osten, wo sie mit dem Himmelsstier kämpfen.

Der Stier wird in Uruk getötet, es folgt das Gericht der großen Götter im Westen, als der Sonnengott in sein Haus, das Sternbild Waage, eintritt. Enkidu wird krank und stirbt in Uruk, das heißt: Enkidu-(LÚ).CHUN.GÁ sinkt in Hürden-Uruk unter den Westhorizont hinab, während gleichzeitig Enkidus Seele, Enkidu-Mond, sein sterbliches Haus im Osten verlassen hat und im Westen bei β Scorpii in die Unterwelt eintritt. Sechs Tage und sieben Nächte »schreitet Gilgamesch rückwärts« und läßt nicht zu, daß man den toten Leib Enkidus begräbt. Dies bedeutet, wie wir wissen, daß Gilgamesch-Merkur an der Ekliptik rückläufig ist, so daß Enkidus Kopf vor Sonnenaufgang am

Westhorizont noch zu sehen ist, wenn Gilgamesch-Merkur über dem Osthorizont erscheint.

Aber »dann« schreitet Gilgamesch »wieder vorwärts«: Er reißt sich endlich von dem toten Enkidu los, dessen »Gesicht nun der Wurm befällt«, und läuft verzweifelt in die Steppe, in welcher er schon die ganze Zeit lief, nur daß der Dichter dies bisher verschwiegen hat, um den Uneingeweihten nicht zu verwirren. Gilgamesch läuft nun am Himmel zwischen Waage und Skorpion hinter der Sonne her und nähert sich unaufhaltsam β Scorpii am Kopf des Skorpions (GÍR.TAB). Auf der Erde kommt er südlich des Toten Meeres zur sogenannten Skorpionensteige, wo er auf die riesigen Skorpionmenschen beim Maschu-Gebirge trifft. Vom Maschu-Gebirge im äußersten Westen seiner Reise führt der Weg zum Edelsteingarten bei Petra, der »Stein«-Stadt, und schließlich zu Siduri am Gestade des »Meeres«, am Golf von Akaba. Im nahen Steinbruch und Bergwerk von Timna, bei den späteren »Säulen Salomos«, zerschlägt Gilgamesch vor Wut die Steinsäulen Urschanabis. Nachdem er im damals (2340 v. Chr.) noch nicht gerodeten Wald von Timna 120 Baumstämme gefällt hat, die als Ersatzstangen für die zerschlagenen Steinsäulen dienen müssen, steigt Gilgamesch mit Urschanabi ins Schiff. Nach drei Tagen haben sie den Golf von Akaba durchschifft und gelangen in das Gewässer des Todes, das Rote Meer. Sie umschiffen die arabische Halbinsel, fahren durch die Straße von Hormuz in den Persischen Golf und landen schließlich auf der Insel Bahrain bei Utnapischtim, der am Himmel als Ziegenfisch im Süden der Ekliptik liegt.

In einem Tafelbruchstück aus Nippur, das eine sumerisch geschriebene spätere Variante der akkadischen Sintflutgeschichte enthält, wird der Sintflutheld, der hier Ziusudra heißt, von den Göttern ausdrücklich nach Dilmun entrückt, das mit der Insel Bahrain identisch ist. Hier auf Dilmun erfährt Gilgamesch aus dem Mund Utnapischtims das Geheimnis der Lebenspflanze, die im Abgrund (Apsu) wächst und denjenigen wieder jung macht, der von ihr ißt.

Gilgamesch gräbt daraufhin einen tiefen »Schacht« in die Erde von Dilmun und wird in den Abgrund, zum Apsu, hinabgezogen.

Am Himmel ist Gilgamesch-Merkur jetzt gerade aus dem Ziegenfisch herausgetreten und befindet sich bei $\lambda = 270°$ am tiefsten Punkt der Ekliptik. Hier steht – neben dem Ziegenfisch – das Sternbild

GU.LA ^{d}Ea, das unserem Wassermann (Aquarius) entspricht. Zugleich mit dem »großen Ea« (GU.LA ^{d}Ea) geht das Sternbild (ASH).IKU auf. Im Sternkatalog der ersten Tafel von MUL.APIN lesen wir:

»(ASH).IKU shu-bat ^{d}É.A«
»(ASH).IKU ist der Wohnsitz des Gottes Ea.«

Der Wohnsitz (shubtum) eines Gottes ist sein Tempel, in dem er verehrt wird. Der Tempel Eas hieß É.Apsu (ABZU), »Haus des Apsu«. (ASH).IKU ist folglich das himmlische Abbild des irdischen Tempels des Gottes Ea. Dieser Tempel stand in der Stadt Eridu am Persischen Golf südlich von Ur unweit der Mündung des Euphrat.

Damit ist uns die letzte Etappe der Route Gilgameschs auf dem Planeten Erde genau vorgezeichnet. Gilgamesch taucht also noch auf Dilmun-Bahrain in den Apsu hinunter, findet am Meeresgrund die Verjüngungspflanze und wird von der Strömung ans Ufer des Persischen Golfes bei Eridu geworfen und wandert nun am Euphrat entlang der Heimat zu. Doch ehe er nach Uruk kommt, raubt ihm die Schlange (MUSH) auch die letzte Hoffnung auf Unsterblichkeit des Leibes.

»Das Leben, das du suchst, wirst du gewiß nicht finden!«,

hatte einst Siduri am Gestade des Meeres Gilgamesch gewarnt. Sie sollte recht behalten. So bleibt dem sterblichen Gilgamesch nur noch der »unsterbliche« Ruhm, die Mauer der Stadt Uruk erbaut zu haben, deren klägliche Reste von Archäologen 1934 tatsächlich gefunden wurden, und der schwache Trost, im Planeten Merkur, einige Jahrhunderte auch im Sternbild SIPA.ZI.AN.NA-Orion und bis heute in seinem wahrhaft großen Epos »verewigt« worden zu sein.

7 MUL.APIN – SCHLÜSSEL ZU DEN STERNEN VON BABYLON

Wenn wir nun das chaldäische Weltgebäude vom höchsten Himmel bis zum tiefsten Tartaros durchstreift haben und unversehrt wieder zur Erde zurückgekehrt sind, dann sei daran erinnert, daß am Anfang unserer Odyssee die Entdeckung astronomischer Aufzeichnungen aus dem dritten Jahrtausend v. Chr. auf Tontafeln unter anderem der Bibliothek Assurbanipals in Ninive stand, anhand derer ich die Astronomie, Uranographie und Kosmologie der ältesten Chaldäer erst entschlüsseln konnte, und ohne die ein Eindringen in die Geheimnisse von Babylon gar nicht möglich gewesen wäre.

Im folgenden werde ich die einzelnen Etappen, die zu dieser Entdeckung führten, noch einmal Revue passieren lassen und näher auf die Serie MUL.APIN eingehen. Der Leser, der mir bis hierher gefolgt ist, wird nun auch diese etwas anspruchsvolleren Kapitel ohne weiteres bewältigen können. Ich habe mich bemüht, den Gang meiner eigenen Forschung an MUL.APIN sachlich und objektiv darzustellen. Wenn der Leser mir hier gleichsam über die Schulter schaut, dann wird ihm vieles auf dem Wissenshintergrund der vorangegangenen Seiten selbstverständlich erscheinen. Er bedenke aber immer, daß es sich dabei um Erkenntnisse handelt, die noch vor kurzem völlig undenkbar waren.

Aus den Annalen . . .

Am 13. Januar 1902 hält der Assyriologe Friedrich Delitzsch in der Berliner Singakademie vor der Deutschen Orientgesellschaft in Gegenwart Seiner Majestät des Kaisers einen Vortrag mit dem alliterierenden Titel: »Babel und Bibel«. Der Kaiser ist hellauf begeistert, und der Vortrag wird am 1. Februar im Königlichen Schloß wiederholt. Als der Vortrag bei J.C. Hinrichs in Leipzig erscheint, bricht ein

Sturm der Entrüstung los, der über das ganze »christliche« Abendland hinwegfegt. Was war geschehen?

Delitzsch hatte die seit Mitte des vorigen Jahrhunderts aus dem vieltausendjährigen Schutt des Zweistromlandes ausgegrabenen Paläste, Tempel, Reliefs, Statuen, Stelen, Rollsiegel und Tontafeln gesichtet und die wichtigsten Fakten einer erlauchten Zuhörerschaft unterbreitet, wobei er besondere Sorgfalt darauf verwandte, die Parallelen zwischen dem Alten Testament und dem alten Mesopotamien zu zeigen. Daß es diese Parallelen gibt, das war nicht neu. Aber Delitzsch hatte als einer der ersten zu behaupten gewagt, daß etliche der babylonischen Quellen aus einer Zeit *vor* Mose stammten, und daraus irrtümlich gefolgert, die babylonische Kultur und Religion sei die Mutter der mosaischen gewesen.

Im Jahr zuvor hatte Hugo Winckler darauf hingewiesen, daß das babylonische Weltbild astral und die Religion der Babylonier ein Gestirnkult war. Er zeigte, daß die Mythen der Griechen und Römer, aber auch anderer Völker in vielen Punkten übereinstimmen und einen Bezug zum gestirnten Himmel haben, deren gemeinsamen Ursprung er sehr richtig am Himmel von Babylon zu finden meinte. Dieser »Panbabylonismus« genannten Schule schlossen sich mehrere Gelehrte an, von denen Peiser, Jeremias und Jensen am bekanntesten wurden.

Ihr erbittertster Gegner war der Jesuit Franz Xaver Kugler. Kategorisch leugnete er jede wissenschaftliche Astronomie vor dem siebenten Jahrhundert v. Chr. und traf damit die empfindlichste Stelle im System der Panbabylonisten, welche damals vergeblich die Existenz wissenschaftlicher Sternkunde im ältesten Orient zu beweisen suchten. Kugler hatte sich mit seinem 1900 erschienenen Werk über »die babylonische Mondrechnung« der letzten drei Jahrhunderte v. Chr. einen Namen gemacht. Sieben Jahre später brachte er den ersten Band über »Sternkunde und Sterndienst in Babel« heraus, dem schon 1909 der erste Teil des zweiten Bandes folgte. Darin definiert er wissenschaftliche Sternkunde als jene, »die sich mit der räumlichen und zeitlichen Festlegung der Himmelserscheinungen befaßt, um dadurch zur Erkenntnis der stellaren Gesetzmäßigkeiten zu gelangen«. Die bis dahin gefundenen Sternlisten und astrologischen Omina aus älterer Zeit konnten diesem Anspruch niemals genügen; das Verknüpfen von Fixsternen zu Bildern und die bloße Kenntnis der Wandelsterne durften kaum als wissenschaftliche Errungenschaft bezeichnet werden, sondern deuteten bestenfalls auf eine ausgeprägte Phantasie und gute Beobachtungsgabe des altorientalischen Menschen hin, so daß sich Kugler 1909 »auf den Trümmern des Panbabylonismus« wähnte und den Nachweis erbracht zu haben glaubte,

»daß erst im Laufe der letzten sieben Jahrhunderte v. Chr. eine eigentliche Astronomie sich entwickelte, und daß in früherer Zeit von einer auch nur annähernd richtigen Bestimmung der Stern-, Mond- und Sonnenpositionen, der Äquinoktien (Tagundnachtgleichen), des Planetenlaufs, des Verhältnisses von Sonnen- und Mondjahr nicht die Rede sein könne, daß insbesondere die Präzession der Äquinoktien erst durch Hipparch entdeckt worden sei«.

Es entbehrt daher nicht einer gewissen tragischen Ironie, wenn gerade Kugler 1912 auf der von George Smith bereits 1870 veröffentlichten »Tafel der Bewegungen des Planeten Venus« Beobachtungen der ersten und letzten Sichtbarkeit der Venus am Morgen und Abend aus der 21jährigen Regierungszeit Ammiṣaduqas, des zehnten Königs der altbabylonischen Dynastie, entdeckte; hatte er doch noch drei Jahre zuvor, vom Mailänder Astronomen Schiaparelli, dem Entdecker der Marskanäle, lebhaft unterstützt, bezweifelt, »daß man die Identität des Abend- und Morgensterns« in älterer Zeit »mit Sicherheit erkannt hatte«. Kuglers Entdeckung führte zu einer bewegten Diskussion um das Alter babylonischer Sternkunde. Gleichzeitig entflammte erneut der Streit um die Identifikation babylonischer Sterne und Sternbilder.

Da erschien zu Anfang des Jahres 1913 der 33. Band der »Cuneiform Texts« mit der astronomischen Tafel 86378 des British Museum, der *ersten Tafel* einer astronomischen Keilschriftserie, welche nach dem erhaltenen Teil des Kolophons mit den Zeichen 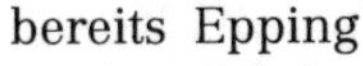, MUL.APIN, »Gestirn des Pflugs«, begonnen haben mußte, deren Wert für die Rekonstruktion des babylonischen Fixsternhimmels sofort erkannt wurde (siehe Abbildung 3). Zwar hatte bereits Epping 1889 aus zwei datierten Tafeln des ausgehenden zweiten Jahrhunderts v. Chr. (auf denen die Stellung der Planeten relativ zu in der Nähe befindlichen Fixsternen an verschiedenen Tagen der Jahre 121 und 109 v. Chr. genau verzeichnet war) 30 Sterne entlang der Ekliptik berechnet und als ersten Fixstern außerhalb der scheinbaren Sonnenbahn KAK.BAN mit dem Sirius identifizieren können, aber die erdrückende Masse der astronomischen Keilschrifttafeln aus assyrischer Zeit, die fast nie ein Datum enthielten, versagten eine nähere Bestimmung der darin erwähnten Konstellationen.

Die in dem neuen Text MUL.APIN innerhalb eines Kalenderjahres nach *Tag* und *Monat* verzeichneten Auf- und Untergänge und Kulminationen diverser Sterne mußten nun, hinreichend genaue Beobachtung vorausgesetzt, eindeutige Bestimmungen der babylonischen Fixsterne ermöglichen. King, der die Tafel herausgab, schätzte das Abfassungsdatum des Textes auf 500 v. Chr. Bereits einen Monat nach Bekanntwerden der Tafel veröffentlichte Kugler seine Sternidentifikationen anhand der Daten der Morgenerstaufgänge von 34 Sternen, wobei er als Epoche, auf die sich die Aufgänge beziehen sollten, einfach das Jahr 501 v. Chr. annahm und den Jahresanfang (1. Nisannu), an dem der Morgenerstaufgang des Sternbildes (LÚ). CHUN.GÁ gemäß der Tafel erfolgt, 14 Tage nach Frühlingsbeginn festsetzte mit der Begründung, daß der Stern α Arietis, den Kugler für (LÚ).CHUN.GÁ wählte, 501 v. Chr. gerade 14 Tage nach Frühlingsanfang zum ersten Mal in der Morgendämmerung aufging. Kugler setzte also voraus, was zu beweisen war. Diesen Zirkelschluß haben die Panbabylonisten, in der Regel Theologen und Philologen, die astronomisch nicht weiter vorgebildet waren, nicht durchschaut.

Kurz darauf wurden Duplikate zur Kingschen Tafel gefunden, zwei aus der Bibliothek Assurbanipals in Ninive, deren eine auf der Rückseite als »Kopie einer Vorlage aus Babylon« gekennzeichnet war. Schließlich entdeckte Weidner in der Tontafelsammlung der Berliner Museen auch die *zweite Tafel* der Serie, die aus dem Jahre 687 v. Chr. datiert war, dem Eponymat Sanheribs, so daß die Serie jedenfalls *nicht nach* diesem Datum abgefaßt worden sein konnte. Als – noch im Jahre 1913 – auch der Astronom Kopff nach einem nicht genauer beschriebenen Verfahren die Sternbilder der ersten Tafel für die willkürlich gewählte Epoche 600 v. Chr. bestimmt hatte, die bis auf wenige Ausnahmen mit Kuglers Identifikationen übereinstimmten, schien in der öffentlichen Meinung der Streit eindeutig *für* Kugler entschieden, die Panbabylonisten vernichtend geschlagen. Kaum jemand war sich jedoch bewußt, daß über das *Alter* der Serie auch nicht das Geringste bewiesen war.

Erst 15 Jahre später hat Fotheringham das Problem der Datierung der Serie erneut aufgegriffen und zu lösen versucht, indem er für einige wenige markante, von Kugler übernommene Sterne aufgrund der *Differenz* ihrer Aufgangsdaten nach der Methode der kleinsten Fehlerquadrate die Epoche 1100 v. Chr. errechnete. Zu praktisch dem gleichen Ergebnis gelangte 1949 der bekannte Algebraiker van der Waerden, der ebenfalls die Lage der Jahreshauptpunkte im Kalender der Serie außer acht ließ und ähnlich wie Fotheringham nur die relativen *Differenzen* der Kalenderdaten für die Sternaufgänge in Erwägung zog. Dies war der Stand der Dinge, als ich vor gut einem Dutzend Jahren in die geheimnisvolle Welt der Chaldäer einzudringen suchte. Mit dem Ziel, Beweise für die Existenz wissenschaftlicher Astronomie der Chaldäer im dritten Jahrtausend v. Chr. zu finden, hatte ich mich mit astronomischen Keilschrifttafeln und der einschlägigen Fachliteratur befaßt und war dabei auch auf die Kingsche Tafel gestoßen. Als ich nun die Rechnungen Fotheringhams und van der Waerdens genauer untersuchte, erkannte ich plötzlich den großen Irrtum, dem beide Forscher zum Opfer gefallen waren.

Sirius ist an allem schuld

Das Ganze begann damit, daß ich ernsthafte Zweifel an den meisten Sternidentifikationen Kuglers und Kopffs hegte, die von späteren Bearbeitern der MUL.APIN-Serie mehr oder weniger unbesehen übernommen worden waren. Ich fragte mich, welche Sterne denn überhaupt sicher bestimmt waren, relativ zu denen sich dann die anderen identifizieren ließen. Von den insgesamt 34 Sternen, für die in der ersten Tafel der Serie der Morgenerstaufgang, also das Datum der erstmaligen Sichtbarkeit der betreffenden Sterne im Jahr am Morgen vor Sonnenaufgang über dem östlichen Horizont (siehe Abbildung 68), verzeichnet ist, fand ich *sieben* Sterne, die schon Epping aus Beobachtungstafeln der Jahre 121 und 109 v. Chr. eindeutig identifiziert hatte. Es sind dies folgende Sterne (›Normal‹-Sterne) in der Nähe der Ekliptik, der scheinbaren Bahn der Sonne:

(LÚ).CHUN.GÁ	:	β Arietis	(im Widder)
MUL.MUL	:	η Tauri	(Plejaden)
(GISH) lê	:	α Tauri	(Hyaden)
LUGAL	:	α Leonis	(im Löwen)
AB.SÍN	:	α Virginis	(in der Jungfrau)
ZI.BA.AN.NA	:	α Librae	(in der Waage)
GÍR.TAB	:	β Scorpii	(im Skorpion)

Berechnet man für diese sicheren Sterne die Morgenerstaufgänge, so bleiben, wie Tabelle 1 weiter unten zeigt, im gesamten in Frage kommenden Zeitraum von 4000 bis 500 v. Chr. die Differenzen ihrer Aufgangsdaten nahezu konstant. Dagegen verschiebt sich ihr Aufgang gegenüber dem Morgenerstaufgang des *Sirius* infolge seiner Eigenbewegung stetig um etwa 3° (rund drei Tage) in 500 Jahren! Als ich die Datendifferenzen relativ zum Sirius-Aufgang mit den in MUL.APIN angegebenen verglich, sah ich, daß die Diskrepanzen um 1100 v. Chr. minimal sind, in völliger Übereinstimmung mit Fotheringham und van der Waerden. Dies ist nicht verwunderlich, da Fotheringham sechs dieser sieben Eppingschen ›Normal‹-Sterne und *Sirius* neben fünf weiteren Sternen seiner Analyse zugrunde legte und van der Waerden sämtliche Differenzen auf den mit Kugler als *Sirius* identifizierten KAK.SI.SÁ bezog. Damit reduzierte sich für mich das ganze Problem der Datierung im wesentlichen auf die Identifikation des KAK.SI.SÁ. Kugler hatte den von Epping eindeutig als Sirius identifizierten KAK.BAN der Seleukidenzeit einfach mit dem KAK.SI.SÁ der MUL.APIN-Serie gleichgesetzt. Aber gemäß der Serie wird KAK.SI.SÁ von einem BAN unterschieden, der 20 Tage *nach* KAK.SI.SÁ aufgeht, so daß schwerlich beide Sternbilder mit dem einen KAK.BAN identisch sein können. Außerdem sind KAK.SI.SÁ und BAN in der MUL.APIN-Serie zwei verschiedenen »Gottheiten« zugeschrieben, KAK.SI.SÁ dem »Gott« Ninurta und BAN der »Göttin« Ischtar (Abbildung 47). Der helle Sirius gehört, wie sich zeigen sollte, tatsächlich zum KAK.SI.SÁ. Aber er ist nicht der einzige Stern des Bildes. Gemäß MUL.APIN-Serie ist KAK.SI.SÁ eine »Lanze« oder ein »Speer«. Es muß darum neben Sirius mindestens noch ein weiterer Stern zum KAK.SI.SÁ gehören. Dieser Stern ist, wie ich aus Angaben der Serie eindeutig beweisen konnte, der nördlich von Sirius stehende Prokyon, der dem Sirius in der Helligkeit nur geringfügig nachsteht. Pro

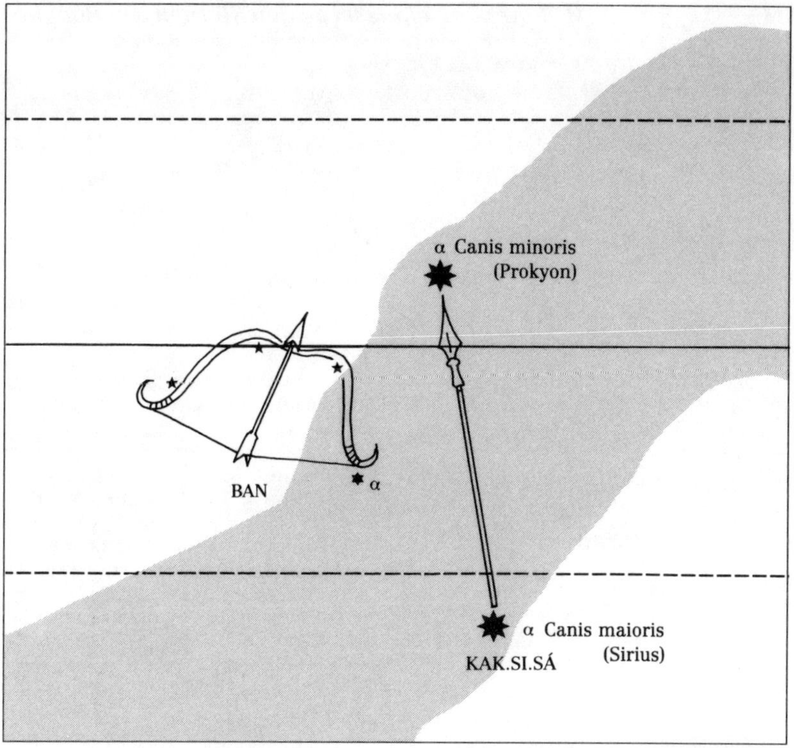

47 Die Sternbilder BAN, »Bogen« und KAK.SI.SÁ, »Lanze«, am chaldäischen Fixsternhimmel um 2340 v. Chr. Prokyon und Sirius bilden Spitze und Ende der Lanze. Diese beiden Sterne begrenzen östlich und westlich die Milchstraße, das himmlische »Meer« (tâmtum) der Babylonier seit dem zweiten Jahrtausend v. Chr., weshalb die Lanze einem spätbabylonischen Text zufolge »die Wasser des Meeres ausmißt«. Im dritten Jahrtausend v. Chr. wurde die Milchstraße noch nicht als himmlisches »Meer« aufgefaßt: Das Sternbild des »Schiffes« (MÁ.GUR$_8$) steht völlig außerhalb der Milchstraße. Im Gilgamesch-Epos werden die zahllosen funkelnden Sterne der Milchstraße mit glitzernden Edelsteinen in einem Garten verglichen.

kyon bildet die Spitze, Sirius das Ende der »Lanze«. Mit der richtigen Bestimmung des KAK.SI.SÁ löste ich zugleich das geheimnisvolle Attribut des KAK.SI.SÁ in einem spätbabylonischen Text:

»ma-di-di me(MESH) tam-tim«,
»der die Wasser des Meeres ausmißt«.

Da Prokyon und Sirius östlich und westlich die Galaxis begrenzen, kann mit dem »Meer« (tâmtum) nur die Milchstraße gemeint sein.

Vom MEA* des	bis	zum MEA* des
β Arietis (LÚ).CHUN.GÁ	–	η Tauri MUL.MUL
η Tauri MUL.MUL	–	α Tauri (GISH.)Lê
α Tauri (GISH)Lê	–	α Leonis LUGAL
α Leonis LUGAL	–	α Virginis AB.SÍN
α Virginis AB.SÍN	–	α Librae ZI.BA.AN.NA
α Librae ZI.BA.AN.NA	–	β Scorpii GÍR.TAB
β Arietis	–	KAK.SI.SÁ
β Arietis	–	Sirius
η Tauri	–	KAK.SI.SÁ
η Tauri	–	Sirius
α Tauri	–	KAK.SI.SÁ
α Tauri	–	Sirius
KAK.SI.SÁ	–	α Leonis
Sirius	–	α Leonis
KAK.SI.SÁ	–	α Virginis
Sirius	–	α Virginis
KAK.SI.SÁ	–	α Librae
Sirius	–	α Librae
KAK.SI.SÁ	–	β Scorpii
Sirius	–	β Scorpii

TABELLE 1
Die Tabelle enthält die Daten-*Differenzen* (in Sonnenlänge) der Morgenerstaufgänge von 7 ›Normal‹-Sternen und KAK.SI.SÁ beziehungsweise Sirius für Babylon von 4000 bis 500 v. Chr. gemäß MUL.APIN-Tafel und gemäß moderner Rechnung. Man sieht, daß die *Differenzen* der Aufgangsdaten der 7 ›Normal‹-Sterne über die Jahrtausende hinweg nahezu unverändert bleiben, während sich ihr Aufgang relativ zu dem des Sirius in je 500 Jahren um etwa 3° (rund drei Tage) verschiebt.

* MEA = Morgenerstaufgang

Ein nicht ganz alltäglicher Kalender

In der Datenliste der Morgenerstaufgänge von Sternen der MUL.APIN-Serie beziehen sich die Daten immer auf den *zuerst* aufgehenden Stern eines Sternbildes. Da Prokyon *vor* Sirius über dem Hori-

Differenz (in Sonnenlänge) gemäß MUL.APIN	Differenz gemäß moderner Rechnung (v. Chr.)							
	4000	3500	3000	2500	2000	1500	1000	500
30°	30°	30°	30°	30°	30°	30°	30°	30°
19°	20°	20°	20°	20°	19°	18°	17°	16°
75°	74°	73°	72°	71°	71°	71°	72°	72°
50°	48°	49°	49°	50°	50°	51°	51°	52°
20°	22°	22°	23°	23°	24°	23°	23°	23°
20°	19°	18°	18°	18°	18°	19°	19°	18°
104°	120°	117°	113°	110°	107°	104°	101°	98°
74°	90°	87°	83°	80°	77°	74°	71°	68°
55°	70°	67°	63°	60°	58°	56°	54°	52°
20°	4°	6°	9°	11°	13°	15°	18°	20°
70°	52°	55°	58°	61°	63°	66°	69°	72°
90°	74°	77°	81°	84°	87°	89°	92°	95°
110°	93°	95°	99°	102°	105°	108°	111°	113°

zont sichtbar wird, scheidet Sirius für den Morgenerstaufgang des KAK.SI.SÁ von vornherein aus.

Damit war das mathematisch sonst so brillante *Differenzen*-Kriterium für die Datierung der Serie unmittelbar an den einfachsten astronomischen Gegebenheiten gescheitert! Hinzu kommt, daß in

	Stern	Aufgangs-datum gemäß MUL.APIN
1.	β Arietis (LÚ).CHUN.GÁ	346°
2.	η Tauri MUL.MUL	16°
3.	α Tauri (GISH).Lê	35°
4.	α Leonis (LUGAL)	110°
5.	α Virginis AB.SÍN	160°
6.	α Librae ZI.BA.AN.NA	180°
7.	β Scorpii GÍR.TAB	200°
	Sirius (KAK.SI.SÁ: 90°)	–

TABELLE 2
Die Tabelle gibt das Datum (in Sonnenlänge) des Morgenerstaufgangs von 7 ›Normal‹-Sternen und Sirius gemäß der Datenliste von MUL.APIN und nach moderner Rechnung (in Intervallen von 500 Jahren). Sie zeigt, daß die 7 ›Normal‹-Sterne um 1100 v. Chr. bis zu drei Wochen (21°) später aufgehen, als in der Datenliste der MUL.APIN-Serie angegeben. Zwischen 2400 und 2100 v. Chr. stimmen die Angaben der Datenliste mit der modernen Rechnung am besten überein. Als Mittelwert ergibt sich 2300 v. Chr.

der Serie die Daten für die Morgenerstaufgänge der 34 Sterne innerhalb eines Kalenders angegeben sind, der zur Folge hat, daß eine Datierung der Serie auf 1100 v. Chr. in deutlichem Widerspruch zur Serie selbst steht: Gemäß dem Kalender der Serie erfolgt nämlich der Morgenerstaufgang des KAK.SI.SÁ am Sommeranfang – um 1100 v. Chr. geht Sirius aber erst 16 Tage *nach* der Sommersonnenwende auf. Man müßte auf etwa 3000 v. Chr. zurückgehen, um für Sirius die Gleichzeitigkeit mit der Sommersonnenwende wiederherzustellen. Aber auch Prokyon und sämtliche anderen Sterne gehen um 1100 v. Chr. gegenüber den Daten der Serie bis zu drei (!) Wochen zu spät auf (Tabelle 2). Die Sternaufgänge können also nicht einfach von den Kalender*daten* getrennt werden! Sehen wir uns darum den Kalender der Serie etwas genauer an!

In der zweiten Tafel der MUL.APIN-Serie findet sich eine sogenannte *Gnomon-Tabelle*, in der zu verschiedenen Tageszeiten jeweils für den 15. Tag des ersten, vierten, siebenten und zehnten Monats die

Aufgangsdatum nach moderner Rechnung (v. Chr.)

4000	3500	3000	2500	2000	1500	1000	500
323°	330°	337°	344°	351°	358°	5°	12°
353°	0°	7°	14°	21°	28°	35°	42°
13°	20°	27°	34°	40°	46°	52°	58°
87°	93°	99°	105°	111°	117°	124°	130°
135°	142°	148°	155°	161°	168°	175°	182°
157°	164°	171°	178°	185°	191°	198°	205°
176°	182°	189°	196°	203°	210°	217°	223°
83°	87°	90°	94°	98°	102°	106°	110°

Schattenlänge eines Stabes (Gnomon) von einer Elle angegeben wird* (Abbildung 48).

Die Tabelle enthält für den 15. Tag des »ersten« Monats und für den 15. Tag des »siebenten« Monats zur gleichen Tageszeit jeweils die gleichen Schattenlängen. Da beide Termine um ein halbes Jahr voneinander entfernt liegen, kann es sich bei ihnen nur um die beiden Tagundnachtgleichen (Äquinoktien) am Frühlings- und Herbstanfang und bei den relativ dazu jeweils um drei Monate verschobenen Daten nur um die Sommer- und Wintersonnenwende (Solstitien) handeln. Der 15.I. entspricht in der MUL.APIN-Serie also nicht etwa

* In der griechischen Überlieferung wird die Erfindung des Gnomon dem Anaximander zugeschrieben, der nach Diogenes Laertios um 550 v. Chr. in Sparta einen Gnomon errichtet haben soll; jedoch berichtet Herodot, daß die Griechen den Gebrauch von Gnomon (γνώμων) und Polos (πόλος) von den Babyloniern gelernt hätten, wobei wir unter Polos wohl eine Sonnenuhr mit halbhohlkugelförmigem Schattenfänger des Gnomonstabes zu verstehen haben. Herodot, der »Vater der Geschichtsschreibung«, wird durch die MUL.APIN-Serie bestätigt.

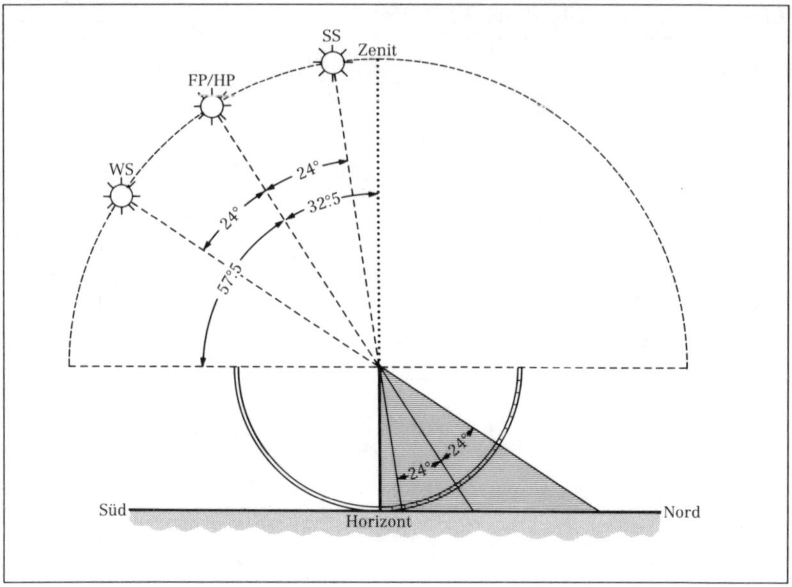

48 Bestimmung der Jahreshauptpunkte mit Hilfe des Gnomon (-Stabes) in Babylon ($\varphi = 32{,}5°$) im 3. Jahrtausend v. Chr. (Schiefe der Ekliptik: $\varepsilon = 24°$).
Am Winteranfang (WS) ist der Schatten des Stabes am längsten, am Sommeranfang am kürzesten (SS). Am Frühlings- und Herbstanfang (FP/HP) hat der Schatten zu gleichen Tageszeiten die gleiche Länge. Beobachtet man jeweils den Schatten beim Meridiandurchgang der Sonne (am Mittag), dann erhält man durch einfaches Halbieren des Winkels, den der Schatten des Stabes im Sonnenjahr von Nord nach Süd aufspannt, die Neigung der Ekliptik zum Äquator.

dem 15. Januar, er fällt vielmehr mit dem Frühlingsanfang zusammen! Die sumerischen und entsprechenden akkadischen Namen der Monate sind in Tabelle 3 verzeichnet.

Aus der Gnomon-Tabelle geht mit Bestimmtheit die Lage der Jahreshauptpunkte im Kalender hervor, und zwar ist der

15. Nisannu (15.I.)	Frühlings-Tagundnachtgleiche (FP)
15. Du'ūzu (15.IV.)	Sommer-Sonnenwende (SS)
15. Taschrītu (15.VII.)	Herbst-Tagundnachtgleiche (HP)
15. Ṭebetu (15.X.)	Winter-Sonnenwende (WS)

Für einen vollen Umlauf (360°) in der Ekliptik benötigt die Sonne 365,2422 Tage, rund 365¼ Tage. Nun ist die Geschwindigkeit der Sonne von der Erde aus betrachtet nicht konstant, da die Erde sich wie alle Planeten nicht auf einem Kreis, sondern auf einer Ellipse um

Sumerische und akkadische Monatsnamen

Monat	sumerisch	akkadisch
I	(ITI).ḄÁR.ZAG.GAR	Nisannu
II	(ITI).GU$_4$.SI.SÁ/SU	Ajjaru
III	(ITI).SIG$_4$.GA	Simānu
IV	(ITI).SHU.NUMUN	Du'ūzu
V	(ITI).NE.NE.GAR	Abu
VI	(ITI).KIN^{d}INANNA	Ulūlu
VII	(ITI).DU$_6$.KÙ	Taschrītu
VIII	(ITI).APIN.DU$_8$.A	Arachsamna
IX	(ITI).GAN.GAN.UD.DU	Kislīmu
X	(ITI).AB.BA.UD.DU	Ṭebētu
XI	(ITI).ZÍZ.A	Schabāṭu
XII	(ITI).SHE.GUR$_{10}$.KU$_5$	Addaru

TABELLE 3
Die Monate des bürgerlichen Jahres waren Mondmonate zu abwechselnd 29 oder 30 Tagen. Der Monat begann am Abend mit dem Neulicht, dem erstmaligen Erscheinen der schmalen Mondsichel über dem Westhorizont nach Sonnenuntergang, nachdem der Mond bis zu drei Tage unsichtbar war. Da die 12 Mondmonate etwa 354⅓ Tage ausmachen, das Sonnenjahr aber rund 365¼ (365,2422) Tage dauert, wurde nach festen Regeln ein 13. Monat als Schaltmonat eingefügt, um das sogenannte Luni-Solar-Jahr mit dem Sonnenjahr wieder in Einklang zu bringen. In der MUL.APIN-Serie sind die »Monate« *nicht* Mondmonate, sondern entsprechen je 30° ekliptikaler Länge (siehe unten).

die Sonne bewegt. Das bedingt eine unterschiedliche Dauer der astronomischen Jahreszeiten (Abbildung 49). Um 2340 v. Chr. zum Beispiel enthalten die astronomischen Jahreszeiten geozentrisch folgende Anzahl von Tagen:

Frühling	(FP bis SS)	:	94,22 Tage	184,68 Tage	365,24 Tage
Sommer	(SS bis HP)	:	90,46 Tage		
Herbst	(HP bis WS)	:	88,42 Tage	180,56 Tage	
Winter	(WS bis FP)	:	92,14 Tage		

Mit dem Gnomon lassen sich die Jahreshauptpunkte (FP, SS, HP, WS) bis auf einen Tag genau bestimmen, so daß die unterschiedliche Länge der Jahreszeiten gemäß der MUL.APIN-Serie mit Hilfe des Gnomon einfach erkannt werden konnte*. Wenn darum die Daten

* Nach Ptolemäus (Almagest III, 1) haben Meton und Euktemon die Sommersonnenwende im Jahre 432 v. Chr. mit einem Fehler von etwa einem Tag mit Hilfe des Gnomon beobachtet.

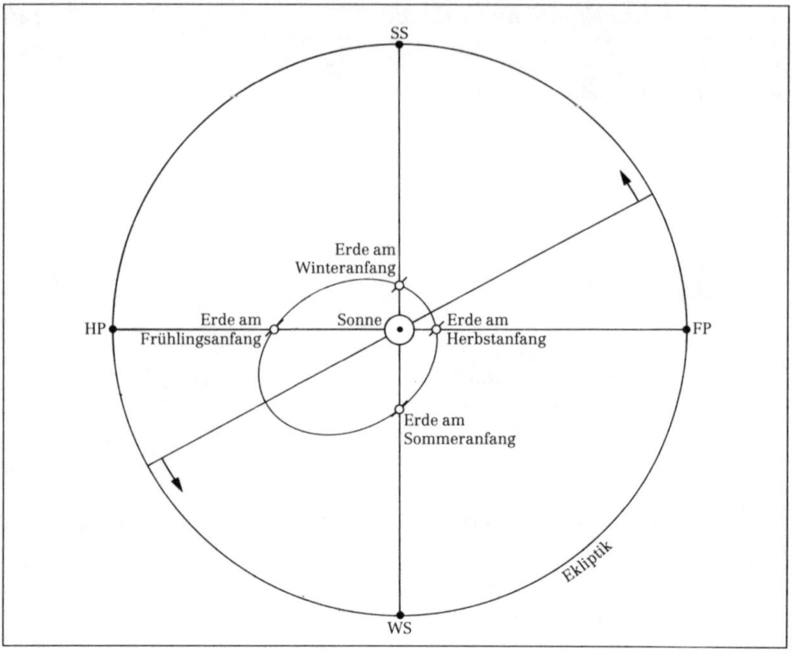

49 Die Erde bewegt sich auf einer (hier stark übertrieben gezeichneten) elliptischen Bahn um die Sonne, die in einem der beiden Brennpunkte der Erdbahnellipse steht. In Sonnennähe bewegt sich die Erde schneller fort als in Sonnenferne. Da außerdem die Hauptachse der Erdbahnellipse im 24. Jahrhundert v. Chr. gegenüber der Verbindungslinie von Frühlings- und Herbstpunkt einen Winkel von etwa 28½° einnimmt, ergibt sich eine unterschiedliche Dauer aller vier Jahreszeiten. Für einen Umlauf in der Ekliptik relativ zum Frühlingspunkt (FP) benötigt die Hauptachse der Erdbahnellipse etwa 21 000 Jahre.

der Jahreshauptpunkte in der Gnomon-Tabelle der zweiten Tafel jeweils auf den *15.* (!) Tag des I., IV., VII. und X. Monats gesetzt werden, so müssen

1. die »Monate« zu je 30 »Tagen« angenommen und
2. die »Tage« *nicht* als natürliche Tage verstanden worden sein.

Zusätzlich werden in der *Gnomon-Tabelle* der 15.I. (15. Nisannu) und 15.VII. (15. Taschritu), also Frühlings- und Herbst-Tagundnachtgleiche, durch die Angabe »drei MA.NA Tagwache, drei MA.NA Nachtwache« und der 15.IV. (15. Du'ūzu) und 15.X. (15. Ṭebetu), also Sommer- und Wintersonnenwende, durch vier und zwei MA.NA Tag- beziehungsweise Nachtwache charakterisiert, wobei die MA.NA Ge-

Sternbild	Datum des Morgenerstaufgangs	
(LÚ).CHUN.GÁ	1. Nisannu	(1. I.)
GÀM	20. Nisannu	(20. I.)
MUL.MUL	1. Ajjaru	(1. II.)
(GISH)lê	20. Ajjaru	(20. II.)
SIPA.ZI.AN.NA	10. Simanu	(10. III.)
MASH.TAB.BA.GAL.GAL	10. Simanu	(10. III.)
MASH.TAB.BA.TUR.TUR	5. Du'uzu	(5. IV.)
AL.LUL	5. Du'uzu	(5. IV.)
KAK.SI.SÁ	15. Du'uzu	(15. IV.) [1]
MUSH	15. Du'uzu	(15. IV.)
UR.GUL.LA	15. Du'uzu	(15. IV.)
BAN	5. Abu	(5. V.)
LUGAL	5. Abu	(5. V.)
NUN.(KI)	10. Ululu	(10. VI.)
UGA.(MUSHEN)	10. Ululu	(10. VI.)
SHU.PA	15. Ululu	(15. VI.)
AB.SÍN	25. Ululu	(15. VI.)
zibanitum	15. Taschritu	(15. VII.) [2]
UR.IDIM	15. Taschritu	(15. VII.)
EN.TE.NA.BAR.CHUM	15. Taschritu	(15. VII.)
UR.KU	15. Taschritu	(15. VII.)
GÍR.TAB	5. Arachsamna	(5. VIII.)
ÙZ	15. Arachsamna	(15. VIII.)
GAB.GÍR.TAB	15. Arachsamna	(15. VIII.)
UD.KA.DUCH.A	15. Kislimu	(15. IX.)
TI$_8$.(MUSHEN)	15. Kislimu	(15. IX.)
PA.BIL.SAG	15. Kislimu	(15. IX.)
SIM.MACH (Shinunutum, IM.SHESH)	15. Ṭebetu	(15. X.) [3]
GU.LA	5. Schabaṭu	(5. XI.)
(ASH).IKU	5. Schabaṭu	(5. XI.)
LU.LIM	5. Schabaṭu	(5. XI.)
Anunitum	25. Schabaṭu	(25. XI.)
KU$_6$	15. Addaru	(15. XII.)
SHU.GI	15. Addaru	(15. XII.)

TABELLE 4
Die Datenliste der Morgenerstaufgänge von 34 Sternbildern in tabellarischer Übersicht.

[1] 4 Minen für eine Tagwache, 2 Minen für eine Nachtwache; [2] 3 Minen für eine Tagwache, 3 Minen für eine Nachtwache; [3] 2 Minen für eine Tagwache, 4 Minen für eine Nachtwache.

Vom Aufgang von	bis zum Aufgang von	vergehen (Anzahl der »Tage«)	Anzahl der seit dem Aufgang des KAK.SI.SÁ vergangenen »Tage«	
KAK.SI.SÁ	NUN.(KI)	55	55	
KAK.SI.SÁ	SHU.PA	60	60	
SHU.PA	AB.SÍN	10	70	
AB.SÍN	zibanitum	20	90	
zibanitum	ÙZ	30	120	
ÙZ	UD.KA.DUCH.A	30	150	
UD.KA.DUCH.A	SIM.MACH	30	180	
SIM.MACH	(ASH).IKU	20	200	von einem Morgenerstaufgang des KAK.SI.SÁ bis zum nächsten Morgenerstaufgang des KAK.SI.SÁ vergehen 360 »Tage«
(ASH).IKU	KU_6	40	240	
KU_6	GÀM	35	275	
GÀM	MUL.MUL	10	285	
MUL.MUL	GU_4.AN.NA	20	305	
GU_4.AN.NA	SIPA.ZI.AN.NA	20	325	
SIPA.ZI.AN.NA	KAK.SI.SÁ	35	360	
KAK.SI.SÁ	BAN	20	380 (20)	

Tabelle 5
Die Differenzliste der Morgenerstaufgänge von 15 Sternbildern in tabellarischer Reihenfolge.

wichtseinheiten (Minen) sind, welche während einer Wache aus einem Wasserbehälter, der sogenannten Klepsydra, ausfließen.

Auch die *Datenliste* der 34 Morgenerstaufgänge in der ersten Tafel der Serie ist auf die Jahrespunkte bezogen. Hier werden ebenso den Aufgängen von Sternen am 15.IV., 15.VII. und 15.X. dieselben MA.NA-Werte für die Dauer der Tag- und Nachtwachen hinzugefügt. Für den 15.I., das Frühlingsäquinoktium, ist kein Morgenerstaufgang verzeichnet (Tabelle 4). Außer der *Datenliste* enthält die erste Tafel noch eine *Differenzenliste*, in der für 15 der insgesamt 34 Sterne die Differenzen ihrer Morgenerstaufgänge in »Tagen« aufgelistet sind (Tabelle 5). Diese Differenzen stimmen mit denen der Datenliste nur dann überein, wenn man die Monate zu 30 »Tagen« zählt, wie sich das auch aus der Gnomon-Tabelle ergab (Tabelle 6).

Ein Blick auf die Differenzenliste lehrt weiter, daß zwischen die

Tabelle 6
Vergleich von Datenliste und Differenzenliste, beginnend beim Morgenerstaufgang des KAK.SI.SÁ am 15. IV.

Daten-Liste			Differenzen-Liste	
Sternbild	Aufgangs-Datum	»Tage« nach dem 15. IV.	Sternbild	Aufgangs-Differenz in »Tagen«
KAK.SI.SÁ	15. IV.	0	KAK.SI.SÁ	
MUSH	15. IV.	0		
UR.GU.LA	15. IV.	0		
BAN	5. V.	20	BAN	20
LUGAL	5. V.	20		
NUN.(KI)	10. VI.	55	NUN.(KI)	55
UGA.(MUSHEN)	10. VI.	55		
SHU.PA	15. VI.	60	SHU.PA	60
AB.SÍN	25. VI.	70	AB.SÍN	10
zibanitum	15. VII.	90	zibanitum	20
UR.IDIM	15. VII.	90		
EN.TE.NA. BAR.CHUM	15. VII.	90		
UR.KU	15. VII.	90		
GÍR.TAB	5. VIII.	110		
ÙZ	15. VIII.	120	ÙZ	30
GAB.GÍR.TAB	15. VIII.	120		
UD.KA.DUCH.A	15. IX.	150	UD.KA.DUCH.A	30
TI_8.(MUSHEN)	15. IX.	150		
PA.BIL.SAG	15. IX.	150		
SIM.MACH	15. X.	180	SIM.MACH	30
GU.LA	5. XI.	200		
(ASH).IKU	5. XI.	200	(ASH).IKU	20
LU.LIM	5. XI.	200		
Anunitum	25. XI.	220		
KU_6	15. XII.	240	KU_6	40
SHU.GI	15. XII.	240		
(LÚ).CHUN.GÁ	1. I.	256		
GÀM	20. I.	275	GÀM	35
MUL.MUL	1. II.	286	MUL.MUL	10
(GISH)lê	20. II.	305	GU_4.AN.NA	20
SIPA.ZI.AN.NA	10. III.	325	SIPA.ZI.AN.NA	20
MASH.TAB.BA. GAL.GAL	10. III.	325		
MASH.TAB.BA. TUR.TUR	5. IV.	350		
AL.LUL	5. IV.	350		
KAK.SI.SÁ	15. IV.	360	KAK.SI.SÁ	35

Morgenerstaufgänge ein- und desselben Sternes (KAK.SI.SÁ) ausdrücklich *360* »Tage« gesetzt werden. Das bedeutet aber, daß das Sonnenjahr hier zu 360 künstlichen »Tagen« gerechnet wird und in der gesamten Serie die Lage der vier Jahreshauptpunkte eindeutig und einheitlich auf den 15.I., 15.IV., 15.VII. und 15.X. festgelegt ist und je 90 »Tage« mit 90° ekliptikaler Länge identisch sind. Die Bezeichnung »Tag« in der Bedeutung »ekliptikale Länge« ist auch sonst in Keilschrifttexten geläufig. In einer bekannten Abschrift eines Textes aus Uruk steht sogar wortwörtlich geschrieben: »30 Tage (U_4.(MESH)) entsprechen 30° ekliptikaler Länge (1 DANNA (beru)).«

Eine ganz andere Frage ist es, wie der beobachtende Astronom die Daten der Morgenerstaufgänge der Sterne, die er ja an natürlichen Tagen beobachtet hat, auf das Sonnenjahr zu 360 künstlichen »Tagen« (360°) übertragen hat. Daß er tatsächlich den genauen Ort der Sonne auf der Ekliptik bestimmen konnte, sollte sich bald zeigen. Ich war jedoch vorsichtig und berechnete zunächst für die sieben absolut sicheren Eppingschen Sterne die *Epoche*, zu der sie im Einklang mit der *Datenliste* erstmals im Jahr am Morgen vor Sonnenaufgang über dem Osthorizont von Babylon sichtbar sind, erst in mittleren Tagen, dann in wahren Sonnenlängen und schließlich in natürlichen Tagen von der Sommersonnenwende aus, und erhielt in allen drei Fällen *2300 v. Chr.* als Mittelwert. *Kuglers Definition gemäß hatte ich damit die Existenz wissenschaftlicher Sternkunde der Chaldäer im dritten Jahrtausend v. Chr. bewiesen!*

Wo der Sonnengott spazierengeht

Die MUL.APIN-Serie beginnt mit einem umfangreichen Sternkatalog, in welchem nicht weniger als 66 (!) Gestirne und Einzelsterne verzeichnet sind, die alle sumerische Namen tragen. 17 dieser 66 Gestirne sind eigens als Sternbilder aufgeführt, die auf dem *»Weg des Mondes«* stehen und an denen der Mond im Verlauf eines Monats vorbeizieht. Elf der 17 Sternbilder sind mit den klassischen Tierkreisbildern identisch; dem Widder entsprach im alten Zweistromland ein »Knecht« ((LÚ).CHUN.GÁ) (Tabelle 7). »Die Götter, die auf dem Weg des Mondes stehen, durch deren Bereich der Mond innerhalb eines Monats hindurchzieht und die er berührt, (sind folgende)«:

MUL.MUL
GU$_4$.AN.NA – (Taurus)*
SIPA.ZI.AN.NA
SHU.GI
GÀM
MASH.TAB.BA.GAL.GAL – (Gemini)*
AL.LUL – (Cancer)*
UR.GU.LA – (Leo)*
AB.SÍN – (Virgo)*
zibanitum – (Libra)*
GÍR.TAB – (Scorpius)*
PA.BIL.SAG – (Sagittarius)*
SUCHUR.MÁSH – (Capricornus)*
GU.LA – (Aquarius)*
Die »Schwänze« von SIM.MACH } – (Band der Fische)*
Anunitum }
(LÚ).CHUN.GÁ – (Aries)*

TABELLE 7
Die Sternbilder auf dem »Weg des Mondes«. Die mit * gekennzeichneten Sternbilder entsprechen den klassischen Tierkreis-Sternbildern. (LÚ).CHUN.GÁ, das unserem Sternbild Widder (Aries) entspricht, war bei den ältesten Chaldäern ein Rinderknecht. Erst im ersten Jahrtausend v. Chr. wurde das Sternbild zum »Widder« umgewandelt.

Unmittelbar im Anschluß an diese Liste wird dann erklärt, daß der »Weg des Mondes« von der Sonne und den fünf Planeten Merkur, Venus, Mars, Jupiter und Saturn durchzogen wird. Der »Weg des Mondes« ist demnach mit dem Tierkreisgürtel oder Zodiakos identisch! Die Chaldäer wußten also bereits, daß Sonne, Mond und Planeten geschlossene Bahnen durch die Tierkreisbilder beschreiben!

Wie genau haben die Chaldäer um 2300 v. Chr. den scheinbaren Lauf der Sonne in der Ekliptik bestimmt? Die zweite Tafel der MUL.APIN-Serie enthält folgende wichtige Bemerkung über den Lauf der Sonne:

»Vom 1.XII. bis 30.II.	steht der Sonnengott im Weg der (Sterne) des *Anu*: Wind und Sturm
Vom 1.III. bis 30.V.	steht der Sonnengott im Weg der (Sterne) des *Enlil*: Ernte und Hitze
Vom 1.VI. bis 30.VIII.	steht der Sonnengott wieder im Weg der (Sterne) des *Anu*: Wind und Sturm

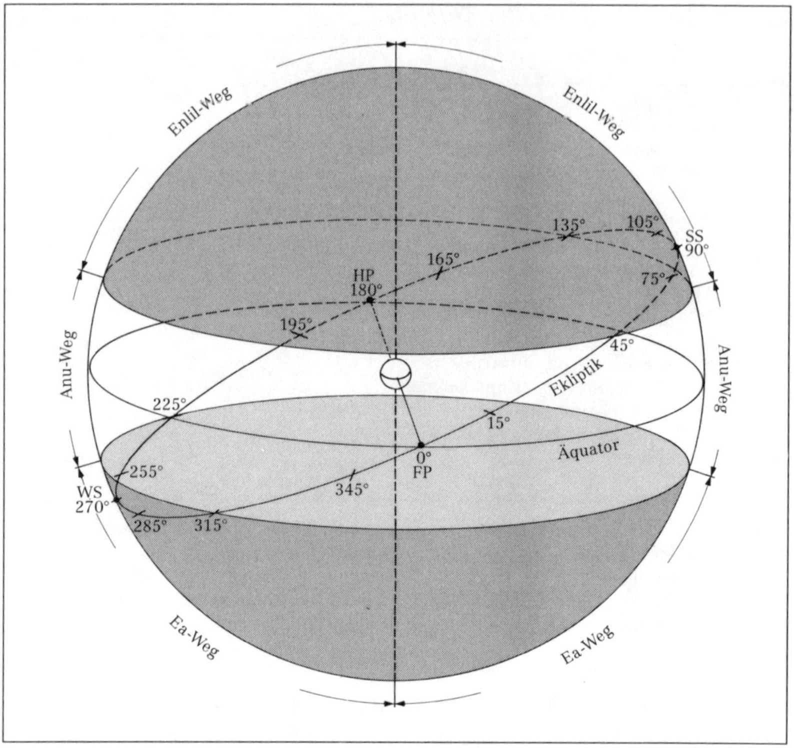

50 Die Einteilung der chaldäischen Sphäre in die drei Wege des Anu, Enlil und Ea parallel zum Äquator. Die obere und untere Grenze des Anu-Weges schneiden die Ekliptik in der Mitte zwischen den Kardinalpunkten bei 45°, 135°, 225° und 315° ekliptikaler Länge. Der Äquator verläuft mitten im Anu-Weg.

Vom 1.IX. bis 30.XI. steht der Sonnengott im Weg der (Sterne) des *Ea*: Kälte«

Hiernach wird ausdrücklich die Ekliptik, die Sonnenbahn selbst, in zwölf *gleiche* »Monate« zu je 30 »Tagen« derart geteilt, daß der 15.I., 15.IV., 15.VII. und 15.X. auf die Kardinalpunkte der Ekliptik fallen, im Einklang mit den übrigen Zeugnissen der Serie bezüglich der Jahreshauptpunkte (siehe Abbildung 51).

Da aber die Jahreshauptpunkte mit dem Gnomon auf einen Tag genau bestimmbar waren und die ungleiche Länge der vier astronomischen Jahreszeiten und damit die Länge des Sonnenjahres bekannt war, müssen hier wirklich je 90 »Tage« mit 90° *ekliptikaler Länge* identisch sein. Nach diesem Konzept wird die Sphäre in drei

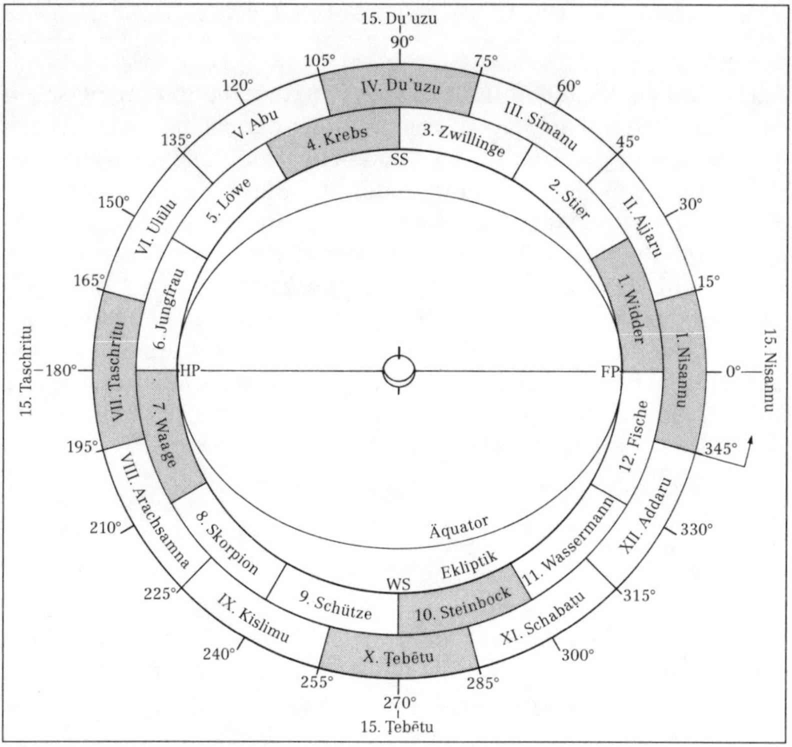

51 Namen und Lage der chaldäischen Tierkreiszeichen verglichen mit den »klassischen« Zeichen. Der Nullpunkt der chaldäischen Ekliptik liegt 15° *vor* dem Frühlingspunkt bei $\lambda = 345°$.
Die Benennung der Zeichen nach »Monaten« hatte den Vorteil, daß die chaldäischen Astronomen den Stand der Sonne in einem zwar künstlichen, aber dafür exakten astronomischen Kalender durch ein sehr anschauliches »Datum« ausdrücken konnten. Drei Beispiele sollen das verdeutlichen:

1. Das astronomische Datum 27. Simanu (27.III.) besagt, daß die Sonne im 27. Grad des dritten Zeichens (Simanu) steht, das heißt, die Sonne hat eine Länge von 45° + 27° = 72° in der Ekliptik.
2. Eine Sonnenlänge von 204° entspricht dem 9. Arachsamna (195° + 9°).
3. Am 1. Nisannu steht die Sonne in der Ekliptik bei 345° + 1° = 346°, also 14° vom Frühlingspunkt entfernt.

FP = Frühlingspunkt
SS = Sommer-Sonnenwendepunkt
HP = Herbstpunkt
WS = Winter-Sonnenwendepunkt

Gebiete unterteilt: Der Anu-Weg ist offensichtlich ein zum Himmelsäquator paralleler Streifen, durch dessen Mitte der Äquator verläuft (der Beweis folgt im nächsten Kapitel); nördlich dieses Streifens erstreckt sich die Kuppel des Enlil-Weges, südlich davon die des Ea-Weges. Die obere und untere Grenze des Anu-Weges schneiden demnach die Ekliptik theoretisch in vier Punkten, die mitten zwischen den Kardinalpunkten liegen, das heißt bei den ekliptikalen Längen $\lambda = 45°$, $\lambda = 135°$, $\lambda = 225°$, $\lambda = 315°$ (siehe Abbildung 50). Durch die Kardinalpunkte (Jahreshauptpunkte) und durch die Einteilung der Sphäre in die drei Wege wird die Ekliptik (!) in acht gleiche Teile zu je 45° (= 45 »Tage«) geteilt. Die zwölf »Monate« zu je 30 »Tagen« teilen die Ekliptik in weitere zwölf gleiche *Abschnitte* zu je 30° oder, wie man zu sagen pflegt, in zwölf (Stern-)»Zeichen« (Abbildung 51). Diese zwölf Zeichen sind aber gegenüber den Jahreshauptpunkten um 15° verschoben. Die Zeichen sind also nochmals halbiert worden, so daß die Ekliptik um 2300 v. Chr. insgesamt in *24* gleiche Abschnitte zu je 15° geteilt worden ist.

KAK.SI.SÁ, sitzende Götter und die älteste Himmelsbeschreibung der Welt

Nun hat die Ekliptikebene um 2300 v. Chr. gegenüber der Äquatorebene einen Neigungswinkel von etwa 24° (heute rund 23½°). Für diesen Neigungswinkel folgt, daß die Grenzen des Anu-Weges 16°,69 vom Äquator entfernt sind. Man sagt: Sie haben eine Deklination (δ) von +16°,69 und –16°,69 (siehe Abbildung 52).

Die im Sternkatalog am Anfang der ersten Tafel verzeichneten 66 Sterne werden nach ihrer Zugehörigkeit zu einem der drei Wege des Anu, des Enlil oder des Ea aufgelistet. Dies erleichtert natürlich ihre Identifikation erheblich. Anu-Gestirne wird man deshalb nur in Äquatornähe, Enlil-Gestirne oberhalb von +16°,69 Deklination, Ea-Gestirne unterhalb von –16°,69 Deklination suchen. Da außerdem noch relative Positionsangaben gemacht werden, ob also ein Sternbild vor oder hinter, über oder unter einem anderen steht, war es mir möglich, den Fixsternhimmel der Chaldäer des dritten Jahrtausends v. Chr. vollständig zu rekonstruieren. In der dem Buch beigefügten Sternkarte für das Jahr 2340 v. Chr. sind die über den Horizont von Babylon heraufsteigenden Sternbilder eingezeichnet. Anhand des verschiebbaren Horizontes sind die Auf- und Untergänge und Kulminationen der Sterne auf einfachste Weise nachvollziehbar (siehe Anleitung zur Sternkarte).

Mit Hilfe des Dreiwegekonzepts fand ich auch Prokyon als zweiten

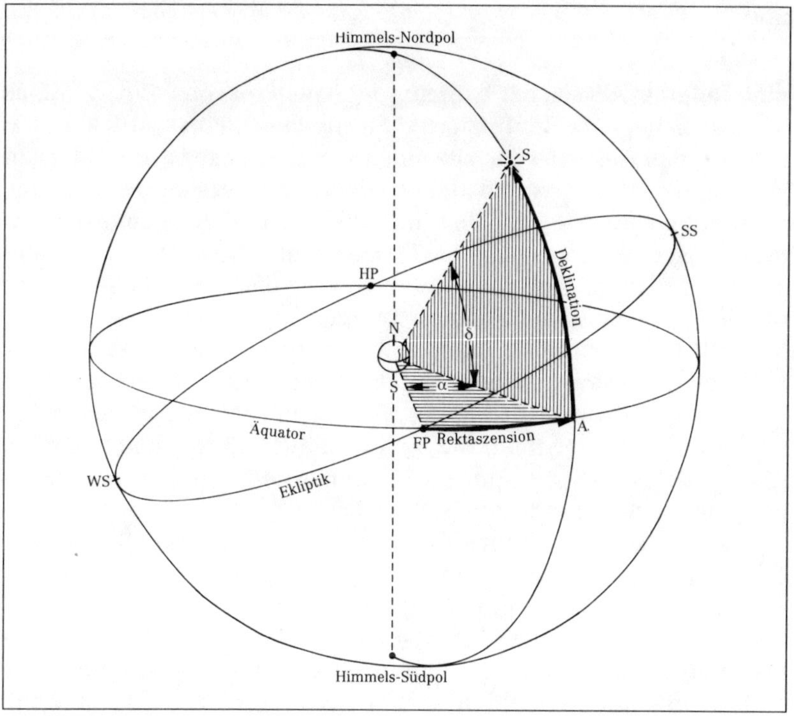

52 Die Position des Sterns S an der Sphäre wird durch die vom Frühlingspunkt entlang dem Äquator in östlicher Richtung (von 0° bis 360°) gemessene Rektaszension (α) und die dazu senkrechte Deklination (δ) eindeutig bestimmt; die Deklination wird zum Nordpol hin positiv, zum Südpol negativ gemessen (von 0° bis 90°).

Stern (neben Sirius) für das Sternbild KAK.SI.SÁ, das seit 1880, als es Jules Oppert mit dem Polarstern identifizierte, zum umstrittensten Sternbild am Himmel der Chaldäer wurde, bis Kugler es angeblich sicher als Sirius bestimmte. Um 2300 v. Chr., zur Zeit der in MUL.APIN aufgezeichneten Beobachtungen, hat Sirius eine Deklination von $\delta = -20{,}^{\circ}23$, steht also eindeutig im Ea-Weg. Wäre Sirius der nördlichste Stern von KAK.SI.SÁ, der »Lanze«, dann müßte er in MUL.APIN statt zu Anu vielmehr zu Ea gezählt worden sein (vergleiche Abbildung 47).

Es war also der Stern zu suchen, der 2300 v. Chr. im Anu-Weg steht, ekliptikfern ist, weil KAK.SI.SÁ nicht auf dem »Mond-Weg« genannt ist, und zugleich mit dem »Kopf des Löwen« (κ Leonis) im Sommersonnenwendepunkt (am 15.IV. gem. Datenliste) am Morgen erstmals aufging. Als solcher kam nur der helle Prokyon in Frage. Eines der am sichersten identifizierten Sternbilder hieß DINGIR.TUSH.A.(MESH), das Gestirn »der sitzenden Götter«, das mit den Sternen von Sagitta, dem Sternbild »Pfeil«, identisch war (siehe Sternkarte). Es stand gemäß Sternkatalog im Enlil-Weg und zeichnete sich dadurch aus, daß seine Sterne wie Perlen auf einer geraden Schnur aufgereiht schienen. Um 2300 v. Chr. waren diese Sterne zusätzlich durch ihre Stellung parallel zum Äquator ausgezeichnet, so daß sie, im südlichen Meridian stehend, dem irdischen Beobachter *horizontal* nebeneinander liegend erschienen, was offensichtlich zu ihrer Bezeichnung »Sitzende Götter« beigetragen hat, im Unterschied zu einem weiteren Sternbild, DINGIR.GUB.BA.(MESH), den »Stehenden Göttern«, dessen Sterne um 2300 v. Chr. *vertikal* zum Äquator übereinander angeordnet waren (siehe Sternkarte).

Nun gibt es ein Keilschriftfragment aus den Berliner Museen, das *Enlil*-Gestirne detailliert in ihrer Ausdehnung beschreibt. Es enthält die zusätzliche Information, daß neun Sterne von DINGIR.TUSH.A.(MESH), den »sitzenden Göttern«, an der Grenze zum Anu-Weg stehen. Betrachtet man die Deklinationen der Sterne von Sagitta, den Pfeil, so erkennt man, daß diese um 2300 v. Chr. nicht nur im Enlil-Weg, wie es MUL.APIN fordert, sondern außerdem nur Zehntelgrade von der berechneten theoretischen Anu-Weggrenze (von $\delta = +16{,}^\circ69$) entfernt stehen, wie der Berliner Text es verlangt. Da nach 2000 v. Chr. DINGIR.TUSH.A.(MESH) die Grenze zum Anu-Weg bereits überschritten hat, also im Anu-Weg statt im Enlil-Weg zu stehen kommt, muß dieser Text zeitlich etwa mit der Abfassung der MUL.APIN-Serie zusammenfallen (Tabelle 8).

In diesem Text hatte ich nun eine der ältesten Himmelsbeschreibungen der Welt entdeckt, die mir dank ihrer detaillierten Angaben von unschätzbarem Wert für die genaue Bestimmung von Ausdehnung und Form der in MUL.APIN erwähnten Enlil-Gestirne wurde. Noch wichtiger war der damit erbrachte Beweis, daß die Chaldäer um 2300 v. Chr. die Grenzen des Anu-Weges und damit die Schnittpunkte mit der Ekliptik mitten *zwischen* den Kardinalpunkten sehr genau bestimmt haben. Denn im gesamten Zeitraum von 2300 bis zur Zeitenwende ändern sich die Deklinationen der Sterne des Sternbildes Pfeil (Sagitta) nur um etwa $1{,}^\circ9$. – Damit hatte ich auch die *Parallelität* der Anu-Weggrenzen *zum Äquator* erwiesen (!), woraus

Stern / Epoche (v. Chr.)	γ Sagittae	δ Sagittae
3000	+ 18°58	+ 18°98
2900	18°34	10°72
2800	18°11	18°46
2700	17°89	18°22
2600	17°68	17°98
2500	+ 17°48	+ 17°76
2400	17°29	17°54
2300	17°11	17°34
2200	16°95	17°14
2100	16°79	16°96
2000	+ 16°64	+ 16°78
1900	16°50	16°62
1800	16°38	16°46
1700	16°26	16°32
1600	16°16	16°19
1500	+ 16°06	+ 16°07
1400	15°98	15°95
1300	15°91	15°85
1200	15°85	15°76
1100	15°79	15°68
1000	+ 15°76	+ 15°62
900	15°72	15°56
800	15°70	15°51
700	15°70	15°47
600	15°70	15°45
500	+ 15°71	+ 15°43
400	15°74	15°43
300	15°77	15°44
200	15°82	15°45
100	15°88	15°48

TABELLE 8
Deklination von γ und δ Sagittae im Sternbild »Sitzende Götter« (DINGIR.TUŠ.A. (MESH)) von 3000 bis 100 v. Chr. in Intervallen von 100 Jahren. Die Tabelle zeigt, daß um 1900 v. Chr. γ und δ Sagittae bereits im *Anu*-Wege liegen (unterhalb von 16°69 Deklination). Da gemäß der Berliner Uranographie (VAT 9428) die »sitzenden Götter« im *Enlil*-Weg an der Grenze zum Anu-Weg sein sollen, muß das Original des Textes *vor* 1900 v. Chr. entstanden sein. Es erweist sich somit als älteste bekannte Uranographie der Welt.

sofort die Kenntnis des *Äquators* selbst folgt, der genau mitten zwischen den Anu-Weggrenzen verläuft. (Der Leser mache sich dies an der Sternkarte und der Abbildung 50 klar).

Mit dem Äquator mußte dann auch der Äquatorpol, der Nordpol, der ruhende Punkt im All, um den die Sterne zu kreisen scheinen, bekannt sein. Der Pol wird in MUL.APIN indirekt erwähnt. Im Sternkatalog der ersten Tafel ist ein Sternbild namens MU.BU.KÉSH.DA verzeichnet, das »angebundenes Joch (des Himmels)« bedeutet, und zu dem unter anderem die drei Sterne α, ι und λ Draconis gehören. α Draconis, der mittlere Stern dieses angebundenen Joches, ist im dritten Jahrtausend v. Chr. bekanntlich Polarstern. Da α Draconis um 2790 v. Chr. exakt den Nordpol kennzeichnet, ist das Sternbild MU.BU.KÉSH.DA wahrscheinlich zu dieser Zeit entstanden. 2300 v. Chr. steht α Draconis etwa 2⅔° vom Pol ab, konnte also gerade noch als Drehpunkt des angebundenen Himmelsjochs gelten. Im zweiten und ersten Jahrtausend v. Chr. verliert die Bezeichnung des Sternbildes ihren Sinn.

Schließlich, fast ist es überflüssig, dies zu bemerken, folgt die Kenntnis der Schiefe der Ekliptik gegenüber dem Äquator zu 24°*. Denn wenn die alten Chaldäer die Grenze des Anu-Weges, der die *Mitte* des Ekliptikbogens zwischen Äquinoktium und Solstiz schneidet, exakt bestimmen konnten, dann war ihnen erst recht die Neigung der Wendepunkte zum Äquator bekannt. Sie brauchten nur zur Sommer- und Wintersonnenwende beim Höchststand der Sonne am Mittag den jeweiligen Neigungswinkel der Sonne über dem Horizont mit dem Gnomon zu messen und die Differenz zu halbieren (vergleiche Abbildung 48).

Wie sich Babel an den Himmel kettete

Haben die Chaldäer im dritten Jahrtausend auch den jeweiligen Ort der Sonne *relativ zum Fixsternhimmel* im Sonnenjahr genauer ge-

* Nach Plinius (Hist. Nat. II, 31) gilt Anaximander bei den Griechen als Entdecker der Schiefe der Ekliptik, und Oinopides von Chios soll sie zu 24° bestimmt haben. Aetios behauptet jedoch, Pythagoras habe die Schiefe der Ekliptik entdeckt und Oinopides habe die Entdeckung unrechtmäßig für sich in Anspruch genommen. Da um 440 v. Chr. die Neigung der Ekliptik gegenüber dem Äquator etwa 23°7 beträgt, der Wert von $\varepsilon = 24°$ aber für das dritte Jahrtausend v. Chr. gilt und den Chaldäern um 2340 v. Chr. tatsächlich bekannt war und den Babyloniern überliefert wurde, hat Pythagoras die Kenntnis der Schiefe der Ekliptik *und* den Wert von 24° wahrscheinlich von seinem Babylonien-Aufenthalt mitgebracht.

kannt? Im Gegensatz zum Mond, dessen jeweiliger Ort relativ zu den Fixsternen in der Nacht sichtbar ist, überstrahlt die Sonne tagsüber den Fixsternhimmel, so daß ihr Standort in der Ekliptik relativ zum Fixsternhimmel zu einem bestimmten Zeitpunkt nicht durch direkte Beobachtung zu erschließen ist. In der zweiten Tafel der Serie werden vier Sterne den vier Haupthimmelsrichtungen Nord, Süd, Ost, West zugeordnet. Danach steht

MAR.GÍD.DA, der »Lastwagen«, der völlig identisch mit unserem »Großen Wagen« ist, im *Norden*,
KU_6, der Fischschwanz des Ziegenfisches (Capricornus), im *Süden*,
GÍR.TAB, der »Skorpion«, im *Westen*,
MUL.MUL, die Plejaden-Ähre, im *Osten*.

Gemäß diesem Text sollen aus der Stellung dieser vier Gestirne die Himmelsrichtungen bestimmbar sein. Dies ist jedoch nur dann möglich, wenn zwei Sterne so gewählt worden sind, daß beim Aufgang des einen im Osten der andere im Westen untergeht. Nur so ist der jeweilige Zeitpunkt für die Beobachtung genau festgelegt, an dem die Stellung der vier Gestirne relativ zum Horizont sich täglich wiederholt. Rein mathematisch gesehen, bedingt gleichzeitiger Auf- und Untergang sowie Stellung im exakten Osten und Westen für diese beiden Gestirne, daß sie sich am Himmelsäquator in 180° Entfernung gegenüberstehen, was wiederum zur Folge hat, daß Auf- und Untergang dieser beiden Sterne vertauschbar sind. Tatsächlich wird dies in der ersten Tafel der Serie ausdrücklich für MUL.MUL und GÍR.TAB – und nur für diese beiden Sterne – gesagt (Kolumne III, 13.14):

»MUL.MUL	KUR-ma	(MUL).GÍR.TAB	SHÚ-bi«
»MUL.MUL	geht auf und	GÍR.TAB	geht unter«.
»(MUL).GÍR.TAB	KUR-ma	MUL.MUL	SHÚ-bi«
»GÍR.TAB	geht auf und	MUL.MUL	geht unter«.

Für MUL.MUL, die Plejaden, die als kleiner Sternhaufen oberhalb des Stiers stehen, ist seit Epping eindeutig η Tauri als repräsentativer Stern bestimmt. Als zuerst aufgehender Stern des Skorpions GÍR.TAB ist β Scorpii ebenso eindeutig identifiziert. Er steht tatsächlich etwa 180° gegenüber η Tauri.

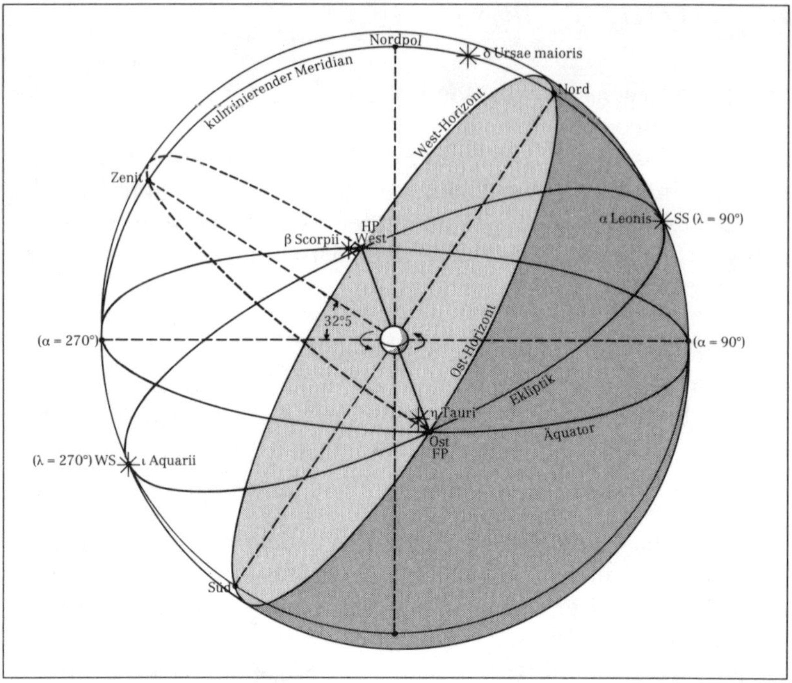

53 Bestimmung der vier Haupthimmelsrichtungen anhand von vier Sternen gemäß MUL.APIN-Serie (2. Tafel). Um 2300 v. Chr. waren MUL.MUL (η Tauri) und GÍR.TAB (β Scorpii) gleichzeitig am Ostpunkt und Westpunkt des Horizontes sichtbar. Zu diesem Zeitpunkt fielen Ost- und Westpunkt des Horizontes gerade mit dem Frühlings-(FP) und Herbstpunkt (HP) zusammen. Dies erklärt die Einführung von *absoluten* Himmelsrichtungen an der Fixsternsphäre. Und zwar galt der Frühlingspunkt als absoluter Ostpunkt, der Sommer-Sonnenwendepunkt als absoluter Nordpunkt, der Herbstpunkt als absoluter Westpunkt, der Winter-Sonnenwendepunkt als absoluter Südpunkt der Ekliptik.

Als ich (unter Beachtung der erforderlichen Höhe über dem Horizont) nacheinander für die mesopotamischen Städte Ninive, Babylon, Uruk und Ur die Epoche berechnete, zu der η Tauri und β Scorpii im exakten Osten und Westen zu beobachten waren, erhielt ich 2400 ± 100 v. Chr. als Mittelwert. Da sich die Stellung der beiden Sterne relativ zum Äquator erst nach 25 920 Jahren wiederholt, war damit das aufgrund der Morgenerstaufgänge gefundene Beobachtungsdatum völlig unabhängig vom Kalender, das heißt unabhängig von der Lage der Jahrespunkte und unabhängig von den Morgenerstaufgängen, bestätigt (vergleiche Abbildung 53).

Zwischen 2500 und 2300 v. Chr. steht zu den entsprechenden

Sternzeiten δ Ursae maioris, der mittlere der sieben Sterne des großen »(Last)-Wagens« (MAR.GÍD.DA), in unterer Kulmination im Meridian, markiert also den Norden, während ι Aquarii am Fischschwanz (KU_6) des Ziegenfisches ($SUCHUR.MÁSH.KU_6$) im südlichen Meridian steht. Um 2300 v. Chr. beträgt außerdem die Sternzeit*, zu der η Tauri und β Scorpii im Osten beziehungsweise Westen sichtbar sind, gerade 270°. Das aber bedeutet, daß sich dann Äquator, Ekliptik und Horizont exakt in den Äquinoktialpunkten schneiden (Abbildung 53).

Gleichzeitig steht (2360 v. Chr.) auch δ Ursae maioris nicht nur exakt in unterer Kulmination im Meridian am Nordhimmel, sondern auch exakt im Solstitialkolur, der Verbindungslinie des Nordpols mit den Sonnenwendepunkten der Ekliptik. Diese Stellung gilt absolut, das heißt, sie ist unabhängig von dem irdischen Beobachtungsort.

Dieser ausgezeichneten Stellung des Horizontes relativ zu den Jahreshauptpunkten im 24. Jahrhundert v. Chr. müssen sich die chaldäischen Astronomen bei dem geschilderten Kenntnisstand bewußt gewesen sein.

Mit dem Gnomon lassen sich die Himmelsrichtungen auf einfachste Weise bestimmen (Abbildung 54), und die in der ersten Tafel der Serie erwähnte Beobachtung der Kulmination (des Standes im Meridian) bestimmter Sterne während der Nacht beweist, daß sie den von Nord nach Süd verlaufenden Meridian (»qabal shamê«, »Mittellinie des Himmels«) und den auf der Horizontebene senkrecht stehenden Zenit beachtet haben. Sie konnten deshalb im 24. Jahrhundert v. Chr. jeden beliebigen Punkt der Ekliptik, insbesondere den Frühlings- und Herbstpunkt am *Fixsternhimmel* mit Hilfe eines einfachen Gradzirkels bestimmen. Sie mußten lediglich, wenn η Tauri und β Scorpii gleichzeitig über dem Ost- und Westhorizont zu sehen waren, oder – noch einfacher – bei der unteren Kulmination von δ Ursae maioris einen mit Gradeinteilungen versehenen Halbkreis im Beobachtungspunkt in exakter Ostwestrichtung mit der ihnen bekannten Neigung von 24° gegen den ihnen gleichfalls bekannten Äquator einstellen,

* Da Ost- und Westpunkt des rotierenden Horizontes täglich einmal durch den Himmelsäquator wandern, fallen sie täglich einmal mit dem Frühlings- und Herbstpunkt zusammen, nämlich genau dann, wenn der kulminierende Meridian den Äquator bei einer Rektaszension von 270° schneidet. Der Astronom bezeichnet die Rektaszension des kulminierenden Meridians auch als Sternzeit.

um die südliche Hälfte der Ekliptik Punkt für Punkt zu erhalten. Bei oberer Kulmination von δ Ursae maioris konnten sie dann die nördliche Hälfte der Ekliptik punktweise bestimmen. Der Äquator selbst wurde am einfachsten aus der bekannten Neigung zum Zenit erhalten, die gleich der geographischen Breite des Beobachtungsortes ist und für Babylon 32°5 beträgt (siehe Abbildung 53).

Aus dem jeweiligen Stand der Sonne im Meridian (im exakten Süden) konnte dann auch der jeweilige Ort der Sonne am Fixsternhimmel innerhalb des Sonnenjahres an jedem beliebigen Tag hinreichend genau ermittelt werden. Unsere Textstelle in der zweiten Tafel bezüglich der Bestimmung der Himmelsrichtungen ist ausdrücklich ein *Beobachtungstext*. Wenn η Tauri und β Scorpii über dem Ost- und Westhorizont erscheinen, ist nur die südliche Ekliptikhälfte sichtbar, an deren Wintersolstitialpunkt um 2300 v. Chr. ι Aquarii im Schwanz des Ziegenfisches steht. Den zu dieser Sternzeit (270°) unter dem Horizont stehenden Sommersolstitialpunkt mußte δ Ursae maioris sozusagen stellvertretend ersetzen. Jedoch läßt sich indirekt die Kennt-

54 Beispiel einer einfachen Bestimmung der Ostwestrichtung mit einem Schattenstab (Gnomon), wie sie auch in den altindischen Kātyāyana-Sulbasutra erwähnt wird. Man kennzeichnet das Schattenende eines senkrecht aufgestellten Stabes zu einem beliebigen Zeitpunkt am Vormittag (V), schlägt mit der Strecke M-V einen Kreis um den Stab und wartet ab, bis das Schattenende am Nachmittag gerade wieder bis zum Kreisumfang reicht (N). Die Verbindungslinie V-N liegt dann genau in Ostwestrichtung.

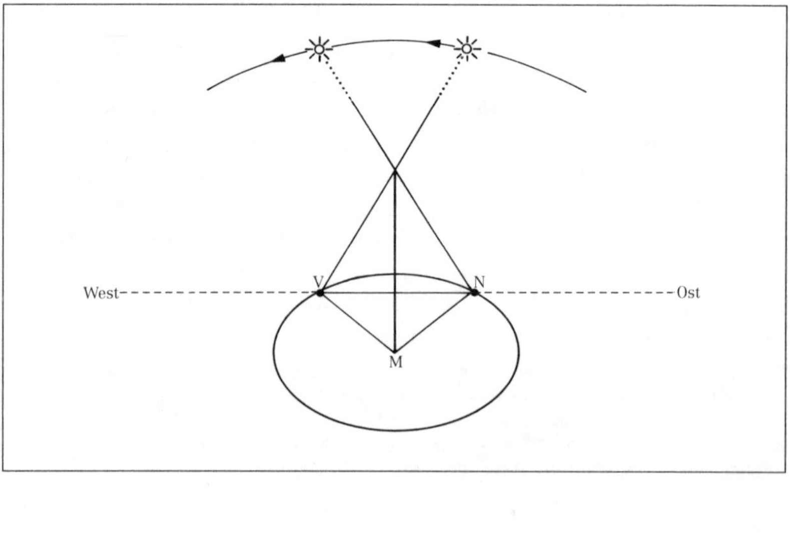

nis des Sommersonnenwendepunktes am Fixsternhimmel gerade für diese Zeit beweisen.

Unter den in MUL.APIN aufgeführten Sternbildern auf dem »Weg des Mondes« befindet sich das Sternbild des Löwen (UR.GU.LA), das unserem Sternbild Leo entspricht. Innerhalb des Löwen wird der Ekliptikstern (MUL).LUGAL als Einzelstern besonders bezeichnet. (MUL).LUGAL heißt »Königs-Stern« und ist mit unserem lateinischen »Regulus«, dem griechischen »Basiliskos« des Ptolemäus, identisch. Die Bezeichnung dieses Sterns als »König« ist – wie schon gesagt – sumerischen Ursprungs. Nun steht aber Regulus (α Leonis) 2340 v. Chr. exakt im Sommersolstitialpunkt der Ekliptik, so daß folglich – ich sage es noch einmal – dieser Stern gegen 2340 v. Chr. seiner ausgezeichneten Lage im höchsten Punkt der Ekliptik wegen diesen Namen bewußt erhalten hat.

Ein weiteres Sternbild, das um 2340 v. Chr. eingeführt worden sein muß, ist ZI.BA.AN.NA, akkadisch: »zibanitum«, das »Sternbild der Waage«, das mit unserer Libra identisch ist. Auch das wissen wir schon. Gemäß der ersten Tafel der Serie geht »zibanitum« zur Herbst-Tagundnachtgleiche (am 15.VII.) erstmals am Morgen vor Sonnenaufgang auf. Als Epoche, zu der α Librae am Herbstanfang, wenn Tag und Nacht sich die Waage halten, erstmals aufging, ergibt sich wiederum 2340 v. Chr. ZI.BA.AN.NA (zibanitum) wurde also eigens um 2340 v. Chr. als Sternbild eingeführt, weil der Morgenerstaufgang von dessen erstem Stern, α Librae, den Zeitpunkt markierte, zu dem die Sonne im Herbstpunkt der Ekliptik (bei 180° Länge) stand.

Die bisherigen Ausführungen zeigen deutlich, daß die Chaldäer um 2340 v. Chr. die Ekliptik Punkt für Punkt relativ zum Fixsternhimmel bestimmen konnten, insbesondere die Hauptpunkte, welche sie mit den Haupthimmelsrichtungen des Horizontes in Einklang wußten, wenn η Tauri über dem Osthorizont heraufstieg und β Scorpii am Westhorizont herabsank. Diese um 2300 v. Chr. ausgezeichnete Stellung der vier Haupthimmelsrichtungen des irdischen Horizontes relativ zu den Hauptpunkten der Ekliptik beim simultanen Auf- und Untergang von η Tauri und β Scorpii hat offensichtlich zu der astrologischen Spekulation über die Beziehung von Himmel und Erde geführt, so daß wir in dieser Zeit den Beginn der Astrologie im eigentlichen Sinne ansetzen müssen. Tatsächlich reicht die astrologische Omen-Literatur bis zu Sargon von Akkad im 24. Jahrhundert v. Chr.

zurück. Vorher ist von dieser *Analogastrologie*, in welcher himmlische und irdische Erscheinungen miteinander verknüpft werden, in den Keilschriftquellen keine Spur vorhanden, wenngleich der *Astralkult* sicherlich in weit ältere Zeit zurückgeht.

Wir haben aus diesem Grund das 24. Jahrhundert v. Chr. als eine »Weltachsenzeit« zu betrachten, die zu einer Wende in der astralen Anschauung und zum »kosmischen« Bewußtsein des altorientalischen Menschen schlechthin geführt hat. Es ist darum kaum verwunderlich, wenn dieses neue Bewußtsein in Kunst und Dichtung jener Zeit seinen Niederschlag gefunden und die größte Literaturschöpfung des Alten Orients, das akkadische Epos von Gilgamesch, hervorgebracht hat.

Hipparch kam 22 Jahrhunderte zu spät

Mit der Kenntnis der Hauptpunkte der Ekliptik relativ zum Fixsternhimmel um 2300 v. Chr. gewinnt eine Frage Aktualität, die bisher seit Kuglers Credo mit Bestimmtheit verneint wurde: Kannten die

55 Zur Präzession des Frühlingspunktes I. Die Erdachse beschreibt in 25 920 Jahren um den Ekliptikpol einen Kreis, dessen Radius gleich der Schiefe der Ekliptik (ε) ist.

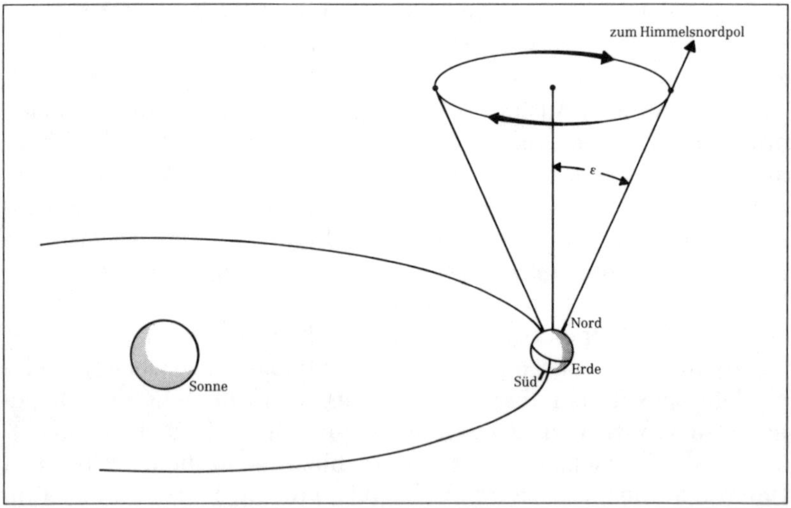

Chaldäer des dritten Jahrtausends v. Chr. die Präzession des Frühlingspunktes?

Was hat man unter dem Phänomen der Präzession zu verstehen? Die Erde gleicht einem schiefgestellten, rasch rotierenden Kreisel, der unter dem Einfluß eines durch Sonne und Mond bewirkten Drehmoments zwar geringfügig, aber stetig seine Rotationsachse verlagert. Auf diese Weise beschreibt die Erdachse an der Sphäre langsam um den Ekliptikpol einen Kreis, dessen Radius gleich der Schiefe der Ekliptik ist, und gleichzeitig bewegen sich die Schnittpunkte von Himmelsäquator und Ekliptik, also die Äquinoktien (Frühlings- und Herbstpunkt), entgegen der scheinbaren jährlichen Bewegung der Sonne entlang der Ekliptik (Abbildung 55 und 56). Für diese rückläufige Bewegung hat sich die Bezeichnung Präzession des Frühlingspunktes durchgesetzt, obwohl man besser von einer Rezession (»Rückwärtsweichen«) statt Präzession (»Vorwärtsweichen«) des Frühlingspunktes sprechen sollte.

Nach gängiger Meinung hat Hipparch als erster um 130 v. Chr. die Präzession entdeckt. Er bestimmte ihre Geschwindigkeit zu (mindestens) 1° in 100 Jahren, also 36 Bogenminuten jährlich; der moderne Wert beträgt etwa 50 Bogenminuten, 1° in 72 Jahren, so daß der Frühlingspunkt in 30 x 72 Jahren, also in 2160 Jahren, um ein Tierkreiszeichen (30°) zurückschreitet und in 360 x 72 Jahren, also in 25920 Jahren, einmal die ganze Ekliptik (360°) durchwandert.

Während der Frühlingspunkt um 2300 v. Chr. bei η Tauri im Sternbild Stier war (siehe Sternkarte), lag er zur Zeit Jesu hinter dem Widder am Anfang der Fische, und heute, rund 2000 Jahre danach, ist er am Ende der Fische vor dem Wassermann angelangt, weshalb die Astrologen von einem bevorstehenden »Wassermannzeitalter« reden. Anders ausgedrückt: Die Sterne rücken gegenüber dem Frühlingspunkt alle 72 Jahre um 1° parallel zur Ekliptik vorwärts. Der Ekliptikstern α Leonis (Regulus), der LUGAL der Chaldäer, der 2340 v. Chr. beim Sommersolstiz steht, also bei 90° ekliptikaler Länge, steht 72 Jahre später, im Jahre 2268 v. Chr., bei 91° ekliptikaler Länge an der Ekliptik, 720 Jahre später 10° weiter bei 100° ekliptikaler Länge und so weiter. Diese langsame Verschiebung der Sterne ist auch der Grund, warum die Auf- und Untergänge der Sterne sich alle 72 Jahre um etwa einen Tag verspäten, zum Beispiel wird α Librae im Sternbild der Waage (ZI.BA.AN.NA) 2340 v. Chr. am Herbstanfang

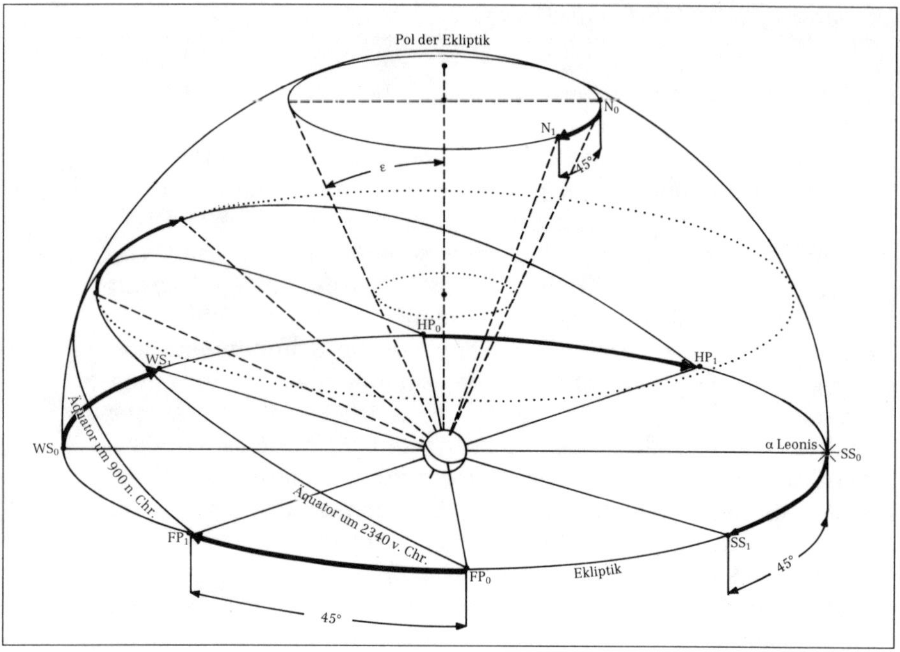

56 Zur Präzession des Frühlingspunktes II. Die Kreiselbewegung der Erdachse bewirkt ein Zurückschreiten von Frühlings- und Herbstpunkt relativ zum Fixsternhimmel um 1° in 72 Jahren. Dargestellt ist der Äquator um 2340 v. Chr. und 3240 (45 x 72) Jahre später, um 900 n. Chr. Frühlings- und Herbstpunkt sind dann um 45° zurückgewandert, so daß z. B. der Stern an der Brust des Löwen, *α* Leonis (Regulus), der 2340 v. Chr. am Sommersonnenwendepunkt (90°) der Ekliptik stand, sich um 900 n. Chr. 45° weiter östlich auf der Ekliptik bei 135° (90° + 45°) Länge befand.

FP_0: Frühlingspunkt um 2340 v. Chr.
FP_1: Frühlingspunkt um 900 n. Chr.
HP_0: Herbstpunkt um 2340 v. Chr.
HP_1: Herbstpunkt um 900 n. Chr.
SS_0: Sommer-Sonnenwendepunkt um 2340 v. Chr.
SS_1: Sommer-Sonnenwendepunkt um 900 n. Chr.
WS_0: Winter-Sonnenwendepunkt um 2340 v. Chr.
WS_1: Winter-Sonnenwendepunkt um 900 n. Chr.
N_0: Himmelsnordpol um 2340 v. Chr.
N_1: Himmelsnordpol um 900 n. Chr.

(wenn die Sonne im Herbstpunkt steht) erstmals am Morgen vor Sonnenaufgang über dem Osthorizont sichtbar, um 800 v. Chr. aber erst etwa 21 Tage später, drei volle Wochen *nach* Herbstbeginn.

Nun haben, wie MUL.APIN beweist, die Chaldäer um 2300 v. Chr. nicht nur die Lage der Jahreshauptpunkte im Sonnenjahr bestimmt, sondern unter anderem auch die Daten der Morgenerstaufgänge von Sternen relativ zu den Jahreshauptpunkten sorgfältig verzeichnet. Dies war um so wichtiger, als das bürgerliche Jahr in Babylonien ein sogenanntes gebundenes Mondjahr oder Lunisolarjahr zu rund 354 Tagen war, bestehend aus zwölf Mondmonaten zu je 29 oder 30 Tagen, das mit dem Sonnenjahr von rund 365¼ (365,2422) Tagen durch gelegentlichen Einschub eines Schaltmonats jeweils wieder in Einklang gebracht werden mußte. Im bürgerlichen Kalender konnte das Datum des Morgenerstaufgangs eines bestimmten Sternes bis zu zwei Mondmonaten differieren; deshalb waren die chaldäischen Astronomen gezwungen, einen vom bürgerlichen Jahr unabhängigen, auf die Jahreshauptpunkte bezogenen astronomischen Kalender zu benutzen, den wir *Normalkalender* nennen wollen.

Das Normaljahr bestand gemäß MUL.APIN-Serie aus zwölf künstlichen »Monaten« zu je 30 künstlichen »Tagen«, insgesamt aus 360 »Tagen«, die, wie gezeigt, mit 360 Bogengraden (360°) der Ekliptik identisch waren. Dabei fiel

der Frühlingspunkt	auf den 15.I.	(15. Nisannu),
der Sommersonnenwendepunkt	auf den 15.IV.	(15. Du'ūzu),
der Herbstpunkt	auf den 15.VII.	(15. Taschrītu),
der Wintersonnenwendepunkt	auf den 15.X.	(15. Ṭebetu).

Der Nullpunkt der Ekliptik wurde folglich 15° *vor* dem Frühlingspunkt, also bei $\lambda = 0° - 15° = 360° - 15° = 345°$ festgesetzt und nicht, wie wir das seit Hipparch und Ptolemäus gewohnt sind, beim Frühlingspunkt selbst ($\lambda = 0°$). Am 1.I. (1. Nisannu) des Normaljahres geht gemäß der Datenliste der ersten Tafel β Arietis ((LÚ).CHUN.GÁ) am Morgen erstmals auf, das heißt, wenn die Sonne bei 1° des ersten Zeichens (»Monats«), also bei $\lambda = 345° + 1° = 346°$ steht. Das stimmt genau um 2340 v. Chr.! Im 24. Jahrhundert v. Chr. begann das astronomische Normaljahr also 14° Sonnenlänge oder rund 14 Tage *vor* Frühlingsanfang beim Morgenerstaufgang von β Arietis ((LÚ).CHUN.GÁ).

In der zweiten Tafel der MUL.APIN-Serie finden sich, eingebettet zwischen dem Dreiwegekonzept (des Enlil-, Anu- und Eaweges) und der Gnomontabelle, mehrere Schaltregeln. Ziel der Schaltregeln war es, durch geeignete Schaltung den Neujahrstag des bürgerlichen Jahres, den 1. Nisannu, mit dem Beginn des astronomischen Normaljahres in Übereinstimmung zu bringen. Die einzelnen Lunarmonate

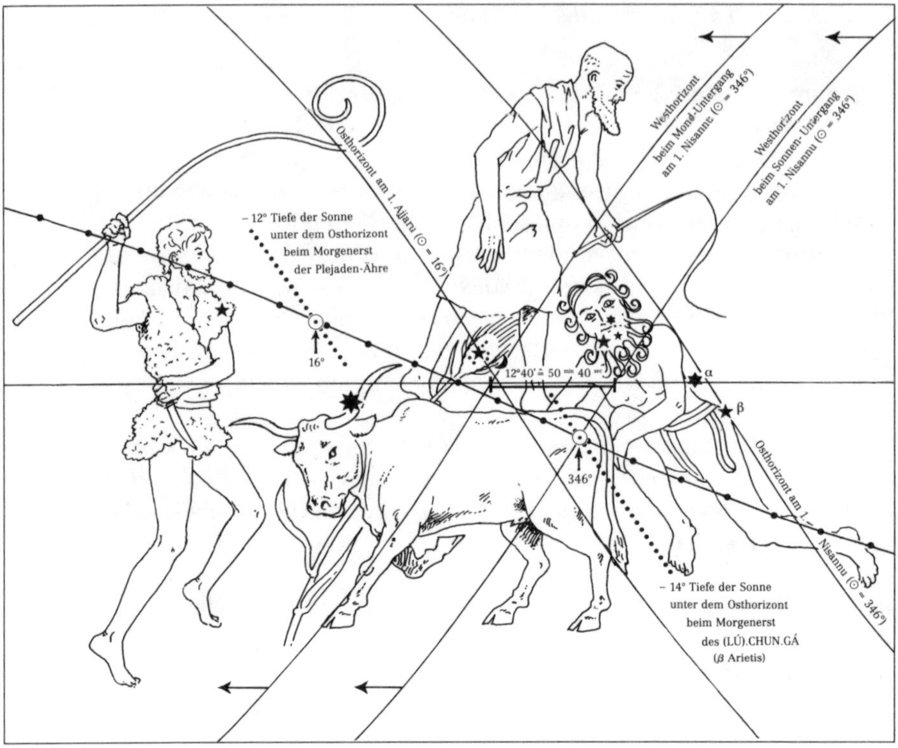

57 Zur Plejadenschaltregel, der ältesten bekannten Schaltregel der Welt. Dargestellt sind die Verhältnisse für die Epoche 2340 v. Chr. Gemäß der Plejadenschaltregel aus der 2. Tafel der MUL.APIN-Serie hat die Sonne am Neujahrstag des bürgerlichen Luni-Solar-Jahres, am 1. Nisannu, eine Länge von 346°, wenn am Abend dieses Tages die Neulichtsichel des Mondes mit den Plejaden (MUL.MUL) in Konjunktion steht. Derselben zweiten Tafel zufolge geht der Mond an diesem 1. Nisannu (Sonnenlänge = 346°) 50 Minuten und 40 Sekunden nach Sonnenuntergang am Westhorizont unter. Damit ist die Höhe des Mondes über dem Westhorizont bei Sonnenuntergang eindeutig festgelegt. Die Abbildung zeigt, daß η Tauri 2340 v. Chr. schon rund 3° weiter östlich von der Neulichtsichel steht, der Mond sich also gerade noch im Bereich der Plejadenähre befindet. Da sich η Tauri alle 72 Jahre um etwa 1° parallel zur Ekliptik in östlicher Richtung weiter vom Frühlingspunkt entfernt, ist die Plejadenschaltregel folglich in zumutbaren Grenzen überhaupt nur *vor* 2300 v. Chr. gültig. Da ferner die Plejaden am Abend des 1. Nisannu mit der Mondsichel über dem Westhorizont sichtbar sein müssen und gemäß der 1. Tafel die Plejaden am 1. Ajjaru (Sonnenlänge = 16°) erstmals wieder am Morgen zu sehen sind (Morgenerst), ergibt sich für den Abendletztuntergang eine mittlere Tiefe der Sonne unter dem Horizont von 11° und für den Morgenerstaufgang eine Tiefe von 12°. Mit diesen 12° erhält man als Epoche für den Morgenerstaufgang der Plejaden am 1. Ajjaru (Sonnenlänge = 16°) gerade 2340 v. Chr.

beginnen gemäß der Serie mit dem Neulicht, das heißt mit dem ersten Erscheinen der Mondsichel über dem Westhorizont am Abend nach Sonnenuntergang – nachdem der Mond zuvor bis zu drei Tagen unsichtbar war, weil er von der Sonne überstrahlt wurde.

Der 1. Nisannu ist ein Neulichttag, der im Normaljahr 14 Tage (14°) vor der Frühlings-Tagundnachtgleiche am Abend beginnt. Eine dieser Schaltregeln lautet: »Wenn am 1. Nisannu Plejaden (MUL.MUL) und Mond in Konjunktion stehen, ist das Jahr normal. Wenn (erst) am 3. Nisannu Plejaden (MUL.MUL) und Mond in Konjunktion stehen, so ist dieses Jahr ein Schaltjahr.« Da in der zweiten Tafel der MUL. APIN-Serie auch die Zeit vom Untergang der Sonne bis zum Untergang des Mondes am 1. Nisannu des Normaljahres ausdrücklich zu 50 Minuten 40 Sekunden (12 USH 40 GAR) angegeben wird (Tabelle 9), läßt sich auf einfache Weise berechnen, zu welcher Zeit diese Schaltregel Gültigkeit hat (Abbildung 57).

Es ergibt sich, daß die geforderten Bedingungen (Sonnenlänge: 346°, Rektaszensionsdifferenz des Westpunktes zwischen Mond – in den Plejaden – und Sonne am Westhorizont bei Sonnenuntergang: 12°40', entsprechend 50 Minuten 40 Sekunden) überhaupt nur kurz *vor* 2300 v. Chr. oder jeweils weitere 25920 Jahre früher oder später erfüllt sind. Damit hatte ich auch die älteste bekannte Schaltregel der Welt entdeckt und bewiesen, daß spätestens im 24. Jahrhundert v. Chr. in Babylonien das Lunisolarjahr in Gebrauch war. Als weiteres wichtiges Ergebnis erhielt ich, daß im 24. Jahrhundert v. Chr. die Plejaden am 1. Nisannu des Normaljahres (Sonnenlänge: 346°) nach Sonnenuntergang nur noch wenige Minuten über dem Westhorizont zu sehen und am Abend darauf (am 2. Nisannu) ein letztes Mal sichtbar waren (Abendletztuntergang der Plejaden). Der chaldäische Astronom hatte also im 24. Jahrhundert v. Chr. für den 1. Nisannu des Normaljahres gleich drei einfache Anhaltspunkte:

1. Am *Abend* dieses Tages, zu Beginn des 1. Nisannu, mußte die Neulichtsichel des Mondes beim Plejaden-Sternhaufen stehen.
2. Am selben Abend mußten die Plejaden gerade noch wenige Minuten über dem Westhorizont sichtbar sein, am Abend darauf zum letzten Mal.
3. Am *Morgen* dieses 1. Nisannu mußte dann der Stern β Arietis vom Sternbild (LÚ).CHUN.GÁ zum ersten Mal im Jahr vor Sonnenaufgang

Datum	Sonnen-länge	Minen (MA.NA) Nachtwache	Leuchtzeit des Mondes	
1. I.	346°	3.10	12 USH 40 GAR	$\triangleq 50^{\text{min}}\ 40^{\text{sec}}$
15. I.	360° = 0°	3	12 USH	$\triangleq 48^{\text{min}}$
1. II.	16°	2.50	11 USH 20 GAR	$\triangleq 45^{\text{min}}\ 20^{\text{sec}}$
15. II.	30°	2.40	10 USH 40 GAR	$\triangleq 42^{\text{min}}\ 40^{\text{sec}}$
1. III.	46°	2.30	10 USH	$\triangleq 40^{\text{min}}$
15. III.	60°	2.20	9 USH 20 GAR	$\triangleq 37^{\text{min}}\ 20^{\text{sec}}$
1. IV.	76°	2.10	8 USH 40 GAR	$\triangleq 34^{\text{min}}\ 40^{\text{sec}}$
15. IV.	90°	2	8 USH	$\triangleq 32^{\text{min}}$
1. V.	106°	2.10	8 USH 40 GAR	$\triangleq 34^{\text{min}}\ 40^{\text{sec}}$
15. V.	120°	2.20	9 USH 20 GAR	$\triangleq 37^{\text{min}}\ 20^{\text{sec}}$
1. VI.	136°	2.30	10 USH	$\triangleq 40^{\text{min}}$
15. VI.	150°	2.40	10 USH 40 GAR	$\triangleq 42^{\text{min}}\ 40^{\text{sec}}$
1. VII.	166°	2.50	11 USH 20 GAR	$\triangleq 45^{\text{min}}\ 20^{\text{sec}}$
15. VII.	180°	3	12 USH	$\triangleq 48^{\text{min}}$
1. VIII.	196°	3.10	12 USH 40 GAR	$\triangleq 50^{\text{min}}\ 40^{\text{sec}}$
15. VIII.	210°	3.20	13 USH 20 GAR	$\triangleq 53^{\text{min}}\ 20^{\text{sec}}$
1. IX.	226°	3.30	14 USH	$\triangleq 56^{\text{min}}$
15. IX.	240°	3.40	14 USH 40 GAR	$\triangleq 58^{\text{min}}\ 40^{\text{sec}}$
1. X.	256°	3.50	15 USH 20 GAR	$\triangleq 61^{\text{min}}\ 20^{\text{sec}}$
15. X.	270°	4	16 USH	$\triangleq 64^{\text{min}}$
1. XI.	286°	3.50	15 USH 20 GAR	$\triangleq 61^{\text{min}}\ 20^{\text{sec}}$
15. XI.	300°	3.40	14 USH 40 GAR	$\triangleq 58^{\text{min}}\ 40^{\text{sec}}$
1. XII.	316°	3.30	14 USH	$\triangleq 56^{\text{min}}$
15. XII.	330°	3.20	13 USH 20 GAR	$\triangleq 53^{\text{min}}\ 20^{\text{sec}}$

über dem Osthorizont für kurze Zeit erscheinen, an den folgenden Tagen dann immer früher und immer länger.

Dieses Resultat erklärt auch eine Besonderheit der Keilschriftserie, die bisher gar nicht weiter beachtet wurde: Die *Datenliste* der Morgenerstaufgänge von 34 Sternen beginnt mit dem Morgenerstaufgang von β Arietis ((LÚ).CHUN.GÁ). Dagegen fängt die Liste der 17 Gestirne auf der »Mondbahn« mit den Plejaden (MUL.MUL) an. Der Grund: Am 1.I., zu Beginn des Normaljahres mit einer Sonnenlänge von 346°, geht im 24. Jahrhundert v. Chr. *(LÚ).CHUN.GÁ* (β Arietis) am Morgen erstmals auf, und am Abend desselben Tages steht der Mond als Neulicht in *MUL.MUL*, der Plejaden-Ähre. Für die Plejaden (MUL.MUL) ist

TABELLE 9
Leuchtdauer des Mondes nach MUL.APIN (2. Tafel). Es ist jeweils für den 1. Tag eines Monats die Zeit vom Sonnenuntergang bis zum Untergang der Neulichtsichel des Mondes angegeben, für den 15. Tag eines Monats die Zeit vom Sonnenuntergang bis zum Mondaufgang. Als Tag des Vollmondes ist also immer der 14. Tag vorausgesetzt! Aus den MA.NA-Angaben zur Dauer einer Nachtwache folgt, daß hier die Monate des bürgerlichen Kalenders mit dem astronomischen Normaljahr derart synchronisiert sind, daß jeweils der erste Tag eines Monats mit der entsprechenden Sonnenlänge zusammenfallend gedacht ist. Es gilt: 1 USH = 4 Minuten, 1 GAR = 4 Sekunden.

Zum ersten und 15. Tag des ersten Monats (Nisannu) heißt es beispielsweise:
»ina (ITI).BÁR UD-1-KAM 3 MA.NA 10 GÍN EN.NUN GE_6«,
»Im Monat Nisannu, am ersten Tag, drei Minen zehn Schekel für eine Nachtwache.«
»12 USH 40 GAR SHÚ shá Sîn«,
»50 Minuten 40 Sekunden bis zum Untergang des Mondes«.
»ina (ITI).BÁR UD-15-KAM 3 MA.NA EN.NUN GE_6«,
»Im Monat Nisannu, am 15. Tag, drei Minen für eine Nachtwache«,
»12 USH KUR shá Sîn«.
»48 Minuten bis zum Aufgang des Mondes«.

in der ersten Tafel der MUL.APIN-Serie auch der Morgenerstaufgang verzeichnet, und zwar am 1.II. (1. Ajjaru), 30 Tage (29°) nach ihrem Abendletztuntergang und 17 Tage (16°) nach dem 15. Nisannu, dem Frühlingsanfang. Aus der Längendifferenz von 29° zwischen Abendletztuntergang (am 2. Nisannu) und Morgenerstaufgang (am 1. Ajjaru) der Plejaden folgt im Einklang mit der Plejadenschaltregel, daß der Stern η Tauri (in den Plejaden) beim Morgenerstaufgang gegenüber der Sonne einen Abstand von 12° aufweisen muß. Das bedeutet aber, daß der Morgenerstaufgang der Plejaden (η Tauri) nur um 2340 v. Chr. oder 25 920 Jahre früher oder später am 1.II. erfolgt. Relativ zu den bereits mit dem Gnomonstab auf den Tag genau bestimmbaren astronomischen Jahreshauptpunkten gab es um 2340 v. Chr. demnach mindestens folgende Fixpunkte im Sonnenjahr:

1. am 1.I. morgens:	den Morgenerstaufgang von β Arietis ((LÚ).CHUN.GÁ) 14 Tage vor Frühlingsanfang;
2. am 2.I. abends:	den Abendletztuntergang der Plejaden (MUL.MUL, η Tauri);
3. am 1.II. morgens:	den Morgenerstaufgang der Plejaden; 30 Tage nach deren letztmaliger Sichtbarkeit am Abend und 17 Tage nach Frühlingsanfang;

4. am 15.IV. morgens:	den Morgenerstaufgang von Prokyon (KAK.SI.SÁ) am Sommeranfang;
5. am 15.VII.:	den Morgenerstaufgang von α Librae (ZI.BA.AN.NA) am Herbstanfang.

Es *muß* darum sehr bald das immer spätere Eintreffen dieser Sternphasen erkannt worden sein, *da die Jahreshauptpunkte beobachtet und zur Jahresregulierung herangezogen wurden*, ganz abgesehen von der immer größer werdenden Abweichung der Sterne η Tauri und β Scorpii vom Ost- und Westpunkt des Horizonts und der Sterne α Leonis (Regulus), δ Ursae maioris und ι Aquarii vom Solstitialkolur.

Die Präzession der Äquinoktien muß folglich am Ende des dritten Jahrtausends v. Chr. im Zweistromland bekannt gewesen sein.

Ja, gerade die Einführung neuer Sternbilder (wie ZI.BA.AN.NA-zibanitum, die Waage) und Einzelsternbenennungen (wie LUGAL, Regulus) in MUL.APIN legen es nahe, die Kenntnis der Präzession schon im 24. Jahrhundert anzusetzen. Damit ist die bislang Hipparch um 130 v. Chr. zugeschriebene Entdeckung der Präzession mindestens schon 22 Jahrhunderte vor diesem späten Griechen im südlichen Mesopotamien gemacht worden. Wie hatte doch Kugler behauptet?

»Daß erst im Laufe der letzten sieben Jahrhunderte v. Chr. eine eigentliche Astronomie sich entwickelte, und daß in früherer Zeit von einer auch nur annähernd richtigen Bestimmung der Stern-, Mond- und Sonnenpositionen, der Äquinoktien, des Planetenlaufs, des Verhältnisses von Sonnen- und Mondjahr nicht die Rede sein könne, daß insbesondere die Präzession der Äquinoktien erst durch Hipparch entdeckt worden sei.«

Dazu ist jetzt kein Kommentar mehr nötig!

8 ANHANG ODER DAS TOR ZU DEN STERNEN

Anleitung zum Gebrauch der Sternkarte (mit einer Einführung in die sphärische Astronomie)

Von der Erdkugel zum Himmelsglobus

In Abbildung 58 ist links die Erde vereinfacht als Kugel dargestellt. Sie dreht sich täglich einmal um ihre Achse, deren Enden den Nord- und Südpol der Erde kennzeichnen. Der *Erdäquator* halbiert die Erdkugel in zwei gleiche Hälften und ist von den beiden Polen gleich weit entfernt. Der Winkelabstand (φ) des Ortes Babylon vom Äquator heißt die *geographische Breite* von Babylon; sie beträgt 32½°. Alle Orte, die auf dem durch Babylon parallel zum Äquator gezogenen Kreis, dem *Breitenkreis* von Babylon, liegen, haben dieselbe *geographische Breite* wie Babylon ($\varphi = 32^\circ\!.5$). Die Ebene, welche die Erdkugel im Orte Babylon berührt, ist der *Horizont* (Sichtkreis) von Babylon.

Blickt ein Beobachter in Babylon während einer sternklaren Nacht zum Himmel auf, dann scheinen ihm die Sterne an einer Hohlkugel, der (Fixstern-)*Sphäre*, befestigt, welche von der Horizont-Ebene halbiert wird. Der Punkt der Sphäre, der sich senkrecht über dem Beobachter befindet, ist der *Zenit* (Scheitelpunkt) von Babylon. Er ist gegenüber dem Äquator ebenfalls um $32^\circ\!.5$ geneigt. Verglichen mit den riesigen Dimensionen des Weltalls ist die Erde wie ein Stecknadelkopf. In der sphärischen Astronomie läßt man deshalb die Erde zu einem Punkt zusammenschrumpfen. Der Beobachtungspunkt auf der Erdoberfläche (für uns hier: Babylon) fällt dann mit dem Mittelpunkt der Erde zusammen.

In Abbildung 58 ist rechts gezeigt, wie die irdischen Verhältnisse sich auf die Sphäre projizieren. Nord- und Südpol der Erde werden zu den *Himmelspolen*, der Erdäquator wird zum *Himmelsäquator*, aus Breitenkreisen werden *Parallelkreise* (zum Äquator). Der Horizont schneidet den Himmelsäquator in zwei gegenüberliegenden Punkten, dem *Ost-* und *Westpunkt* des Horizontes. Senkrecht dazu befinden sich *Nord-* und *Südpunkt* des Horizontes. Der Großkreis, der durch Nordpunkt, Zenit und Südpunkt des Horizontes hindurchgeht, ist der *Meridian* (Mittagskreis) eines Ortes. Steht die Sonne im Meridian, dann ist am betreffenden Ort exakter *Mittag*.

Scheinbarer täglicher Umschwung der Fixsternsphäre

Der Horizont rotiert täglich einmal mit der Erde um die Polachse. Ost- und Westpunkt wandern dabei einmal durch den Himmelsäquator, und zwar von Westen nach Osten, so daß die Sonne und die Sterne an der Sphäre umgekehrt von Osten her über den Horizont emporstei-

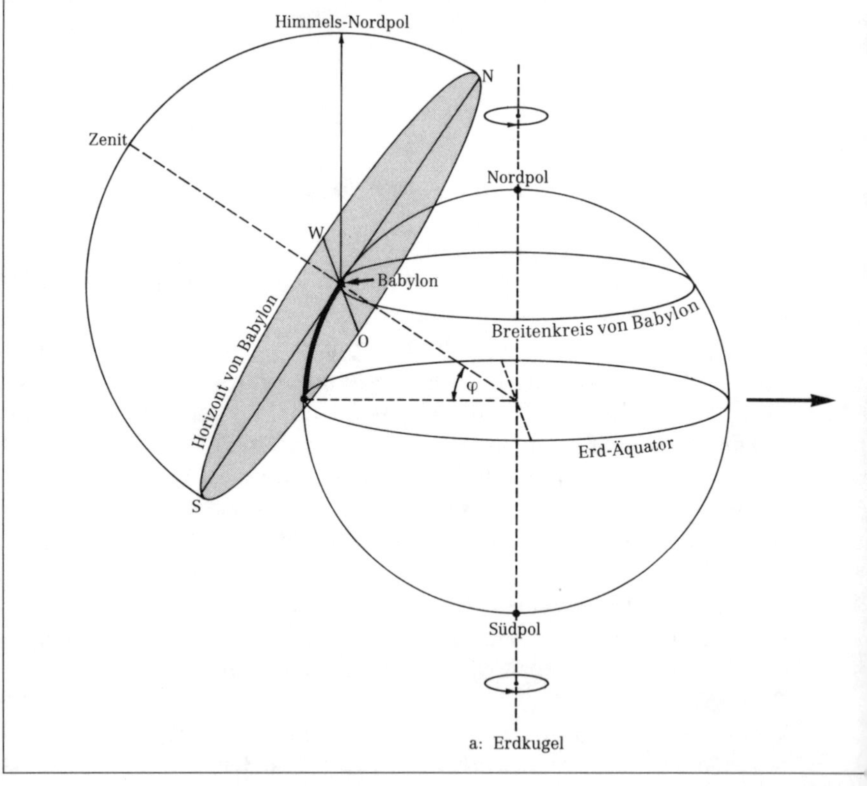

gen und im Westen herabsinken. Um uns diese scheinbare tägliche Rotation der Sphäre besser zu veranschaulichen, drehen wir Abbildung 58 im Uhrzeigersinn um 57°5 (90°−φ). Der Horizont von Babylon liegt dann waagerecht, und der Himmelsäquator steigt unter einem Winkel von 57°5 über den Horizont auf (Abbildung 59).

Wir halten nun – in Gedanken – den Horizont fest und lassen statt dessen die ganze Sphäre um die Polachse von Ost nach West rotieren. Dann bewegen sich die Sterne natürlich auf Parallelkreisen (zum Äquator), die alle um 57°5 gegenüber dem Horizont geneigt sind. Ein am Osthorizont aufgegangener Stern steigt schräg über den Horizont, bis er im Meridian steht und *kulminiert*, also seinen höchsten Stand erreicht, dann wieder tiefer sinkt und schließlich am Westhori-

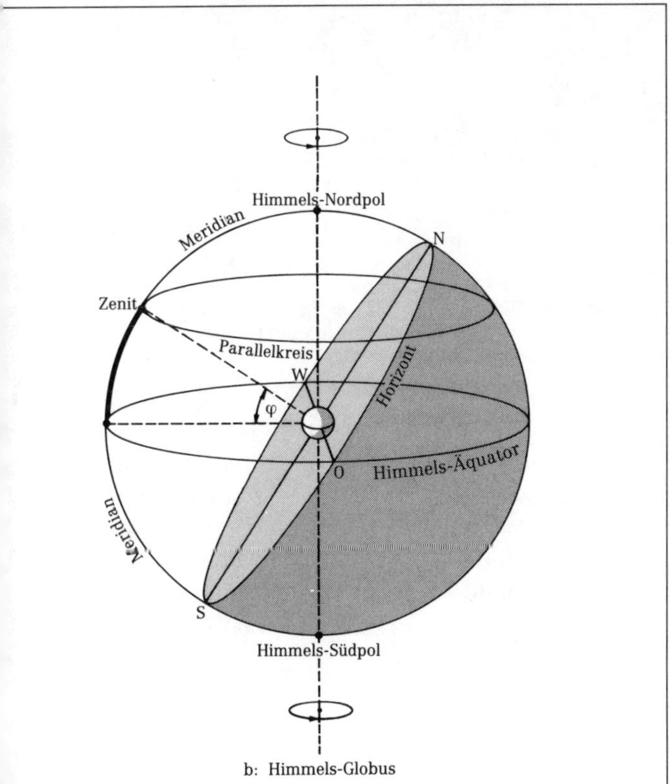

58 Von der Erdkugel zum Himmelsglobus

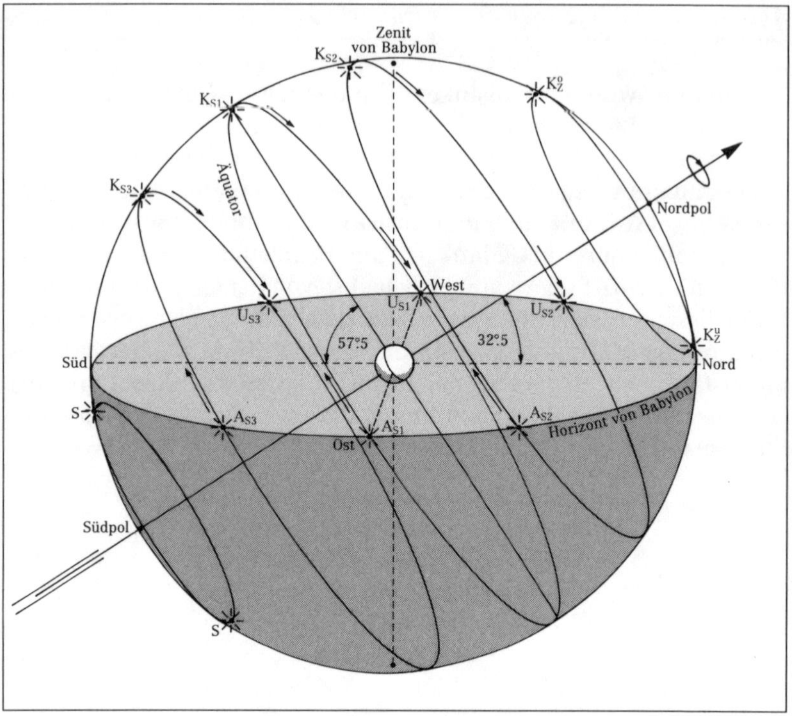

59 Die scheinbare tägliche Rotation der Fixsternsphäre über dem Horizont von Babylon ($\varphi = 32^\circ\!.5$).
S 1: Äquatorstern; S 2: Stern nördlich vom Äquator; S 3: Stern südlich vom Äquator; S: ein in Babylon nicht sichtbarer Stern; Z: Zirkumpolarstern; A: Sternaufgang am Osthorizont; K: Kulmination, K^u/K^o: untere/obere Kulmination der Sterne um den Himmelsnordpol (Zirkumpolarsterne); U: Sternuntergang am Westhorizont.

zont untergeht. Sterne, deren Neigungswinkel gegenüber dem Äquator größer als 57°5 ist, heißen *Zirkumpolarsterne*. Sie beschreiben um den Himmelsnordpol ganze Kreise *über* dem Horizont von Babylon und gehen weder auf noch unter. Bei ihnen unterscheidet man eine *obere* und eine *untere* Kulmination (vergleiche Abbildung 59). Entsprechend sind Sterne, die mehr als 57°5 unterhalb des Himmelsäquators stehen, in Babylon nicht zu sehen; sie bleiben stets unter dem Horizont.

Ekliptik und astronomische Jahreszeiten

Nun dreht sich die Erde nicht nur *täglich* einmal um ihre Achse, sondern sie bewegt sich zugleich auch auf einer *jährlichen* Umlaufbahn um die Sonne (Abbildung 60 linke Seite).

Von der Erde aus gesehen (geozentrisch) scheint dagegen die Sonne an der Sphäre einen gegenüber dem Himmelsäquator geneigten Kreis, die *Ekliptik*, einmal pro Jahr zu durchlaufen, und zwar, entgegen der täglichen Bewegung über dem Horizont, von Westen nach Osten. Stünde die Rotationsachse der Erde senkrecht zu ihrer Bahnebene um die Sonne, dann würde sich die Sonne ständig auf dem Äquator bewegen. Da aber die Erdachse gegenüber der Bahnebene der Erde geneigt ist, ergibt sich daraus (geozentrisch) auch eine Neigung der scheinbaren Bahn der Sonne gegenüber dem Himmelsäquator (Abbildung rechte Seite). Der Neigungswinkel (ε), die sogenannte *Schiefe* der Ekliptik, betrug im 24. Jahrhundert v. Chr. etwa 24° (heute etwa 23½°).

Die Schiefe der Ekliptik bedingt die vier astronomischen Jahreszeiten. Die beiden Schnittpunkte der Ekliptik mit dem Himmelsäquator, *Frühlings-* und *Herbstpunkt*, markieren den Stand der Sonne an der Sphäre beim Frühlings- und Herbstanfang, wenn Tag und Nacht gleich lang sind. Die Sonne steht dann im Äquator und befindet sich zwölf Stunden über und zwölf Stunden unter dem Horizont (Abbildung 61).

In den *Sonnenwendepunkten* der Ekliptik am Sommer- und Winteranfang ist die Sonne am weitesten vom Himmelsäquator entfernt. Steht die Sonne im *Sommer*-Sonnenwendepunkt, dann ist der Tag am längsten, die Nacht am kürzesten. Umgekehrt ist am Winteranfang, dann wenn die Sonne im *Winter*-Sonnenwendepunkt der Ekliptik steht, der Tag ist am kürzesten und die Nacht am längsten (Abbildung 61).

Im 24. Jahrhundert v. Chr. ist

Frühlinganfang	am	21. März,
Sommeranfang	am	23. Juni,
Herbstanfang	am	21. September,
Winteranfang	am	19. Dezember.

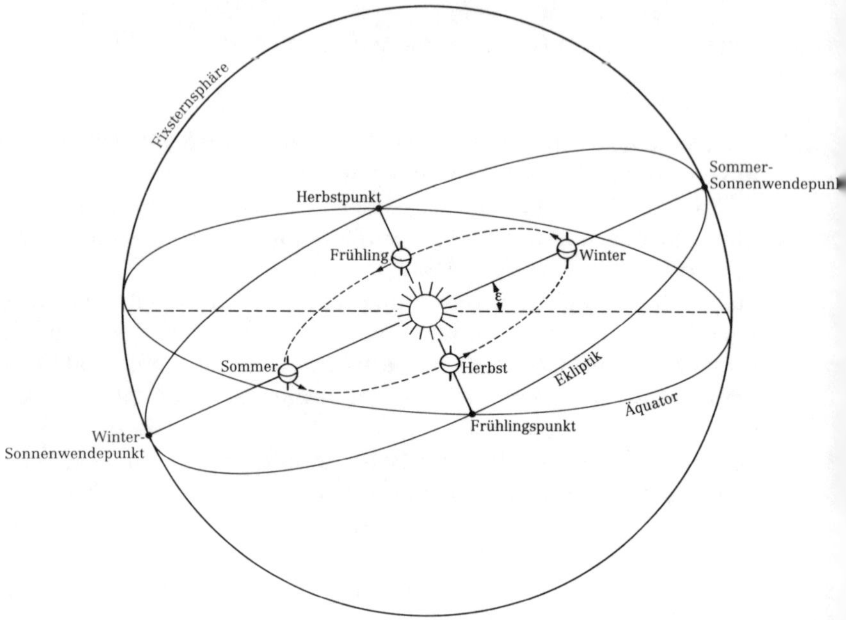

60 Der jährliche Lauf der Erde um die Sonne (linke Seite: heliozentrisch) erscheint einem Beobachter auf der Erde als Lauf der Sonne um die Erde (rechte Seite: geozentrisch). Die Fixsternsphäre müßte gegenüber der Umlaufbahn der Erde um die Sonne eigentlich unendlich groß gezeichnet werden.

Äquator und Ekliptik werden in je 360° unterteilt, wobei man beim Frühlingspunkt zu zählen beginnt. Die Sonne wandert pro Tag etwa 1° in östlicher Richtung auf der Ekliptik weiter.

Die Äquatorgrade nennt man Rektaszensionen.

Die Ekliptikgrade heißen *ekliptikale Längen* (λ). Die jeweilige ekliptikale Länge der Sonne wird auch *Sonnenlänge* (⊙) genannt.

Wie die Sternkarte entstanden ist

Einen Sternglobus hüllen wir so in einen Papierzylinder ein, daß der Äquator des Globus den Zylindermantel berührt (Abbildung 62 rechts). In einem Gedankenexperiment trennen wir die vom Nordpol zum Südpol verlaufenden »Großkreise« (Deklinationskreise) des

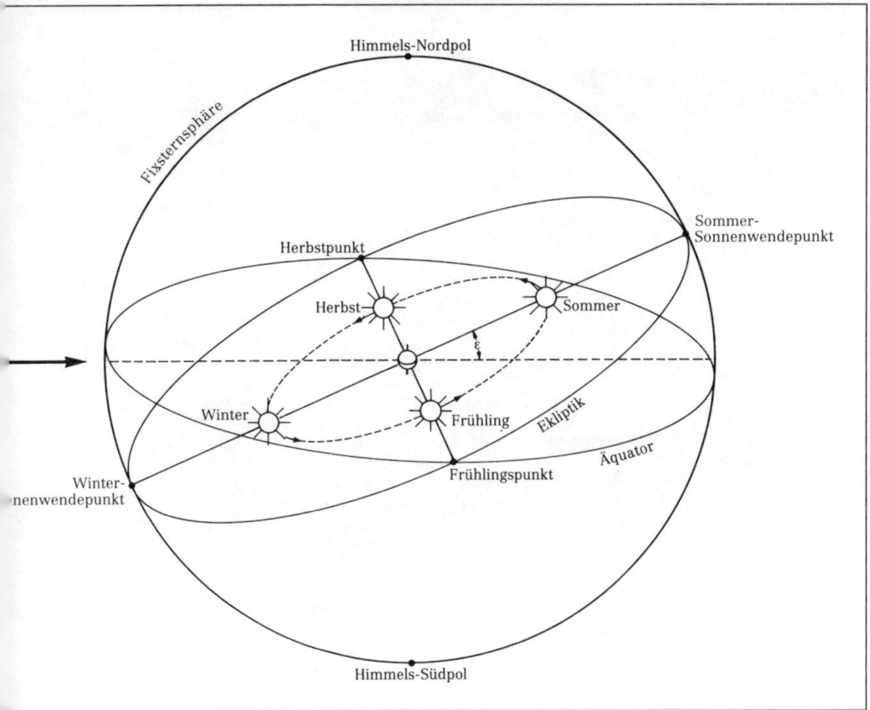

Globus am Nord- und Südpol auf und biegen die Hälften so weit zurück, bis sie auf dem Zylindermantel zu liegen kommen. Schneiden wir den Zylinder senkrecht zum Äquator durch den Schnittpunkt von Äquator und Ekliptik beim Frühlingspunkt auf und breiten den Zylindermantel mit der Innenseite nach oben auf dem Tisch aus, dann erhalten wir als Abbild des Äquators eine waagerechte Strecke, während die Ekliptik zu einer sinusförmigen Kurve wird. Sind S_1, S_2 und S_3 die Positionen dreier Sterne für die Epoche 2340 v. Chr. auf dem Sternglobus, dann entsprechen ihnen S_1', S_2' und S_3' auf dem Zylindermantel (Abbildung 62 links). Die Sternbilder in Äquatornähe werden auf der Sternkarte ziemlich getreu so wiedergegeben, wie sie dem irdischen Beobachter an der Sphäre erscheinen. Je weiter ein Sternbild vom Äquator entfernt ist, desto mehr wird es verzerrt.

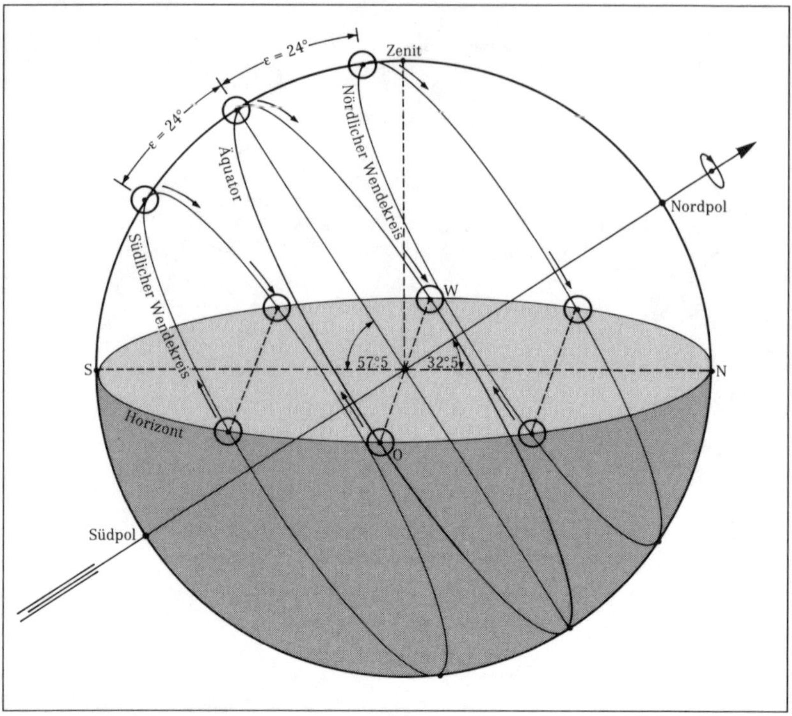

61 Tagesbewegung der Sonne (☉) über dem Horizont von Babylon (φ = 32°5) zur Zeit der Tagundnachtgleichen (im Äquator) und der Sonnenwenden (im nördlichen und südlichen Wendekreis).

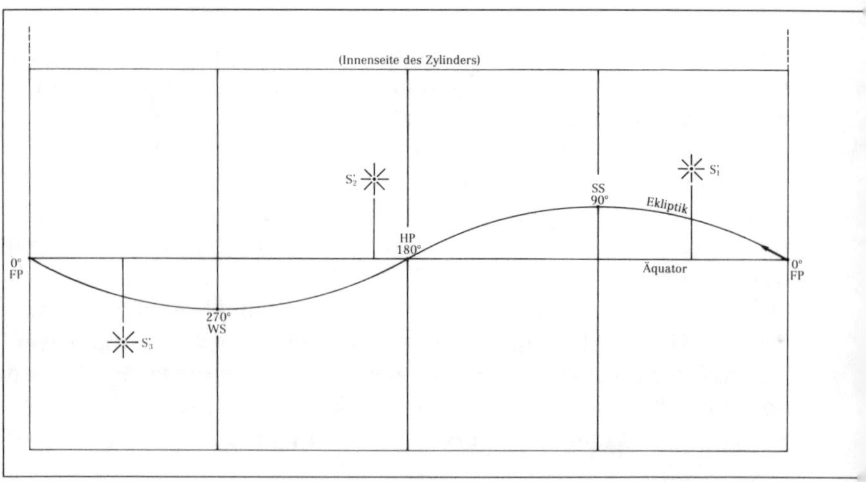

Der verschiebbare Horizont von Babylon

Nun bringen wir am Sternglobus einen Horizontring für Babylon (mit einer geographischen Breite von $\varphi = 32\overset{\circ}{.}5$) an (siehe Abbildung 58 rechts) und umhüllen den Globus wieder mit einem – diesmal durchsichtigen – Zylinder, dessen Achse mit der des Globus zusammenfällt. Dann schneiden wir den Zylinder senkrecht zum Äquator auf, und zwar durch den Schnittpunkt N' des Meridiankreises mit dem Äquator. Er liegt in Abbildung 63 in der Zeichenebene. Projizieren wir jetzt die Deklinationskreise des Globus wieder auf den Zylindermantel, so erhalten wir als Abbild des Horizontes von Babylon (auf der Innenseite des ausgerollten durchsichtigen Zylindermantels) die in Abbildung 63 gezeigte U-förmige Kurve. Die schraffierte Fläche ist der Teil der Sphäre, welcher unterhalb des Horizontes liegt. In 24 Stunden rotiert der Horizont von West nach Ost einmal um die Polachse. Dabei durchlaufen der Ost- und Westpunkt des Horizontes einmal den Himmelsäquator (360°). Diese Rotation des Horizontes entspricht einer Verschiebung der Horizontkurve auf der Sternkarte nach *links*. Die Horizontkurve zerfällt in zwei spiegelsymmetrische Hälften: Beim Wenden des durchsichtigen Blattes wird der Osthorizont zum Westhorizont und umgekehrt. Zu beachten ist, daß Ost- und Westpunkt des Horizontes auf dem Äquator um 180° voneinander

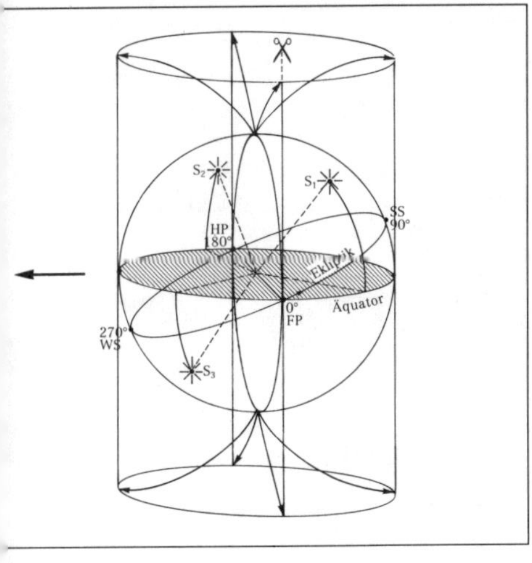

62 Vom Sternglobus zur Sternkarte.

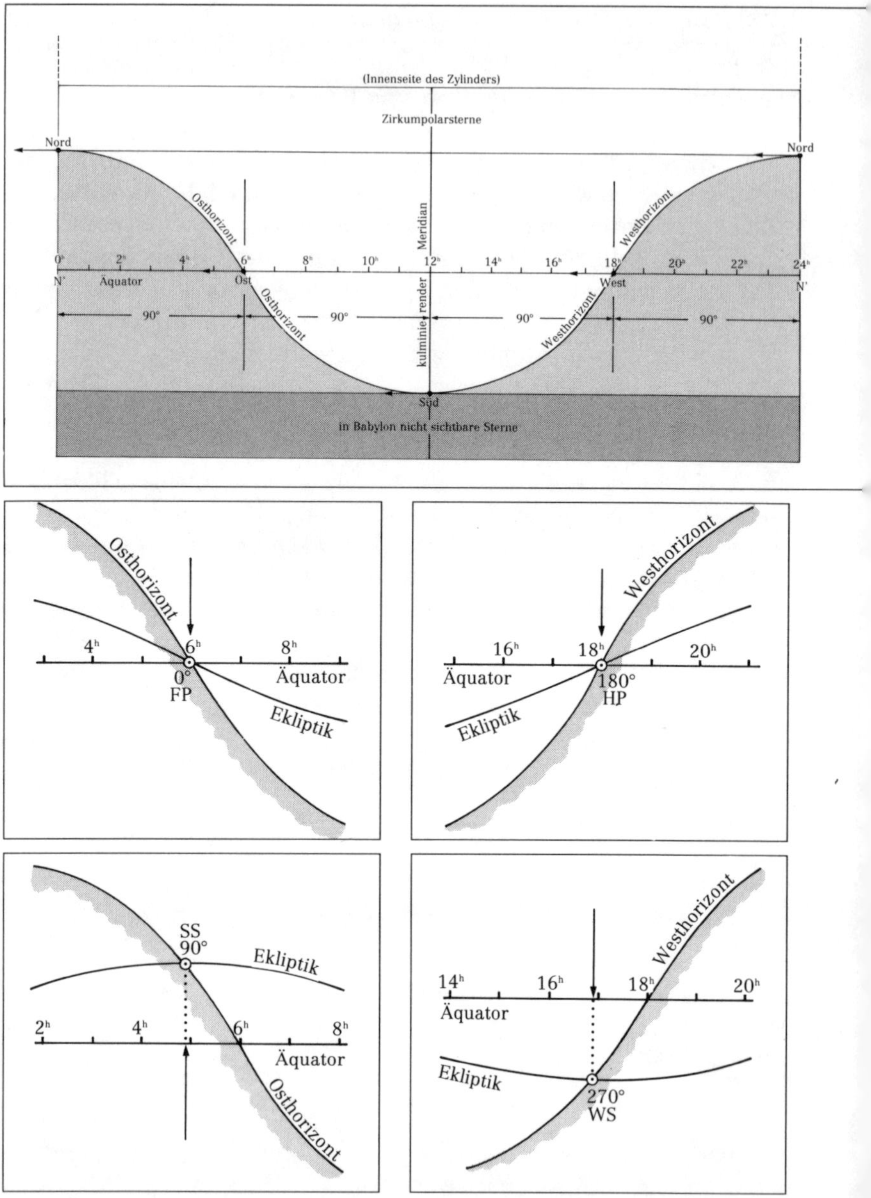

64 Sonnenaufgang in Babylon am Frühlingsanfang um 6 Uhr.
Sonnenuntergang in Babylon am Herbstanfang um 18 Uhr.

Sonnenaufgang in Babylon am Sommeranfang.
Sonnenuntergang in Babylon am Winteranfang.

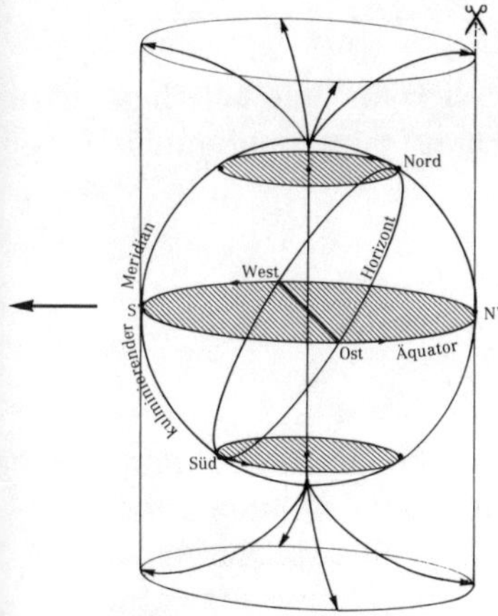

63 Vom Sternglobus zur Horizontfolie von Babylon.

entfernt liegen. Sucht man zum Osthorizont/Westhorizont den entsprechenden Westhorizont/Osthorizont, so muß die Horizontfolie gewendet und auf dem Äquator um 180° nach rechts oder links geschoben werden. Der kulminierende Meridian liegt 90° rechts vom Ostpunkt und 90° links vom Westpunkt des Horizontes entfernt.

Täglicher Sonnenaufgang und Sonnenuntergang in Babylon

In jeweils vier Minuten wird der Horizont entlang dem Äquator um 1° weiter nach links (Osten) verschoben, in einer Stunde also um 15°, in 24 Stunden um einen vollen Kreis von 360° (24 x 15°). Wenn die Sonne im Äquator steht (beim Frühlings- und Herbstanfang), dann geht sie um sechs Uhr morgens am Osthorizont im exakten Osten auf und zwölf Stunden später um 18 Uhr am Westhorizont im exakten Westen unter. Wollen wir wissen, wann die Sonne am Sommeranfang oder am Winteranfang am Osthorizont von Babylon aufgeht, mussen wir die durchsichtige Folie mit dem Osthorizont auf dem Äquator so lange verschieben, bis er die Ekliptik im Sommer-(Sonnenlänge = 90°) beziehungsweise Wintersonnenwendepunkt (Sonnenlänge = 270°) schneidet. Fällen wir jeweils im Schnittpunkt von Ekliptik und Osthorizont das Lot auf den Äquator, so können wir direkt auf der Horizontfolie die Uhrzeit beim Sonnenaufgang ablesen. Entsprechend erhalten wir für den Westhorizont die Uhrzeit des Sonnenuntergangs (Abbildung 64). Entsprechend läßt sich für jede beliebige Stellung der Sonne in der Ekliptik der Sonnenaufgang und Sonnenuntergang für Babylon ermitteln.

Täglicher Auf- und Untergang von Sternen und ihre Kulmination

Alle Sterne, die weniger als 57°.5 nördlich oder südlich vom Äquator entfernt sind, gehen in Babylon ($\varphi = 32°.5 = 90° - 57°.5$) auf und unter. Um zu ermitteln, wann zum Beispiel der Stern α Aquilae an der Brust des Sternbild Adler in der Zeit um 2340 v. Chr. am Winteranfang im Osthorizont steht, ist die Folie mit dem Osthorizont entlang dem Äquator so zu verschieben, daß der Stern auf dem Osthorizont zu liegen kommt (Abbildung 65).

Fällen wir das Lot vom Wintersonnenwendepunkt (Sonnenlänge = 270°) auf den Äquator, dann können wir auf der Horizontfolie direkt die Uhrzeit des Sternaufgangs ablesen. Entsprechendes gilt für den Westhorizont beim Untergang eines Sterns. Abbildung 66 zeigt die Bestimmung der Kulmination des Sternes α Virginis (Spica) am Frühlingsanfang (Sonnenlänge = 0°) und am Winteranfang (Sonnenlänge = 270°). Das Gesagte gilt entsprechend für jeden beliebigen Ort der Sonne in der Ekliptik.

65 Der Stern α an der Brust des Adlers steht 2340 v. Chr. am Winteranfang um 4 Uhr morgens im Osthorizont von Babylon.

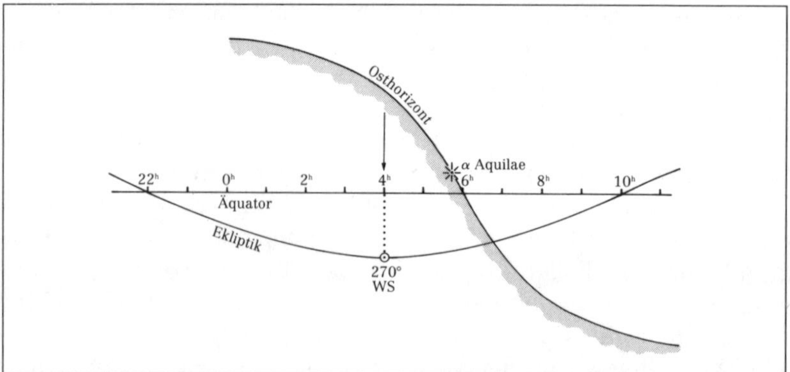

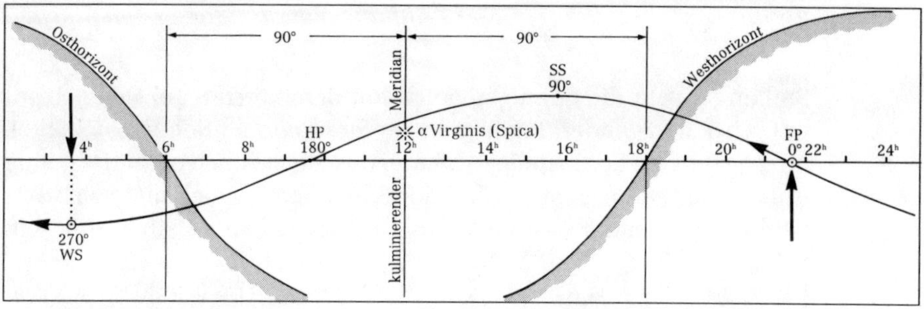

66 Die Kulmination von α Virginis (Spica) 2340 v. Chr. Die Horizonteinstellung bleibt unverändert für das gesamte Jahr. Steht die Sonne bei der Kulmination von Spica über dem Horizont (z. B. am Sommer- und Herbstanfang (SS und HP)), dann ist der Stern nicht sichtbar: Es ist Tag!

Jährlicher Auf- und Untergang von Sternen

Am Tage überstrahlt die Sonne die Fixsterne, so daß sie nicht zu sehen sind. Erst wenn die Sonne am Abend tief genug unter den Westhorizont herabgesunken ist, werden zunächst die helleren, dann allmählich auch die schwächeren Sterne sichtbar. Wenn die Sonne am Morgen vor Sonnenaufgang unterhalb des Osthorizontes immer höher steigt, verblassen die Sterne wieder. Steigt die Sonne *vor* einem Stern S über dem Osthorizont empor, dann wird der Stern von ihr überstrahlt (Abbildung 67, Stellung 1 der Sonne. Die Sonne ist mit dem Symbol ⊙ wiedergegeben). Die Sonne wandert nun täglich um etwa 1° auf der Ekliptik weiter in östlicher Richtung (nach links). In

67 Morgenerst oder heliakischer Aufgang des Sterns S (in Position 4 der Sonne). Die Abb. 68 zeigt die entsprechenden Verhältnisse an der Sphäre.

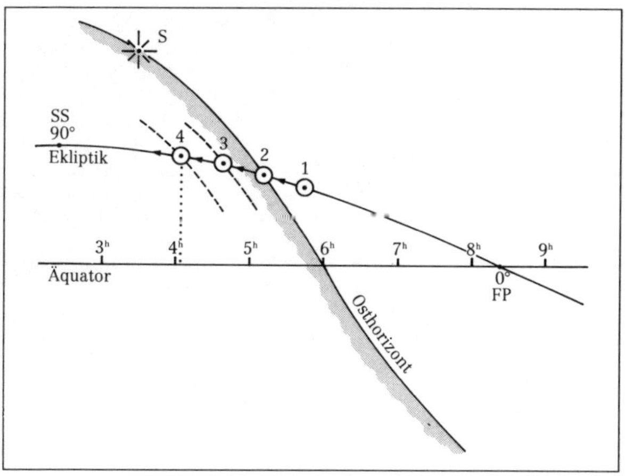

Stellung 2 geht die Sonne zugleich mit dem Stern S am Osthorizont auf. An den folgenden Tagen geht der Stern *vor* der Sonne auf. In Stellung 3 steht die Sonne beim Aufgang des Sterns noch nicht tief genug unter dem Osthorizont, so daß der Stern immer noch nicht sichtbar ist. Erst in Stellung 4 ist die Sonne weit genug vom Osthorizont ent-

68 Morgenerstaufgang eines Sterns S (sphärische Darstellung). Die Sonne wandert täglich etwa 1° auf der Ekliptik weiter, während der Horizont gleichzeitig einmal um die Polachse rotiert.

Wir betrachten die Sphäre an mehreren Tagen morgens jeweils in dem Augenblick, da sich der Stern S genau im östlichen Horizont befindet.

In Position 1 und 2 steht die Sonne am Morgen schon über dem Osthorizont, wenn der Stern S sich gerade erst im Horizont befindet. In Position 3 steigt die Sonne zugleich mit dem Stern S über den Osthorizont. In Position 4 steht die Sonne zwar unter dem Horizont, wenn der Stern S über dem Horizont aufsteigt, aber die Sonne ist dann noch nicht tief genug unter dem Horizont: Sie überstrahlt den Stern S. Erst in Position 5 ist die Tiefe der Sonne unter dem Horizont gerade groß genug, damit der Stern S bei seinem Aufgang zum ersten Mal am Morgen vor Sonnenaufgang sichtbar ist (Skizze, nicht maßstabgerecht). Die Abb. 67 zeigt die entsprechenden Verhältnisse in die Ebene projiziert.

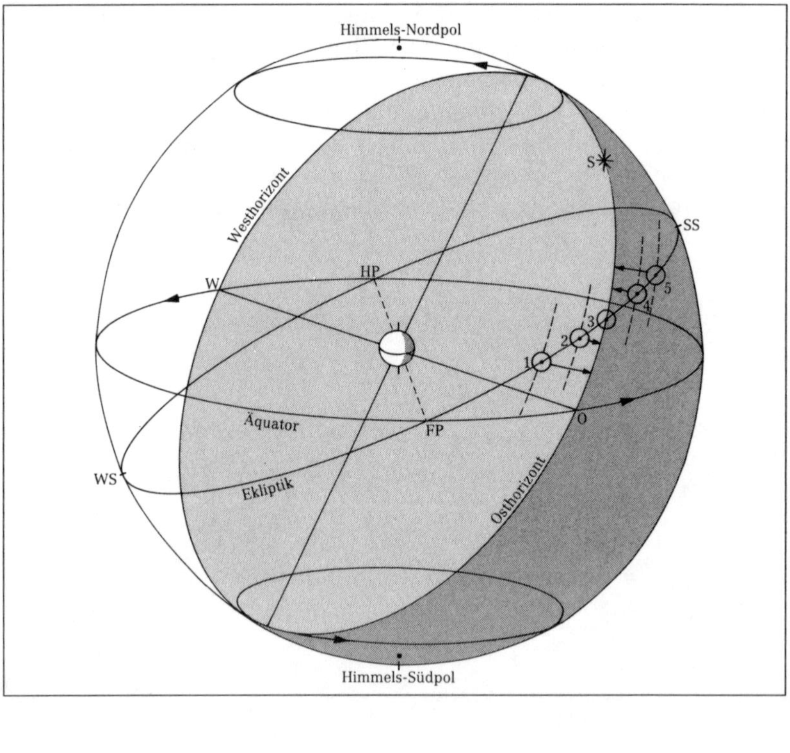

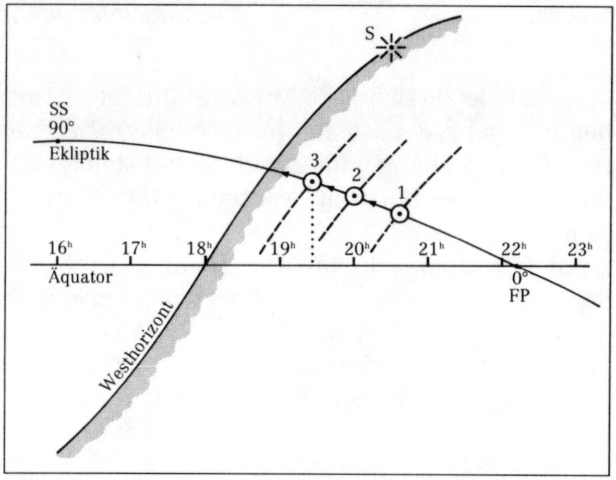

69 Abendletzt oder heliakischer Untergang des Sterns S (in Position 3 der Sonne).

fernt, so daß der Stern nun zum ersten Mal im Jahr am Morgen vor Sonnenaufgang kurz über dem Osthorizont zu sehen ist. Diesen jährlich erfolgenden Erstaufgang des Sterns in der Morgendämmerung nennt man seinen *heliakischen Aufgang* oder sein *Morgenerst* (vergleiche auch Abbildung 68).

Den letzten sichtbaren Untergang des Sterns am Abend nach Sonnenuntergang nennt man seinen *heliakischen Untergang* oder sein *Abendletzt* (Abbildung 69, Stellung der Sonne). Der Abstand der Sonne vom Westhorizont ist dann gerade noch groß genug, damit der Stern noch einmal kurz über dem Westhorizont erscheinen kann.

Zwei weitere wichtige jährlich wiederkehrende Sternphasen sind noch zu nennen:

70 (Scheinbarer) akronychischer Aufgang eines Sterns S (in Position 3 der Sonne): der letzte sichtbare Aufgang des Sterns S am Abend nach Sonnenuntergang.

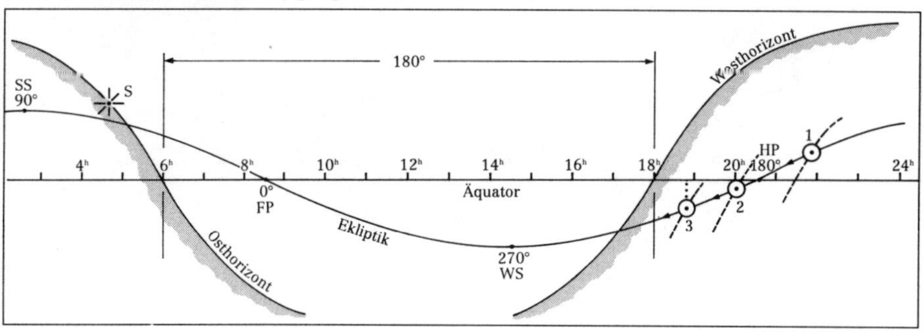

a) Der letzte sichtbare Aufgang eines Sterns am Abend nach Sonnenuntergang, der sogenannte *(scheinbare) akronychische Aufgang*: Die Sonne (Stellung 3 in Abbildung 70) steht gerade noch tief genug unter dem Westhorizont, wenn der Stern S am Osthorizont emporsteigt.

b) Der erste sichtbare Untergang eines Sterns am Morgen vor Sonnenaufgang, der sogenannte *(scheinbare) kosmische Untergang* (Abbildung 71): Wenn der Stern S am Westhorizont untergeht, steht die Sonne erstmals tief genug unter dem Osthorizont. An den folgenden Tagen geht der Stern S immer früher unter.

Sterngrösse und Sehungsbogen

Der Auf- oder Untergang eines Sterns ist nur dann sichtbar, wenn die Sonne tief genug unter dem Ost- oder Westhorizont steht, wenn es also dunkel genug ist. Die für die Sichtbarkeit eines Sterns erforderliche Mindesttiefe der Sonne unter dem Horizont wird sein *Sehungsbogen* genannt. Er gilt für den Augenblick, da der Stern gerade im Horizont steht. Der Sehungsbogen hängt von der (scheinbaren) Helligkeit des jeweiligen Sterns ab: je heller ein Stern ist, desto kleiner ist sein Sehungsbogen. Die scheinbare Helligkeit eines Sterns wird als *Sterngröße* (Magnitudo, abgekürzt: m) bezeichnet. Ein Stern größerer Helligkeit hat eine kleinere Sterngröße und umgekehrt. Sirius als

71 (Scheinbarer) kosmischer Untergang eines Sterns S (in Position 3 der Sonne): der erste sichtbare Untergang des Sterns S am Morgen vor Sonnenaufgang.

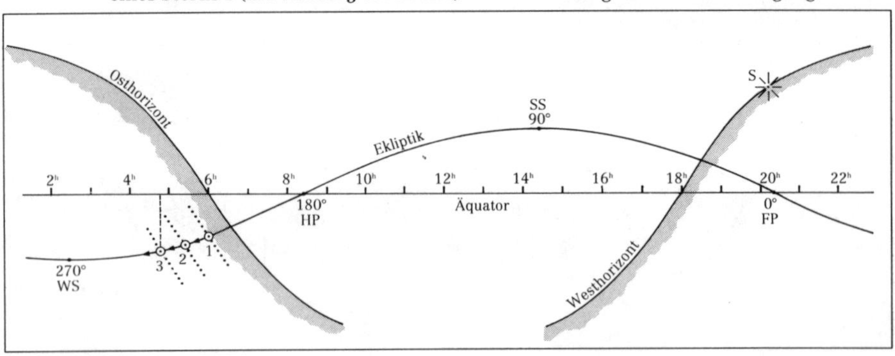

dem hellsten Fixstern wird eine (negative) Sterngröße von −1ṃ6 zugeordnet. Die Zunahme der Sterngröße um eine Einheit bedeutet eine 2½-fache Abnahme der Helligkeit, das heißt, ein Stern der Größe 3ṃ0 beispielsweise ist 2½mal heller als ein Stern der Größe 4ṃ0. In unserer Sternkarte sind die Sterne in fünf verschiedene Sterngrößenklassen eingeteilt:

★	steht für Sterne der Größe	1ṃ6	bis	+1ṃ9
✸	steht für Sterne der Größe	2ṃ0	bis	2ṃ9
★	steht für Sterne der Größe	3ṃ0	bis	3ṃ9
✱	steht für Sterne der Größe	4ṃ0	bis	4ṃ9
⋆	steht für Sterne der Größe	5ṃ0	und	darüber

Die Grenze der Sichtbarkeit mit bloßem Auge liegt etwa bei 5ṃ4.

In der folgenden Tabelle sind die Sehungsbögen für Sirius und sieben weitere Sterngrößen beim Morgenerst (heliakischen Aufgang) und Morgenletzt (heliakischen Untergang) verzeichnet (nach U. Baehr):

Sterngröße	Sehungsbogen beim Morgenerst	Sehungsbogen beim Morgenletzt
−1ṃ6 (Sirius)	8°5	7°5
−1.0	9.2	8.2
0.0	10.4	9.4
1.0	11.6	10.6
2.0	13.1	12.1
3.0	15.0	14.0
4.0	17.4	16.4
5.0	20.3	19.3

TABELLE 10

Für die übrigen Sterngrößen erhält man aus dieser Tabelle die Sehungsbögen durch einfache Interpolation. Die Tabelle ist streng genommen nur für Sterne in Ekliptiknähe gültig. Sterne, die weiter von der Ekliptik entfernt sind, haben einen der Azimutdifferenz von Sonne und Stern (im Horizont stehend) entsprechenden kleineren Sehungsbogen. Unter Azimutdifferenz versteht man den Horizontbogen zwischen dem (senkrecht zum Horizontkreis gelegten) Vertikalkreis durch die Sonne und dem Vertikalkreis durch den Stern.

Morgenerstaufgänge in der MUL.APIN-Serie

Auf unserer Horizontfolie sind die für die Sonne erforderlichen Tiefen unterhalb des Ost- beziehungsweise Westhorizontes eingezeichnet. Mit ihrer Hilfe lassen sich die jährlichen Auf- und Untergänge der Sterne in Babylon sehr leicht bestimmen. Wollen wir zum Beispiel wissen, wann der Stern α Librae (im Sternbild der Waage) 2340 v. Chr. in Babylon zum ersten Mal in der Morgendämmerung über dem Osthorizont zu sehen war (Morgenerst von α Librae), dann verfahren wir wie folgt (Abbildung 72):

Wir verschieben den Osthorizont auf der Sternkarte entlang dem Äquator, bis der Stern α Librae auf der Horizontlinie liegt. Die Sterngröße von α Librae ist 2ṃ9. Dies entspricht nach Tabelle 10 einem Sehungsbogen von 14°81 für den Morgenerstaufgang des ekliptiknahen Sterns, das heißt: Die Sonne steht 14°81 unterhalb des Osthorizontes, wenn α Librae sich gerade im Osthorizont befindet. Aus dem Schnittpunkt der Tiefenlinie von –14°81 mit der Ekliptik ergibt sich die Position der Sonne beim Morgenerstaufgang von α Librae, nämlich Sonnenlänge = 180° (Herbstpunkt). α Librae ging also 2340 v. Chr. in Babylon am Herbstanfang zum ersten Mal in der Morgendämmerung

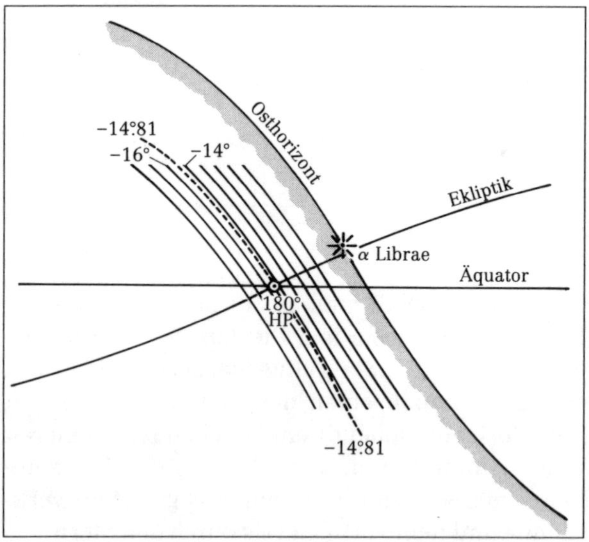

72 2340 v. Chr. erfolgte der Morgenerstaufgang der Waage (α Librae) am Herbstanfang (Sonnenlänge = 180°).

auf. Da gemäß der ersten Tafel der astronomischen Keilschriftserie MUL.APIN der Morgenerstaufgang der Waage, ZI.BA.AN.NA (akkadisch: zibanitum), ebenfalls am Herbstanfang (Sonnenlänge = 180°) erfolgt, erhalten wir zwangsläufig 2340 v. Chr. als Epoche, auf die sich der Morgenerstaufgang von »zibanitum« in der MUL.APIN-Serie bezieht.

Ebenso einfach lassen sich die übrigen in der MUL.APIN-Serie genannten Morgenerstaufgänge von Sternen für 2340 v. Chr. bestimmen. In Tabelle 11 sind für die jeweils zuerst aufgehenden Sterne der betreffenden Sternbilder die (gerundeten) Sehungsbögen beim Morgenerst verzeichnet. Anhand dieser Sehungsbögen kann der Leser mit der Horizontfolie auf der Sternkarte die Morgenerstaufgänge für 2340 v. Chr. leicht ermitteln. Aus Tabelle 12 läßt sich der einer bestimmten Sonnenlänge entsprechende Tag (gregorianisch) im Jahre 2340 v. Chr. entnehmen.

Beispielsweise findet das Morgenerst des Ziegengestirns ÙZ (μ Herculis) statt, wenn die Sonne eine Länge von 210° hat (Abbildung 73). Dies entspricht laut Tabelle 12 dem 21. Oktober. μ Herculis (ÙZ) ist 2340 v. Chr. also am 21. Oktober erstmals in der Morgendämmerung über dem Osthorizont zu sehen. Gemäß der MUL.APIN-Serie erfolgt

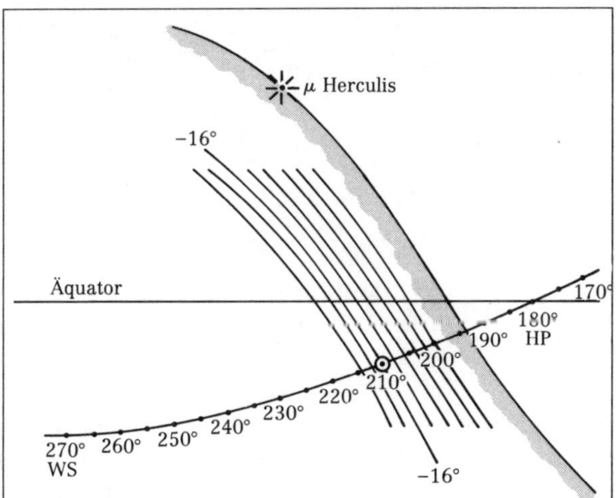

73 2340 v. Chr. erfolgte der Morgenerstaufgang von ÙZ (μ Herculis) am 21. Oktober, entsprechend einer Sonnenlänge von 210° (Tabelle 12).

Sternbild	zuerst aufgehender Stern	Sehungs-bogen
(LÚ). CHUN.GÁ	β Arietis	14°
GÀM	α Aurigae	11°
MUL.MUL	η Tauri	12°[2)]
(GISH)lê	α Tauri	10°[2)]
SIPA.ZI.AN.NA	ζ Tauri	15°
MASH.TAB.BA.GAL.GAL	Geminorum	16°
MASH.TAB.BA.TUR.TUR	δ Geminorum	17°
AL.LUL	α Lyncis	16°
KAK.SI.SÁ	α Canis minoris (Prokyon)	11°
UR.GU.LA	κ Leonis	19°
MUSH	ζ Cancri	18°
BAN	α Monocerotis	18°
LUGAL	α Leonis (Regulus)	13°
UGA.(MUSHEN)	ε Crateris	20°
AB.SÍN	α Virginis (Spica)	12°
ZI.BA.AN.NA (zibanitum)	α Librae	14.°8
UR.IDIM	ν Centauri	15°
EN.TE.NA.BAR.CHUM	γ Crucis	12°
UR.KU	β Serpentis	17°
GÍR.TAB	β Scorpii	15°
ÙZ	μ Herculis	16°
GAB.GÍR.TAB	ε Scorpii	13°
UD.KA.DUCH.A	δ Cygni	15°
TI$_8$.(MUSHEN)	λ Aquilae	16°
PA.BIL.SAG	ζ Sagittarii[3)]	14°
SIM.MACH	ε Pegasi	14°
GU.LA	Aquarii	18°
(ASH).IKU	β Pegasi	14°
Anunitum	σ Andromedae	18°
KU$_6$	ω^2 Aquarii	18°
SHU.GI	γ Andromedae	15°

TABELLE II
Morgenerstaufgänge von Sternen gemäß MUL.APIN-Serie
1) Der 1.I. entspricht im gregorianischen Kalender 2340 v. Chr. dem 6. März. Der 15.I. fällt mit dem Frühlingsanfang (21. März) zusammen.
2) Für die Plejaden (MUL.MUL) mit ηTauri als Hauptstern ergibt sich aus der Plejaden-

das Morgenerst von ÙZ (μ Herculis) ebenfalls bei einer Sonnenlänge von 210°, das heißt am 21. Oktober. Das mit modernem Sehungsbogen (16° für μ Herculis) ermittelte Aufgangsdatum stimmt also auf den Tag genau mit dem in MUL.APIN angegebenen überein. Da die Daten (Sonnenlängen) in MUL.APIN auf Vielfache von fünf gerundet

Aufgang im akkadischen Normalkalender gemäß MUL.APIN	Sonnenlänge gemäß MUL.APIN	Sonnenlänge nach moderner Rechnung für 2340 v. Chr.
1. I.[1]	346°	346°
20. I.	5°	4°
1. II.	16°	16°
20. II.	35°	36°
10. III.	55°	55°
10. III.	55°	55°
5. IV.	80°	78°
5. IV.	80°	79°
15. IV. (SS)	90°	87°
15. IV. (SS)	90°	92°
15. IV. (SS)	90°	90°
5. V.	110°	110°
5. V.	110°	107°
10. VI.	145°	144°
25. VI.	160°	157°
15. VII. (HP)	180°	180°
15. VII. (HP)	180°	182°
15. VII. (HP)	180°	180°
15. VII. (HP)	180°	179°
5. VIII.	200°	199°
15. VIII.	210°	210°
15. VIII.	210°	212°
15. IX.	240°	238°
15. IX.	240°	240°
15. IX.	240°	240°
15. X. (WS)	270°	273°
5. XI.	290°	292°
5. XI.	290°	290°
25. XI.	310°	310°
15. XII.	330°	330°
15. XII.	330°	330°

Schaltregel ein Sehungsbogen von etwa 12° für das Morgenerst. Entsprechend wurde αTauri als Hauptstern der Hyaden mit 10° angesetzt.

3) Die genauere Ausdehnung von PA.BIL.SAG ist für das dritte Jahrtausend v. Chr. nicht bekannt. Der Kentaur der Sternkarte ist nach Angaben aus späterer Zeit gezeichnet.

sind, liegen Abweichungen bis zu ± 3 Tagen noch innerhalb der Fehlergrenzen. Wie Tabelle 11 zeigt, ist für 2340 v. Chr. die Übereinstimmung von MUL.APIN und moderner Rechnung optimal.

Sonnen-länge	Tag im gregorianischen Kalender 2340 v. Chr.	Sonnen-länge	Tag im gregorianischen Kalender 2340 v. Chr.
0°	21. März (15. Nisannu) (Frühlingsanfang)	180°	21. September (15. Taschritu) (Herbstanfang)
10°	31. März	190°	1. Oktober
20°	11. April	200°	11. Oktober
30°	21. April (15. Ajjaru)	210°	21. Oktober (15. Arachsamna)
40°	2. Mai	220°	30. Oktober
50°	12. Mai	230°	9. Oktober
60°	23. Mai (15. Simanu)	240°	19. November (15. Kislimu)
70°	2. Juni	250°	29. November
80°	12. Juni	260°	9. Dezember
90°	23. Juni (15. Du'uzu) (Sommeranfang)	270°	19. Dezember (15. Ṭebetu) (Winteranfang)
100°	3. Juli	280°	29. Dezember
110°	13. Juli	290°	8. Januar
120°	24. Juli (15. Abu)	300°	18. Januar (15. Schabaṭu)
130°	3. August	310°	28. Januar
140°	13. August	320°	7. Februar
150°	23. August (15. Ululu)	330°	18. Februar (15. Addaru)
160°	2. September	340°	28. Februar
170°	11. September	350°	10. März
180°	21. September (15. Taschritu) (Herbstanfang)	360°	21. März (15. Nisannu) (Frühlingsanfang)

TABELLE 12
Entsprechung von Sonnenlänge und Tag im zurückgerechneten gregorianischen Kalender 2340 v. Chr.

GLEICHZEITIGE KULMINATIONEN UND MORGENERSTAUFGÄNGE

In der ersten Tafel der MUL.APIN-Serie sind unter anderem Kulminationen von Sternen beim gleichzeitigen Morgenerst von Sternbildern genannt. Wir lesen da zum Beispiel: »Am 15. Taschritu (Herbstanfang, Sonnenlänge = 180°) kulminiert der Löwe (UR.GU.LA), und die Waage (zibanitum) geht heliakisch auf.« Um den beim heliakischen Aufgang (Morgenerst) der Waage (α Librae) gerade kulminierenden (im Meridian stehenden) Stern des Löwen zu bestimmen, müssen wir die Höhe von α Librae über dem Osthorizont berücksichtigen. Denn ein Stern ist nur dann zu sehen, wenn er hoch genug über dem Horizont steht, wobei die Höhe von der Größe des Sterns abhängt: Je schwächer ein Stern leuchtet, desto höher muß er über den Horizont

74 Höhe (h) eines Sterns über dem Horizont beim heliakischen Aufgang (Morgenerst) als Funktion seiner Magnitudo (m).

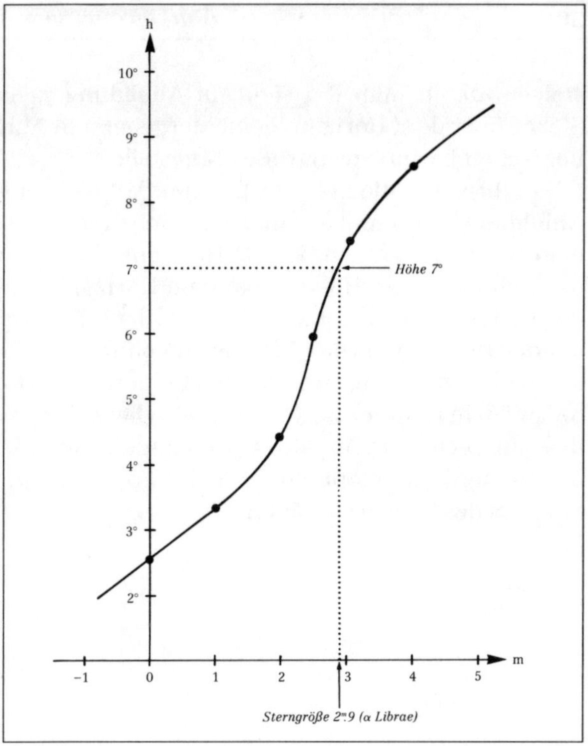

75 Beim Morgenerstaufgang der Waage (α Librae) kulminiert der Stern μ Leonis am Kopf des Löwen.

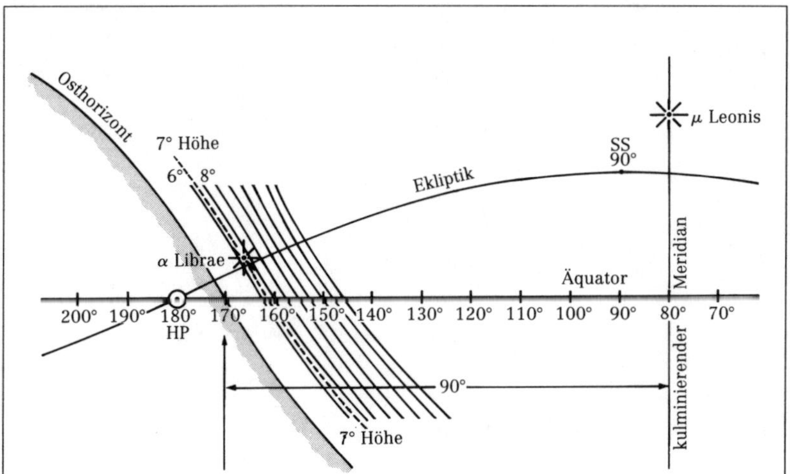

steigen, damit man ihn sieht. In Abbildung 74 ist die Höhe eines Sterns über dem Horizont beim Morgenerst in Abhängigkeit von seiner (scheinbaren) Sterngröße dargestellt.

α Librae hat die Sterngröße 2ṃ9. Mit diesem Wert gehen wir in Abbildung 74 ein und erhalten eine entsprechende Höhe von 7° über dem Horizont. Drehen wir die Horizontfolie um 180°, dann werden die Tiefenlinien zu Höhen über dem Horizont. Wir verschieben nun den Osthorizont auf der Sternkarte entlang dem Äquator, bis *α* Librae auf der Höhenlinie von 7° zu liegen kommt. Der Osthorizont schneidet dann den Äquator (im exakten Ostpunkt des Horizontes) bei 170°. 90° auf dem Äquator nach rechts, also bei 80° (170°–90°), findet man den senkrecht zum Äquator verlaufenden kulminierenden Meridian, in dem der kulminierende Stern des Löwen steht, nämlich μ Leonis am Kopf des Löwen (Abbildung 75).

9 VOLLSTÄNDIGE ÜBERSETZUNG DER ERSTEN TAFEL DER KEILSCHRIFTSERIE MUL.APIN

Liste von 71 Gestirnen, Sternen und Planeten

a) *33 Sterne im Enlil-Weg* (Kolumne I, 1 – 39)
(Zeilenangaben nach der Tontafel 86 378 des British Museum)

Kolumne I

1 Der *Pflug* (GISH.APIN), ^{d}Enlil, der den Sternen ^{d}Enlils vorangeht.

2 Der *Wolf* (UR.BAR.RA), der Saattrichter des Pfluges.

3 Der *Alte* (SHU.GI), ^{d}Enmesharra.

4 Der *Krummstab* (GÀM), der Gott des Krummstabs (^{d}Gamlum).

5 Die *Großen Zwillinge* (MASH.TAB.BA.GAL.GAL), ^{d}Lugalgirra und ^{d}Meslamtaea.

6 Die *Kleinen Zwillinge* (MASH.TAB.BA.TUR.TUR), ^{d}LÀL und ^{d}NIN.EZENxGU$_{4}$.

7 Der *Flußkrebs* (AL.LUL), der Wohnsitz (shu-bat ^{d}Anim) des ^{d}Anu.

8 Der *Löwe* (UR.GU.LA), ^{d}Latarak.

9 Der Stern, der an der Brust des Löwen steht: der *Königsstern* ((MUL).LUGAL).

10/11 Die lichtschwachen Sterne, die am Schwanz des Löwen stehen: die *Dattelrispe* (sissinnu) der ^{d}*Erua*, ^{d}Zarpanitum.

12 *SHU.PA*, ^{d}Enlil, der das Geschick des Berges (KUR) bestimmt.

13 Der Stern, der vor ihm steht: *Chegalaju*, der Bote der ^{d}Ninlil.

14 Der Stern, der hinter ihm steht: *BAL.TÉSH.A*, der Bote des ^{d}Tishpak.

15 Der (Große) *Wagen* (MAR.GÍD.DA), ^{d}Ninlil.

16/17 Der Stern, der an der Deichsel des (Großen) Wagens steht: der *Fuchs* (KA_5.A), ^{d}Erra, der Starke unter den Göttern.

18 Der Stern, der vorn am (Großen) Wagen steht: das *Mutterschaf* (U_8), ^{d}Aja.

19 Das *Angebundene Joch* (MU.BU.KÉSH.DA), ^{d}Anu, der Große des Himmels.

20 Der (Kleine) *Wagen des Himmels* (MAR.GÍD.DA.AN.NA), ^{d}Damkianna.

21/22 Der Stern, der an seinem Seil steht: Der *Erbe des Großtempels* (IBILA.É.MACH), der erste, höchste Sohn des ^{d}Anu.

23 Die *Stehenden Götter* (DINGIR.GUB.BA.(MESH)) von É.KUR, die *Sitzenden Götter* (DINGIR.TUSH.A.(MESH)) von É.KUR.

24 Die *Ziege* (ÙZ), ^{d}GU.LA.

25 Der Stern, der vor der Ziege steht: der *Sitzende Hund* (UR.KU).

26 Der helle Stern der Ziege: *^{d}LAMMA*, der Bote der ^{d}Baba.

27 Zwei Sterne, die hinter ihr stehen: *^{d}NIN.SAR* und *^{d}ÈR.RA.GAL*.

28 Der *Leopard* (UD.KA.DUCH.A), ^{d}U.GUR.

29 Der Stern, der rechts von ihm steht: das *Schwein* (SHACH), ^{d}Damu.

30 Der Stern, der links von ihm steht: das *Pferd* (ANSHE.KUR.RA).

31 Der Stern, der hinter ihm steht: der *Hirsch* (LU.LIM), der Bote der Plejaden (MUL.MUL).

32/33 Die lichtschwachen Sterne, die an der Brust des Hirsches stehen: *^{d}Charriru*, der Gott des Regenbogens (^{d}TIR.AN.-NA).

34/35 Der helle rote Stern, der an der Niere des Hirsches steht: der *Zerstörer* (KA.MUSH.Ì.KÚ.E).

36/37 [Wenn die Sterne ^{d}Enlils geendet haben, teilt der eine große Stern, dessen Licht matt ist, den Himmel und steht da: der Stern des ^{d}AMAR.UD (^{d}Marduk), des Übergangs,]*

* Das in eckigen Klammern Stehende ist ein späterer Zusatz, der nicht zur Original-Serie MUL.APIN gehört.

38 *Jupiter* (SAG.ME.GAR), ändert ständig seinen Standort, überschreitet den Himmel.

39 (Das sind) 33 Sterne ^{d}Enlils.

b) *23 Sterne im Anu-Weg* (Kolumne I, 40 – II, 18)

Kolumne I

40 Das *Viereck* ((ASH).IKU). Wohnsitz ^{d}Eas, das den Sternen des ^{d}Anu vorangeht.

41 Der Stern, der beim Viereck steht: die *Schwalbe* (shi-nu-nu-tum).

42 Der Stern, der hinter dem Viereck steht: *Anunitum.*

43 Der Stern, der hinter ihr steht: der *Landarbeiter* ((LÚ). CHUN.GÁ), ^{d}Dumuzi.

44 Der *Sternhaufen* (MUL.MUL), die Siebengottheit, die großen Götter.

Kolumne II

1 Der *Himmelsstier* (GU$_4$.AN.NA), der Gott der (Holz-)Tafel ((GISH)lê), die Krone des Anu.

2 Der *Treue Hirte des Himmels* (SIPA.ZI.AN.NA), ^{d}Papsukkal, der Bote des ^{d}Anu und der ^{d}Ishtar.

3/4 Die *Zwillinge* (MASH.TAB.BA), die beim Treuen Hirten des Himmels stehen: ^{d} LÚ.LÀL und ^{d}Latarak.

5 Der Stern, der hinter ihm steht: der *Hahn* (DAR.LUGAL).

6 Die *Lanze* (KAK.SI.SÁ), der Speer des großen Helden Ninurta.

7 Der *Bogen* (BAN), die elamitische ^{d}Ishtar, die Tochter ^{d}Enlils.

8 Die *Schlange* (MUSH), ^{d}NIN.GISH.ZI.DA, Herr der Unterwelt.

9 Der *Rabe* (UGA.(MUSHEN)), der Stern ^{d}Adads.

10 Die *Saatfurche* (AB.SÍN), ^{d}Shala (mit der) Ähre.

11 Die *Waage* (ZI.BA.AN.NA), das »Horn« des Skorpions.

12 ^{d}*ZA.BA$_4$.BA$_4$*, *Adler* (TI$_8$.(MUSHEN)) und *Leichnam* ((LÚ). USH).

13 *Venus* (DIL.BAD), verändert ständig ihren Standort und überschreitet den Himmel.

14 *Mars* (ṣalbtanu), verändert ständig seinen Standort und überschreitet den Himmel.

15 *Saturn* ((LU.BAD).SAG.USH), verändert ständig seinen Standort und überschreitet den Himmel.

16/17 *Merkur* ((LU.BAD).GU$_4$.UD), der ^{d}MASH heißt, wird vor Sonnenaufgang oder nach Sonnenuntergang innerhalb eines Monats sichtbar und verschwindet innerhalb eines Monats.

18 (Das sind) 23 Sterne des ^{d}Anu.

c) *15 Sterne im Ea-Weg* (Kolumne II, 19 – 35)

Kolumne II

19 Der *Fisch* (KU$_6$) ^{d}Eas, der den Sternen ^{d}Eas vorangeht.

20 Der *Große Gott Ea* (GU.LA ^{d}Ea), der *Stern von Eridu* (NUN.(KI)), ^{d}Ea.

21 Der Stern, der rechts von ihm steht: *NIN.MACH*.

22 Das *Wildschwein* (EN.TE.NA.BAR.CHUM), ^{d}NIN.GÍR.SU.

23/24 Der Stern, der an seiner Seite steht: die *Egge* ((GISH).GÁN.ÙR), die Waffe des ^{d}A.É, in der man den Apsu sieht.

25 Zwei Sterne, die hinter ihm stehen: ^{d}*Shullat* und ^{d}*Chanish*, ^{d}UD und ^{d}Adad.

26/27 Der Stern, der hinter ihnen steht, wie ^{d}Ea aufgeht (und) wie ^{d}Ea untergeht: Das Gewimmel (NU.MUSH.DA), ^{d}Adad.

28 Der Stern, der links vom Skorpion steht: der *Wolf* (UR.IDIM), ^{d}Kusu.

29 Der *Skorpion* (GÍR.TAB), ^{d}Ishchara, Herrin aller Länder.

30 *GAB.GÍR.TAB*, ^{d}Lisi, ^{d}Nabu.

31/32 Zwei Sterne, die am Stachel des Skorpions stehen: ^{d}*Sharur* und ^{d}*Shargaz*.

33 Der Stern, der hinter ihnen steht: der *Feuerpfeilschütze* (PA.BIL.SAG).

34 Das *Frachtschiff* (MÁ.GUR$_8$) und der *Ziegenfisch* (SUCHUR.MÁSH.KU$_6$).

35 (Das sind) 15 Sterne ^{d}Eas.

Datenliste des Morgenerstaufgangs von 34 Sternen (Kolumne II, 36 – III, 12).

Kolumne II

36 Am 1. Nisannu wird der *Landarbeiter* ((LÚ).CHUN.GÁ) sichtbar.

37 Am 20. Nisannu wird der *Krummstab* (GÀM) sichtbar.

38 Am 1. Ajjaru wird der *Sternhaufen* (MUL.MUL) sichtbar.

39 Am 20. Ajjaru wird die *(Holz-)Tafel* ((GISH)lê) sichtbar.

40 Am 10. Simanu werden der *Treue Hirte des Himmels* (SIPA.ZI.AN.NA) und die *Großen Zwillinge* (MASH.TAB.BA.GAL.GAL) sichtbar.

41 Am 5. Du'uzu werden die *Kleinen Zwillinge* (MASH.TAB.BA.TUR.TUR) und der *Flußkrebs* (AL.LUL) sichtbar.

42/43 Am 15. Du'uzu werden die *Lanze* (KAK.SI.SÁ), die *Schlange* (MUSH) und der *Löwe* (UR.GU.LA) sichtbar; vier Minen für eine Tagwache, zwei Minen für eine Nachtwache.

44 Am 5. Abu werden der *Bogen* (BAN) und der *Königsstern* (LUGAL) sichtbar.

45 Am 10. Ululu werden der *Stern von Eridu* (NUN.(KI)) und der *Rabe* (UGA.(MUSHEN)) sichtbar.

46 Am 15. Ululu wird *SHU.PA* ^{d}Enlil sichtbar.

47 Am 25. Ululu wird die *Saatfurche* (AB.SÍN) sichtbar.

Kolumne III

1/2 Am 15. Tashritu werden die *Waage* (zibanitum), der *Wolf* (UR.IDIM), das *Wildschwein* (EN.TE.NA.BAR.CHUM) und der *Sitzende Hund* (UR.KU) sichtbar. Drei Minen für eine Tagwache, drei Minen für eine Nachtwache.

3 Am 5. Arachsamma wird der *Skorpion* (GÍR.TAB) sichtbar.

4 Am 15. Arachsamma werden die *Ziege* (ÙZ) und *GAB.GÍR.TAB* sichtbar.

5/6 Am 15. Kislimu werden der *Leopard* (UD.KA.DUCH.A), der *Adler* (TI_8.(MUSHEN)) und der *Feuerpfeilschütze* (PA.BIL.SAG) sichtbar.

7/8/9 Am 15. Ṭebetu wird die *Schwalbe* (SIM.MACH) [shinunutum, (IM.SHESH) im Osten] sichtbar [und die Lanze (KAK.SI.SÁ) wird am Abend sichtbar]*. Zwei Minen für eine Tagwache, vier Minen für eine Nachtwache.

10 Am 5. Shabatu werden der *Große* (GU.LA), das *Viereck* ((ASH).IKU) und der *Hirsch* (LU.LIM) sichtbar.

11 Am 25. Shabatu wird *Anunitum* sichtbar.

12 Am 15. Addaru werden der *Fisch* (KU_6) und der *Alte* (SHU.GI) sichtbar.

Liste der gleichzeitigen täglichen Auf- und Untergänge von Sternen (Kolumne III, 13 – 33)

Kolumne III

13 Der *Sternhaufen* (MUL.MUL) geht auf, und der *Skorpion* (GÍR.TAB) geht unter.

14 Der *Skorpion* (GÍR.TAB) geht auf, und der *Sternhaufen* (MUL.MUL) geht unter.

15 Der *Himmelsstier* (GU_4.AN.NA) geht auf, und *SHU.PA* geht unter.

16 Der *Treue Hirte des Himmels* (SIPA.ZI.AN.NA) geht auf, und der *Feuerpfeilschütze* (PA.BIL.SAG) geht unter.

17/18 Die *Lanze* (KAK.SI.SÁ), die *Schlange* (MUSH) und der *Löwe* (UR.GU.LA) gehen auf, und der *Große* (GU.LA) und der *Adler* (TI_8.(MUSHEN)) gehen unter.

19 Der *Bogen* (BAN) und der *Königsstern* (LUGAL) gehen auf, und die *Ziege* (ÙZ) geht unter.

20 Der *Stern von Eridu* (NUN.(KI)) und der *Rabe* (UGA.(MUSHEN)) gehen auf, und der *Leopard* (UD.KA.DUCH.A) geht unter.

21 *SHU.PA* ^{d}Enlil geht auf, und das *Viereck* ((ASH).IKU) geht unter.

22 *NIN.MACH* geht auf, und *Anunitum* geht unter.

23/24 Die *Waage* (zibanitum), der *Wolf* (UR.IDIM) und das *Wildschwein* (EN.TE.NA.BAR.CHUM) gehen auf, und der *Landarbeiter* ((LÚ).CHUN.GÁ) geht unter.

* Das in eckigen Klammern Stehende ist ein späterer Zusatz, der nicht zur Originalserie MUL.APIN gehört.

25 Der *Skorpion* (GÍR.TAB) und der *Sitzende Hund* (UR.KU) gehen auf, und der *Stern von Eridu* (NUN.(KI)) und der *Sternhaufen* (MUL.MUL) gehen unter.

26 *GAB.GÍR.TAB* und die *Ziege* (ÙZ) gehen auf, und der *Alte* (SHU.GI) und der *Treue Hirte des Himmels* (SIPA.ZI.AN.NA) gehen unter.

27/28 Der *Feuerpfeilschütze* (PA.BIL.SAG), *ZA.BA$_4$.BA$_4$* und die *Sitzenden Götter* (DINGIR.TUSH.A.MESH)* gehen auf, und die *Lanze* (KAK.SI.SÁ), der *Bogen* (BAN) und der *Krummstab* (GÀM) gehen unter.

29/30 Der *Leopard* (UD.KA.DUCH.A) und der *Adler* (TI$_8$.(MUSHEN)) gehen auf, und die *Großen Zwillinge* (MASH.TAB.BA.GAL.GAL) und die *Kleinen Zwillinge* (MASH.TAB.BA.TUR.TUR) gehen unter.

31/32 Das *Viereck* ((ASH).IKU), der *Große* (GU.LA) und der *Hirsch* (LU.LIM) gehen auf, und der *Löwe* (UR.GU.LA), die *Schlange* (MUSH) und das *Wildschwein* (EN.TE.NA.BAR.CHUM) gehen unter.

33 Der *Fisch* (KU$_6$) und der *Alte* (SHU.GI) gehen auf, und die *Saatfurche* (AB.SÍN) und der *Wolf* (UR.IDIM) gehen unter.

Differenzenliste für die Daten des Morgenerstaufgangs von 15 Sternen
(Kolumne III, 34 – 48).

Kolumne III

34 Vom Aufgang der *Lanze* (KAK.SI.SÁ) bis zum Aufgang des *Sterns von Eridu* (NUN.(KI)): 55 »Tage«

35 Vom Aufgang der *Lanze* (KAK.SI.SÁ) bis zum Aufgang des *SHU.PA*: 60 »Tage«

36 Vom Aufgang des *SHU.PA* bis zum Aufgang der *Saatfurche* (AB.SÍN): 10 »Tage«

37 Vom Aufgang der *Saatfurche* (AB.SÍN) bis zum Aufgang der *Waage* (zibanitum): 20 »Tage«

38 Vom Aufgang der *Waage* (zibanitum) bis zum Aufgang der *Ziege* (ÙZ): 30 »Tage«

* Hier verbessert. Im Original fälschlich: DINGIR.*GUB.BA*.(MESH), die Stehenden Götter (siehe Sternkarte).

39 Vom Aufgang der *Ziege* (ÙZ) bis zum Aufgang des *Leoparden* (UD.KA.DUCH.A): 30 »Tage«
40 Vom Aufgang des *Leoparden* (UD.KA.DUCH.A) bis zum Aufgang der *Schwalbe* (SIM.MACH): 30 »Tage«
41 Vom Aufgang der *Schwalbe* (SIM.MACH) bis zum Aufgang des *Vierecks* ((ASH).IKU): 20 »Tage«
42 Vom Aufgang des *Vierecks* ((ASH).IKU) bis zum Aufgang des *Fisches* (KU_6): 40 »Tage«
43 Vom Aufgang des *Fisches* (KU_6) bis zum Aufgang des *Krummstabs* (GÀM): 35 »Tage«
44 Vom Aufgang des *Krummstabs* (GÀM) bis zum Aufgang des *Sternhaufens* (MUL.MUL): 10 »Tage«
45 Vom Aufgang des *Sternhaufens* (MUL.MUL) bis zum Aufgang des *Himmelsstiers* (GU_4.AN.NA): 20 »Tage«
46 Vom Aufgang des *Himmelsstiers* (GU_4.AN.NA) bis zum Aufgang des *Treuen Hirten des Himmels* (SIPA.ZI.AN.NA): 20 »Tage«
47 Vom Aufgang des *Treuen Hirten des Himmels* (SIPA.ZI.AN.NA) bis zum Aufgang der *Lanze* (KAK.SI.SÁ): 35 »Tage«
48 Vom Aufgang der *Lanze* (KAK.SI.SÁ) bis zum Aufgang des *Bogens* (BAN): 20 »Tage«

Tägliche Zeitverschiebung von Sternphasen um vier Minuten (Kolumne III, 49, 50)

Kolumne III
49 Täglich gehen die Sterne am Morgen vier Minuten in die Nacht hinein (das heißt: gehen vier Minuten früher unter).
50 Täglich kommen die Sterne am Abend vier Minuten in den Tag heraus (das heißt: gehen vier Minuten früher auf).

Liste von 14 ziqpu-Sternen
(Kolumne IV, 1 – 9)

Kolumne IV

1/2/3 Die ziqpu-Sterne, die im Enlil-Weg der Brust des Himmelsbeobachters gegenüber kulminieren* und mit deren Hilfe er des Nachts die Auf- und Untergänge der Sterne erfährt, (sind folgende):

4 *SHU.PA*, *BAL.TÉSH.A*, die *Stehenden Götter* (DINGIR.GUB.BA.(MESH)), der *Sitzende Hund* (UR.KU),

5 die *Ziege* (ÙZ), der *Leopard* (UD.KA.DUCH.A), der *Hirsch* (LU.LIM), der *Alte* (SHU.GI), der *Krummstab* (GÀM),

6 die *Großen Zwillinge* (MASH.TAB.BA.GAL.GAL), der *Flußkrebs* (AL.LUL), der *Löwe* (UR.GU.LA), *Erua* und *Chegalaju*.

7/8/9 Das alles sind die ziqpu-Sterne des Enlil-Weges, die deiner Brust gegenüber kulminieren, und mit deren Hilfe du des Nachts die Auf- und Untergänge der Sterne erfährst.

Datenliste der Kulminationen von ziqpu-Sternen bei gleichzeitigem Morgenerstaufgang der wichtigsten Sterne
(Kolumne IV, 10 – 30)

Kolumne IV

10/11/12 Wenn du dich bei der Beobachtung des ziqpu am 20. Nisannu am Morgen vor Sonnenaufgang (so) hinstellst, (daß) zu deiner Rechten Westen, zu deiner Linken Osten (ist), dein Auge (also) nach Süden erhoben ist,

13/14 dann kulminiert deiner Brust gegenüber der kumaru des *Leoparden* (UD.KA.DUCH.A), und der *Krummstab* (GÀM) geht auf.

15/16 Am 1. Ajjaru kulminiert die Brust des *Leoparden* (UD.KA.DUCH.A) deiner Brust gegenüber, und der *Sternhaufen* (MUL.MUL) geht auf.

* Wörtlich: »in der Mitte des Himmels (ina qabal shamê) stehen«; »qabal shamê« ist demnach Terminus technicus für »Meridian«.

17/18 Am 20. Ajjaru kulminiert die Weiche des *Leoparden* (UD.KA.DUCH.A) deiner Brust gegenüber, und die *(Holz-) Tafel* ((GISH).lê) geht auf.

19/20 Am 10. Simanu kulminiert die Ferse des *Leoparden* (UD.KA.DUCH.A) deiner Brust gegenüber, und der *Treue Hirte des Himmels* (SIPA.ZI.AN.NA) geht auf.

21 Am 15. Du'uzu kulminiert der leuchtende Stern des *Alten* (SHU.GI) deiner Brust gegenüber, und die *Lanze* (KAK.SI.SÁ) geht auf.

22/23 Am 15. Abu kulminieren die lichtschwachen Sterne des *Alten* (SHU.GI) deiner Brust gegenüber, und der *Bogen* (BAN) geht auf.

24 Am 15. Ululu kulminieren die *Großen Zwillinge* (MASH.TAB.BA.GAL.GAL) deiner Brust gegenüber, und *SHU.PA* und der *Stern von Eridu* (NUN.(KI)) gehen auf.

25 Am 15. Tashritu kulminiert der *Löwe* (UR.GU.LA) deiner Brust gegenüber, und die *Waage* (zibanitum) geht auf.

26 Am 15. Arachsamna kulminiert *Erua* deiner Brust gegenüber, und die *Ziege* (ÙZ) geht auf.

27 Am 15. Kislimu kulminiert *SHU.PA* deiner Brust gegenüber, und der *Leopard* (UD.KA.DUCH.A) geht auf.

28 Am 15. Ṭebetu kulminieren die *Stehenden Götter* (DINGIR.GUB.BA.(MESH)) deiner Brust gegenüber, und die *Schwalbe* (SIM.MACH) geht auf.

29 Am 15. Shabatu kulminiert der *Sitzende Hund* (UR.KU) deiner Brust gegenüber, und das *Viereck* ((ASH).IKU) geht auf.

30 Am 15. Addaru kulminiert die *Ziege* (ÙZ) deiner Brust gegenüber, und der *Fisch* (KU_6) geht auf.

Liste von Gestirnen auf dem Wege des Mondes
(Kolumne IV, 31 – 39)

Kolumne IV

31/32	Die Götter, die auf dem Wege des Mondes (^{d}Sîn) stehen, durch deren Bereiche der Mond innerhalb eines Monats hindurchzieht, und die er berührt, (sind folgende):	
33	der *Sternhaufen*	(MUL.MUL),
	der *Himmelsstier*	(GU_4.AN.NA),
	der *Treue Hirte des Himmels*	(SIPA.ZI.AN.NA),
	der *Alte*	(SHU.GI),
34	der *Krummstab*	(GÀM),
	die *Großen Zwillinge*	(MASH.TAB.BA.GAL.GAL),
	der *Flußkrebs*	(AL.LUL),
	der *Löwe*	(UR.GU.LA),
35	die *Saatfurche*	(AB.SÍN),
	die *Waage*	(zibanitum),
	der *Skorpion*	(GÍR.TAB),
	der *Feuerpfeilschütze*	(PA.BIL.SAG),
36	der *Ziegenfisch*	(SUCHUR.MÁSH),
	der *Große*	(GU.LA),
	die »Schwänze«* der *Schwalbe*	(SIM.MACH),
37	*Anunitum*	
	und der *Landarbeiter*	((LÚ).CHUN.GÁ).
38/39	Das alles sind die Götter, die auf dem Wege des Mondes stehen, durch deren Bereiche der Mond innerhalb eines Monats hindurchzieht, und die er berührt.	

* Mit den »Schwänzen« (KUN.(MESH)) der *Schwalbe* sind die keilinschriftlich als Euphrat und Tigris gedeuteten Bänder gemeint, die von der *Schwalbe* (und dem *Viereck*) ausgehen, und die später, als *Schwalbe* und *Anunitum* zu zwei Fischen umgewandelt worden waren, zum »Band der Fische« wurden.
Die *Schwalbe* (SIM.MACH) selbst steht also nicht auf dem Wege des Mondes, sie wird nicht mehr vom Mond berührt, sondern nur die von ihr ausgehenden »Schwänze«!

10 DAS GILGAMESCH-EPOS

Erste Tafel

Assyrische Tafel

I

1 Den, der alles sah, will ich besingen in der Welt,
2 Der alles wußte, jedes Ding erforschte.
3 . . . vollkommen . . .
4 . . . Weisheit . . .
5 Der das Verborgene erschaut hat, das Geheime offenbarte,
6 Der Kunde über die Tage vor der Sintflut brachte,
7 Er zog auf einem fernen Weg, ermüdete dabei und kehrte wieder um.
8 Auf eine Steinsäule meißelte er all seine Mühsal.
9 Die Mauer um Hürden-Uruk ließ er bauen,
10 Um das strahlende Eanna, das helle Vorratshaus.
11 Schau an den Wall, wie Kupfer glänzen seine . . .
12 Sieh auf den Sockel, nichts gleichet ihm,
13 Berühre doch die Schwelle, die seit alters dasteht.
14 Geh zum Eanna hin, dem Wohnsitz Ischtars,
15 Kein künftiger König könnte Gleiches wohl schaffen.
16 Steh auf und geh entlang an Uruks Mauer,
17 Besieh das Fundament. Prüf doch die Ziegel:
18 Sind ihre Ziegel nicht gebrannt,
19 Ward nicht ihr Grundriß weise festgelegt durch sieben Maße?
20 Ein Sar ist groß die Stadt, ein Sar die Palmengärten, ein Sar die Niederungen, dazu noch das Gebiet des Ischtartempels:
21 Drei Saren also samt dem (heiligen) Bezirk von Uruk schließt sie ein.
22 . . . Kupfer . . .
23 . . . sein Bronzeschloß,
24 . . . das Tor zu dem geheimen Hort.

25 . . . lies laut aus Lapislazuli die Tafel,
26 Wie Gilgamesch durch alle Widerwärtigkeiten schritt.
27 Er überragt die Könige an Ruhm und an Statur,
28 Der heldenhafte Sproß von Uruk, der Stier, der stößt.
29 Voran geht er als Führer,
30 Geht hinterher, hilft seinen Brüdern,
31 Ein starker . . . , Schutz seines Heeres.
32 Eine wilde Wasserflut, die steinerne Mauern zerbricht.
33 Nachkomme Lugalbandas – das ist Gilgamesch, vollkommen an Kraft,
34 Sohn der erhabenen Wildkuh Ninsun,
35 Der Wildstier, Gilgamesch, der Vollendete, Ehrfurcht Gebietende,
36 Er fand den Zugang zum Gebirge,
37 Grub Brunnen an des Berges Flanke,
38 Über die See, das weite Meer, schritt er dorthin, wo sich der Sonnengott erhebt.
39 Das Leben suchend, streifte er durch alle kosmischen Regionen.
40 Mit letzter Kraft gelangte er zu Utnapischtim, dem Entrückten.
41 Er kam . . . an Orte, die die Sintflut ganz vernichtet hatte.
42 . . . zahllose Menschen.
43 Wer kann mit ihm in seinem Königtum verglichen werden,
44 Wer könnte sprechen wie ein Gilgamesch: »König bin ich!«
45 Seit jenem Tag, da Gilgamesch geboren wurde, ist sein Name strahlend.

II
1 Zu zwei Dritteln ist er Gott, Mensch zu einem Drittel nur.
2 Die erhabene Göttin hat seines Leibes Bild entworfen.

Hethitische Fassung
Schamasch gab vom Himmel her ihm . . . ,
Heldenmut verlieh ihm Adad.
Herrlich schufen ihn die großen Götter:
Elf Ellen ist er lang, die Brust neun . . . breit.

Assyrische Tafel

II

7 In den Hürden von Uruk geht er einher,
8 Überlegen wie ein Wildstier, sein Haupt erhoben.
9 Keiner, der sich mit ihm messen könnte: Seine Waffen trägt er bei sich.
10 Seinem Herrscherstab gehorchend, stehen seine Leute in Bereitschaft.
11 Die Männer Uruks sind bedrückt . . .
12 Gilgamesch läßt nicht den Sohn zu seinem Vater.
13 Tag und Nacht . . . ist unerträglich.
14 Gilgamesch, er ist in Hürden-Uruk Hirte.
15 Er ist ihr Hirte, mächtig, überragend, weise.
16 Gilgamesch läßt nicht die Jungfrau . . .
17 Die Tochter des Helden, die Gattin des Mannes –
18 Ihr Jammern hörten beständig die Götter.
19 Die Götter des Himmels riefen (Anu), den Herrn von Uruk:
20 »Du warst es doch, der (Gilgamesch), den gewaltigen Wildstier erschuf, (dessen Haupt erhoben ist).
21 Keiner, der sich mit ihm messen könnte: seine Waffen trägt er bei sich.
22 Seinem Herrscherstab gehorchend, stehen seine Leute in Bereitschaft.
23 Gilgamesch läßt nicht den Sohn zu seinem Vater. Tag und Nacht . . . ist unerträglich.
24 Er ist in Hürden-Uruk Hirte.
25 Er ist ihr Hirte . . .
26 Mächtig, überragend, weise.
27 Gilgamesch läßt nicht die Jungfrau . . . «
28 Die Tochter des Helden, die Gattin des Mannes –
29 Anu hörte beständig ihr Jammern.
30 Da rief man die große Aruru:
»Du, Aruru, hast Gilgamesch erschaffen.
31 Nun schaffe . . . ; laß seinem (Gilgameschs) Herzensungestüm ihn (Enkidu) ebenbürtig sein.
32 Sie sollen miteinander streiten, daß Uruk Frieden finde.«

33 Als Aruru dies vernahm, schuf sie in ihrem Inneren ein Ebenbild des Anu.
34 Die Hände wusch Aruru sich, kniff Lehm sich ab und legt' ihn in die Steppe.
35 . . . schuf sie Enkidu, den Helden, den Sproß . . . , ein Abbild Ninurtas.
36 Ganz mit Narben bedeckt ist sein Körper; sein Haupthaar gleicht dem einer Frau,
37 Die Locken seines Haares wachsen üppig wie Getreide (Nisaba).
38 Er kennt weder Land noch Leute; umgürtet nur ist er wie Sumukan.
39 Mit den Gazellen nährt er sich von Kräutern,
40 Zieht hin zur Tränke mit dem Wild,
41 Zusammen mit den Herdentieren labt sein Herz am Wasser sich.
42/43 An der Tränke, ihm gegenüber, stieß ein Jäger, ein brutaler Mensch, auf ihn (Enkidu).
44 Den ersten Tag, den zweiten und den dritten Tag stieß er auf ihn an der Tränke, (ihm) gegenüber.
45 Als ihn der Jäger sah, ward totenstarr sein Antlitz.
46 Er – mit seinen Tieren – trat in sein Haus hinein.
47 Vor Schreck erstarrte er, ward stumm,
48 Sein Herz erbebte, düster wurde sein Gesicht.
49 Wehmut zog in seinem Innern ein,
50 Einem Wanderer auf fernen Wegen glich sein Antlitz.

III
1 Der Jäger wendet sich an seinen Vater, spricht:
2 »Mein Vater, ein Mann, der von dem Berge kommt, (ist mir begegnet).
3 Er ist der Stärkste wohl der Welt,
4 Geballt ist seine Kraft wie das Gebinde des Anu.
5 Auf dem Berge läuft er immerzu dahin,
6 Stets nährt er mit dem Wild sich von den Kräutern,
7 Stets weilt sein Fuß an der Tränke, (mir) gegenüber.
8 Ich fürchte mich und wage nicht, mich ihm zu nahen!
9 Er warf die Gruben zu, die ich gegraben,

10 Er riß die Netze aus, die ich gespannt,
11 Das Wild, die Steppentiere ließ er meiner Hand entrinnen
12 Und hindert mich am Jagen in der Steppe.«
13 Zum Jäger sprach sein Vater da:
14 »Mein Sohn, inmitten von Uruk wohnt Gilgamesch,
15 Keiner ist so stark wie er.
16 . . . seine Kraft.
17 An ihn wende dich . . .
18 . . . von der Stärke dieses Mannes.
19 Geh, mein Jäger, führ die Hure Schamchat hin zur Steppe!
20 . . . wie ein Starker.
21 Wenn er das Wild zur Tränke führt,
22 Soll ihr Gewand sie ausziehn, nackt in ihrer Fülle sich ihm zeigen.
23 Wenn er sie sieht, so wird er sich ihr nahen.
24 Doch wird sein Wild dann von ihm fliehen, das aufgewachsen ist in seiner Steppe.«
25 Dem Rate seines Vaters folgend,
26 Ging hin zu Gilgamesch der Jäger.
27 Er nahm den Weg . . . mitten in Uruk
28 . . . sprach zu Gilgamesch:
29 »Ein Mann, der von dem Berge kommt, (ist mir begegnet) –
30 Er ist der Stärkste wohl der Welt,
31 Geballt ist seine Kraft wie das Gebinde des Anu.
32 Auf dem Berge läuft er immerzu dahin.
33 Stets nährt er mit dem Wild sich von den Kräutern,
34 Stets weilt sein Fuß an der Tränke, (mir) gegenüber.
35 Ich fürchte mich und wage nicht, mich ihm zu nahen!
36 Er warf die Gruben zu, die ich gegraben,
37 Er riß die Netze aus, die ich gespannt,
38 Das Wild, die Steppentiere ließ er meiner Hand entrinnen
39 Und hindert mich am Jagen in der Steppe.«
40 Spricht Gilgamesch zum Jäger:
41 »Geh, mein Jäger, nimm mit dir die Hure Schamchat.
42 Wenn er das Wild zur Tränke führt,
43 Soll ihr Gewand sie ausziehn, nackt in ihrer Fülle sich ihm zeigen.
44 Wenn er sie sieht, so wird er sich ihr nahen:

45 Doch wird sein Wild dann von ihm fliehen, das aufgewachsen ist in seiner Steppe.«
46 Der Jäger ging, nahm mit sich Schamchat auch, die Hure.
47 Sie gingen den Weg, stracks auf der Straße laufend.
48 Am dritten Tage kamen sie beim Felde der Bestimmung an.
49 Der Jäger und die Hure setzten sich . . .
50 Den ersten Tag, den zweiten saßen sie der Tränke gegenüber.
51 Es kam das Wild, zu trinken an der Tränke.

IV
1 Die Herdentiere kamen auch, am Wasser sich zu laben.
2 Und dann kam er, Enkidu, der Sproß des Berges.
3 Mit den Gazellen nährt er sich von Kräutern,
4 Trinkt an der Tränke mit dem Wild.
5 Zusammen mit den Herdentieren labt sein Herz am Wasser sich.
6 Jetzt sah die Schamchat ihn, den Wonnemenschen,
7 Den Mann des Überflusses aus dem Steppeninneren.
8 »Das ist er, Schamchat, nun entblöße deine Brüste,
9 Öffne den Schoß ihm, deine Fülle soll er nehmen,
10 Scheue dich nicht, laß ihm die Lust!
11 Wenn er dich sieht, so wird er sich dir nahen.
12 Breite dein Gewand dann aus, er lege sich auf dich!
13 Errege seine Lust, wie's eine Frau vermag!
14 Es wird sein Wild von ihm dann fliehen, das aufgewachsen ist in seiner Steppe,
15 Wenn er nur erst in Liebe dir sich zugewandt.«
16 Da entblößte Schamchat ihre Brüste, öffnete den Schoß ihm, daß er ihre Fülle nahm,
17 Sie scheute sich auch nicht, ließ ihm die Lust,
18 Breitete ihr Gewand dann aus, daß er sich auf sie legte,
19 Erregte seine Lust, wie's eine Frau vermag.
20 Er war in Liebe ihr nun zugewandt.
21 Sechs Tage, sieben Nächte lag Enkidu bei der Schamchat.
22 Als er genug von ihren Reizen hatte,
23 Wandte er sein Antlitz hin zur Steppe seines Wildes:

24 Da rannten die Gazellen fort, als sie Enkidu sahen,
25 Das Wild der Steppe floh von seinem Körper.
26 So erschrocken war Enkidu, daß sein Leib erstarrte.
27 Es wankten seine Knie: sein Wild lief ihm davon!
28 Enkidu ist gehemmt, sein Lauf ist nicht mehr wie zuvor.
29 Er aber war gewachsen, weiten Sinn's geworden.
30 Er kehrte um und setzt' sich unterhalb der Hure hin,
31 Schaute empor zum Angesicht der Hure,
32 Und aufmerksam hört er der Hure Worten zu.
33 Zu Enkidu spricht die Hure:
34 »Klug bist du, Enkidu, wie ein Gott bist du geworden!
35 Warum läufst du in der Steppe mit den Herdentieren?
36 Komm, ich will nach Hürden-Uruk dich hineingeleiten,
37 Zum strahlenden Tempel, dem Wohnsitz von Anu und Ischtar.
38 Wo Gilgamesch, der Vollkommene, Starke,
39 Die Männer wie ein Wildstier überragt.«
40 Wie sie so zu ihm spricht, gefällt ihm ihre Rede,
41 Er sehnt nach einem Freunde sich, der seines Herzens Gedanken kennt.
42 Darum spricht Enkidu zur Hure:
43 »Komm, Schamchat, führe du mich hin
44 Zum strahlend hellen Tempel, dem Wohnsitz von Anu und Ischtar,
45 Wo Gilgamesch, der Vollkommene, Starke,
46 Die Männer wie ein Wildstier überragt.
47 Ich will ihn herausfordern, will kühn ihn anreden.

V

1 In Uruk will ich rufen: Ich bin mächtig!
2 . . . *ich* ändre die Geschicke!
3 Der geboren wurde in der Steppe, der ist stark!«
4 »Also auf, und laß uns gehen, daß er nun dein Antlitz sehe.
5 Ich will Gilgamesch dir zeigen; denn ich weiß wohl, wo er ist.
6 Komm, Enkidu, auf nach Hürden-Uruk,
7 Wo die Leute schön im Festgewande prangen,

8 Wo tagein tagaus ein Fest gefeiert wird.
9–12 . . .
13 Enkidu, freue dich des Lebens!
14 Ich will dir Gilgamesch in Freude wie im Leiden zeigen.
15 Schau ihn nur an, betrachte seine Züge!
16 Ein strahlend schöner Mann ist er, voll Lebenskraft.
17 Sein ganzer Körper ist mit Glanz erfüllt.
18 Größere Kraft hat er als du,
19 Er ruht nicht tags, nicht nachts.
20 So zügle nun, Enkidu, deinen Stolz!
21 Von Schamasch selbst wird Gilgamesch geliebt,
22 Anu, Enlil, Ea gaben ihm Verstandesschärfe.
23 Ehe du vom Berge hierher kamst,
24 Erschaute Gilgamesch in Uruks Mitte dich im Traum.«

Altbabylonische Pennsylvania-Tafel

I
1 Die Deutung seines Traumes zu erfahren, erhob sich Gilgamesch
2 Und sprach zu seiner Mutter:
3 »O Mutter, zur Zeit der Nacht
4 Ging ich einher voll Stolz
5 Mitten unter all den heldenhaften Männern.
6 Die Fixsterne standen da.
7 Plötzlich fiel auf mich herab des Anu Gebinde.
8 Ich versuchte, es zu heben, doch es wurde mir zu schwer.
9 Ich wollte es bewegen, doch konnte ich es nicht.
10 Das ganze Land von Uruk war versammelt um es her.
11 Die heldenhaften Männer küßten ihm die Füße.
12 Ich stemmte mich dagegen,
13 Sie stützen mich:
14 Da hob ich's auf und legte dir es hin.«
15 Die Mutter Gilgameschs, die alles weiß,
16 Sprach so zu Gilgamesch:
17 »Wahrscheinlich wurde jemand, der wie du ist, Gilgamesch,
18 Geboren in der Steppe,

19 Und der Berg ließ ihn heranwachsen.
20 Wenn du ihn siehst, wirst du dich freuen.
21 Die heldenhaften Männer werden ihm die Füße küssen.
22 Umarmen wirst du ihn . . .
23 Und zu mir führen.

Assyrische Tafel

V
46 Gleichstellen will ich ihn mit dir.
47 Du wirst dich immer wieder zu ihm hingezogen fühlen wie zur Gattin . . .

VI
1 Ein starker Kamerad ist er, der seinen Freund errettet.
2 Er ist der Stärkste wohl der Welt, gewaltig,
3 Geballt ist seine Kraft wie das Gebinde des Anu.«

Altbabylonische Pennsylvania-Tafel

I
24 Dann legte er sich wieder schlafen und hatte einen zweiten Traum.
25 Auf stand er, sprach zu seiner Mutter:
26 »O Mutter, ich hatte einen zweiten Traum:
27 Im Tor des Hauses meines Schwiegervaters*, mitten auf der Straße
28 Von Uruk-rebitim
29 Lag eine Axt.
30 Um sie herum versammelten sie sich.
31 Sonderbar geformt war diese Axt.
32 Als ich sie sah, frohlockte ich.
33 Ich liebte sie, wie zu der Gattin

* Die *assyrische Tafel* hat an dieser Stelle folgenden Wortlaut:
VII 8 »Meine Mutter, ich hatte einen zweiten Traum:
9 Es lag im Tor des Hochzeitshauses eine Axt.«
»bit e-mi-a«, »Haus meines Schwiegervaters«, ist identisch mit dem »bit e-mu-ti«, dem »Hochzeitshaus«

34 Trieb mich's hin zu ihr.
35 Ich nahm sie, legte sie
36 An meine Seite.«
37 Die Mutter Gilgameschs, die alles weiß,
38 Spricht daraufhin zu Gilgamesch:

Assyrische Tafel

VI
18 »Die Axt, die du gesehen, ist ein Mann!
19 Du wirst ihn lieben, wie zur Gattin wird dich's zu ihm treiben.
20 Gleichstellen will ich ihn mit dir.
21 Ein starker Kamerad, der seinen Freund errettet, wird bald zu dir kommen.
22 Er ist der Stärkste wohl der Welt, gewaltig,
23 Geballt ist seine Kraft wie das Gebinde des Anu.«

VI
24 Zu seiner Mutter spricht nun Gilgamesch:
25 »Möge Enlil es befehlen, daß zu mir herabsteigt ein Berater.
26 Ach, daß ich einen Freund gewänne, der mir raten kann.
27 Einen Freund will ich gewinnen, der mir raten kann.«
28 . . . seine Träume
29 . . . sprach Schamchat zu Enkidu,
30 Während sie zusammensaßen.

Zweite Tafel

Altbabylonische Pennsylvania-Tafel

II
27 Dann riß sie ihr Gewand entzwei,
28 Ihm zog den einen Teil sie an,
29/30 Bedeckte selbst sich mit dem anderen.
31 Sie nahm ihn bei der Hand,

32 Und führte ihn, wie eine Mutter tut,
33 Zum Tisch der Hirten
34 Bei den Ställen.
35 Es scharten sich um ihn die Hirten.

III

1/2 Er war gewohnt, die Milch von Herdentieren nur zu saugen.
3 Sie aber legten Brot ihm vor.
4/5 Er war verlegen, schaute hin mit sturem Blick.
6/7 Enkidu weiß nicht, wie man Brot ißt,
8/9 Gerstenbier zu trinken, hat er nicht gelernt.
10/11 Da sprach die Hure zu Enkidu:
12 »Iß Brot, Enkidu,
13 Das gehört zum Leben!
14 Trink auch das Gerstenbier, so ist es Sitte in der Welt!«
15 Da aß Enkidu Brot,
16 Bis er ganz satt war,
17/18 Sieben Krüge trank er aus vom Gerstenbier.
19 Sorgenfrei ward sein Gemüt, er wurde heiter,
20 Jubelte in seinem Herzen,
21 Und sein Antlitz strahlte.
22 Er rieb sich . . . und
23 Wandte seinem Leib (pagru) sich zu.
24 Als er nun mit Öl sich salbte,
25 Sah er wie ein Stadtmensch aus.
26 Als er ein Gewand noch anzog,
27 War er wie ein Ehemann.
28 Dann nahm er seine Waffe,
29 Ging gegen Löwen vor:
30 Die Hirten konnten ruhig schlafen in der Nacht.
31 Denn er erschlug die Wölfe,
32 Löwen jagte er davon.
33 Die großen Hüter ruhten alle:
34 Enkidu wacht für sie,
35 Der starke Mensch,
36 Der Held, der einzigartig ist.

IV

9 . . . froh machte.
10 Als er seine Augen aufhob,
11 Sah er einen Mann.
12 Zur Hure sprach er da:
13 »Schamchat! Bring den Menschen her!
14 Wohin geht er denn?
15 Laß mich doch erfahren, wie er heißt!«
16 Die Hure rief den Mann,
17 Ging hin zu ihm und sprach ihn an:
18 »Mein Herr, wohin so eilig?
19 Welchen Zweck hat denn dein mühevoller Gang?«
20/21 Der Mann sprach zu Enkidu:
22 »Zum Hochzeitshaus . . .
23/24 Den Bürgern ist die Brautwahl heut bestimmt.
25 Die Tafel werde ich mit Speisen füllen für das Fest,
26 Erlesene Gerichte für das Hochzeitshaus . . .
27 Dem König von Uruk-rebitim
28 Ist bei den Bürgern das »Netz« zur Auswahl offen.
29 Für Gilgamesch, den König von Uruk-rebitim
30/31 Ist bei den Bürgern das Netz zur Auswahl offen.
32 Mit der Gattin der Bestimmung schläft er dann,
33 Er zuerst,
34 Danach der Ehemann.
35 Im Rat der Götter ward's verordnet.
36 Als man die Nabelschnur ihm abgeschnitten,
37 Ward so es ihm bestimmt.«
38 Bei diesem Wort des Mannes
39 Wurde bleich sein (Enkidus) Antlitz.

V

7/8 Enkidu schritt voran, hinter ihm blieb stehn die Hure.
9 Als er Uruk-rebitim betrat,
10 Scharten sich um ihn die Bürger.
11 Als er da auf der Straße
12 Von Uruk-rebitim stand,
13 Versammelten die Leute sich
14 Und sprachen von ihm:

15 »Sein Körperbau gleicht dem des Gilgamesch,
16 Doch ist er von kleinerem Wuchs,
17 Er ist aber sehr stark.
18/19 . . .
20/21 Er pflegte einst zu saugen Milch der Herdentiere.«
22 In Uruk wurden mehrfach Opfer dargebracht,
23 Rein wuschen sich die heldenhaften Männer.
24/25 . . .
26 Für Gilgamesch ist wie für einen Gott
27 Alles bereit, wie's ihm gebührt.
28 Ischcharas Schlafgemach ist schon
29 Zurechtgemacht,
30/31 Mit der sich Gilgamesch des Nachts vereinen will.
32 Als er (Gilgamesch) herankam,
33 Schritt Enkidu gerade die Straße entlang.
34/35 Sich Gilgamesch in den Weg zu stellen . . .

VI
10 Da erhob er sich, ging auf ihn zu.

Assyrische Tafel

Im Tor des Hochzeitshauses sperrte ihm Enkidu den Eintritt mit seinem Fuß.

Altbabylonische Pennsylvania-Tafel

VI
12/13 Enkidu sperrte das Tor ihm mit seinem Fuß,
14 Nicht ließ er Gilgamesch hineingehn.
15 Sie packten sich
16 Und beugten (die Arme) wie Stiere,
17 Zerschmetterten den Pfosten,
18 Daß die Wand erbebte.
19 Ja, Gilgamesch und Enkidu
20 Packten sich und
21 Beugten (die Arme) wie Stiere,
22 Zerschmetterten den Pfosten,

23 Daß die Wand erbebte.
24 Gilgamesch ging in die Knie,
25 Den Fuß am Boden.
26 Da legte sich sein (Enkidus) Zorn;
27 Er wendete sich ab (von Gilgamesch).
28 Als er sich nun abgewandt,
29/30 Da sprach zu ihm, zu Gilgamesch, Enkidu:
31/32 »Wie einzigartig hat dich doch geboren deine Mutter,
33 Die Wildkuh der Hürde,
34 Ninsun!
35 Dein Haupt ist über (alle andern) Ehemänner hoch erhoben.
36 Des Volkes Königtum
37 Bestimmte Enlil dir!«

Dritte Tafel

Altbabylonische Yale-Tafel

I
19/20 Sie küßten sich und schlossen Freundschaft.

II
26 Enkidus Augen füllten sich mit Tränen,
27 Weh wurde ihm ums Herz,
28 Erbärmlich seufzte er.
29 Ja, Enkidus Augen füllten sich mit Tränen.
30 Weh wurde ihm ums Herz,
31 Erbärmlich seufzte er.
32 Gilgamesch wandte ihm sein Antlitz zu
33 Und sprach zu Enkidu:
34 »Warum füllten deine Augen
35 Sich mit Tränen,
36 Wurde dir ums Herz so weh?
37 Warum mußt du so erbärmlich seufzen?«
38/39 Da sprach Enkidu zu Gilgamesch:
40/41 »O Freund, die Sehnen meines Halses sind erschlafft,

42 Geschwächt sind meine Arme,
43 Erschöpft ist meine Kraft.«
44/45 Gilgamesch sprach zu Enkidu . . .

III
5 »Im Walde haust Chumbaba, der Gefährliche.
6 Ich und du, wir wollen ihn erschlagen,
7 Ausrotten alles Böse in der Welt.
8 Dann wollen wir die Zeder fällen.«
12/13 Da sprach zu Gilgamesch Enkidu:
14 »Mein Freund, ich hab es auf dem Berg erkundet,
15 Als ich dahinlief mit dem Wild
16 Auf sechzig Doppelstunden ist der Wald umfriedet.
17 Wer vermag schon in sein Inneres hinabzusteigen?
18 Und dann Chumbaba! – Er brüllt wie die Sintflut,
19 Sein Rachen ist Feuer,
20 Tod ist sein Atem!
21/22 Warum sehnst du dich nach solchem Abenteuer?
23/24 Sich mit Chumbaba einzulassen, ist ein aussichtsloses Unterfangen.

Assyrische Tafel (Thompson)

Die Zeder zu bewahren.
Hat Enlil ihn zum Schrecken für die Sterblichen bestimmt.
Und wer in den Wald hinabsteigt, wird gelähmt.«

Altbabylonische Yale-Tafel

III
25/26 Zu Enkidu sprach da Gilgamesch:
27 »Doch ich *will* den Zedernberg besteigen
28 Und niedersteigen in den Wald!«
36/37 Da sprach zu Gilgamesch Enkidu:
38/39 »Wie sollen wir zum Zedernwald gelangen?
40 Sein Wächter ist bewaffnet, Gilgamesch,
41 Voll Kraft ist er und schläft niemals.«

IV
3/4 Gilgamesch sprach zu Enkidu:
5 »Welcher Mensch steigt wohl zum Himmel auf, o Freund?
6 Ewig thronen nur die Götter mit Schamasch!
7 Des Menschen Tage aber sind gezählt!
8 Was immer er erreichen mag – nur ein Hauch ist es!
9 Du aber fürchtest jetzt bereits den Tod!
10 Was ist aus deinem Heldenmut geworden?
11 Ich gehe dir voran!
12 Du sollst dann nur noch rufen: Vorwärts! Fürchte dich ja nicht!
13 Und sollte ich auch fallen – mein Name wird doch bleiben!
14 ›Gilgamesch fiel im Kampfe mit dem gräßlichen Chumbaba!‹,
15 Wird man dann sagen.
16 Du Sproß, der in der Steppe groß ward,
17 Ein Löwe sprang dich an – du weißt ja alles!
23 Meine Hand will ich erheben
24 Und die Zeder fällen,
25 Ich will einen bleibenden Namen mir schaffen!
26 Komm, Freund, ich will Befehl dem Waffenschmied geben.
27 Vor unsern Augen soll man Waffen gießen.«
28 Den Waffenschmieden gaben sie Befehl.
29 Die Meister saßen da und hielten Rat.
30 Gewaltige Waffen wurden gegossen:
31 Äxte, drei Talente schwer,
32 Große Schwerter gossen sie
33 Mit Klingen zu je zwei Talenten,
34 Die Knäufe an den Griffen, je dreißig Minen wogen sie,
35 Dazu die goldnen Schwerterscheiden, eine jede dreißig Minen schwer,
36 So daß mit zehn Talenten beide, Gilgamesch und auch Enkidu, dann gerüstet sind.
37 Zum Stadttor Uruks mit den sieben Riegeln
38 Strömte nun das Volk . . .
39 . . . auf der Straße (die Krieger) von Uruk-rebitim
40 . . . Gilgamesch

41 Die Ältesten von Uruk-rebitim
42 . . . saßen vor ihm

V

1 »Dem Gott, von dem man spricht, will ich entgegentreten,
2 Vor dessen Namen nun die ganze Welt erzittert,
3 *Ihn* will im Zedernwalde ich besiegen.
4 Wie stark der Sproß von Uruk ist,
5 Soll nun die Welt erfahren.
6 Meine Hand will ich erheben und die Zeder fällen,
7 Einen bleibenden Namen will ich mir schaffen.«
8/9 Da widersprachen Gilgamesch die Ältesten von Uruk-rebitim:
10 »Du bist noch jung, o Gilgamesch, Deine Leidenschaft trägt dich davon,
11 Du weißt ja gar nicht, was du dir da vorgenommen.
12 Wir hörten nämlich, daß Chumbaba seltsam aussieht:
13 Wer kann gegen seine Waffen schon bestehen?
14 Auf sechzig Doppelstunden dehnt der Wald sich aus.
15 Wer vermag schon in sein Inneres hinabzusteigen?
16 Chumbaba brüllt wie die Sintflut,
17 Sein Rachen ist Feuer, Tod ist sein Atem!
18 Warum sehnst du dich nach solchem Abenteuer?
19 Sich mit Chumbaba einzulassen, ist ein aussichtsloses Unterfangen.«
20 Als Gilgamesch die Worte seiner Ratgeber vernommen hatte,
21 Schaute seinen Freund er an und lachte.
32 »Dein Gott geleite dich
33 Und führe wohlbehalten dich den Weg zurück
34 Zum Hafenkai von Uruk-rebitim.«
35 Gilgamesch kniet nieder vor Schamasch
36 Und spricht die Worte . . .
37 »Jetzt zieh ich los, Schamasch! Die Hände . . .
38 Möge auch ferner noch mein Leben mir erhalten bleiben!
39 Bring heil mich zurück zum Hafenkai von Uruk.
40 Beschirme mich . . . «

41 Gilgamesch rief seinen Freund herzu,
42 Sein Omen . . .

VI

1 Tränen rannen über Gilgameschs Gesicht:
2 » . . . einen Weg, den nie zuvor ich ging,
3 Auch weiß ich nicht, . . . «
8 . . . Brachten ihm die Waffen:
9 Große Schwerter,
10 Bogen und Köcher
11 Legten sie in seine Hände.
12 Er nahm die Waffen,
13 Hing seinen Köcher um
14 Und auch den Anschan-Bogen.
15 Den Dolch hängt er an seinen Gürtel.
19 Die Ältesten segneten ihn.
20 Sie raten Gilgamesch für seinen Weg:
21 »Trau, Gilgamesch, nicht deiner Kraft!
22 Halte deine Augen auf, und achte auf dich selbst!
23 Laß Enkidu dir vorangehn,
24 Er weiß den Weg, die Straße ist er schon gezogen.
25 Der Eingang in den Wald ist ihm bekannt,
26 Chumbabas Schliche kennt er auch!
27 Während er vorangeht, schützt er seinen Weggenossen.
28 Klar sind seine Augen, er wird dich beschützen.
29 Deinen Wunsch erfülle Schamasch dir!
30 Was dein Mund gesprochen, lasse er dein Auge sehn!
31 Er öffne vor dir den versperrten Pfad!
32 Den Weg tu auf er deinem Schritt,
33 Den Berg mag deinem Fuß er öffnen!
34 Möge die Nacht dir bringen, was dich erfreut,
35/36 Möge Lugalbanda im Streite bei dir stehen,
37 Damit du auch den Sieg erringst!
38 Im Fluß Chumbabas, dem du nun entgegenziehst,
39 Wasch auch die Füße dir!
40 Wenn du des Abends ausruhst, sollst du einen Brunnen graben,
41 Daß in deinem Schlauche stets du reines Wasser hast!

42 Kühles Wasser bringe Schamasch dar!
43 Stets halte dich an Lugalbanda!

Assyrische Tafel

I
9 Enkidu soll den Freund behüten, schützen seinen Weggefährten!
10 Seinen Leib soll er bis zu den Gattinnen hinführen!
11 In unserer Versammlung übergeben wir den König dir.
12 Kehrst du zurück, bring uns den König wieder!«

Altbabylonische Yale-Tafel

VI
44 Enkidu sprach zu Gilgamesch:
45 ». . . , mach dich nun auf den Weg,
46 Dein Herz sei unerschrocken! Folge mir!
47 . . . wo seine Wohnstatt ist,
48 Zum Weg, auf dem Chumbaba geht.
49 . . . befiel! Laß sie (die Ältesten) zurück (in Uruk) bleiben!«

Assyrische Tafel

I
13/14 Da sagte zu Enkidu Gilgamesch:
15 »Komm, Freund, laß uns gehn zum Egalmach*,
16 Vor Ninsun treten, die große Königin,
17 Die kluge Ninsun, die alles weiß
18 Und unseren Füßen bedachtsame Schritte verleiht!«
19/20 Da nahmen sich Gilgamesch und Enkidu bei der Hand und gingen hin zum Egalmach,
21 Vor Ninsun tretend, die große Königin.
22 Gilgamesch stand auf und ging hinein in den Palast:
23 »Ninsun, . . .

* Palast und Tempel der Ninsun.

24 Auf einem fernen Pfade zieh ich dorthin, wo Chumbaba haust,
25 In einen Kampf laß ich mich ein, der ungewiß,
26 Auf einem unbekannten Wege will ich reisen.
27 Bis zu dem Tag, da ich, am Ziele angekommen, zur Umkehr mich bereite,
28 Bis ich zum Zedernwald gelangt bin,
29 Chumbaba, den Gefährlichen, erschlagen
30 Und alles Böse in der Welt, das Schamasch verhaßt ist, ausgerottet habe,
31 So lange mögest du für mich zu Schamasch flehen!
32 Wenn ich ihn erschlagen habe und gefällt die Zeder,
33 Wird Friede auf Erden sein . . . «

II

1 Ihr Gemach betrat Ninsun.
2 . . .
3 Sie zog ein Kleid an, wie es sich für ihren Leib geziemt.
4 Einen Kragen legt' sie um, wie's ihrer Brust entspricht.
5 . . . und setzte ihre Königsmütze auf.
6 . . . hüpfte über den Erdboden.
7 Dann stieg sie die Sprossen empor, sprang auf den Balkon,
8 Stieg auf das Dach . . . brachte Schamasch Weihrauch dar,
9 Vollzog das Opferritual und hob empor vor Schamasch ihre Flügel:
10 »Warum gabst du mir zum Sohne Gilgamesch, warum versahst du ihn mit einem ruhelosen Herz?
11/12 Jetzt hast du ihn auch noch entfacht, daß er auf einem Pfade dorthin zieht, wo Chumbaba haust,
13 In einen Kampf sich einläßt, der ganz ungewiß,
14 Auf einem unbekannten Wege reisen will.
15 Bis zu dem Tag, da er, am Ziele angekommen, umkehrt,
16 Bis er zum Zedernwald gelangt ist,
17 Chumbaba, den Gefährlichen erschlagen
18 Und alles Böse in der Welt, das dir verhaßt ist, ausgerottet hat,
19 An jenem Tage, da du. . .

20 Möge Aja, die Braut, dich ohne Furcht an ihn erinnern!
21 . . . den Wächter der Nacht . . .«

IV
15 Sie nahm viel Weihrauch, murmelte . . .
16 Dann rief Enkidu sie, die Botschaft zu verkünden:
17 »O mächtiger Enkidu, nicht meinem Schoß entsprungen,
18 Jetzt nehme ich dich an als meinen Sohn
19 Mit Einverständnis Gilgameschs,
20 Der Priesterinnen, kultischen Prostituierten und Geweihten.«
21 . . . band sie Enkidu um den Hals.

Vierte Tafel

Babylonische Uruk-Tafel

I
1 Nach zwanzig Doppelstunden brachen sie sich einen Bissen ab (vom Brot),
2 Nach dreißig Doppelstunden ließen sie zur Abendrast sich nieder,
3 Fünfzig Doppelstunden zogen sie pro Tag,
4 Einen Weg von einem Monat, fünfzehn Tagen insgesamt.
Nach drei Tagen kamen sie mitten ins Gebirge.
5 Vor der Sonne gruben einen Brunnen sie.

Altbabylonische Tell-Harmal-Tafel

1 »Steig auf des Berges Klippe . . .
2 Ich finde keinen Schlaf mehr, den die Götter sonst verleihen.
3 O Freund, ich schaute einen Traum:
4 . . . wilder Stier . . .
9 Mit Wasser tränkte aus seinem Schlauch er mich.«
10 »Der Gott, o Freund, zu dem wir ziehen,
11 Ist nicht ein wilder Stier! Er sieht ganz anders aus.

12 Der wilde Stier, den du gesehen, ist Schamasch, ...
13 Er wird uns beistehn in der Not.
14 Der Gott, der dich aus seinem Schlauch mit Wasser tränkte,
15 Ist dein Gott Lugalbanda, der dir Ehre einlegt.
16/17 Laß uns fest zusammenhalten, damit wir jene Tat vollbringen, die den Tod auch überdauert!«

Akkadische Boghazköy-Tafel

5 Da nahmen sie sich bei der Hand und schritten vorwärts bis zur Abendrast . . .
6 Schlaf überfiel sie, der des Nachts sich ergießt.
7 Zur Mitternacht erwachte er.
8 Enkidu, seinem Freund, erzählt er seinen Traum:
9 »Hast du mich nicht geweckt? Warum bin ich erwacht?
10 O Enkidu, mein Freund, ich schaute einen Traum.
11 Hast du mich wirklich nicht geweckt? Warum . . .
12 Nach meinem ersten Traum sah ich noch einen zweiten:
13 In diesem Traum, Freund, stürzte ein der Berg,
14 Der mich begrub und meine Füße faßte . . .
15 Ein heller Glanz ging auf, ein Mann erschien,
16 Der Strahlendste der Welt . . .
17 Er holt' mich unterm Berg hervor,
18 Gab Wasser mir zu trinken, daß mein Herz erleichtert war,
19 Und stellte meinen Fuß auf festen Grund.«

Assyrische Tafel

III
36 Er, der in der Steppe einst geboren ward,
37 Enkidu, sprach zu seinem Freund, den Traum ihm deutend:
38 »Dein Traum, o Freund, ist günstig,
39 Ganz wertvoll ist dein Traum.
40 Der Berg, o Freund, den du gesehen, ist Chumbaba.
41 Ergreifen werden wir Chumbaba und erschlagen

42 Und seinen Leichnam ins Gefilde werfen . . .«
44 Nach zwanzig Doppelstunden brachen sie sich einen Bissen ab.
45 Nach dreißig Doppelstunden ließen sie zur Abendrast sich nieder,
46 Vor Schamasch gruben einen Brunnen sie.
47 Auf den Berg stieg Gilgamesch und
48 Brachte dar ein Mehlopfer . . .
49 »Berg, bring mir einen Traum mit einer guten Nachricht!«

IV
1 Der Berg brachte tatsächlich einen Traum.
6 Gilgamesch sitzt da, das Kinn auf sein Knie gestützt.
7 Da überfiel der Schlaf ihn, der auf Menschen sich ergießt.
8 In der zweiten Wache endete sein Schlaf.
9 Er richtete sich auf und sprach zu seinem Freund:
10 »O Freund, hast *du* mich nicht gerufen? Warum bin ich aufgewacht!?
11 Hast *du* mich nicht berührt? Warum bin ich so erschrokken?
12 Ging nicht an mir ein Gott vorüber? Weshalb sind meine Glieder denn so steif?
13 O Freund, ich hatte nämlich einen dritten Traum,
14 Und dieser Traum war ganz entsetzlich.
15 Der Himmel schrie, die Erde dröhnte,
16 Das Licht erlosch, und finster ward es um mich her.
17 Ein Blitz zuckt' auf, empor die Flamme loderte,
18 . . . die Wolken quollen mächtig: Tod regnete herab!
19 Die Rotglut schwand, erloschen war das Feuer.
20 Alles, was herab gefallen, war zu Asche nun geworden.«

V
39 »Bedenke, wie du noch in Uruk sprachst!
40 Nur Mut, geh auf ihn (den Wächter) los . . .
41 Gilgamesch, du Sproß von Uruk!«
42 Als Gilgamesch die Worte seines (Enkidus) Mundes hörte, ward er von Zuversicht erfüllt.

43 »Mach schnell, stürz dich auf ihn (den Wächter), damit er uns auch nicht entwischt,
44 Nicht in den Wald hinabsteigt, um sich zu verstecken.
45 Noch hat er seine sieben Panzermäntel nicht sich angezogen,
46 Nur einen hat er an, die sechs andern aber abgelegt!«
47 Wie ein Wildstier stürzt' sich Gilgamesch nun . . .
48 Da versuchte er (der Wächter) zu fliehen . . .
49 Jetzt schrie er auf, der Wächter des Zedernwaldes . . .

VI
11 »Ein unsicherer Weg kann zwei, die sich zusammentun, nicht schrecken!
12 Zwei dreifache . . .
13 Eine dreifach geflochtene Schnur reißt nicht so schnell!
14 Des mächtigen Löwen . . . «
15–22 . . .
23 Enkidu sprach zu Gilgamesch:
24 »Als ich hinabstieg in den Zedernwald,
25 . . . ward ich gelähmt.«
26 Zu Enkidu sprach da Gilgamesch:
27 » . . . , mein Freund, wie Schwächlinge . . .
28 . . . Wir sind bis hierher doch gemeinsam auf dem Berg gezogen . . .
30 O Freund, der du im Kampf geübt bist, mit der Schlacht vertraut . . .
31 Berühre meinen Körper, und die Todesfurcht wird von dir weichen!
34 Die Lähmung gehe fort aus deiner Hüfte, und die Starre in den Knien möge schwinden!
35 Auf, Freund, laß uns zusammen weiterziehn,
36 Dein Herz verzage nicht im Kampf, vergiß den Tod . . . !
37 Der an meiner Seite wacht, der Mann . . .
38 Der vorausschreitet, schützt sich selbst und bewahrt den Weggefährten auch.
39 Wenn jemand fällt, bleibt doch der Ruhm!«
40 Zum . . . gelangten sie zusammen.
41 Nun hörten sie zu reden auf, verharrten still.

Fünfte Tafel

Assyrische Tafel

I

1 Da standen sie, bewunderten den Wald,
2 Über der Zedern gewaltige Höhe staunten sie,
3 Auch schauten sie den Zugang in den Wald sich staunend an.
4 Wo Chumbaba immer geht, war eine Fußspur,
5 Die Wege sind zurechtgemacht, der Durchgang ist bequem.
6 Den Berg der Zeder sahen sie, die Heimstätte der Götter, den Thronsitz Irninis.
7 Auf der Kuppe des Berges erhebt sich die Zeder in ihrer Pracht.
8 Ihr wonniger Schatten gibt volle Erquickung.

II

1 . . . die Schwerter . . .
3 Die Äxte . . .
4 Kurze und lange Schwerter . . .
7 Chumbaba . . .
18 Enkidu sprach zu Gilgamesch:
19 » . . . Chumbaba . . .
22 Ein unsicherer Weg kann zwei, die sich zusammentun, nicht schrecken!
23 Zwei dreifache . . .
24 Eine dreifach geflochtene Schnur reißt nicht so schnell!
25 Des mächtigen Löwen . . . «

Uruk-Tafel

I

1 Chumbaba sprach zu Gilgamesch:
2 »O Gilgamesch, bedenke doch, wie töricht seid ihr doch und dumm! Was trieb euch her zu mir?

3 Enkidu, überlege doch, du Fischsohn, der du nichts von einem Vater weißt!
5 Als noch ganz jung du warst, da sah ich dich, doch tat ich dir nichts an.
7 ... Gilgamesch bis hin zu mir gelangen ließest.
10 ... hätte ich dein Fleisch dem Schlangenvogel, dem Adler auch zum Fraße hingelegt.

Hethitische Tafel

22/23 Empor zum Himmel werde ich euch heben ...
24/25 Zur finstern Erde laß ich euch hinab dann stürzen ... «

Uruk-Tafel

11 Gilgamesch sprach zu Enkidu:
12 »O Freund, Chumbabas Antlitz hat sich jetzt verändert!«
15 Enkidu sprach zu Gilgamesch:
16 »Warum klagst du so erbärmlich, Freund?
22 Laß deinen Fuß nicht gleiten, geh keinen Schritt zurück!«

Hethitische Tafel

I
6 In Strömen flossen seine Tränen,
7 Zum Sonnengott im Himmel flehte Gilgamesch:
10 »Dem Sonnengott im Himmel bin ich stets gefolgt,
11 Den Weg bin ich gezogen, der mir ist bestimmt.«
12 Der Sonnengott im Himmel hörte Gilgameschs Gebet:
13 Gegen Chumbaba standen mächtige Winde auf:
14 Der große Wind, der Nordwind, Südwind, Wirbelwind,
15 Sturm, Frostwind, Wetterwind
16 Und Glutwind: Acht Winde standen gegen ihn auf
17 Und peitschten Chumbaba in die Augen.
18/19 Er vermag weder vorwärts noch rückwärts zu gehn.
20 Da gab Chumbaba auf.
21 Chumbaba sprach zu Gilgamesch:
22 »Laß mich gehen, Gilgamesch! Sei du mein Herr,

23 Und ich will dann dein Diener sein! Und die Bäume,
24 Die auf meinem Berge wachsen,
25 . . .
26 Für dich will ich sie fällen, dir Häuser damit bauen.«
27 Enkidu aber sprach zu Gilgamesch:
28/29 »Folge nicht Chumbabas Worten, die er sprach.
30 Chumbaba darf nicht leben bleiben!«

Altbabylonische Tafel (Bauer-Fragment)

18 Gilgamesch hörte auf des Freundes Rat.
19 Er nahm die Axt in seine Hand,
20 Zog dann den Dolch aus seinem Gürtel:
21 An seinen (Chumbabas) Hals schlug Gilgamesch.
22 Enkidu, sein Freund, . . .
23 Daß bei dem dritten Hieb er (Chumbaba) fiel.
29 Enkidu hatte den Herrn des Waldes erschlagen,
30 Vor dem sogar Hermon und Libanon erbebten.

Altbabylonische Tafel a

37 Die geheime Wohnstatt der Anunnaki brach er nun auf.
38 Die Bäume fällte Gilgamesch, während Enkidu . . .
39 Da sprach zu Gilgamesch Enkidu:
40 »Nun fälle auch die Zeder, Gilgamesch!«

Altbabylonische Tafel b

21 »Laß nun die Zeder liegen, die hoch emporgeragt, so daß ihr Wipfel an den Himmel stieß: Dein ist sie jetzt!
22 Eine Türe will ich daraus zimmern, eine Rute breit sei sie . . .
23 Kein Fremder soll in ihre Nähe treten, es gehe nur der Gott allein hindurch.

Uruk-Tafel

VI

10 Nach Nippur werde sie gebracht, der Euphrat trage sie stromab.

11 In Nippur freue man sich über sie!«

12 Dann fügten sie ein Floß zusammen . . .

Altbabylonische Tafel b

26 »Der Euphrat bringe sie (die Türe) zu Enlils Tempel!

27 Enlil freue sich über dich!

28 Enlil frohlocke über sie!«

Sechste Tafel

Assyrische Tafel

1 Er (Gilgamesch) wusch sich sein verschmutztes Haar, machte hellglänzend seine Waffen,

2 Ließ seinen Haarschopf in den Nacken fallen,

3 Warf die beschmutzten Kleider ab und zog sich reine an,

4 Hüllte sich in einen Mantel ein und zog den Gürtel fest.

5 Die Königsmütze setzte Gilgamesch sich auf.

6 Da hob Ischtar, die Fürstliche, die Augen auf zur Schönheit Gilgameschs:

7 »Komm her zu mir, o Gilgamesch! Sei mein Geliebter!

8 Gib zum Geschenk mir nur von deiner Frucht.

9 Du sollst mein Gatte sein, ich will dann deine Gattin sein.

10 Für dich will ich anschirren lassen einen Wagen ganz aus Gold und Lapislazuli,

11 Gülden sollen auch die Räder sein, aus Edelstein die Hörner.

12 Sturmgeister sollst als große Zugtiere du vor deinen Wagen spannen.

13 Tritt ein in unser Haus inmitten lauter Zederndfuft.

14 Wenn du in unser Haus hineinkommst,

15 Werden dir die Schwelle und der Thronsitz deine Füße küssen,
16 Vor dir sollen beugen sich die Könige, die Edlen und die Fürsten,
17 Den Ertrag von Berg und Land solln sie dir bringen als Tribut!
18 Deine Ziegen sollen Drillinge dir werfen, Zwillinge die Schafe!
19 Dein Esel soll mehr Lasten tragen als dein Maultier.
20 Das Roß vor deinem Wagen sei als das schnellste wohlbekannt.
21 Der Stier im Joch soll keinen haben, der ihm ebenbürtig ist.«
22/23 Ischtar, der Fürstlichen, entgegnet darauf Gilgamesch:
24 »Ach, was kann ich dir schon geben, wenn ich dich zur Gattin nehme!?
25 Du hast im Überfluß ja Salbe, deinen Leib zu salben, Gewänder hast du auch genug.
26 Im Überfluß ist Korn und Nahrung da.
27 ... genügend Trank, der Königen gebührt.
30 ... an der Straße magst du sitzen,
31 ... bekleidet nur mit einem Mantel.
32 ... mag dich nehmen ...
33 ... Kälte ...
34 Eine zerfetzte Tür bist du, welche Wind und Sturm nicht abhält,
35 Ein Palast, der niederwirft den Helden,
36 Ein Elefant, der seine Decke ...
37 Erdpech, das seinen Träger beschmutzt,
38 Ein Wasserschlauch, der seinen Träger ...
39 Ein Kalkstein, der die steinerne Mauer zersprengt,
40 Ein Alabasterstein, der im Land des Feindes ...
41 Ein Schuh, der den drückt, der ihn anzieht!
42 Zeig mir einen deiner Liebchen, dem du treu geblieben bist!
43 Welchem deiner Hirtenknaben bliebest du in Liebe zugeneigt?
44 Nun denn, ich will dir deine Liebesabenteuer nennen:

46 Tammuz, dem Geliebten deiner Jugend,
47 Hast du Jahr um Jahr bestimmt zu weinen.
48 Die blau schimmernde Racke hast du auch geliebt.
49 Dann schlugst du sie, zerbrachest ihren Flügel.
50 In den Wäldern hockt sie nun und ruft beständig: ›kappi‹ (mein Flügel)!
51 Als du den Löwen liebtest, den an Kraft Vollkommenen,
52 Da hast du für ihn zweimal sieben Fallgruben gegraben.
53 Auch das Roß hast du geliebt, das in der Schlacht erprobt war,
54 Doch hast du ihm hernach bestimmt die Peitsche und den Stachel und die Geißel,
55 Bestimmtest ihm, dahinzujagen sieben Doppelstunden lang
56 Und trübes Wasser dann zu saufen.
57 Und Silili, seine Muter, muß beständig weinen.
58 Auch liebtest du den Hirten . . . ,
59 Er brachte stets dir . . . ,
60 Hat jeden Tag ein Zicklein dir geschlachtet.
61 Doch du hast ihn geschlagen, in einen Wolf verwandelt,
62 Daß ihn verjagen seine eignen Hirtenknaben
63 Und seine Hunde ihm in seinen Schenkel beißen.
64 Dann verliebtest du in Ischullanu dich, den Palmengärtner deines Vaters.
65 Er brachte unentwegt dir Körbe voll von Datteln
66 Und ließ an jedem Tage deinen Tisch erstrahlen.
67 Du hobst empor zu ihm die Augen, gingst auf ihn zu:
68 ›Mein lieber Ischullanu, komm, laß uns genießen deine Kraft!
69 Strecke deine Hand nur aus, berühre unsre Scham!‹
70 Ischullanu sprach zu dir:
71 ›Was begehrst du da von mir?
72 Hat meine Mutter nicht gebacken, und hab' ich nicht gegessen,
73 Daß ich Speise essen sollte von . . .
74 Daß gegen Kälte ich mit Schilfgras mich bedecken sollte?‹
75 Als du diese Worte von ihm hörtest,
76 Da schlugst du ihn, hast ihn in einen . . . verwandelt

77 Mitten in die . . . hast du ihn gesetzt.
78 Nicht steigt herauf, nicht steigt hinab . . .
79 Wenn du mich liebtest, würdest du genau wie jene mich behandeln!«
80 Kaum hatte Ischtar dies vernommen,
81 Ergrimmte sie und stieg empor zum Himmel.
82 Ischtar trat vor Anu, ihren Vater,
83 Vor Antu, ihre Mutter, trat sie hin und sprach:
84 »Vater! Gilgamesch hat mich beleidigt!
85 Gilgamesch hat meine Schandtaten mir aufgezählt,
86 Meine Schandtaten und meine . . . «
87/88 Da sprach Anu zur fürstlichen Ischtar:
89 »Du selbst hast all die Schmach auf dich geladen.
90 Gilgamesch hat deine Schandtaten dir ja nur aufgezählt.
91 Deine Schandtaten und deine . . . «
92/93 Zu Anu, ihrem Vater, sprach da Ischtar:
94 »Vater! Gib den Himmelsstier mir her, daß er gegen Gilgamesch anstürme,
95 Gilgamesch mit Furcht erfülle, töte seinen Leib.
96 Gibst du mir aber nicht den Himmelsstier,
97 Dann schlag ich deine Türe ein,
98 Zerbrech den Riegel, laß das Tor weit offenstehn . . . «
101/102 Da sprach Anu zu Ischtar, seiner Tochter:
103 »Wenn ich deinen Wunsch erfülle,
104 Wird sieben Jahre es nur Stroh noch geben.
105 Hast du für die Menschen Korn gesammelt
106 Und Kräuter für die Tiere wachsen lassen?«
107/108 Da sprach zu Anu, ihrem Vater, Ischtar:
109 »Korn für die Menschen habe ich gespeichert.
110 Kräuter für die Tiere ließ ich wachsen.
111 Und gäb es sieben Jahre Stroh,
112 So habe für die Menschen ich genügend Korn gespeichert
113 Und Kräuter für die Tiere wachsen lassen.«
117 Anu hörte Ischtars Worte,
118/119 Das Seil des Himmelsstieres legte er in ihre Hand,
120 So daß Ischtar ihn hinab zur Erde führen konnte.
123 Hinab zum Euphrat stieg der Himmelsstier.

124/125 Durch das Schnauben des Himmelsstieres wurden Gruben aufgetan,
126 Hundert junge Männer Uruks fielen dort hinein.
127 Bei seinem zweiten Schnauben wurden wieder Gruben aufgetan,
128 Zweihundert junge Männer Uruks fielen da hinein.
129 Bei seinem dritten Schnauben wurden nochmals Gruben aufgetan.
130 In eine fiel Enkidu auch hinein.
131 Enkidu sprang heraus und packte den Himmelsstier bei seinen Hörnern.
132 Schaum warf der Himmelsstier nach vorn,
133 Mit seinem Schwanzende . . .
134/135 Da sprach zu Gilgamesch Enkidu:
136 »O Freund, wir rühmten uns . . . «
147 Enkidu jagte hinterher dem Himmelsstier.
148 Am Schwanzende hielt er ihn nun fest,
150 Und Gilgamesch . . .
152 Zwischen Nacken und Hörner stieß er ihm . . . den Dolch . . .
153 Als sie den Himmelsstier erschlagen und sein Herz herausgeschnitten hatten,
154 Legten sie ihn hin vor Schamasch.
155 . . . und neigten ehrerbietig sich vor Schamasch.
156 Dann setzten sich die beiden Brüder.
157 Ischtar aber stieg auf die Mauer von Hürden-Uruk.
158 Sie sprang auf . . . , stieß einen Fluch aus:
159 »Wehe dem Gilgamesch, der mich geschmäht hat, weil er den Himmelsstier erschlug!«
160 Kaum hatte Enkidu diese Worte Ischtars vernommen,
161 Da riß er dem Himmelsstier die rechte Hinterkeule aus und warf die Keule vor sie hin:
162/163 »Wenn ich dich kriegte, würde ich das Gleiche mit dir tun, was ich mit diesem tat.
164 Seine Eingeweide würde ich an deinen Arm dann hängen!«
165 Ischtar versammelte um sich die Dirnen,
166 Die Freudenmädchen und die Huren,

167 Über die rechte Hinterkeule des Himmelsstieres stimmten sie eine Klage an.
168/169 Gilgamesch aber rief die Handwerker und alle Waffenschmiede.
170 Die Handwerkersöhne bewundern den Umfang der Hörner:
171 Dreißig Minen Lapislazuli enthielt ein jedes,
172 Ihre Dicke maß zwei Finger.
173 Sechs Gur Öl, den Inhalt beider Hörner,
174 Schenkte er als Salbe seinem Gotte Lugalbanda.
175 Er brachte sie hinein und hängte sie ins herrschaftliche Schlafgemach.
176 Sie wuschen sich im Euphrat ihre Hände,
177 Sie faßten sich bei der Hand und zogen einher.
178 Auf der Straße von Uruk schritten sie dahin.
179 Die Leute von Uruk sind versammelt, sie zu sehen.
180/181 Zu den Dienerinnen seines Palastes spricht Gilgamesch die Worte:
182 »Wer ist der schönste aller Helden?
183 Wer ist der herrlichste von allen Männern?
184 Gilgamesch ist doch der schönste aller Helden!
185 Gilgamesch ist doch der herrlichste von allen Männern!«
186/187 Aber Ischtar . . . findet auf der Straße keinen, der Freude ihr bereitet.
189 In seinem Palaste feiert Gilgamesch ein Freudenfest.
190 Es legten sich schlafen die Helden, sie ruhten aus auf dem Lager der Nacht.
191 Auch Enkidu schläft ein und träumt.
192 Auf fuhr Enkidu, erzählte seinen Traum und sprach zum Freunde:

Siebente Tafel

I

1 »O Freund, warum beraten denn die großen Götter?

Hethitische Tafel

3 . . . was ich in dieser Nacht geträumt:

4 Anu, Enlil, Ea und der himmlische Schamasch berieten zusammen.

5 Anu sprach zu Enlil:

6 ›Weil sie den Himmelsstier und Chumbaba erschlagen haben,

7/8 Muß darum‹, so sprach Anu, ›der von ihnen sterben, der dem Berg die Zeder hat entrissen!‹

9 Aber Enlil sagte: ›Sterben muß Enkidu!

10 Gilgamesch soll leben bleiben.‹

11 Der himmlische Schamasch sprach darauf zu Enlil:

12 ›Haben sie doch nur auf mein Geheiß Chumbaba und den Himmelsstier erschlagen.

13 Enkidu ist nicht schuldig! Sollte er nun sterben?‹

14/15 Über den himmlischen Schamasch erzürnte sich da Enlil:

16 ›Du warst es ja, der jeden Tag zu ihnen sich herabließ wie zu deinesgleichen!‹«

17 Enkidu lehnte sich zurück vor Gilgamesch.

18 In Strömen flossen da die Tränen ihm (Gilgamesch):

19 »O Bruder! Lieber Bruder! Warum sprechen sie (die Götter) mich frei von Schuld statt dich?«

20/21 Und weiter (sprach er): »Soll ich nunmehr an der Totenpforte neben einem Totengeiste sitzen?

22 Soll ich meinen lieben Bruder nimmermehr mit meinen Augen wiedersehen?«

Assyrische Tafel

I

36 Enkidu schlug die Augen auf.

37 Nun spricht er mit der Türe wie mit . . .

38 Obwohl die Türe aus dem (Zedern-)Wald . . .
39 Keinen Verstand besitzt . . . :
40 »Zwanzig Doppelstunden weit erspähte ich das Holz für dich,
41 Noch ehe die ragende Zeder ich sah . . .
42 Dein Holz war unübertroffen!
43 Sechsmal zwölf Ellen ragtest du empor, die Breite maß zweimal zwölf Ellen.
45 Ich habe dich gezimmert, . . . nach Nippur.
46 Hätte ich, o Türe, nur geahnt, daß . . .
47 Daß deine Schönheit . . . ,
48 Dann hätte ich die Axt erhoben . . .
49 Ein Floß aus dir gefertigt.

Sultantepe-Tafel

II
13 Möge Enlil dich . . .
14 Möge er meinen Namen ausrotten und seinen Namen dafür setzen.«
15/16 Gilgamesch vernahm die Rede seines Freundes Enkidu, es fließen seine Tränen.
17 Gilgamesch sprach zu Enkidu:
18 » . . . vernünftig, aber sonderbar . . .
19 Warum, o Freund, hast Sonderbares du hervorgebracht aus deinem Herzen ?
20 Gar wertvoll war der Traum, doch auch sehr schrecklich!
23 Ich will . . . zu den großen Göttern flehen.
25 . . . Enlil, den Vater der Götter . . .
27 Dein Bildnis werde ich aus reinem Golde machen.
28 Sei unbesorgt! Aus Gold . . .
29 Was Enlil sprach, . . . «
34 Als der Morgen gerade zu dämmern begann,
35 Erhob Enkidu sein Haupt und weinte vor Schamasch,
36 Vor dem Strahlenglanz des Schamasch fließen seine Tränen.
38 »Wegen des Jägers, des Rohlings, o Schamasch, fleh ich dich an,

39 Der mir nicht so begegnete wie meinem Freund.
40 Möge er nicht so viel (Wild) erjagen wie seine Kameraden.

Assyrische Tafel

III
1 . . . zerstöre seine Habe, laß seine Kräfte schwinden!
2 Möge dir sein Wandel nicht gefallen.
3 Möge ihm (sein Wild) entfliehen.«
4 Als er geflucht aus vollem Herzen so dem Jäger,
5 Trieb ihn sein Herz, die Hure Schamchat gleichfalls zu verfluchen:
6 »Dein Los, o Schamchat, will ich dir bestimmen,
7 Ein Schicksal, das in alle Ewigkeit nicht enden soll!
8 Nun denn! Ich will mit einem großen Fluche dich verwünschen!
9 In der Frühe soll sich meine Verwünschung gegen dich erheben!
10 Ein Haus, in dem du Frau bist, werde niemals dir zuteil,
11 Nicht lieben sollst du . . .
12 Betreten sollst du nicht die . . . junger Mädchen,
13 Deinen schönen Schoß soll . . .
14 Der Trunkenbold soll dir das Kleid fürs Fest besudeln . . .
18 . . . soll nicht in deinem Haus gelagert werden, was die Menschen mit . . . erfüllt . . .
19 Die Wüste soll dein Bett sein!
20 Im Schatten der Mauer sollst du lagern,
21 Dornen und . . . sollen dir die Füße blutig stechen!
22 Betrunkene und Durstige sollen deine Backe schlagen!«
33 Als Schamasch diese Worte aus seinem Munde vernahm,
34 Rief er vom Himmel her ihm zu:
35 »Warum, Enkidu, fluchst du der Hure Schamchat,
36 Die dich Speise, die der Gottheit geziemt, ließ essen,
37 Köstliches Bier dir zu trinken gab, wie's sich für Könige gehört,
38 Dich mit prächtigen Gewändern gekleidet,
39 Dir als Gefährten den strahlenden Gilgamesch gab?
40 Nun, Freund, läßt Gilgamesch, dein eigener Bruder,

41 Ruhn dich auf einem prachtvollen Lager,
42 Auf einem Ehrenbett läßt er dich ruhen.
43 Er läßt dich sitzen auf einem Sessel des Friedens, einem Sitz zur Linken,
44 Daß die Fürsten der Erde die Füße dir küssen.
45 Weinen und wehklagen läßt er um dich die Leute von Uruk.
47 Er aber wird nach deinem Fortgang seinen Leib von Schmutz bedecken lassen,
48 Mit einem Wolfsfell bekleidet in der Steppe reiten.«
49 Als Enkidu die Worte des Helden Schamasch vernahm,
50 Kam sein aufgewühltes Herz zur Ruhe.
51 »Nun denn, o Schamchat, so will ich dein Los dir bestimmen!

IV

1 Hab ich dich verflucht, so will ich nun dich segnen!
2 Könige, Fürsten und Edle sollen nun dich lieben!
3 . . . auf seinen Schenkel schlagen!
4 . . . das Haar seines Kopfes schütteln!
5 . . . seinen Gürtel lösen!
6 . . . Lapislazuli und Gold . . . «
11 Enkidu war in seinem Innern von Kummer bedrückt . . .
12 Allein lag er da . . .
13 In einer Nacht schüttete er sein Herz dem Freunde aus:
14 »O Freund, in dieser Nacht hab ich geträumt:
15 Der Himmel schrie, die Erde hallte wider.
16 Zwischen ihnen stehe ich.
17 . . . ein . . . mit finsterem Gesicht,
18 Das gleich dem . . . war.
19 Seine Krallen waren Adlerkrallen . . .
20 . . . , doch er bezwang mich.
22 . . . ließ mich sinken.
24 . . . meinen Leib hielt er gefangen.
31 . . . , verwandelte mich ganz
32 . . . Flügel wie von Vögeln an meine Arme.
33 Nun ergriff er mich und führte mich zum Haus der Finsternis, dem Wohnsitz von Irkalla,

34 Zum Hause, das nicht mehr verläßt, wer einmal eingetreten ist,
35 Zum Weg, auf dem es keine Umkehr gibt,
36 Zum Hause, dessen Bewohner des Lichts beraubt sind,
37 Wo Staub ihr Brot und ihre Speise Lehm ist,
38 Wo sie wie Vögel mit einem Flügelkleid versehen sind
39 Und kein Licht erblicken, im Finstern sitzen.
40 Im Haus des Staubes, das ich jetzt betreten hatte,
41 . . . die Kronen abgenommen . . .
42 . . . der gekrönten Häupter, die seit Urzeiten die Erde beherrschten,
43 Den . . . des Anu und Enlil setzen sie geröstetes Fleisch vor,
44 Stellen Gebäck hin und tränken aus Schläuchen sie mit kühlem Wasser.
45 Im Haus des Staubes, in das ich eingetreten,
46 Wohnen Oberpriester ebenso wie Ministranten,
47 Wohnen Reinigungspriester zusammen mit Wahrsagepriestern,
48 Wohnen die Gesalbten Apsu-Priester der großen Götter.
49 Dort wohnt Etana auch mit Sumukan,
50 Wohnt Ereschkigal, die Königin der Unterwelt.
51 Vor ihr kniet die Herrin der Steppe (Belet-ṣeri), die Schreiberin der Unterwelt,
52 Sie hält eine Tafel in der Hand und liest ihr daraus vor.
53 Sie hob ihr Haupt, erblickte mich
54 Und legte . . . «

VI

6 Der Tag, da den Traum er gesehn, war zu Ende.
7 Da liegt Enkidu nun den ersten Tag, den zweiten Tag.
8 Enkidu liegt todkrank auf seinem Lager.
9 Den dritten Tag, den vierten Tag, . . .
10 Den fünften, sechsten, siebten, achten, neunten und den zehnten Tag.
11 Immer kränker wird Enkidu.
12 Den elften Tag und noch den zwölften liegt er da,
13 Enkidu liegt auf seinem Lager, mit dem Tode ringend.

14 Da rief er Gilgamesch und sprach zu ihm:
15 »O Freund, . . . hat mich verflucht.
16 Ich sterbe nicht wie einer, der im Kampfe fällt;
17 Denn ich fürchtete die Schlacht, . . .
18 O Freund, wer in der Schlacht . . .
19 Doch ich . . . «

Achte Tafel

Assyrische Tafel (ergänzt durch die Sultantepe-Tafel)

I
1 Als der Morgen gerade zu dämmern begann,
2 Sprach Gilgamesch zu seinem Freund:
3 »Enkidu, dessen Mutter die Gazelle war,
4 Ein wilder Esel war dein Vater – sie zogen dich ja auf,
5 . . . mit ihrer Milch dich nährten; das Wild
6 Der Steppe teilte alle Weideplätze ja mit dir.
7 Die Spuren Enkidus im Zedernwald
8 Sollen Tag und Nacht . . .
9 Weinen sollen über dich die Ältesten des weiten Hürden-Uruk,
10 Weinen sollen . . .
11 Weinen sollen . . . der Berge des Gebirges.
13 Das flache Land soll klagen, als wär es deine Mutter.
14 Weinen sollen über dich . . . Zypressen und die Zeder
15 . . . , die wir in unserm Zorn erschlugen.
16 Weinen sollen über dich Bär und Hyäne, Leopard und Tiger, . . .
17 Löwe, Stier, Hirsch, Steinbock, der Steppe Herdentiere,
18 Weinen soll auch über dich der Ulai-Fluß (Karun), an dessen Ufer wir voll Stolz entlang gegangen.
19 Weinen soll auch über dich der reine Euphrat,
20 Mit dessen Wasser wir die Schläuche füllten.
21 Weinen sollen über dich die Krieger des weiten Hürden-Uruk,
22 Die . . . , als wir den Himmelsstier erschlugen.

38 Weinen sollen über dich die Brüder mit den Schwestern.
42 Ich weine über dich . . .

Assyrische Tafel

II
1 Hört mich, ihr Ältesten von Hürden-Uruk, hört mir zu!
2 Ich weine um Enkidu, meinen Freund,
3 Bitter klagend wie ein Klageweib!
4 Er war die Axt an meiner Seite, der meine Hand vertrauen konnte.
5 Der Dolch an meinem Gürtel, . . . , der vor mir steht,
6 Mein festlich Kleid, . . .
7 Ein böser Dämon kam herauf und nahm ihn mir.
8 Mein Freund, gehetzt hast du des Berges wilden Esel, den Leopard der Steppe.
9 Enkidu, mein junger Freund, gehetzt hast du des Berges wilden Esel, den Leopard der Steppe!
10 Haben wir gemeinsam doch den Berg erstiegen,
11 Den Himmelsstier ergriffen und erschlagen.
12 Wir warfen auch Chumbaba nieder, der im Zedernwalde hauste.
13 Nun – was für ein Schlaf hat deiner sich bemächtigt?
14 Die Finsternis hat dich umfangen, nun hörst du mich nicht mehr.«
15 Die Augen schlug er (Enkidu) nicht mehr auf.
16 Das Herz berührte er – es schlug nicht mehr.
17 Da verhüllte er dem Freund wie einer Braut das Angesicht,
18 Wie ein Adler schwebt er kreisend über ihm,
19 Wie eine Löwin, die ihrer Jungen beraubt ist,
20 Schreitet er rückwärts und dann wieder vorwärts,
21 Rauft sich die Haare aus und streut sie auf den Boden,
22 Zerreißt sein prächtiges Gewand und wirft es hin wie etwas Unreines.
23 Als der Morgen gerade zu dämmern begann,

Sultantepe-Tafel

24 Rief Gilgamesch in die Welt hinaus:
25 »Schmied, . . ., Kupfer- und Goldschmied . . .
26 Formt nun ein Bildnis meines Freundes . . . !«
27 Da ließ er formen ein Standbild seines Freundes
28 Aus . . . die Glieder . . .
29 »Aus Lapislazuli sei deine Brust, von Gold dein Körper.

Assyrische Tafel

50 Auf einem prachtvollen Lager laß ich dich ruhen,
1 Auf einem Ehrenbett laß ich dich ruhn,
2 Ich lasse dich sitzen auf einem Sessel des Friedens, einem Sitz zur Linken,
3 Daß die Fürsten der Erde dir die Füße küssen.
4 Weinen und wehklagen lasse ich um dich die Leute von Uruk.
6 Ich aber werde nach deinem Fortgang meinen Leib von Schmutz bedecken lassen.
7 Mit einem Wolfsfell bekleidet in der Steppe reiten.«

Assyrische Tafel

V
45 Als der Morgen gerade zu dämmern begann,
46 Stellte er draußen einen großen Tisch aus Elammakku-Holz hin,
47 Füllte mit Honig eine Schüssel aus . . . ,
48 Füllte mit Butter eine Schüssel aus Lapislazuli.
49 . . . schmückte er und stellte sie vor Schamasch hin.

Neunte Tafel

Assyrische Tafel

I

1/2 Gilgamesch weint bitterlich um Enkidu, seinen Freund, und jagt über die Steppe hin.
3 »Werde ich nicht ebenso wie Enkidu sterben müssen?
4 Wehmut zog in meinem Innern ein,
5 Ich fürchte nun den Tod und jage über die Steppe hin.
6 Zu Utnapischtim, dem Sohn Ubara-Tutus,
7 Habe den Weg ich beschritten, ich eile dahin.
8 Wenn ich bei Nacht zu den Pässen des Berges gelange
9 Und gewaltige Hunde seh und mich fürchte,
10 Dann hebe mein Haupt ich empor und bete zum Heiligen Mond.
11 An ihn, die Leuchte der Götter, richte ich meine Gebete:
12 ›Heiliger Mond, bewahre mich jetzt!‹«
13 Als er in der Nacht schlief, erschrak er vor einem Traum:
14 Da waren . . . , die sich ihres Lebens freuten.
15 Er nahm die Axt in seine Hand,
16 Zog den Dolch aus seinem Gürtel
17 Und fiel wie ein Pfeil mitten unter sie.
18 Er schlug auf sie ein und verscheuchte sie.

II

1 . . . des Berges, der Maschu genannt wird.
2 Er (Gilgamesch) nähert sich dem Maschu-Berg,
3 Wo Skorpionmenschen Auszug und Einzug bewachen,
4 Über denen der Himmelsgleicher (shupuk shamê) sich erstreckt,
5 Während ihre Brust unten an den Arallu heranreicht.
6 Ja, Skorpionmenschen bewachen sein Tor.
7 Furchtbar ist ihr Schrecken, und ihr Anblick tötet.
8 Ihr fürchterlicher Schein umhüllt die Berge,
9 Sie wachen auch über die Sonne, wenn sie auszieht und einzieht.
10 Als Gilgamesch sie sah, da ward vor Furcht

11 Und Schreck sein Antlitz finster.
12 Er faßte Mut und trat dann vor sie hin.
13 Der Skorpionmensch ruft da seinem Weibe zu:
14 »Der Körper dessen, der da zu uns kommt, ist Götterfleisch.«
15 Dem Skorpionmenschen gab sein Weib zur Antwort:
16 »Zu zwei Dritteln ist er Gott, Mensch zu einem Drittel nur.«
17 Der Skorpionmensch-Mann ruft nun
18 Dem . . . der Götter die Worte zu:
19 »Warum bist du denn so fernen Weg gegangen,
20 Bis du endlich auch hierher zu mir gelangtest?
21 . . . schwer zu überschreiten . . .
22 . . . , möchte ich erfahren.«

III

3 »Zu meinem Vorfahrn Utnapischtim . . . ,
4 Der in die Versammlung der Götter trat und so das Leben fand.
5 Nach Tod und Leben möchte ich ihn fragen.«
6/7 Der Skorpionmensch sprach zu Gilgamesch:
8 »O Gilgamesch, noch kein Mensch vermochte lebend
9 Das Innere des Berges zu durchschreiten.
10 Zwölf Doppelstunden dehnt sein Inneres sich aus,
11 Dicht ist die Finsternis, kein Licht ist da!
12 Beim Auszug der Sonne . . .
13 Beim Einzug der Sonne . . .«

IV

33 »Durch Wehklagen . . .
34 In Kälte oder Hitze . . .
35 Unter Seufzern . . .
36 Nun . . . «
37/38 Der Skorpionmensch sprach darauf zu Gilgamesch:
39 »Geh, Gilgamesch, . . .
40 Das Maschu-Gebirge . . .
41 Die Berge des Maschu-Gebirges . . .
42 Mögest du wohlbehalten . . .

43 Das Tor . . . «
44 Als Gilgamesch dies hörte,
45 Gehorchte er dem Wort des Skorpionmenschen.
46 Auf dem Wege der Sonne ging Gilgamesch durchs Tor.
47 Als er eine Doppelstunde weit gekommen,
48 Ist ganz dicht die Finsternis, kein Licht ist da,
49 Er kann nichts sehen, weder vor noch hinter sich.
50 Als er zwei Doppelstunden weit gekommen,

V

1 Ist ganz dicht die Finsternis, kein Licht ist da.
2 Er kann nichts sehen, weder vor noch hinter sich.
23 Als er vier Doppelstunden weit gekommen,
24 Ist ganz dicht die Finsternis, kein Licht ist da.
25 Er kann nichts sehen, weder vor noch hinter sich.
26 Als er fünf Doppelstunden weit gekommen,
27 Ist ganz dicht die Finsternis, kein Licht ist da,
28 Er kann nichts sehen, weder vor noch hinter sich.
29 Als er sechs Doppelstunden weit gekommen,
30 Ist ganz dicht die Finsternis, kein Licht ist da.
31 Er kann nichts sehen, weder vor noch hinter sich.
32 Als er sieben Doppelstunden weit gekommen,
33 Ist ganz dicht die Finsternis, kein Licht ist da.
34 Er kann nichts sehen, weder vor noch hinter sich.
35 Als er acht Doppelstunden weit gekommen, da ruft
er . . . ,
36 Es ist ganz dicht die Finsternis, kein Licht ist da.
37 Er kann nichts sehen, weder vor noch hinter sich.
38 Als er neun Doppelstunden weit gekommen, . . . der
Nordwind
39 . . . sein Gesicht.
40 Es ist ganz dicht die Finsternis, kein Licht ist da.
41 Er kann nichts sehen, weder vor noch hinter sich.
42 Als er zehn Doppelstunden weit gekommen,
43 Nähert er sich . . .
45 Als er elf Doppelstunden weit gekommen, tritt vor der
Sonne er heraus.
46 Als er zwölf Doppelstunden weit gekommen, ist es hell.

47 Vor ihm stehen Bäume ganz aus Edelstein. Er strebt zu ihnen hin, sie anzuschauen.
48 Der Karneol-Weinstock trägt reife Frucht,
49 Läßt seine Reben hängen, gar lieblich anzusehn.
50 Der Lapislazulibaum trägt . . . ,
51 Trägt Frucht, die nur zu sehen eine Lust schon ist.

Zehnte Tafel

Altbabylonische Tafel (Meißner-Fragment)

I
2 In ihre Felle kleidet er sich, ißt ihr Fleisch . . .
5 Da wurde Schamasch sehr bedrückt, wandte sich ihm zu
6 Und sprach zu Gilgamesch:
7 »Wo läufst du hin?
8 Das Leben, das du suchst, wirst du gewiß nicht finden!«
9 Zum Helden Schamasch sprach da Gilgamesch:
10 »Seitdem ich in der Steppe laufe und umher nur irre,
11 Habe ich mein Haupt ins Innerste der Erde auch gelegt.
12 Soll ich all die Jahre schlafen?
13 Laß mein Auge doch die Sonne sehen und am Licht sich sättigen.
14 Weichen muß die Finsternis, wo nur Licht in Fülle ist!
15 Laß den, der des Todes starb, den Glanz des Schamasch sehen!«

Assyrische Tafel

I
1 Siduri, die Schenkin, die am Gestade des Meeres wohnt
2 Und sitzt als Jungfrau . . .
3 Es haben einen Kelch ihr angefertigt . . .
4 Verhüllt ist sie mit einem Schleier . . .
5 Daher kommt Gilgamesch gegangen . . .
6 In ein Fell ist er gekleidet . . .
7 Sein Körper ist aus Götterfleisch . . .

8 Wehmut zieht in seinem Innern ein.
9 Einem Wanderer auf fernen Wegen gleicht sein Antlitz.
10 In die Ferne schweift der Schenkin Blick . . .
11 Sie redet zu ihrem Herzen, die Worte spricht sie,
12 Als sie mit sich selbst zu Rate geht:
13 »Womöglich ist er gar ein . . .
14 Wohin eilt er wie ein Jäger?«
15 Als ihn die Schenkin sah, verriegelte das Tor sie,
16 Verriegelte ihr Tor, verriegelte den Riegel.
17 Doch Gilgamesch vernahm den Widerhall.
18 Da sah er auf und . . .
19 Zur Schenkin sprach nun Gilgamesch:
20 »Was sahst du, Schenkin, daß dein Tor du hast verriegelt?
21 Dein Tor verriegelt, verriegelt deinen Riegel?
22 Einschlagen werd ich deine Türe, den Riegel dir zerbrechen!«
23–33 . . .
34 Zur Schenkin sprach jetzt Gilgamesch:
35 »Ich habe den Stier, der vom Himmel herabstieg, gepackt und getötet,
36 Den Wächter des Waldes erschlagen,
37 Chumbaba niedergeworfen, der im Zedernwald hauste,
38 Gewaltige Hunde in den Pässen des Berges getötet.«
39 Da sagte die Schenkin zu Gilgamesch:
40 »Wenn du Gilgamesch bist, der den Wächter erschlug,
41 Chumbaba niederwarf, der im Zedernwald hauste,
42 Gewaltige Hunde in den Pässen des Berges tötete,
43 Den Stier, der vom Himmel herabstieg, gepackt und getötet hat,
44 Warum sind deine Wangen abgezehrt und ist dein Haupt gesenkt,
45 Ist dein Herz so aufgewühlt, sind deine Züge ganz entstellt?
46 Warum zog Wehmut ein in deinem Innern,
47 Gleicht nun dein Antlitz einem Wanderer auf fernen Wegen?
48 Warum haben . . . und Hitze dein Gesicht versengt?
49 Warum reitest du . . . nun durch die Steppe?«

50 Da antwortete der Schenkin Gilgamesch:
51 »O Schenkin, sollen meine Wangen denn nicht abgezehrt sein und mein Haupt gesenkt,
52 Soll mein Herz nicht aufgewühlt sein, meine Züge ganz entstellt,
53 Soll nicht in meinem Innern Wehmut eingezogen sein,
54 Mein Antlitz einem Wanderer auf fernen Wegen gleichen,
55 Sollen . . . und Hitze nicht mein Gesicht versengt haben,
56 Und sollte ich nicht wie ein Jäger durch die Steppe reiten?

Altbabylonische Tafel (Meißner-Fragment)

II
1 Mein Freund – den so sehr ich liebte, der mit mir durch alle Mühsal ging,
2 Enkidu, den so sehr ich liebte,
3 Der mit mir durch alle Mühsal ging,
4 Ihn hat der Menschheit Los ereilt.
5 Tag und Nacht hab ich um ihn geweint –
6 Ich wollt ihn nicht begraben lassen.
7 Vielleicht würde doch mein Freund noch aufgeweckt von meinem Schrei –
8 Sechs Tage, sieben Nächte lang,
9 Bis die Würmer auch seine Nase angefressen.
10 Seit ich ihn verlassen mußte, finde ich kein Leben mehr
11 Und irre wie ein Jäger umher in der Steppe.

Assyrische Tafel

II
11 Wie kann ich schweigen? Wie ruhig sein?
12 Mein Freund, den so sehr ich liebte, ist zu Lehm geworden!
13 Werde nicht auch ich wie er mich niederlegen müssen
14 Und in alle Ewigkeit nicht auferstehn?

Altbabylonische Tafel (Meißner-Fragment)

II

12 Jetzt, Schenkin, hab ich gesehn dein Angesicht.
13 Ich will den Tod nicht sehen, den so sehr ich fürchte!«
14 Da sprach die Schenkin zu Gilgamesch:

III

1 »Gilgamesch, wo läufst du hin?
2 Das Leben, das du suchst, wirst du gewiß nicht finden!
3 Als die Götter die Menschheit erschufen,
4 Verhängten sie über den Menschen den Tod,
5 Das Leben behielten sie in ihrer Hand.
6 Darum, Gilgamesch, laß deinen Bauch gesättigt sein,
7 Tag und Nacht ergötze dich!
8 Feiere täglich ein Fest,
9 Tanze und spiele – bei Tag und bei Nacht!
10 Dein Gewand sei rein,
11 Wasch dir dein Haupt und bade mit Wasser dich!
12 Sieh doch, wie das Kindlein deine Hand ergreift,
13 Beglücke die Gattin an deiner Brust.
14 Dies ist des Menschen Los!«

Assyrische Tafel

II

15 Da sprach Gilgamesch zur Schenkin:
16 »Nun, Schenkin, welches ist der Weg zu Utnapischtim?
17 Was ist sein Merkmal? Gib es mir! Gib mir sein Merkmal!

Altbabylonische Tafel (Millard-Fragment)

III

7 O Schenkin, du wohnst am Gestade des Meeres.
8 Du weißt Bescheid, dein Herz . . .
9 Zeige den Weg mir, wohin ich gehen soll . . .
10 Wenn es möglich ist, will ich das Meer überqueren.

Assyrische Tafel

II

19 Wenn es unmöglich ist, will ich weiter durch die Steppe reiten.«
20 Die Schenkin sprach zu Gilgamesch:
21 »Niemals, Gilgamesch, hat es einen Übergang gegeben.
22 Niemand, der herkam seit Urzeiten, ging übers Meer.
23 Schamasch, der Held, überquert zwar das Meer. Wer außer Schamasch kann's schon überqueren?
24 Beschwerlich ist der Übergang, der Weg dorthin gefahrenvoll,
25 Und die Gewässer des Todes dazwischen hindern die Weiterfahrt.
26 Wenn du das Meer überschreitest
27 Und die Gewässer des Todes erreichst, was willst du dann tun?
28 Gilgamesch, da ist gerade Urschanabi, Utnapischtims Schiffer!
29 Ihm gehören die steinernen Säulen; im Waldesinnern sammelt er . . .
30 Geh hin zu ihm, daß er dein Antlitz sieht!
31 Vielleicht kannst du mit ihm hinüberfahren, wenn nicht, kehr um!«
32 Als Gilgamesch das hörte,
33 Nahm die Axt er in die Hand,
34 Zog den Dolch aus seinem Gürtel, schlüpfte hinein und stieg hinab zu ihnen.
35 Wie ein Pfeil stürzte er zwischen sie hinein.
36 Im Waldesinnern . . .
37 Als Urschanabi . . . sah . . .
38 Und die Axt hörte . . .
39 Schlug er . . . auf den Kopf . . . ,
40 Ergriff seine Hand . . .

Altbabylonische Tafel (Meißner-Fragment)

1 In seinem Zorn erschlug er sie.
2 Dann wandte er sich um und tritt zu ihm.
3 Urschanabi* sieht ihm in die Augen.
4 Zu Gilgamesch spricht Urschanabi:
5 »Sag an, wie heißt du?
6 Ich bin Urschanabi und gehör zu Utnapischtim, dem Entrückten.«
7 Da sprach Gilgamesch zu Urschanabi:
8 »Ich heiße Gilgamesch
9 Und komme aus Uruk, dem Hause des Anu.
10 Ich bin über den Berg gestiegen,
11 Auf dem Weg des Schamasch ziehend.«

Assyrische Tafel

III
1 Urschanabi sprach zu Gilgamesch:
2 »Warum sind deine Wangen abgezehrt und ist dein Haupt gesenkt,
3 Ist dein Herz so aufgewühlt, sind deine Züge ganz entstellt,
4 Warum zog Wehmut ein in deinem Innern,
5 Gleicht dein Antlitz einem Wanderer auf fernen Wegen,
6 Warum haben . . . und Hitze dein Gesicht versengt?
7 Warum reitest du . . . nun durch die Steppe?«
8 Zum Schiffer Urschanabi spricht da Gilgamesch:
9 »O Urschanabi, sollen meine Wangen denn nicht abgezehrt sein und mein Haupt gesenkt,
10 Soll mein Herz nicht aufgewühlt sein, meine Züge ganz entstellt,
11 Soll nicht in meinem Innern Wehmut eingezogen sein,
12 Mein Antlitz einem Wanderer auf fernen Wegen gleichen,
13 Sollen . . . und Hitze nicht mein Gesicht versengt haben,
14 Und sollte ich nicht wie ein Jäger durch die Steppe reiten?

* Hier Sursunabu geschrieben.

15 Mein junger Freund – gehetzt hat er des Berges wilden Esel, den Leopard der Steppe! –
16 Enkidu, mein junger Freund – gehetzt hat er des Berges wilden Esel, den Leopard der Steppe!
17 Wir haben gemeinsam den Berg erstiegen,
18 Den Himmelsstier ergriffen und erschlugen wir,
19 Wir warfen auch Chumbaba nieder, der im Zedernwalde hauste.
20 Mein Freund, den so sehr ich liebte, der mit mir durch alle Mühsal ging,
21 Enkidu, mein Freund, den so sehr ich liebte, der mit mir durch alle Mühsal ging,
22 Ihn hat der Menschheit Los ereilt.
23 Sechs Tage, sieben Nächte habe ich um ihn geweint.
Ich ließ ihn nicht begraben,
24 Bis die Würmer auch seine Nase angefressen.
25 Ich fürchtete mich . . . Vor dem Tod bekam ich Angst und ritt durch die Steppe.
26 Das Geschick meines Freundes bedrückte mich sehr,
27 Auf einem fernen Wege ritt ich durch die Steppe.
28 Das Geschick Enkidus, meines Freundes, bedrückte mich sehr,
auf einem fernen Wege ritt ich durch die Steppe.
29 Wie kann ich schweigen? Wie ruhig sein?
30 Mein Freund, den so sehr ich liebte, ist zu Lehm geworden!
Enkidu, mein Freund, den so sehr ich liebte, ist zu Lehm geworden!
31 Werde nicht auch ich mich niederlegen müssen und in alle Ewigkeit nicht auferstehn?«
32 Zu Urschanabi sagte Gilgamesch:

Altbabylonische Tafel

IV
12 »Jetzt habe ich dein Angesicht gesehen, Urschanabi. Zeig mir Utnapischtim, den Entrückten!

Assyrische Tafel

III

33 Nun, Urschanabi, welches ist der Weg zu Utnapischtim?
34 Was ist sein Merkmal? Gib es mir! Gib mir sein Merkmal!
Wenn es möglich ist, will ich das Meer überqueren.
35 Wenn es unmöglich ist, will ich weiter durch die Steppe reiten.«
36 Urschanabi sprach zu Gilgamesch:

Altbabylonische Tafel

IV

18 ». . . Utnapischtim, den Entrückten, . . .
19 . . . das Schiff besteigen.
20 . . . dich dorthin führen.
7 Die steinernen Säulen, Gilgamesch, brachten mich hinüber,
8 (Sie bewahrten mich davor), daß ich die Wasser des Todes berührte.

Assyrische Tafel

III

37 Deine Hände, Gilgamesch, haben verhindert nun die Überfahrt.
38 Du hast die steinernen Säulen zerbrochen . . .
39 Die steinernen Säulen sind nun zerbrochen . . .
40 Nimm nun, Gilgamesch, die Axt in deine Hand
41 Und geh zum Wald hinab und schneide 120 Stocherstangen dir zurecht von 60 Ellen Länge jede,
42 Schäle ihre Rinde ab, . . . und bring sie her zu mir.«
43 Als Gilgamesch dies hörte,
44 Nahm die Axt er in die Hand und zog den Dolch aus seinem Gürtel,
45 Ging in den Wald hinab, schnitt sich 120 Stocherstangen von 60 Ellen Länge jede,
46 Schälte ihre Rinde ab, . . . und brachte sie zu Urschanabi.

47 Dann stiegen Gilgamesch und Urschanabi in das Schiff,
48 Legten ab vom Ufer und fuhren dahin.
49 Einen Weg von einem Monat, fünfzehn Tagen hatten sie zurückzulegen insgesamt. Am dritten Tag erschrak er (Gilgamesch):
50 Urschanabi hatte nun die Gewässer des Todes erreicht.

IV
1 Zu Gilgamesch sprach Urschanabi:
2 » . . . , Gilgamesch! Nimm eine Stocherstange!
3 Doch sieh dich vor, daß deine Hand die Todeswasser nicht berührt!
4 Nimm eine zweite, dritte, vierte Stocherstange, Gilgamesch!
5 Nimm eine fünfte, sechste, siebte Stocherstange, Gilgamesch!
6 Nimm eine achte, neunte, zehnte Stocherstange, Gilgamesch!
7 Nimm eine elfte und noch eine zwölfte Stocherstange, Gilgamesch!«
8 Nach zweimal sechzig hatte alle Stocherstangen Gilgamesch verbraucht.
9 Er aber löste seinen Gürtel . . .
10 Es streifte Gilgamesch die Kleider sich vom Leib.
11 Mit seinen Händen hielt er wie an einem Mast sie hoch.
12 In die Ferne schaute Utnapischtim.
13 Er spricht in seinem Herzen diese Worte,
14 Bei sich selbst beratend:
15 »Warum sind die steinernen Säulen des Schiffes zerstört?
16 Und warum fährt jemand im Schiff, der nicht dazu befugt ist?
17 Der Mensch, der dort sich naht, gehört nicht zu den Meinen!«

IV
42 Zu Gilgamesch sprach Utnapischtim:
43 »Warum sind deine Wangen abgezehrt und ist dein Haupt gesenkt,

44 Ist dein Herz so aufgewühlt, sind deine Züge ganz entstellt?
45 Warum zog Wehmut ein in deinem Innern,
46 Gleicht dein Antlitz einem Wanderer auf fernen Wegen?
47 Warum haben . . . und Hitze dein Gesicht versengt?
48 Warum rittest du . . . denn durch die Steppe?«
49 Zu Utnapischtim sprach da Gilgamesch:
50 »O Utnapischtim, sollen meine Wangen denn nicht abgezehrt sein und mein Haupt gesenkt,

V

1 Soll mein Herz nicht aufgewühlt sein, meine Züge ganz entstellt,
2 Soll nicht in meinem Innern Wehmut eingezogen sein,
3 Mein Antlitz einem Wanderer auf fernen Wegen gleichen,
4 Sollen . . . und Hitze nicht mein Gesicht versengt haben,
5 Und sollte ich nicht wie ein Jäger durch die Steppe reiten?
6 Mein junger Freund – gehetzt hat er des Berges wilden Esel, den Leopard der Steppe! –
7 Enkidu, mein junger Freund – gehetzt hat er des Berges wilden Esel, den Leopard der Steppe!
8 Wir haben gemeinsam den Berg erstiegen,
9 Den Himmelsstier ergriffen und erschlugen wir,
10 Wir warfen auch Chumbaba nieder, der im Zedernwalde hauste,
11 In den Pässen des Berges habe ich gewaltige Hunde getötet.
12 Mein Freund, den so sehr ich liebte, der mit mir durch alle Mühsal ging,
13 Enkidu, mein Freund, den so sehr ich liebte, der mit mir durch alle Mühsal ging,
14 Ihn hat der Menschheit Los ereilt. Sechs Tage, sieben Nächte habe ich um ihn geweint,
15 Ich ließ ihn nicht begraben,
16 Bis die Würmer auch seine Nase angefressen.
17 Ich fürchtete mich . . . Vor dem Tod bekam ich Angst und ritt durch die Steppe.

18 Das Geschick meines Freundes bedrückte mich sehr, auf einem fernen Wege ritt ich durch die Steppe.
19 Das Geschick Enkidus, meines Freundes, bedrückte mich sehr, auf einem fernen Wege ritt ich durch die Steppe.
20 Wie kann ich schweigen? Wie ruhig sein?
21 Mein Freund, den so sehr ich liebte, ist zu Lehm geworden! Enkidu, mein Freund, den so sehr ich liebte, ist zu Lehm geworden.
22 Werde nicht auch ich mich niederlegen müssen und in alle Ewigkeit nicht auferstehn?«
23 Dann sagte Gilgamesch zu Utnapischtim:
24 »Daß ich nun zu Utnapischtim käme und ihn sähe, welchen man den Entrückten nennt,
25 Lief ich umher und kam durch alle Länder,
26 Stieg über schwer zu bezwingende Berge,
27 Fuhr ich über alle Meere,
28 Mein Antlitz hat niemals genug des süßen Schlafs genossen,
29 Durch schlaflose Nächte bereitete ich selbst mir Ungemach, meine Glieder erfüllte ich mit Weh.
30 Noch ehe ich zum Hause der Schenkin kam, war meine Kleidung schon abgenutzt.
31 Bär, Hyäne, Löwe, Leopard und Tiger habe ich getötet, auch Hirsch und Steinbock, das Wild und die Herdentiere der Steppe.
32 Ich aß ihr Fleisch, zog ihre Felle an.
33 . . . möge man ihr (Siduris) Tor verriegeln, mit Pech und Asphalt . . . «
36 Zu Gilgamesch sprach Utnapischtim:

VI

25 »Der grauenhafte Tod . . .
26 Bauen wir ein Haus für alle Ewigkeit? Siegeln wir für alle Ewigkeit?
27 Teilen Brüder denn für alle Ewigkeit?
28 Bleibt der Haß für alle Ewigkeit auf Erden?
29 Schwillt der Fluß für immer an, daß die Flut hereinbricht?
30 Die Libelle . . .

31 . . . der Sonne Antlitz zu erblicken.
32 Von Anbeginn gibts nicht Beständigkeit!
33 Wie gleicht der Schläfer doch dem Toten!
34 Zeichnen beide doch des Todes Bild!
35 Ob Herr, ob Knecht, sie beide nähern sich dem Ende.
36 Die Anunnaki, die großen Götter sind versammelt,
37 Mammetum, die Schicksalsschöpferin, setzt mit ihnen die Geschicke fest.
38 Sie bestimmen Tod und Leben.
39 Doch des Todes Tag enthüllen sie dir nicht.«

Elfte Tafel

1 Zu Utnapischtim, dem Entrückten, spricht nun Gilgamesch:
2 »Wenn ich dich so sehe, Utnapischtim,
3 Dann bist du ganz wie ich, du bist nicht anders an Gestalt.
4 Ja, du bist nicht anders, bist wie ich.
5 Ich hatte in meinem Herzen gedacht, du seist zu kämpfen bereit.
6 Doch ruhst du jetzt und liegst auf deinem Rücken.
7 So sage mir, wie du in die Versammlung der Götter tratst und so das Leben fandest!«
8 Zu Gilgamesch sprach darauf Utnapischtim:
9 »Etwas Verborgenes will ich dir, o Gilgamesch, enthüllen,
10 Ein Geheimnis der Götter will ich dir verkünden.
11 Schuruppak – du kennst diese Stadt,
12 Sie ist am Ufer des Euphrats gelegen,
13 Diese Stadt war schon alt; in ihrer Mitte waren die Götter.
14 Da beschlossen die großen Götter in ihrem Herzen, eine Sintflut kommen zu lassen.
15 Auch Anu, ihr aller Vater, plante mit ihnen,
16 Enlil, der Held, der sie berät,
17 Ihr Stellvertreter Ninurta,
18 Ennugi, ihr Deichvorsteher,
19 Der klarsichtige Gott Ea saß mitten unter ihnen.
20 Ihre Worte gab einer Rohrhütte er wieder:

21 ›Rohrhütte! Rohrhütte! Wand! Wand!
22 Höre, o Rohrhütte! Halle wider, o Wand!
23 Du Mensch aus Schuruppak, Sohn des Ubara-Tutu!
24 Reiß nieder dein Haus, bau dir ein Schiff!
25 Laß fahren all deine Habe, dein Leben suche zu retten!
26 Schwör ab dem Besitz und gewinne das Leben!
27 Nimm allerlei lebend'gen Samen in dein Schiff hinein!
28 Das Schiff, das du erbauen sollst,
29 Soll diese Maße haben:
30 Gleich solln sein die Länge und die Breite.
31 Wie der Apsu soll bedeckt es sein!‹
32 Da ich's verstand, sprach ich zu Ea, meinem Herrn:
33 ›Siehe da, mein Herr, was du mir aufgetragen hast,
34 Darauf hab ich geachtet ehrfurchtsvoll und will es tun.
35 Doch was soll der Stadt ich entgegnen, den Bürgern und Ältesten?‹
36/37 Ea sprach zu mir, seinem Knecht:
38 ›O Mensch, spricht so zu ihnen:
39 Weil nun Enlil mich verstoßen hat,
40 Will ich auch in eurer Stadt nicht länger wohnen
41 Und nicht mehr auf Enlils Boden meine Füße stellen,
42 Sondern will hinab zum Apsu steigen und bei Ea wohnen, meinem Herrn.
43 Dann wird herab auf euch er regnen lassen Überfluß,
44 . . . von Vögeln . . . und von Fischen.
45 . . . reiche Ernte . . .
47 Wird einen wahren ›Weizen‹-Regen auf euch regnen lassen.‹
48 Als der Morgen gerade zu dämmern begann,
49 Scharten sich um mich die Leute.
50 Der Zimmermann brachte mir das Bauholz . . .
54 Die Kinder trugen Erdpech her,
55 Die starken Männer brachten alles Nötige.
56 Am fünften Tag entwarf ich dann sein Rahmenwerk. Ein ikû maß seine Bodenfläche.
57 Je hundertzwanzig Ellen waren seine Wände hoch,
58 Je hundertzwanzig Ellen die vier Kanten seiner Decke lang.

59 Ich entwarf seine Räume und fügte sie dann zusammen.
60 Sechs Zwischenböden legte ich an,
61 In sieben Stockwerke teilte ich es ein.
62 Die Bodenflächen teilte ich in je neun Teile.
63 In mittlerer Höhe trieb ich Wasserpflöcke hinein.
64 Stangen besorgte ich auch und schaffte Vorrat heran.
65 Sechs Saren Erdpech warf ich in den Ofen
66 Und goß drei Saren Asphalt dazu.
67 Drei Saren Öl trugen die Korbträger
68 Außer einem Sar Öl, das zum Verzehr gebraucht wurde,
69 Nebst einem Sar Öl, das der Schiffer heimlich verstaute.
70 Für die Handwerker schlachtete ich Stiere,
71 Täglich tötete ich Schafe.
72 Most, Rotwein, Öl und Weißwein
73 Gab ich zu trinken wie Wasser vom Fluß den Leuten,
74 Sie feierten ein Fest ganz wie am Neujahrstag.
75 . . . Salbe, meine Hand . . .
76 Das Schiff war fertig . . .
77 Schwierig war der Stapellauf,
78 Man mußte vorne und hinten . . . anbringen,
79 Bis das Schiff zu zwei Dritteln im Wasser lag.
80 Alles, was ich hatte, lud ich ein.
81 Alles, was an Silber ich besaß, das lud ich ein.
82 Alles, was an Gold ich hatte, lud ich ein.
83 Alles, was an lebendigem Samen aller Art ich hatte, lud ich ein.
84 Meine ganze Familie, alle die mit mir verwandt, ließ ins Schiff ich steigen.
85 Dann ließ ich das Wild der Steppe, die Steppentiere und alle Handwerkssöhne hineingehen.
86 Schamasch setzte mir dann auch den Zeitpunkt fest.
87 ›Wenn der Sturmgebieter am Abend einen Hagelregen schicken wird,
88 Dann sollst du in dein Schiff einsteigen und die Tür zuschließen.‹
89 Der bestimmte Zeitpunkt kam heran:
90 Der Sturmgebieter ließ am Abend einen Hagelregen kommen.

91 Ich sah das Wetter mir an,
92 Furchtbar war das Wetter anzuschaun.
93 Da stieg ich in das Schiff hinein und schloß die Türe zu.
94/95 Das Schiff nun startbereit zu machen, gab ich Befehl dem Schiffer Puzur-Amurri und vertraute ihm die Arche mit allen Insassen an.
96 Als der Morgen gerade zu dämmern begann,
97 Stieg eine schwarze Wolke vom Horizont empor.
98 Adad donnert darin.
99 Schullat und Chanisch ziehn vor ihm her
100 Über Berg und Tal als Herolde.
101 Erragal reißt die Stöpsel heraus,
102 Es eilt Ninurta dahin, daß die Dämme brechen.
103 Die Anunnaki hoben die Fackeln empor . . . ,
104 Die Erde mit ihrem Glanz zu erleuchten.
105 Bestürzt wurde der Himmel um Adads willen,
106 Der alles Licht in Finsternis verwandelt.
107 Da zerbrachen die Schollen der Erde wie ein irdener Krug.
108 Einen Tag lang tobte der Orkan . . . ,
109 Raste immer schneller . . . , die Wasser . . . alle Berge . . .
110 Wie ein Schlachtgetümmel . . .
111 Keiner sieht den andern mehr.
112 Auch vom Himmel her kann man die Menschen jetzt nicht mehr erkennen.
113 Die Sintflut versetzte die Götter in Schrecken,
114 Sie flohen und stiegen zum Himmel des Anu hinauf.
115 Die Götter kauern wie ein Hund und ducken an der Außenmauer sich.
116 Ischtar schreit wie eine Gebärende,
117 Die Götterherrin klagt mit lautem Schrei:
118 ›Fürwahr, zu Lehm geworden ist die alte Welt,
119 Nur weil ich Unheil gebot in der Götter Versammlung!
120 Wie konnt' in der Götter Versammlung ich Unheil gebieten,
121 Die Schlacht zur Vernichtung (all) meiner Menschen befehlen,

122 Wenn ich doch selber es war, welche die Menschenkinder gebar!
123 Wie Fischbrut so zahlreich erfüllen nun sie das Meer.‹
124 Die Anunnaki-Götter klagen mit ihr,
125 Die Götter sind niedergebeugt und sitzen in Klagen.
126 . . .
127 Sechs Tage, sieben Nächte
128 Wütete der Sturm, die Sintflut, der Orkan fegt über die Erde hinweg.
129 Als nun der siebente Tag anbrach, da schlug der Orkan die Sintflut, das Schlachtgetümmel, nieder,
130 Die wie eine Kreißende gewütet hatte.
131 Das Meer wurde ruhig, der unheilvolle Sturm legte sich, die Sintflut hörte auf.
132 Ich schaute auf das Meer, still war es ringsum,
133 Und die ganze Menschheit war zu Lehm geworden.
135 Da öffnete ich weit das Fenster: Die Sonnenstrahlen fielen auf mein Angesicht.
136 Nieder kniete ich, setzte mich und weinte,
137 Tränen flossen über mein Gesicht.
138 Ich schaute in alle Richtungen aus nach den Ufern des endlosen Meeres:
139 Da tauchte in einer Entfernung von zwölf . . . ein Landstrich auf.
140 Am Berg Niṣir war das Schiff gestrandet.
141 Der Berg Niṣir erfaßte das Schiff und ließ es nicht schwanken.
142 Einen Tag und einen zweiten erfaßte der Berg Niṣir das Schiff und ließ es nicht schwanken.
143 Einen dritten Tag und einen vierten Tag erfaßte der Berg Niṣir das Schiff und ließ es nicht schwanken.
144 Einen fünften Tag und einen sechsten Tag erfaßte der Berg Niṣir das Schiff und ließ es nicht schwanken.
145 Als der siebente Tag anbrach,
146 Gab ich eine Taube hinaus und ließ sie fliegen.
147 Die Taube flog davon und kam zurück:
148 Sie fand keinen Ruheort und kehrte um.
149 Dann gab ich eine Schwalbe hinaus und ließ sie fliegen.

150 Die Schwalbe flog davon und kam zurück:
151 Sie fand keinen Ruheort und kehrte um.
152 Einen Raben gab ich nun hinaus und ließ ihn fliegen.
153 Der Rabe flog davon, und als er sah, daß das Wasser schwand,
154 Fraß er, im Schlamm watend, krächzte und kehrte nicht um.
155 Da ließ ich alles hinaus nach den vier Winden und brachte ein Tieropfer dar.
156 Ich brachte ein Räucheropfer auf dem Gipfel des Berges dar:
157 Sieben und sieben Räuchergefäße stellte ich hin
158 Und schüttete Süßrohr, Zedernholz und Myrthe darunter.
159 Die Götter rochen den Duft,
160 Die Götter rochen den süßen Geruch,
161 Die Götter versammelten wie Fliegen sich über dem Opfernden.
162 Sobald die erhabene Göttin* herankam,
163 Hob sie die große Juwelenkette empor, die Anu nach ihrem Wunsche angefertigt hatte:
164 ›O ihr Götter hier, so wahr ich den Edelsteinschmuck an meinem Halse nicht vergessen werde,
165 Will ich auch dieser Tage mich erinnern und sie in alle Ewigkeit nicht mehr vergessen.
166 Mögen die Götter zum Räucheropfer kommen,
167 Nur Enlil soll fern dem Räucheropfer bleiben,
168 Weil er ohne Verstand die Sintflut kommen ließ
169 Und meine Menschen der Vernichtung preisgegeben hat!‹
170 Als aber Enlil herantrat
171 Und das Schiff sah, da ward Enlil voll Zorn,
172 Ward zornerfüllt über die Götter, die Igigi: ›Ist doch eine lebendige Seele davongekommen?
173 Kein Mensch sollte die Vernichtung überleben!‹
174 Da sprach Ninurta zum Helden Enlil:
175 ›Wer außer Ea schmiedet schon Pläne?
176 Denn Ea allein kennt alle Technik und Wissenschaft.‹

* Beiname der Ischtar-Anunitum.

177 Da sprach Ea zu Enlil, dem Helden:
178 ›Du Weiser unter den Göttern, du Held,
179 Wie, wie konntest du nur ohne Verstand die Sintflut hereinbrechen lassen!
180 Dem Sünder bürde seine Sünde auf, dem Übeltäter bürde seinen Frevel auf!
181 Doch laß die Stricke locker, daß er nicht erwürgt wird . . .
182 Statt daß du eine Sintflut kommen ließest, hätte doch ein Löwe sich erheben können, um die Menschheit zu vermindern.
183 Statt daß du eine Sintflut kommen ließest, hätte sich doch auch ein Wolf erheben können, um die Menschheit zu vermindern.
184 Statt daß du eine Sintflut kommen ließest, hätte eine Hungersnot die Erde auch heimsuchen können.
185 Statt daß du eine Sintflut kommen ließest, hätte doch der Pestgott (Erra) sich erheben können, um die Erdbewohner hinzumetzeln.
186 Ich habe das Geheimnis der großen Götter nicht enthüllt!
187 Vielmehr ließ den äußerst Weisen (Atrachasis) einen Traum ich sehen, und so erfuhr er der Götter Geheimnis.
188 Nun ratschlage über ihn!‹
189 Dann stieg Enlil in das Schiff,
190 Nahm mich bei der Hand und ließ mich einsteigen,
191 Ließ meine Frau einsteigen und neben mir knien,
192 Stellte sich zwischen uns hin, berührte unsre Stirn und segnete uns also:
193 ›Vordem war Utnapischtim nur ein Mensch.
194 Fortan sollen Utnapischtim und seine Frau wie wir Götter sein.
195 Wohnen soll Utnapischtim fern an der Mündung dor Ströme!‹
196 Da nahmen sie mich und ließen fern an der Mündung der Ströme mich wohnen.
197 Doch wer wird zu dir (Gilgamesch) nun die Götter versammeln,
198 Damit du das Leben auch findest, nach welchem du strebst?

199 Wohlan! Lege dich nicht schlafen sechs Tage lang und sieben Nächte!«
200 Kaum hatte er sich hingesetzt,
201 Da wehte ihn der Schlaf wie Nebel an.
202 Zu seiner Frau spricht Utnapischtim:
203 »Schau nur den kräftigen Menschen dir an, der nach dem Leben verlangt,
204 Der Schlaf weht ihn wie Nebel an.«
205 Zu Utnapischtim sagte seine Frau:
206 »Rühr ihn an, daß erwache der Mensch!
207 In Frieden kehr er auf der Straße, die er ging, zurück!
208 Durchs Tor, von dem er ausging, mag in sein Land zurück er kehren.«
209 Zu seiner Frau sprach Utnapischtim:
210 »Betrügerisch sind Menschen; er wird auch dich betrügen!
211 Wohlan! Back Brote ihm, leg sie an seinem Haupte nieder
212 Und vermerke an der Wand die Tage, die er schlief!«
213 Sie buk ihm Brote, legte sie an seinem Haupte nieder
214 Und vermerkte an der Wand die Tage, die er schlief.
215 Sein erstes Brot vertrocknete,
216 Das zweite ist verdorben, das dritte war noch feucht, das vierte wurde weiß, . . .
217 Das fünfte war schon schimmelig, das sechste war gerade erst gebacken.
218 Als das siebente in den Ofen geschoben ward, rührte er ihn an; da erwachte der Mensch.
219 Zu Utnapischtim, dem Entrückten, sprach jetzt Gilgamesch:
220 »Kaum ergoß der Schlaf sich über mich,
221 Da rührtest du mich an und hast mich wachgerüttelt.«
222 Zu Gilgamesch sprach Utnapischtim:
223 »Nun denn, Gilgamesch, zähl deine Brote,
224 Daß die Tage, die du schliefst, dir kund nun werden:
225 Dein erstes Brot vertrocknete,
226 Das zweite ist verdorben, das dritte ist noch feucht, das vierte wurde weiß, . . .
227 Das fünfte ist schon schimmelig, das sechste ist gerade erst gebacken,

228 Als das siebente in den Ofen geschoben ward, da wachtest du auf.«
229 Gilgamesch sprach zu Utnapischtim, dem Entrückten:
230 »Was soll ich machen, o Utnapischtim, wo soll ich hingehn?
231 Er, der (des Lebens) beraubt, hat meine Glieder schon lange gepackt!
232 Im Haus meines Ruhlagers wohnet der Tod!
233 Und Tod ist, wohin ich auch gehe!«
234 Utnapischtim sprach zum Schiffer Urschanabi:
235 »Urschanabi, der Landeplatz verachte dich, der Übergang sei dir versagt.
236 Der du an seiner Küste aus- und eingingst, meiden sollst du fernerhin den Strand!
237 Der Mensch, den du hierher geführt hast, ist von Schmutz bedeckt an seinem Leib.
238 Die Anmut seines Fleisches haben Felle ganz entstellt.
239 Nimm ihn, Urschanabi, und bring ihn zum Waschplatz,
240 Daß er von seinem Schmutz sich rein wie Schnee mit Wasser wasche!
241 Seine Felle werfe er nun ab, es trage sie das Meer davon!
Sein schöner Körper werde sichtbar!
242 Erneuert werde seines Hauptes Binde!
243 Mit einem Gewand bekleide er sich, seine Scham zu bedecken!
244 Bis er kommt zu seiner Stadt,
245 Bis er das Ziel seines Weges erreicht,
246 Soll nicht ergrauen das Gewand, neu, ganz neu soll es bleiben!«
247 Urschanabi nahm ihn, brachte ihn zum Waschplatz.
248 Er wusch von seinem Schmutz sich rein wie Schnee mit Wasser,
249 Seine Felle warf er ab, das Meer trug sie davon, und
250 Sichtbar ward sein schöner Körper.
251 Er erneuerte die Binde seines Hauptes,
252 Mit einem Gewand bekleidete er sich, seine Scham zu bedecken.
253 Bis er zu seiner Stadt kommen würde,
254 Bis er das Ziel seines Weges erreichen würde,

255 Sollte das Gewand ergrauen nicht, neu, ganz neu, sollt es bleiben.
256 Gilgamesch und Urschanabi bestiegen das Schiff.
257 Sie stießen das Schiff ab vom Strand und glitten dahin.
258 Zu Utnapischtim, dem Entrückten, sprach nun seine Frau:
259 »Hierher kam Gilgamesch, erschöpft und völlig abgespannt.
260 Was gibst du ihm, womit er wieder in sein Land zurückkehrt?«
261 Er aber, Gilgamesch, hob die Stocherstange hoch und
262 Brachte das Schiff wieder ans Ufer heran.
263 Zu Gilgamesch sprach Utnapischtim:
264 »O Gilgamesch, du kamst hierher, erschöpft und völlig abgespannt.
265 Was geb ich dir, womit du wieder in dein Land zurückkehrst?
266 Enthüllen will ich dir, o Gilgamesch, etwas Verborgenes,
267 Ein Geheimnis der Götter will ich dir verraten:
268 Es gibt eine Pflanze – wie ein Dornstrauch . . .
269 Wie eine Rose werden seine Dornen in die Hand dich stechen,
270 Wenn deine Hände diese Pflanze erhaschen, wirst du das Leben auch finden!«
271 Kaum hatte Gilgamesch dies vernommen, . . . und
272 Band an seine Füße schwere Steine.
273 Zum Apsu zogen sie ihn nun hinab . . .
274 Er ergriff die Pflanze, mochte sie auch stechen in die Hand,
275 Schnitt die schweren Steine ab von seinen Füßen,
276 So daß die Strömung ihn ans Ufer warf.
277 Zum Schiffer Urschanabi sagte Gilgamesch:
278 »O Urschanabi, diese Pflanze ist eine Pflanze . . . ,
279 Durch sie gewinnt der Mensch seine Jugendkraft zurück.
280 Ich werde die Pflanze nach Hürden-Uruk bringen, daß sie davon essen und . . .
281 Dies ist ihr Name: Als Greis wird wieder jung der Mensch.
282 Auch ich will einmal davon essen, damit mir meine Jugend wiederkehre.«

283 Nach zwanzig Doppelstunden brachen sie sich einen Bissen ab (vom Brot),
284 Nach dreißig Doppelstunden ließen sie zur Abendrast sich nieder.
285 Einen Brunnen mit kühlem Wasser sah Gilgamesch,
286 Stieg hinunter, sich mit dem Wasser zu waschen.
287 Den Duft der Pflanze roch eine Schlange.
288 Sie kam herauf und stahl ihm die Pflanze.
289 Als sie zurückkehrte, warf sie die Haut ab.
290 Da setzte Gilgamesch sich nieder, weinte,
291 Die Tränen rannen übers Antlitz ihm.
292 . . . des Schiffers Urschanabi:
293 »Ach, Urschanabi, für wen mühten meine Hände sich?
294 Für wen verströmte meines Herzens Blut?
295 Mir selbst erwarb ich gar nichts Gutes,
296 Nur dem Löwen des Erdbodens habe ich Gutes getan!
297 Zwanzig Doppelstunden trug mich fort die Strömung.
298 Als ich . . . öffnete . . .
299/300 . . . Ach, warum bin ich nur aus dem Schiff gestiegen und habe am Ufer (bei Utnapischtim) es stehenlassen?!«
Nach zwanzig Doppelstunden brachen sie sich einen Bissen ab,
301 Nach dreißig Doppelstunden ließen sie zur Abendrast sich nieder. Als sie nach Hürden-Uruk hineinkamen,
302 Da sagte Gilgamesch zu Urschanabi, dem Schiffer:
303 »Steh auf und geh entlang an Uruks Mauer, Urschanabi!
304 Besieh das Fundament! Prüf doch die Ziegel: Sind ihre Ziegel nicht gebrannt,
305 Ward nicht ihr Grundriß weise festgelegt durch sieben Maße?
306 Ein Sar ist groß die Stadt, ein Sar die Palmengärten, ein Sar die Niederungen, dazu noch das Gebiet des Ischtartempels:
307 Drei Saren also samt dem (heiligen) Bezirk von Uruk schließt sie ein!«

LITERATURVERZEICHNIS

(Auswahl)

ARISTOTELES: Aristotelis Opera, hrsg. v. I. Bekker. Berlin 1960 (Nachdruck d. Ausg. v. 1831 – 1870)

BAEHR, U.: Tafeln zur Behandlung chronologischer Probleme. Teil I bis III. Veröff. d. Astr. Rechen-Instituts zu Heidelberg, Nr. 3, Karlsruhe 1955

BARDENHEWER, O. ET AL. (HRSG.): Frühchristliche Apologeten und Märtyrerakten. Aus d. Griech. u. Lat. übers. II. Bd. Kempten u. München 1913

BAUER, TH.: Ein viertes altbabylonisches Fragment des Gilgamesch-Epos. Journal of Near Eastern Studies 16 (1957), 154 – 162

BIBLIA HEBRAICA, Herausgegeben v. R. Kittel. Stuttgart 1971

BIBEL, DIE oder die ganze Heilige Schrift des Alten und Neuen Testaments nach der Übersetzung Martin Luthers. Stuttgart 1964

BIBEL, DIE: Aus dem Grundtext übersetzt. Revidierte Elberfelder Bibel. Wuppertal 1986

BOSS, B.: General Catalogue of 33342 Stars for the Epoch 1950, 5 vols. 1. repr. New York 1963

BEZOLD, K.: Zenit- und Äquatorialgestirne am babylonischen Fixsternhimmel, mit astronomischen Beiträgen von August Kopff und Zusätzen von Franz Boll. Sitzungsber. d. Heidelberger Akad. d. Wiss. (1913), 11. Abh.

CHWOLSOHN, D.: Die Ssabier und der Ssabismus. 2. Bde. Petersburg 1856

CLEMEN, C.: Die phönikische Religion nach Philo von Byblos. Mitt. d. vorderasiat.-aegypt. Ges. (1939), 42. Bd., 3. Heft.

DEIMEL, A.: Die Inschriften von Fara. 3 Bde. Leipzig 1922

DELITZSCH, F.: Babel und Bibel, 1., 2., 3. Vortrag, Stuttgart 1903, 1904, 1905

DIODORUS SICCULUS: Geschichtsbibliothek, übers. v. A. Wahrmund. Berlin o. J.

EDZARD, D. O.: Enmebaragesi, contemporain de Gilgameš, in: Garelli, p. 57

FALKENSTEIN, A.: Archaische Texte aus Uruk. Berlin 1936.

FRIEDRICH, J.: Die hethitischen Bruchstücke des Gilgameš-Epos. Zeitschrift für Assyriologie 39 (1930), 1 – 82

GARELLI, P. (HRSG.): Gilgameš et sa légende (VIIe RAI, Paris 1958). Paris 1960

GELB, I. J. ET AL. (HRSG.): The Assyrian Dictionary of the Oriental Institute of the University of Chicago. Chicago 1956

GESENIUS, W.: Hebräisches und Aramäisches Handwörterbuch. Berlin 1962

GÖSSMANN, P. E.: Planetarium Babylonicum. Rom 1950

GOETZE, A. / S. LEVY: Fragment of the Gilgamesh Epic from Megiddo. Atiqot 2 (1959), 121 – 28

GRAYSON, K. A.: The Epic of Gilgamesh. Additions to tablets V – VIII and X, in: Pritchard, 503 – 507

GURNEY, O. R.: Two Fragments of the Epic of Gilgamesh from Sultantepe. Journal of Cuneiform Studies 8 (1954), 87 – 95

HEIDEL, A.: The Gilgamesh Epic and Old Testament Parallels. Chicago ²1949

HESIOD: Werke und Tage, gr. u. dtsch. v. Helmut v. den Steinen. Mainz 1930

HESIOD: Theogonia, gr. u. dtsch, hrsg. u. übers. v. K. Albert. Hannover 1978

HESYCHIOS: Lexicon. Hrsg. v. M. Schmidt. Jena 1867

HUNGER, H.: Zwei Tafeln des astronomischen Textes MUL.APIN im Vorderasiatischen Museum zu Berlin. Forschungen und Berichte 22 (1982), 127 bis 135

JACOBSEN, TH.: The Sumerian King List. Assyriological Studies Nr. 11. Chicago 1939

JACOBSEN, TH.: Toward the Image of Tammuz. Cambridge, Mass. 1970

JACOBSEN, TH.: The Treasures of Darkness. New Haven 1976

JASTROW, M. / A. T. CLAY: An Old Babylonian Version of the Gilgamesh Epic. Yale Oriental Series 4 (3). New Haven 1920

JENSEN, P.: Die Kosmologie der Babylonier. Straßburg 1890

JENSEN, P.: Assyrisch-babylonische Mythen und Epen. Keilinschriftliche Bibliothek VI, 1. Berlin 1901

JENSEN, P.: Das Gilgamesch-Epos in der Weltliteratur. I. Strasbourg 1906

JENSEN, P.: Das Gilgamesch-Epos in der Weltliteratur. II. Marburg 1929

JEREMIAS, A.: Handbuch der altorientalischen Geisteskultur. Leipzig ²1929

KAMMENHUBER, A.: Die hethitische und hurrische Überlieferung zum Gilgameš-Epos. Münchner Studien zur Sprachwissenschaft 21 (1967), 45 bis 58

KING, L. W.: Cuneiform Texts from Babylonian Tablets 33. London 1913

KRAMER, S. N.: Geschichte beginnt mit Sumer. München 1959

KRAMER, S. N.: Gilgamesh and the Land of the Living. Journal of Cuneiform Studies 1 (1947), 3 – 46

KRAMER, S. N.: The Sumerians, Chicaco 1963

KRAMER, S. N.: Enmerkar and the Lord of Aratta. Philadelphia 1952

KUGLER, F. X.: Die Babylonische Mondrechnung. Freiburg i. Br. 1900

KUGLER, F. X.: Sternkunde und Sterndienst in Babel. 2 Bde. Münster 1907 – 1912

KUGLER, F. X.: Ergänzungen 1. u. 2. Münster 1913

KUGLER, F. X.: Auf den Trümmern des Panbabylonismus. Anthropos (1907), 477 sqq.

LABAT, R.: Manuel d'Epigraphie Akkadienne. Paris ⁴1963

LAMBERT, W. G.: Gilgameš in Religious, Historical and Omen Texts and the Historicity of Gilgameš, in: Garelli, 39 – 56

LAMBERT, W. G.: Enuma Eliš. Oxford 1966

LANDSBERGER, B.: Zur vierten und siebenten Tafel des Gilgamesch-Epos. Revue d'Assyriologie et d'Archéologie orientale 62 (1968), 97 – 135

LANGDON, S. / J. K. FOTHERINGHAM: The Venus Tablets of Ammizaduga, with Tables for Computation by Carl Schoch, London 1928

LANGDON, S.: The Epic of Gilgamesh. Publications of the Babylonian Section. University Museum, University of Pennsylvania 10(3). Philadelphia 1917

LAYARD, A. H.: Nineveh and Its Remains. London 1849

LAYARD, A. H.: Discoveries in the Ruins of Nineveh and Babylon. London 1853

MEISSNER, B.: Ein altbabylonisches Fragment des Gilgamosepos. Mitteil. d. Vorderasiat. Ges. 7 (1). Berlin 1902

MILLARD, A. R.: Gilgamesh X: A New Fragment. Iraq 26 (1964), 99 – 105

MOVERS, F. K.: Die Phönizier. Aalen 1967 (Nachdruck d. Ausg. v. 1841 – 1856, 3 Bde.)

MRAS, K.: Eusebius' Werke. Vol. VIII: Die Praeparatio Evangelica. Berlin 1954

NEUGEBAUER, P. V.: Tafeln zur astronomischen Chronologie I – III. Leipzig 1912, 1914, 1922

NEUGEBAUER, P. V.: Astronomische Chronologie, 2 Bde. Berlin 1929

OPPERT, J.: Le kakkab mêšre étoile de la direction. Journal Asiatique (1886), 358 sqq.

OTTEN, H.: Die erste Tafel des hethitischen Gilgamesch-Epos. Istanbuler Mitteilungen 8 (1958), 93 – 125

OTTEN, H.: Zur Überlieferung des Gilgameš-Epos nach den Boğazköy-Texten, in: Garelli, 139 – 43

PAPKE, W.: Die Keilschriftserie MUL.APIN, Dokument wissenschaftlicher Astronomie im 3. Jahrtausend. Dissertation, Tübingen 1978

PAPKE, W.: Korrespondierende Kulminationen und heliakische Aufgänge in MUL.APIN. Oriens Antiquus XIX (1980), 193 sqq.

PAPKE, W.: Die Geburt Enkidu's und Gilgameš's erster Traum. Archiv für Orientforschung, Beiheft 19 (1982), 289 sqq.

PAPKE, W.: Zwei Plejaden-Schaltregeln aus dem 3. Jahrtausend. Archiv für Orientforschung XXXI (1984), 67 sqq.

PRITCHARD, J. B. (HRSG.): Ancient Near Eastern Texts Relating to the Old Testament. Princeton ³1969

PTOLEMÄUS: Handbuch der Astronomie. Deutsche Übersetzung und erläuternde Anmerkungen von K. Manitius. 2 Bde. Leipzig 1963

RAWLINSON, H. J.: Cuneiform Inscriptions of Western Asia. London 1861 – 84

SAUREN, H.: Der Weg nach Aratta. Acta Antiqua Acad. Scient. Hung. XXII (1974), 137 bis 144

SCHAUMBERGER, J.: Ergänzungen 3. Münster 1935

SCHIAPARELLI, G. V.: I primordi dell'astronomia presso i Babilonesi. Scientia (1908), 32 sqq.

SCHMÖKEL, H.: Das Gilgamesch-Epos. Stuttgart 1966

SCHOTT, A.: Aratus, Sternbilder und Wetterzeichen, dtsch., mit Anmerkungen von R. Böker. München 1958

SCHOTT, A.: Das Gilgamesch-Epos. Neu herausgegeben von W. v. Soden. Stuttgart ⁴1986

SMITH, G.: Chaldean Account of the Deluge. Transact. of the Soc. of Bibl. Arch. 2 (1873), 213 sqq.

SMITH, G.: Chaldean Account of Genesis. London 1876

SIMPLIKIOS: In Aristotelis physicorum libros quattuor commentaria. Bd. I. 2. hrsg. v. K. Diels. Berlins 1882 bis 85

SOLLBERGER, E.: The Tummal Inscription. Journal of Cuneiform Studies 16 (1962), 40 bis 47

SPEISER, E. A.: The Epic of Gilgamesh, in: Pritchard, 72 – 99

STEFANINI, R.: Enkidu's Dream in the Hittite ›Gilgamesh‹. Journal of Near Eastern Studies 28 (1969), 40 bis 47

THOMPSON, R. C.: The Epic of Gilgamesh: Text, Transliteration, and Notes. Oxford 1930

TIGAY, J. H.: The Evolution of the Gilgamesh Epic, Philadelphia 1982

UNGER, E.: Der Beginn der altmesopotamischen Siegelbildforschung. Wien 1966

UNGNAD A. / H. GRESSMANN: Das Gilgamesch-Epos. Göttingen 1911

WAERDEN, B. L. V. D.: On Babylonian Astronomy I. The Venus Tablets of Ammisaduqa. Jaarbericht No. 10 (1945 – 1948) Ex oriente lux. Babylonian Astronomy II. The Thirty-Six Stars. Journal of Near Eastern Studies 8 (1949), 6 sqq.

WAERDEN, B. L. V. D.: History of the Zodiac.

Archiv für Orientforschung (1952/53), 216 sqq.
WAERDEN, B. L. v. D.: Die Anfänge der Astronomie (Erwachende Wissenschaft 2). Groningen 1956
WAERDEN, B. L. v. D.: On Pre-Babylonian Mathematics II. Arch. for Hist. Exact Sci. 23 (1980), 27 sqq.
WAERDEN, B. L. v. D.: Greek Astronomical Calendars I. Arch. for Hist. Exact Sci. 29. 2 (1984), 101 sqq.
WEIDNER, E.: Handbuch der babylonischen Astronomie. Leipzig 1915
WEIDNER, E.: Ein babylonisches Kompendium der Himmelskunde. American Journal of Semitic Languages 40 (1924), 186 sqq.
WEIDNER, E.: Eine Beschreibung des Sternhimmels aus Assur. Archiv für Orientforschung 4 (1927), 73 bis 85
WEIDNER, E.: Die Himmelsrichtungen bei den Babyloniern. Archiv für Orientforschung 7 (1932), 269 bis 271
WEIDNER, E.: Gestirndarstellungen auf babylonischen Tontafeln. Sitzungsber. d. österr. Akad. d. Wiss., phil.-hist. Kl., 254, 2. Abh., Wien 1967
WEIHER, E. VON: Ein Fragment des Gilgameš-Epos aus Uruk. Zeitschrift für Assyriologie 62 (1972), 222 – 29
WILCKE, C.: Das Lugalbandaepos. Wiesbaden 1969
WINCKLER, H.: Himmels- und Weltbild der Babylonier (Alter Orient Bd. 3, H. 4), Leipzig 1901
WINCKLER, H.: Die Weltanschauung des Alten Orients (Ex Oriente Lux Bd. 2 H. 1), Leipzig 1904
WISEMAN, D. J.: Additional Neo-Babylonian Gilgamesh Fragments, in: Garelli, 123 bis 135
WISEMAN, D. J.: A Gilgamesh Epic Fragment from Nimrud. Iraq 37 (1975), 157 – 63

ZIMMERN, H.: Biblische und babylonische Urgeschichte (Alter Orient Bd. 2, H. 3), Leipzig 1903
ZIMMERN, H.: Keilinschriften und Bibel nach ihrem religionsgeschichtlichen Zusammenhang. Berlin 1903

REGISTER

mit Begriffserklärungen